AF526429

Leonie und Joachim Berger

Anna Amalia von Weimar

Eine Biographie

Leonie und Joachim Berger

Anna Amalia von Weimar

Eine Biographie

Verlag C.H.Beck

Satz: Fotosatz Reinhard Amann, Aichstetten
Druck und Bindung: Ebner & Spiegel, Ulm
Gedruckt auf säurefreiem, altersbeständigem Papier
(hergestellt aus chlorfrei gebleichtem Zellstoff)
Printed in Germany
ISBN-10: 3 406 54967 5
ISBN-13: 978 3 406 54967 0

www.beck.de

Inhalt

Einleitung

Als Herzogin Anna Amalia von Sachsen-Weimar und Eisenach im Juni 1790 nach Weimar zurückkehrte, hatte sie die glücklichsten Momente ihres Lebens gerade hinter sich. Zwei Jahre lang war sie in Italien gewesen, wo sie sich, weitgehend frei von höfischen Alltagspflichten, ihren persönlichen Interessen hatte widmen können. Zurück in Weimar erwarteten sie die formelhaften Willkommensgrüße der Höflinge und die Enttäuschung, daß sie sich künftig wohl doch nicht um Hoftheater und -musik kümmern dürfe, wie man es ihr vage in Aussicht gestellt hatte. Die Mutter des regierenden Herzogs Carl August zog sich mehr und mehr zurück in ihr Stadtpalais oder nach Tiefurt, beobachtend, kommentierend, und sie hielt die Erinnerungen wach an Neapel, an die Tage in Kampanien und in Rom. So lebte sie fortan hauptsächlich in der Vergangenheit.

Paßt dieses Bild zu dem der «Begründerin des Weimarer Musenhofs»,[1] die als die Mitte des kulturellen Lebens der Ilmstadt gilt? Diese Zeiten hatte es gegeben, mit Anna Amalia als Zentralperson der höfischen Geselligkeit, die sich im Liebhabertheater engagierte, Zeichnen lernte und fremde Sprachen, und die ihr werten Künstler unterstützte. Daß da zwei Bilder eines Lebens sich offenbar nicht zusammenfügen, weil Jahre zwischen ihnen liegen, in denen sich nicht nur diese Fürstin, sondern auch ihre Umgebung verändert, den Zeiten angepaßt haben, ist nicht verwunderlich. Doch wenn man an ein Leben erinnert, so ist man versucht, nach Prägungen, nach Spuren zu suchen, in deren Verlauf sich scheinbar Widersprüchliches, ja Unerklärliches auflöst und auf so etwas wie einen «Lebensplan» verweist.[2]

Das Leben der Herzogin Anna Amalia von Sachsen-Weimar und Eisenach wurde schon oft in ein bestimmtes Schema gefügt – bei dem das zweite Bild, das der Musenfreundin, das beherrschende ist. Es wurde verbessert und verschönt, es hat sich so gefestigt, daß es zur Überlieferung des Erinnerungsortes ‹Weimar› gehört.[3] Das ist – im menschlichen Bestreben nach Sinn und Orientierung – verständlich, doch aber bedauerlich, denn auf diesem einprägsamen Bild sind viele Valeurs und Schattierungen übermalt, die von der Vielschichtigkeit dieser Frau erzählen könnten, von ihren Hoffnungen und Möglichkeiten, ihren Krisen und Einschränkungen. Diese Biographie will ein neues Bild Anna Amalias entwerfen und die unter der Übermalung verborgenen Schichten sichtbar machen. Diese Nahaufnahme erzählt von den Lebensumständen, den Denkweisen und Handlungsmöglichkeiten einer hochadligen Frau des ausgehenden 18. Jahrhunderts.

Anna Amalia war eine sechzehnjährige Prinzessin, als sie mit dem jungen Herzog Ernst August Constantin von Sachsen-Weimar und Eisenach vermählt wurde. An seiner Seite kam sie nach Weimar. Ihre «größte Epoche», wie sie später selbst schreiben wird, begann in ihrem 18. Lebensjahr: «Ich wurde zum zweytenmahl Mutter, wurde Wittib, Obervormünderin und Regentin.»[4] Die Herzogin hatte als Regentin mit Widerständen und Intrigen zu kämpfen, als Mutter Entscheidungen für ihre Söhne zu treffen, konnte in bescheidenem Rahmen Künstler fördern, reiste fast anderthalb Jahrzehnte nach Übertragung der Regierung an ihren ältesten Sohn Carl August für zwei Jahre nach Italien, fand sich nur schwer wieder in Weimar zurecht und versuchte ihr Leben lang, sich mit den Mitteln der Kunst abzulenken, zu erholen, zu bilden und zu unterhalten. Gerne hätte sie nach ihrer Regentschaft ihrem Sohn das Herzogtum in bester Ordnung übergeben, doch die Verschuldung hatten sie und ihre Berater nie in den Griff bekommen; stattdessen hatten sie einen ‹Reformstau› produziert. Anna Amalia führte ein Leben in den vorgegebenen Bahnen des deutschen Reichsfürstenstandes, das doch viele überraschende Wendungen aufwies.

Diese Biographie basiert auf den erhaltenen Briefen von und an die Herzogin Anna Amalia (ca. 570/1.150) sowie ihren sonstigen Selbstzeugnissen, auf Briefen von Personen ihres Umfelds (ca. 1.700), den Rechnungen ihrer persönlichen Kasse («Schatulle»), den Katalogen ihrer Bibliothek und Kunstsammlungen sowie auf vielfältigen Akten des Weimar-Eisenacher Hof- und Verwaltungsapparats. So lebendig das Bild ist, das aus diesem Material entstehen kann – es muß dennoch bestimmte Lücken aufweisen. Anna Amalia hat nicht Tausende von Briefen hinterlassen wie Markgräfin Karoline Luise von Baden und nicht so regelmäßig Tagebuch geführt wie Fürstin Luise von Anhalt-Dessau.[5] Amalias kurzes autobiographisches Fragment ist während einer Krise entstanden, das einzig überlieferte Tagebuch in der Ausnahmesituation ihres Italien-Aufenthaltes. Die Schatullrechnungen sind erst ab 1774 erhalten. Manche Quellen sind nur fragmentarisch überliefert, und manchmal fehlt ausgerechnet die alles entscheidende Antwort der Herzogin. Das gesamte Hausarchiv der Fürstenfamilie ist im 19. Jahrhundert von vermeintlich kompromittierenden Stücken gesäubert worden. Das mußten die Verfasser dieser Biographie ertragen, denn Lücken durch Analogieschlüsse zu verdecken oder psychologisierend nach Motiven zu spekulieren, halten sie für methodisch bedenklich.

Neben Anna Amalias persönlicher Geschichte soll hier ihr soziales, politisches und künstlerisches Umfeld nicht vergessen werden. Die Herzogin lebte in festen Strukturen, die das Dasein an einem kleinen Hof regelten. Sie wußte, wie sich ihre Umgebung ihr gegenüber zu verhalten hatte und hatte doch oft Mühe, höflichen Umgang von bloßer Schmeichelei zu unterscheiden. Viele buhlten um ihre Gunst, manche um ihr Vertrauen, nur wenigen schenkte sie es, und mußte doch immer wieder enttäuscht werden. Umgekehrt wurden auch ihr bestimmte Erwartungen entgegengebracht, die sie in ihren vielen verschiedenen Positionen – wir würden heute sagen: Rollen – zu erfüllen hatte: Als Tochter des Hauses Braunschweig-Wolfenbüttel, als Mutter ihrer beiden Prinzen, als Regentin, als Kunstliebhaberin oder als Mäzenin. Wie gelang es Amalia, diesen Erwartungen zu entsprechen und ihre in hohem Maße von Tradition und Konvention bestimmten Aufgaben nach eigenen Vorstellungen zu gestalten? Begnügte sie sich überall mit einem Mindestmaß an Engagement, oder gab es Bereiche, die ihr besonders wichtig waren?

Ungeachtet aller persönlichen Wünsche oder Bedürfnisse mußte und wollte die Herzogin zuerst ihrer Dynastie dienen; das System familiär-hochadliger Verbindungen und Verpflichtungen infrage zu stellen, kam ihr nicht in den Sinn. Diese konsequente Haltung war zuweilen schmerzhaft – eine Erfahrung, die auch ihr Sohn Constantin machen mußte. Dessen Streben nach Selbstbestimmung und Anna Amalias verständnislos anmutende ‹Strenge› sind Verhaltensmuster, die sich uns heute nicht ohne weiteres erschließen. Lebte Anna Amalia nicht an einem Hof, in dessen unmittelbarer Nähe aufklärerische Ideen entwickelt wurden? War ihre Lebenszeit nicht von ‹Aufbrüchen› in vielen Bereichen gekennzeichnet?[6] In Weimar schien ein junger Herzog in den 1770er Jahren die literarischen Ideale des «Sturm und Drang» in die Praxis umzusetzen, und das empfindsame Vokabular der zeitgenössischen Briefkultur sprach von gleichberechtigter Freundschaft. Mußte nicht auch das Humanitätsideal in Goethes und Schillers Werken auf dem Boden eines humanitären, ‹liberalen› Hofs erwachsen sein? Blieb der fürstlichen Familie etwas anderes übrig, als den ästhetischen Ansprüchen von Klassizismus und Romantik, die seit den 1790er Jahren in Weimar und im nahen Jena entwickelt wurden, ein offenes Ohr zu schenken? Oder die Philosophie Kants, vermittelt durch Karl Leonhard Reinhold, oder die Fichtes und später Hegels an der Universität Jena – sollten sie sich dort ohne fürstliche Billigung Bahn gebrochen haben? Diese ‹Aufbrüche› und neuen Tendenzen mit dem in vieler Hinsicht vormodernen, dynastischen Denken und Handeln der Fürstin Anna Amalia und ihres Nachfolgers in Einklang zu bringen, kann nicht vollständig gelingen – uns geht es darum, die Widersprüche zu benennen. Welche Maßstäbe legte die Weimarer Herzogin an sich und ihre Umgebung an? Folgte sie überhaupt dem aufklärerischen Ideal reflektiert-selbstbestimmten Denkens und Handelns?

Aus dem Geschlecht der Welfen (Braunschweig-Wolfenbüttel) stammend und in das der ernestinischen Wettiner (Sachsen-Weimar-Eisenach) eingeheiratet, gehörte Anna Amalia dem ‹alten› deutschen Reichsfürstenstand an, der sich über seine Anciennität legitimierte, eine ungebrochen hochadlige Abstammung über zwanzig Generationen hinweg. Tatsächliche wie legendäre Leistungen der Vorfahren im Kriegshandwerk, der Politik und der Kunstförderung sowie ihre konfessionelle Standhaftigkeit (im Luthertum) waren Bestandteil einer jahrhundertealten Tradition. Kontinuität war ein dynastischer Grundwert, ‹Wandel› an sich nicht vorgesehen. Als Frau des Reichsfürstenstandes war Anna Amalia von den Veränderungen in der zweiten Hälfte des 18. Jahrhunderts also nicht nur faktisch, sondern auch mental betroffen. Die deutsche Gesellschaft geriet in Bewegung. Während die Position des Hochadels mit seinen Privilegien zunehmend kritisiert wurde, vernetzten sich die europäischen Eliten durch Reisen und Briefwechsel in einer grenzüberschreitenden Gelehrtenrepublik (*république des lettres*). Auf den Siebenjährigen Krieg (1756–1763) folgte eine knapp dreißigjährige Ruhephase für das Reich, in der jedoch alle Versuche scheiterten, die Reichsverfassung gegen den österreichisch-preußischen Dualismus zu reformieren. Schließlich brach das Alte Reich 1806, nach den Kriegen gegen das revolutionäre und das napoleonische Frankreich, zusammen. Die ständische Gesellschaftsordnung begann sich, bei allen Beharrungstendenzen, langsam aufzulösen. Das Angebot an künstlerischen Hervorbringungen, vor allem auf literarischem Gebiet, vergrößerte sich beachtlich und unterlag einer starken Kommerzialisierung, die breiteren Schichten den Genuß von Konzertveranstaltungen, Theateraufführungen, von Romanen und Journalen ermöglichte. Der literarische Markt bot einer wachsenden Schicht von Gelehrten und ‹Dilettanten› bis dahin ungeahnte Publikationsmöglichkeiten, vor allem durch Zeitschriften und Almanache. Seit den 1790er Jahren konnten zentrale Leitbegriffe des Jahrhunderts der Aufklärung unter dem Eindruck des revolutionären Terrors in Frankreich nicht mehr vorbehaltlos verwendet werden: Die hehren Ziele einer allgemeinen ‹Cultivierung› zur Humanität erschienen auch vielen Angehörigen der staatlich-höfischen Führungsschichten gründlich mißbraucht.

Hochadlige wie Anna Amalia reagierten auf diese rasanten Wandlungsprozesse mit der Flucht in eine idealisierte und ästhetisierte Vergangenheit. Die Weimarer Herzogin beschäftigte sich zwar intensiv mit den Umbrüchen ihrer Zeit, jedoch konnte sie sich den neuen Verhältnissen gedanklich nur schwer nähern. Sie versuchte, diese verunsichernden Geschehnisse zu verdrängen. Ihr Denken war im hochadlig-dynastischen Wertesystem fest verankert, doch wie äußerte sich dies konkret? Anna Amalia kommentierte die politischen Zeitläufte durchaus. Ihre schriftlichen Arbeiten widmete sie freilich vor allem der Musikästhetik oder der römischen Antike. Ohne heutige Maßstäbe anzusetzen, gilt es zu fragen, weshalb sie so reagierte, warum sie zwar äußerlich-modisch auf der Höhe der Zeit erscheinen wollte, aber innerlich-gedanklich eher in den Stillstand floh, als sich den neuen Bewegungen anzuschließen. ‹Bewegung› und ‹Stillstand› drängen sich daher als Grundmotive für die Erzählung von Anna Amalias Leben auf.

Diese Motive finden im Reisen ihre Entsprechung: Während einer Reise bleibt das gewohnte Umfeld zurück, das im Stillstand zu verharren scheint.[7] Von Veränderungen ‹zu Hause› erfährt die Reisende – naturgegeben – nur mit Verzögerung. Anna Amalia verließ gelegentlich nicht nur ihre gewohnte Umgebung und damit die alltäglichen Abläufe bei Hofe, sie entzog sich auch den herkömmlichen Pflichten und den beschränkten Unterhaltungsmöglichkeiten in der Provinzresidenz, die Weimar – trotz der Anwesenheit einiger ‹großer Geister› – immer blieb. Als Fürstenwitwe konnte sie sich nur unter bestimmten Bedingungen aus der Residenz entfernen – etwa mit der Begründung, ihre Gesundheit an einem Kurort wiederherstellen zu müssen. Als Witwe war sie auf Reisen jedoch auch nicht unter ständiger Beobachtung eines fürstlichen Gemahls, hatte also mehr Freiheiten als eine verheiratete Fürstin.[8] Reisen boten Anna Amalia die Gelegenheit, aus der Rückschau auf Vergangenes und der Erfahrung des Unbekannten neue Schlüsse für ihr Leben in Weimar zu ziehen.

Die Reisen dienen dieser Biographie als erzählerische Knotenpunkte, um das Innenleben der Herzogin, ihre Sehnsüchte und Träume, aber auch ihre Enttäuschungen und Krisen auszuleuchten. Um signifikante Einschnitte in Anna Amalias Leben zu markieren, haben wir gerade jene Reisen ausgewählt, deren Zeitpunkt oder Ziele besonders aufschlußreich für das Leben der Fürstin sind. Von ihnen ausgehend wird vom politischen, vom künstlerischen und wissenschaftlichen Geschehen ebenso erzählt wie von Anna Amalias Aufgaben und Tätigkeiten, die sich damit verbinden. Die spätere Überhöhung der Person Anna Amalias und ihres ‹Musenhofs› im Zeichen des «Mythos Weimar» steht also nicht im Zentrum dieses Buches, ist aber gleichwohl nicht auszublenden. Fern von der Annahme, es ließe sich zeigen, «wie es eigentlich gewesen», will diese Biographie ein ‹Lebens-Bild› der Weimarer Herzogin zeichnen, das (wo es die Quellen erzwingen) bewußt lückenhafter, aber hoffentlich vielschichtiger und anregender ist als manche der bisher vorliegenden Biographien.[9]

Kapitel 1

«aus denen harten Banden erlöset»[1]

Kindheit, Erziehung, Heirat

Vielleicht war es so, wie man sich den Einzug eines jungen Herzogspaares in ihre kleine Residenzstadt vorstellt: eine geschmückte Braut und ein stolzer Bräutigam in einer Kutsche, salutierende Soldaten, Fahnen, Blumen und Freude allerorten. Stadtbürger und Bauern säumen als Zuschauer die Wege, die einigermaßen fest waren, falls es nicht geregnet hatte, über ihnen die Dächer der kleinen Häuser, teilweise mit Stroh gedeckt. An der Landesgrenze wird das junge Paar von Husaren empfangen und bis zum Weimarer Schloß eskortiert. Die Bevölkerung jubelt.

Vielleicht sah es so aus, als die sechzehnjährige Prinzessin Anna Amalia am 24. März 1756 von ihrem Gemahl Ernst August Constantin in ihre neue Residenz geführt wurde. Doch wahrscheinlicher ist, daß sich die Weimarer Bevölkerung an die Order ihres jungen Herzogs hielt: Niemand solle der Reisesuite entgegenkommen, niemand solle einen feierlichen Einzug veranstalten. Er untersagte der Bürgerschaft, sich «mit ihren Fahnen [zu] praesentiren». Die herzogliche Reisesuite aus zwölf sechsspännigen Kutschen solle ohne Aufsehen ins Residenzschloß einfahren, woraufhin sich das fürstliche Paar sofort in seine Gemächer zurückziehen werde. Der Herzog verbat sich ferner, mit Gratulationsschreiben und Glückwunschgedichten «sowohl von denen Stadt Räthen und Communen, als auch von verschiedenen Privatirs, belästigt und überhäuft» zu werden.[2] ‹Bürgernähe› sieht anders aus. Doch unsere Vorstellungen von der höfischen Gesellschaft des 18. Jahrhunderts sind durch die Geschichtsschreibung des 19. Jahrhunderts geprägt, in der die Fürsten des Alten Reiches ‹bürgerlicher› und daher vertrauter erscheinen sollten, als sie waren.[3]

Entworfen hatte die restriktive Anordnung Heinrich Graf von Bünau, Premierminister und «Statthalter» des jungen Herzogs in dessen Fürstentümern. Wahrscheinlich wollte er jeden finanziellen Aufwand für die Bürgerschaft, die Stadt und den Hof vermeiden. Möglicherweise wollte er aber auch den Symbolwert des Einzugs begrenzen. Daß nun ein junger Herrscher mit seiner Gemahlin eine ‹vollwertige› Regierung antrat, beendete Bünaus faktische Alleinherrschaft zumindest formal. Ohne Bünau ging vor und nach 1756 in Weimar nichts, und der junge Fürst mit seiner Gemahlin mußte sich seinem Willen fügen. Doch die Empfindungen und Wünsche der Bevölkerung zu steuern, vermochte nicht einmal der Statthalter. Denn bestimmt waren die Weimarer neugierig auf ihre neue «Landesmutter», und sicherlich waren sie bereit zu jubeln, da das Herzogtum nun nach der jahrelangen Vormundschaftsregierung wieder einen eigenen Regenten hatte – und eine Herzogin, die bald die Erwartungen aller erfüllen sollte: Einen Thronfolger gebären, auf daß die Weimarer Linie gesichert sei und die Herzogtümer Weimar und Eisenach nicht auf eine andere Fürstenfamilie übergehen.

*

Ernst August Constantin war der einzige Sohn des Hauses Sachsen-Weimar-Eisenach.[4] Sein Vater Ernst August war 1748 gestorben, als der Erbprinz erst 11 Jahre alt war. Daher wurde er am Gothaer Hof erzogen, dessen Herzog die Vormundschaft ausübte. Stürbe Ernst August Constantin ohne Nachkommen (und man hörte, er sei von kränklicher Natur), so fiele Weimar-Eisenach an eine der rivalisierenden ernestinischen Linien – so wie das Herzogtum Eisenach 1741 an Weimar. Vor allem die höheren Hof- und Staatsbediensteten in Weimar und Eisenach hatten bei einer Übernahme ‹ihrer› Herzogtümer durch eines der verwandten Häuser Sachsen-Gotha-Altenburg, Sachsen-Meiningen, Sachsen-Coburg-Saalfeld oder Sachsen-Hildburghausen einiges zu verlieren, von einer Annexion durch den (katholischen) Kurfürsten von Sachsen ganz zu schweigen: Posten, politische Handlungsfreiheit, die wirtschaftliche und kulturelle Ausstrahlung eines eigenen Hofes und die jahrhundertelange Tradition eines altehrwürdigen Fürstenhauses. Die Wiege der Reformation zu beherbergen – dieses Erbe beanspruchten neben den kursächsischen ‹Vettern› in Dresden (mit der Universität Wittenberg) auch die Weimarer Herzöge (unter anderem mit der Wartburg, wo Luther das Neue Testament übersetzt hatte).[5] Das Aussterben der eigenen Linie galt es daher zu vermeiden und so hoffte man, von der jungen Amalia bald einen – besser noch zwei – Prinzen geschenkt zu bekommen.

Bereits mehr als ein Jahr zuvor, Ernst August Constantin war noch unmündig, hatte Carl Gustav von Mandelsloh in Weimar Herzog Carl I. von Braunschweig-Wolfenbüttel vorgeschlagen, eine seiner Töchter mit dem Thronfolger zu vermählen. Er bat um ein kleines Porträt, das er dem Erbprinzen in Gotha heimlich zukommen lassen wollte. Mandelsloh war Chef des Obervormundschaftskollegiums für das Herzogtum Weimar, das Coburg-Saalfeld administrierte, während das Herzogtum Eisenach aus Gotha-Altenburg verwaltet wurde. Der Gothaer Vormund sollte nun keinesfalls von den eigenständigen Planungen der Weimar-Coburger Fraktion erfahren. Ohnehin waren dynastische Heiratsverhandlungen stets eine heikle Angelegenheit und mußten vertraulich behandelt werden. Ob Carl I. der Aufforderung jemals nachkam, ist nicht überliefert. Das Bildnis war dabei mehr eine Formsache, denn ob Ernst August Constantin dieses Bild mochte oder nicht, war zweitrangig. Bei dieser wie jeder fürstlichen Verbindung standen dynastisch-politische Überlegungen eindeutig im Vordergrund.

Ernst August Constantin brach bereits am 10. Februar 1756, sechs Wochen nach seinem Regierungsantritt, nach Braunschweig auf. Am 16. März vermählte er sich mit Prinzessin Anna Amalia. Die Wochen dazwischen war über den Ehevertrag verhandelt worden.[6] Von seiten Weimars führte Premierminister Bünau das entscheidende Wort; seine Motive sind nicht dokumentiert. Später beanspruchte jedoch Ernst August Constantins Pflegemutter, Herzogin Luise Dorothea von Sachsen-Gotha-Altenburg für sich, die Braunschweiger Prinzessin vorgeschlagen zu haben. Denn eine glückliche, das heißt eine geschickte Vermählung des Erbprinzen gehörte zu einem erfolgreichen Ende der vormundschaftlichen Erziehung des Weimarer Thronfolgers in Gotha.[7] Eine Prinzessin, die als Gemahlin in Frage kommen sollte, mußte einer der Familien des ‹alten› Reichsfürstenstandes entstammen, durfte also aus keinem der im 17. und 18. Jahrhundert gefürsteten Grafenhäuser kommen. Sie mußte lutherischer oder reformierter Konfession sein und sich guter Gesundheit erfreuen, denn ihre wichtigste Aufgabe war ja, bald einen kräftigen Thronfolger zu gebären. Selbstverständlich hatte sie eine standesgemäße Bildung und eine gründliche religiöse Erziehung vorzuweisen. Nicht zuletzt mußte die Verbindung mit ihrer Herkunftsfamilie politisch opportun sein, also alte dynastische Beziehungen verstärken, neue Bindungen erschließen, und dabei weder für den Kaiser in Wien – das Reichsoberhaupt! – noch für den mächtigen preußischen König ein Signal der Abgrenzung sein. Braunschweig-Wolfenbüttel war durch die Doppelhochzeit Herzog Carls (mit Philippine Charlotte von Preußen) und seiner Schwester Elisabeth Christine d. J. (mit Philippine Charlottes Bruder Friedrich II.) eng mit Preußen verbunden. Doch immerhin hatten Carls Vater Ferdinand Albrecht II. und aktuell sein Bruder Ludwig Ernst hohe Ränge in der kaiserlichen Armee eingenommen, und Carls Tante Elisabeth Christine d. Ä. (1691–1750) war schließlich die Mutter der jetzigen Kaiserin Maria Theresia.[8]

Die sechzehnjährige Anna Amalia erfüllte also die wichtigsten dynastischen Kriterien. Ob sie sich persönlich glücklich schätzen konnte, mit einem Herzog vermählt zu werden, der nur etwa zwei Jahre älter war als sie, ist schwer zu beurteilen. Ihre Schwester Sophie Caroline Marie, wiederum im gleichen Alter wie Ernst August Constantin, wurde drei Jahre später als Amalia (1759) mit dem 27 Jahre älteren Markgrafen Friedrich von Brandenburg-Bayreuth vermählt. Er war der Mann ihrer Tante Wilhelmine (1709–1758) gewesen, doch diese hatte keinen männlichen Nachfolger geboren. Auch die Ehe mit Caroline blieb kinderlos; Friedrich starb bereits 1763.[9] Caroline blieb letztlich das Risiko zahlloser Schwangerschaften, wie sie in einer jahrzehntelangen Fürstenehe häufig waren, erspart; doch bei Amalia waren die Chancen größer, mit einem gleichaltrigen Ehepartner eine gemeinsame Ebene der Verständigung zu finden. Eine Wahlmöglichkeit hatten beide Schwestern nicht. Amalia fügte sich dem Willen ihrer Eltern, ohne sich später jemals zu beklagen. Jahre später schrieb sie in einem autobiographischen Fragment (um 1773/74):

«Man verheirathete mich so wie gewöhniglich man Fürstinen vermählt». Für sie war der Vorgang also selbstverständlich.[10]

Braunschweig zu verlassen, stellte für Anna Amalia offenbar keine Überwindung dar, glaubt man ihren ohnehin eher negativen Darstellungen ihrer Kindheit und Jugend. Sie beklagt sich über Vernachlässigung, sie habe sich «nicht geliebt», «immer zurückgesetzt» und ihren «Geschwistern in allen Stücken nachgesetzt» gefühlt. Unter Umständen legte Anna Amalia hier neue Maßstäbe von Liebe und Zuneigung an, die sie erst aus der empfindsamen Literatur der 1770er Jahre gewonnen hat.[11] Leider ist dieses spätere Werk eines der wenigen persönlichen Zeugnisse über ihre Kindheit in Braunschweig, so daß es schwer zu beurteilen ist, ob sie ihre Kindheit tatsächlich so empfunden oder eher im Nachhinein so interpretiert hat. Daß man sie – vielleicht waren es ihre Gouvernanten? – als «ausschuß der Natur» bezeichnet habe, klingt sehr roh; was sie damit gemeint hat, ist nicht genau zu klären. Es ist müßig, über Demütigungen oder gar körperliche Strafen zu spekulieren – ausgeschlossen sind sie nicht. Seitens der für das ‹wohlanständige› Verhalten der Prinzessinen zuständigen Hofbediensteten sind keine Selbstzeugnisse überliefert.[12]

Anna Amalia wurde als das fünfte Kind Carls I. und Philippine Charlottes von Braunschweig-Wolfenbüttel geboren. Sie hatten insgesamt dreizehn Kinder, von denen acht das Erwachsenenalter erreichten. Zwei Söhne starben im Alter von 19 bzw. 25 Jahren. Anna Amalia hatte drei Schwestern und drei Brüder, mit denen sie ihr Leben lang hätte in Kontakt bleiben können, sofern das unter Fürstenkindern überhaupt möglich oder erwünscht war. Die Braunschweiger Erziehung hatte einen guten Ruf. Der Weimarer Gesandte am kaiserlichen Hof in Wien, Christoph Johann von Rehboom, berichtete Amalia 1764 in einem Brief von einem vertraulichen Gespräch mit einem kaiserlichen Minister, der Maria Theresia von den «großen Begabnissen, rühmlichsten Eigenschafften und Regierungswürdigsten Einsichten und Fähigkeiten» Anna Amalias und ihrer Schwester Caroline erzählt habe. Die Kaiserin habe dieses alles nicht nur mit Vergnügen angehört, sondern allerhöchst selbst bestättiget, mit dem Zusaze, daß in dem Hause Braunschweig-Wolffenbüttel von langer Zeit her die beste Aufferziehung gewesen. Insonderheit habe solche bey diesen beyden Prinzessinnen vorzüglich wohl angeschlagen. Ihro May[estä]t. würden ihnen auch bey aller Gelegenheit Proben von Dero Freundschafft, Liebe und Gewogenheit zu geben, nie ermangeln.

Doch Maria Theresia hatte auch kritische Anmerkungen vorzubringen. Inzwischen war der Siebenjährige Krieg zu Ende gegangen, in dem Braunschweig-Wolfenbüttel auf preußischer Seite gegen Österreich gestanden hatte. Es war also eine Untertreibung, wenn die Kaiserin monierte, daß sich ihr Vetter, Amalias Vater Carl, «seither gegen das Haus Oesterreich nicht so betragen, daß man mit ihm zufrieden seyn können. Und nun verheyrathe er wiederum seine 3te Prinzessin [Anna Amalias Schwester Elisabeth Christine Ulrike] mit dem Prinzen von Preußen».[13] Anna Amalia konnte diese Warnung wohl verstehen. Sie hatte im vergangenen Krieg erfahren, daß es beinahe unmöglich war, trotz ihrer braunschweigisch-preußischen Familienloyalität die Beziehungen zum Kaiserhof nicht übermäßig zu strapazieren. Die Bemerkungen über ihre Erziehung konnten sie hingegen freuen. Was aber gehörte dazu, die Kaiserin so zu beeindrucken?

Ein Fächerkanon für Fürstentöchter mit allgemeingültigem Anspruch wurde 1757 von Dorothea Henriette von Runckel entworfen. Religion und «Sittenlehre» standen hier an erster Stelle, zu den «nöthigen und ganz unentbehrlichen Wissenschaften» zählte sie «Schreibekunst», Erdbeschreibung mit Heraldik und Genealogie, Rechnen, Sprachen (v.a. Französisch), Tanzen und die «Vernunftlehre» zum Erkennen der Wahrheit. Bemerkenswerterweise ist das Erkennen der Wahrheit außerhalb der Religion bei der Vernunftlehre angesiedelt. Die «nützlichen und angenehmen Kentnisse» sind Musik, Zeichnen, Poesie, Mythologie, «Naturlehre» als «Gegengewicht wider den Aberglauben» und Hauswirtschaft (Sticken, Nähen etc.).[14] Runckels Idealplan läßt sich aber nicht ohne weiteres auf Anna Amalias Erziehung übertragen.

Über die ersten zehn Lebensjahre der Wolfenbütteler Prinzessin ist nicht viel bekannt, da nur sehr wenige Quellen erhalten geblieben sind.[15] Spätestens ab 1748 wurde Anna Amalia gemeinsam mit ihrer zwei Jahre älteren Schwester Sophie Caroline Marie unterrichtet. Aus diesem Jahr stammt eine der wichtigsten Quellen über die Erziehung. Johann Friedrich Wilhelm Jerusalem, der den beiden Prinzessinnen wohl ab 1742/43 Religionsunterricht erteilte, verfaßte einige Grundsätze für Matthias Theodor Christoph Mittelstaedt, der die beiden Prinzessinnen zukünftig umfassend unterweisen sollte. Carl I. verabschiedete diesen Unterrichtsplan als verbindliche Vorgabe.[16] Mit dem Hof- und Reiseprediger Jerusalem (1709–1789) und dem Wolfenbütteler Hofkaplan Mittelstaedt (1712–1777) waren also hauptsächlich zwei evangelisch-lutherische Theologen von etwa vierzig Jahren für den Unterricht der kleinen Amélie verantwortlich. Unterstützt wurde Mittelstaedt ab 1748 von dem Lehrer («Informator») Carl Friedrich Kirchmann, der auch die jüngeren Prinzen Friedrich August, Albrecht Heinrich und Wilhelm Adolf unterrichtete. Für die Umgangsformen und die Bewältigung des höfischen Alltags – unter anderem das zeitaufwendige Frisieren, An- und Umkleiden – waren eine Hofmeisterin und mehrere Kammerjungfern zuständig.

Abt Jerusalem beriet den Herzog weiterhin regelmäßig in erzieherischen Fragen. 1754 beurteilte er die beiden Prinzessinnen Caroline und Anna Amalia in einem «moralischen tableau». Caroline lobt er darin überschwenglich, so daß die fünfzehnjährige Anna Amalia eher wie eine ‹graue Maus› erscheint: «Sie hat die brillante Lebhaftigkeit nicht, aber eben den soliden Verstand, die feine Empfindung, das edele Hertz.»[17] Da der Unterricht, wie an den meisten deutschen Höfen, nach der älteren Schwester ausgerichtet wurde, war Anna Amalia von vornherein benachteiligt: Natürlich mußte Carolines Auffassungsgabe schneller und ihr Gemüt verständiger wirken – einfach deshalb, weil sie die Ältere war. Doch selbst wenn sich Anna Amalia in der Konversation und Selbstdarstellung, die bei Hofe gefragt war, weniger geschickt anstellte, so bemühte sich Jerusalem, auch sie loben zu können. Ein allzu schlechtes Bild hätte Zweifel an seinen Erziehungsmethoden aufkommen lassen. Anna Amalias Zurückhaltung nannte er positiv gewendet Bescheidenheit. Interessant ist, daß Anna Amalia in ihren späten Selbstreflexionen ähnliche Worte benutzt wie ihr Erzieher.

Die Vergleiche zwischen den beiden Schwestern scheinen ihr Verhältnis zueinander zeitlebens beeinflußt zu haben. Sie standen in einer Art Konkurrenz, die sich in dem höfischen Umfeld, in dem sie sich zu bewegen hatten, nur schwer ablegen ließ. Caroline hatte später Grund, ihre Schwester zu beneiden: Obwohl die Ältere eigentlich diejenige gewesen war, die alle mit ihrem Charme in den Bann gezogen hatte, war es Anna Amalia, die zuerst heiratete.

Von der Mutter Philippine Charlotte gibt es wenige Zeugnisse darüber, wie sie ihre Kinder wahrnahm. Als Fürstin hatte sie zu ihnen vermutlich wenig persönlichen Kontakt, da das alltägliche Erziehungsgeschäft von Gouvernanten und Lehrern übernommen wurde. Wenn sie ihre Kinder sah, so waren auch diese Treffen durch das Zeremoniell geregelt. Äußerungen Philippine Charlottes deuten an, daß sie ihre Kinder durchaus als individuelle Persönlichkeiten betrachtete. In einem Brief an ihren Mann erzählt sie von ihren Zusammenkünften mit den Kindern: «Die Kinder waren sehr nett, jedes nach seiner Art».[18] Das hinderte sie jedoch nicht daran, sie ständig miteinander zu vergleichen, wobei sie das unterschiedliche Alter wenig zu beachten schien.

Die Beziehung zu den Eltern wurde durch das vierte Gebot definiert: Die Kinder sollten ihre Eltern lieben und ehren – und ihnen gehorchen. Da die Erzieher die Eltern vertraten, galt der Gehorsam selbstverständlich auch ihnen gegenüber. Dennoch befanden diese sich in einer Art Dilemma, vor allem gegenüber Erbprinz Carl Wilhelm Ferdinand, denn dieser konnte später einmal ihr Vorgesetzter sein. Daran dachten Bedienstete schon, obwohl sie erst ein Kind vor sich sahen. Der Erbprinz wurde getrennt von den anderen in einem eigenen kleinen Hofstaat erzogen. Doch auch den anderen war sicher früh bewußt, daß sie später einmal diejenigen sein würden, die Befehle erteilten statt zu empfangen.

Die pädagogische Literatur des 18. Jahrhunderts legte zunehmend Wert auf den Gehorsam aus Liebe, anstatt auf kindliche Furcht vor Autorität zu setzen. Wie die fürstlichen Kinder diese Liebe jedoch zeigen konnten oder durften, war nicht geregelt. Dies klingt in einem französischen Aufsatz von Anna Amalias jüngstem Bruder Leopold durch, den der knapp Vierzehnjährige seiner Mutter im Juli 1766 überreichte. Er trägt den Titel «Von der Pflicht, seine Eltern zu lieben und zu ehren» und behandelt die Rolle von Vernunft und Religion für dieses Gebot. Beide fordern, die Eltern zu lieben, zu ehren und ihnen zu gehorchen. Das sei für ein Kind nur natürlich, da es seinen Eltern seine Existenz verdanke. Für fürstliche Kinder bestehe allerdings ein Problem: Innerhalb der höfischen Normen sei es ihnen nicht erlaubt, ihre Liebe durch «simples caresses»[19], also durch Zärtlichkeiten zu zeigen. Anna Amalias späte Verbitterung, sie habe sich von ihren Eltern nicht geliebt gefühlt, könnte von dieser elementaren Verunsicherung herrühren, daß Liebe zwar gefordert wurde, im höfischen Leben für sie aber kein Platz war.

Die Religion war der wichtigste Bestandteil des Unterrichts einer fürstlichen Prinzessin. In dem erhaltenen Unterrichtsplan berichtet Jerusalem, wie er die Stunden mit den Prinzessinnen bisher gestaltet hat – sein Nachfolger Mittelstaedt solle es ebenso halten. In einigen Punkten hatte sich Jerusalems Unterricht im Vergleich zu dem, den Carl I. genossen hatte, pädagogisch weiterentwickelt. Während bei Amalias Vater bloßes Auswendiglernen gefragt gewesen war, sollten die Prinzessinnen nun auch verstehen, was sie lernten. Wichtig war für Jerusalem der Zusammenhang zwischen der Vernunft, der Bibel und der Offenbarung, also dem Verständnis, das sich aus der interpretierenden Bibellektüre ergab. Seien die katechetischen Lehrsätze aus der Vernunft abzuleiten, könne die Offenbarung sie weiter verdeutlichen; erschlössen sie sich jedoch allein aus der Offenbarung, so sollten «Beweise» aus der Bibel sie unterstützen. Jerusalem ließ die Prinzessinnen die Texte, die sie gelesen hatten, in eigenen Worten wiedergeben. Begriffe, die sie nicht verstanden, solle man ihnen sofort erklären, «um überhaupt die Lehre noch auf mehrerley Art vorzustellen, damit ein in Worten fremder und ungewohnter Vortrag in den Begriffen selbst keine Verwirrung machen mögte». Das Ganze sollte aber natürlich nicht dazu führen, die christliche Lehre in Zweifel zu ziehen. Mittelstaedt solle sie «überall als höchst billig, höchst venerable, und der wahren Glückseligkeite der Menschen unentbehrlich» darstellen. Höchstes Ziel des Religionsunterrichtes sei es, «daß die Billigkeit und Nuzbarkeit der Christlichen Religion auch in den Säzen, die nicht zu den Lehren der Vernunft gehören, offenbar werde.»[20] Der Unterrichtsplan von 1748 war in seiner schriftlichen

Abb. 1: Anton August Beck, Schloß Wolfenbüttel, Kupferstich?, Mitte 18. Jh.

Form nicht konfessionell auf das Luthertum ausgerichtet. Das wurde in der Unterrichtspraxis sicher nachgeholt. In seinen «Theologischen Grundsätzen» schlug Anna Amalias Lehrer Kirchmann jedoch versöhnliche Töne an:

> Wegen des Namens einer Parthei Unordnungen u. Irrungen zu machen, ist allerdings nicht recht; aber ich kann das Bekenntniß einer Kirche so rein finden, daß es mit meiner Überzeugung völlig oder doch am meisten überein kömmt. Den Namen ertrage ich zum Unterschied, und um keine neue Secte zu stiften.

Die katholische Auffassung, durch gute Werke das Seelenheil zu erlangen, lehnte er allerdings deutlich ab.[21]

Abgeschlossen wurde die religiöse Unterweisung mit der Konfirmation. Anna Amalia tat diesen wichtigen Schritt in die Mündigkeit am 28. Dezember 1754 unter Hofkaplan Mittelstaedts Führung in der Schloßkirche von Wolfenbüttel.[22] In diesem Schloß – ein aus Bauperioden des 16. bis 18. Jahrhunderts zusammengesetztes Gebäude – war Anna Amalia aufgewachsen [Abb. 1], bis Carl I. die gesamte Hofhaltung in den Jahren 1753/1754 nach Braunschweig verlegte. Die Som-

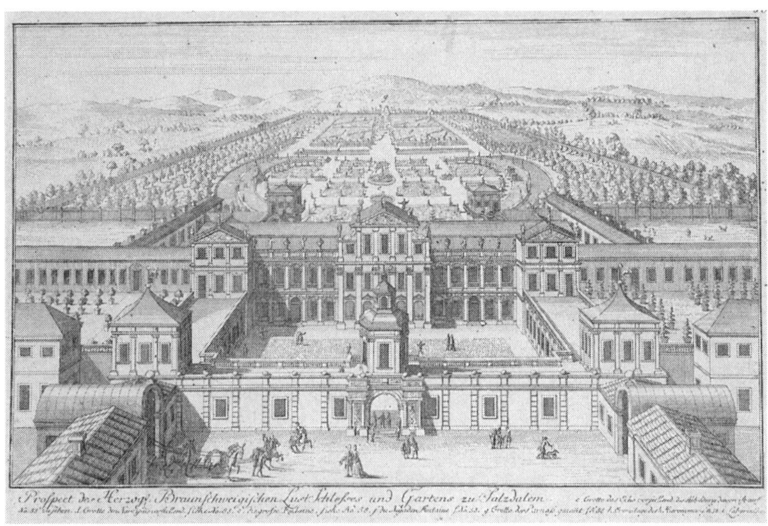

Abb. 2: Jakob Wilhelm Heckenauer, Schloß Salzdahlum, Hofseite und Park, Radierung, 1701/1706

mermonate verbrachte Philippine Charlotte mit ihren jüngeren Kindern meist im Lustschloß von Salzdahlum, das neben einem großen Garten je einen Flügel für die Orangerie und die herzoglichen Kunstsammlungen besaß (errichtet 1688–1714). Anna Amalia kehrte 1771 noch einmal an den Ort ihrer Jugend zurück; 1811 bis 1813 wurde Schloß Salzdahlum abgerissen [Abb. 2].

Zurück zum Unterricht: Neben der Bibelstunde, der französischen Bibellektüre und dem kleinen Katechismus standen auf dem Stundenplan der Prinzessinnen noch: Staaten-, Regenten- und Reichsverfassungsgeschichte, Geographie bzw. Staatenkunde. Der Geschichtsunterricht sollte die wichtigsten «Friedens-Schlüsse und -Tractate» behandeln und erklären, wie es zum «gegenwärtigen System von Europa» gekommen sei. Neben den Verträgen und Ereignissen waren die Lebensläufe der Regenten wichtig.[23] Anhand derer wurde auch die Geschichte des Hauses Braunschweig erklärt. Frauen spielten dann eine Rolle, wenn sie vormundschaftliche Regentinnen gewesen waren. Ob der Unterricht darauf Rücksicht nahm, daß hier Prinzessinnen lernten, die einmal in diese Situation kommen könnten, wissen wir nicht. Auf eine Regent*in* war die Erziehung jedenfalls nicht zugeschnitten. Kam sie in die Situation, ein Fürstentum übergangsweise führen zu müssen, so hatte sie das dafür nötige Wissen nachzuholen. Anders als ihre Brüder erhielten die Prinzessinnen auch keine militärische Unterweisung und keinen Fechtunterricht; die sogenannte Kavalierstour, eine Bildungsreise an verschiedene Höfe, Ritterakademien und Universitäten Europas, auf der junge Adlige Weltkenntis erwerben und ihr ‹wohlanständiges› Verhalten in der höfischen Gesellschaft erproben sollten[24], kam für sie ebenfalls nicht in Frage.

Der Unterricht einer Prinzessin beinhaltete in der Regel auch die schönen Künste. Wenn sie in Amalias Unterrichtsplan von 1748 nicht erwähnt werden, so ist davon auszugehen, daß er bis 1756 noch überarbeitet und ergänzt wurde. Für alle braunschweigischen Fürstenkinder wurde ein Sprach- und ein Tanzmeister eingestellt, Anna Amalia erhielt spätestens ab ihrem neunten Lebensjahr Klavierunterricht.

Als Anna Amalia im Alter von 16 Jahren den Hof ihrer Eltern verließ, um in Weimar die «regierende Herzogin» zu werden, also die Frau des regierenden Herzogs, sollte sie mit allem vertraut sein, was sie für diese Aufgabe benötigte. Sie hatte die höfischen Umgangsformen gelernt und bei vielen Gelegenheiten am Wolfenbütteler Hof eingeübt. Sie sprach und schrieb Französisch, tanzte und kannte die Kartenspiele, die der Unterhaltung bei Hofe dienten. Es war auch für ihr Herkunftshaus wichtig, daß sie diese höfischen Umgangsformen beherrschte, war sie doch eine ‹kulturelle Botschafterin› ihrer Dynastie.[25] Bei einer Heirat gab ein Haus immer seinen guten Namen und seine Anciennität weiter. Prinzessinnen waren informelle Knotenpunkte der höfischen Gesellschaft und trugen ihr Wissen auch wieder in ihre Herkunftsfamilie zurück. Anna Amalia war eine wohl ausgebildete Prinzessin aus ‹gutem Hause›, und vor ihr lag eine interessante Aufgabe – wenn diese auch anders ausfallen würde, als sie erwartete.

Kapitel 2

«nichts weniger als mich zu einer Regentin zu bilden»[1]

Wochenbett, Witwenstand, Regentschaft

Im Oktober 1763 reiste Anna Amalia zum ersten Landtag ihrer Obervormundschaft nach Eisenach. Vieles hatte sich seit 1756 für sie geändert: Sie kam als Regentin, nicht als Gattin des regierenden Herzogs, als Witwe und als Mutter, und sie kam zum ersten Mal nach dem Siebenjährigen Krieg mit den Eisenacher Landständen zusammen.

Anna Amalia nutzte den Landtag zur Selbstdarstellung, wobei sie als Regentin gewisse Standards einhalten mußte. Sie reiste in Begleitung ihres Hofstaats. Neben zahlreichen Bediensteten waren dies vor allem der Oberhofmarschall (als Leiter des gesamten höfischen Versorgungs- und Unterhaltungsbetriebs), die Oberhofmeisterin, die drei adligen Hofdamen sowie mehrere der adligen Kammerjunker. Der Hofmarschall und der Oberkämmerer, beide seit 1758 pensioniert, wurden zu diesem zeremoniellen Anlaß reaktiviert. Sie erwiesen der Herzogin und den Landständen Ehrendienste bei der Eröffnungszeremonie in der Stadtkirche und bei der feierlichen Tafel im Eisenacher Schloß.[2]

Während tagsüber schriftliche Stellungnahmen zwischen den Ständevertretern und Anna Amalia bzw. ihren Räten ausgetauscht wurden, wurde abends gefeiert. Bälle gehörten bei einem solchen Zusammentreffen zum guten Ton – der Landtag geriet zu einem gesellschaftlichen Ereignis. Neben den Honoratioren der Stadt und den Mitgliedern der Regierungskollegien waren auch Vertreter der adligen Landstände zugegen, zudem auswärtige Adlige und Fremde. Es war eine gute Gelegenheit, Kontakte zu pflegen. Die ungeladene Stadtbevölkerung blieb natürlich außen vor: «Zur Vermeidung des besorglichen Auflauffs von der Populace sind allenthalben die benöthigten Wachen anzuordnen, dem Schloß-Voigte aber anzubefehlen, die Zu- und Eingänge, wo keine Wache stehet, wohl zu verschließen.»

Anna Amalia gestaltete diesen Pflichtbesuch, der von Oktober bis Anfang Dezember dauerte, so angenehm wie möglich. Ihren Geburtstag am 24. Oktober feierte sie ausgiebig, richtete einen Seiltänzer-Wettbewerb aus und unternahm eine Schlittenfahrt. Die Weimarer Herzogin traf ihren Onkel Friedrich II., der auf der Durchreise war, und nahm einen Gegenbesuch des Gothaer Erbprinzenpaares entgegen. Sie nutzte den Aufenthalt ebenfalls für einen Abstecher nach Gotha, wo man sie «mit Freundlichkeit überschüttet[e]»; «ich bin von dort nicht eher als 7 Uhr am Samstagmorgen zurückgekehrt».[3]

Tagsüber wurde Amalia bei diesem Landtag mit den Wünschen der Stände konfrontiert: Sie sahen sich für das Wohl des ganzen Landes verantwortlich und wollten im Namen der unmündigen Prinzen mitregieren. Für die Herzogin konnten die Landstände ein willkommenes Gegengewicht zu den Weimarer Geheimen Räten bilden. Diese, das Geheime Consilium, hatten daher kein besonderes Interesse daran, den Landständen größere Zugeständnisse zu machen. Anna Amalia mußte ihre eigenen Interessen im Blick behalten, denn schon früh hatte sie erfahren, daß ihre Räte zwar im Namen der Herzogin handelten, doch damit nicht unbedingt auch ihre Ansichten vertraten. Im Zweifel mußte sich die junge Regentin freilich den erfahrenen Staatsdienern anpassen.

Den Landständen hätte sie auch gerne ihre Söhne persönlich vorgestellt. Es schien nie zu früh zu sein, die Prinzen auf ihre zukünftige Aufgabe als Landesregenten vorzubereiten. Doch ihre Pläne, die beiden Söhne für zwei Wochen mit zum Landtag nach Eisenach zu nehmen, scheiterten. Die etwa 45 Kilometer von Weimar nach Eisenach wären die erste Reise der Prinzen geworden, die sie durch die Territorien zweier Reichsstände geführt hätte – durch Erfurt, das zum Kurerzstift Mainz gehörte, und durch das Herzogtum Gotha. Doch eine Reise war anstrengend und barg Gefahren. Anna Amalia wollte sich absichern. Die Gesundheit der Prinzen müsse stabil sein, das Wetter müsse trocken bleiben, und die medizinische Fakultät der Universität Jena dürfe keine Einwände haben.[4]

Sowohl der Prinzenerzieher als auch die Mediziner äußerten vage Bedenken und verärgerten mit ihrem Hinauszögern der Entscheidung die fürstliche Mutter. Von Eisenach aus verfügte sie schließlich: Falls das Wetter sich nicht dauerhaft bessere, werde sie ihre Kinder nicht kommen lassen, «um mich nicht den Widerreden der Nörgler [frondeurs] auszusetzen, die es nicht auslassen würden, die kleinste Unpäßlichkeit meiner Kinder dieser Reise zuzuschreiben, selbst wenn sie sich drei oder vier Monate später ereignen sollte.»[5] Anna Amalia verzichtete lieber auf eine persönliche Freude, als das Risiko einzugehen, sich vor Kritikern rechtfertigen zu müssen. Diese Nachricht mußte der Erzieher den Kindern selbst beibringen.

Anna Amalia war als Mutter und Landesregentin erheblichen Zwängen ausgesetzt. Die beiden Kleinkinder, für die sie zu sorgen hatte, verkörperten den Fortbestand der Dynastie und waren damit das Wertvollste, das Weimar-Eisenach besaß. Grund genug für die Geheimen Räte und die Landstände, sich für das Wohl der Prinzen mitverantwortlich zu fühlen. Die Fürstin Anna Amalia befand sich ebenfalls in einer besonderen Situation: Als Witwe mußte sie ohne einen fürstlichen Gemahl entscheiden, als obervormundschaftliche Regentin die Verantwortung für die Herzogtümer tragen. Sie war nie auf diese Aufgaben vorbereitet worden, doch inzwischen hatte sie gelernt, damit umzugehen. Das Amt der Regentin, das man ihr nach langen Verhandlungen zugestanden hatte, gab ihr genug Selbstbewußtsein. Zu Beginn ihrer Zeit in Weimar war sie noch zutiefst verunsichert gewesen.

*

In den ersten Jahren wandte sich Anna Amalia häufiger an ihre Eltern und fragte sie um Rat. Eine persönliche Beziehung zu ihnen konnte sie lediglich in Briefen pflegen – im 18. Jahrhundert nichts Ungewöhnliches. Ihren Vater sah sie nach ihrem Umzug nach Weimar nur noch ein Mal. Doch auch die Briefe waren nur bedingt «persönlich»: Carl I. ließ sie in der Regel von seinem Geheimen Rat von Schliestedt entwerfen. Anna Amalia erhielt dann eine Reinschrift von der Hand ihres Vaters.

Die frisch verheiratete Herzogin fühlte sich in ihrer neuen Umgebung nicht wohl. In ihrem autobiographischen Fragment drückte sie das später so aus: Man möge glauben, nach der Heirat 1756 «müße ich gewesen seyn wie ein junges Füllen, welches seine Freyheit bekomt; nichts weniger: ich fühlte mich vielmehr wie eine Person, die nach einer großen ausgestandenen Kranckheit in ihrer Gefesung [Genesung] sich noch kraftloß fühlet.»[6] Der Vater versuchte, sie zu beruhigen. Er riet ihr, sich eine oder mehrere Damen ihres Vertrauens am Weimarer Hof zu suchen, wobei sie über deren mögliche Fehler hinwegsehen solle. Er selbst könne sich auch den Charakter der Personen nicht aussuchen, die ihn umgeben. Auch eine Prinzessin sei auf Ratschläge angewiesen. Er rate ihr, sich niemals «den Launen derer zu unterwerfen, die Sie respektieren müssen.» Immerhin könne sie sich glücklich schätzen, daß alle um sie herum sie von vornherein liebten. Kurzum: Sie solle sich nicht bekümmern.[7]

Hinter Anna Amalias Hilferufen standen handfeste Interessenkonflikte am Weimarer Hof. Die junge Herzogin scheint zunächst von ihrer Oberhofmeisterin und einer Hofdame, die mit ihr aus Braunschweig gekommen war, äußerst eingeschränkt worden zu sein – nicht einmal über ihre Handgelder (für den Einsatz beim alltäglichen Kartenspiel und kleinere Almosen) konnte sie anfangs frei verfügen. Ihr Oberhofmeister wiederum konnte sich schwer gegenüber dem Hofmarschallamt behaupten, das Premierminister Bünau kontrollierte.[8]

Welche Befugnisse und Einflußmöglichkeiten hatte Anna Amalia selbst, deren neue Dynastie immerhin über zwei Fürstentümer des Alten Reiches herrschte? Formal gesehen hatte sie natürlich zunächst die Oberhoheit über ihren eigenen Hofstaat, das «Frauenzimmer» mit dem Oberhofmeister, der Oberhofmeisterin, zwei bis drei Hofdamen und einer Reihe weiterer Bediensteter niederen Ranges. Wie schwierig dies in der Praxis war, haben wir eben gesehen. Doch als «regierende Herzogin», wie Anna Amalia nun hieß, war sie eine unverzichtbare Trägerin monarchischer «Herrschaft», die bis ins 19. Jahrhundert durch sichtbare Zeichen – Repräsentation – hergestellt und behauptet wurde. Anna Amalia stand mit dem Herzog dem Weimarer Hof vor, dem zeichenhaften Mittelpunkt des gesamten

Herzogtums.[9] Sie war die Zentralperson bei der herzoglichen Tafel, bei Empfängen, Konzerten, Bällen und Theatervorstellungen – kurz allen Veranstaltungen, in denen der Hof als Personenverband sichtbar wurde. Ohne Herzogin kein Hof, und ohne Hof keine Herrschaft. Das Herzogtum freilich regierte ihr Mann, und sie hatte offiziell keinen Zugang zu den Behörden und ihren Amtswegen. Dennoch konnte sie informellen Einfluß auf die administrativ-rechtliche Seite von Herrschaft ausüben – auch außerhalb des eigenen Herzogtums. Im Alten Reich führten viele Fürstinnen ausgiebige Korrespondenzen mit anderen, meist weiblichen Angehörigen verwandter Fürstenhäuser. Indem sie dadurch bestehende Verbindungen bewahrten, Informationen aus allen Bereichen des höfisch-politischen Lebens sammelten und neue Klientelbeziehungen aufbauten, waren Fürstinnen ein gewichtiger, informeller Pfeiler fürstlicher Herrschaft.[10]

Herzog Ernst August Constantin regierte zwar von «Gottes Gnaden», aber keinesfalls absolut. Alle Anordnungen waren von Premierminister Bünau gegenzuzeichnen. Doch auch dieser konnte seine politischen Vorstellungen nicht eins zu eins umsetzen. Der Arm des Staates reichte bis ins 19. Jahrhundert selten in die Dörfer hinein – die lokalen Amtsträger waren zwar Fürstendiener, mußten aber in ihrer Nachbarschaft mit den Folgen staatlicher Maßnahmen leben und setzten diese deshalb oft nur halbherzig oder gar nicht um.[11] Hinzu kam eine für frühneuzeitliche Herrschaftsgebilde typische Uneindeutigkeit von Zuständigkeiten, eine Überlagerung verschiedener Herrschaftsrechte und ein insgesamt alles andere als rational oder gar zentral strukturierter Aufbau des «Staates».[12]

Diesen «Weimarer Staat» gab es als solchen gar nicht. Die beiden Herzogtümer Weimar und Eisenach waren räumlich getrennt. Es verband sie – außer dem Herzog und seinem Premierminister – nur das Geheime Consilium, eine Art Oberaufsichtsbehörde. Weimar und Eisenach bewahrten im Prinzip bis zu Beginn des 19. Jahrhunderts ihre alten Strukturen und die jeweiligen Führungseliten ihr regionales Eigenbewußtsein: eigene Behörden für Justiz und öffentliche Wohlfahrt («Regierung»), die Finanzen der herzoglichen Eigengüter («Kammer») sowie für Schule und Kirche («Oberkonsistorium»); mehrere spezialisierte Kommissionen (z. B. für das Armenwesen);

schließlich jeweils eine selbständige Vertretung der Landstände («Landschaft») mit eigener Steuerverwaltung, die der Herzog aber den staatlichen Behörden zurechnete («Landschaftskassendirektorium»). Auch die von vier ernestinischen Linien gemeinsam unterhaltene Universität Jena besaß den Status als Landstand im Herzogtum Weimar und in der sogenannten «Jenaischen Landesportion». Jena war von 1672 bis 1691 ein selbständiges Herzogtum gewesen. Aus dieser Zeit waren neben der eigenen Landschaft noch ein eigenes Konsistorium sowie mehrere Kommissionen übriggeblieben.

Der Herzogsfamilie standen die Weimarer «Wilhelmsburg», eine Dreiflügelanlage aus dem 17. Jahrhundert, die ehemaligen Residenzschlösser in Jena und Eisenach sowie zahlreiche Lustschlösser zur Verfügung, zum Beispiel Belvedere und Ettersburg bei Weimar, Dornburg bei Jena und Wilhelmsthal bei Eisenach. Die letzteren, von Ernst August Constantins Vater errichtet oder erweitert, waren in einem sehr unterschiedlichen Bau- und Unterhaltungszustand. Der gesamte Weimarer Hof bestand 1757 aus etwa 260 Personen – einschließlich der Versorgungsbetriebe und Unterhaltungseinrichtungen (wie Kapelle und Theater), aber ohne die staatlichen Verwaltungsbehörden und dic Jägerei.[13]

Anna Amalia hatte also als Frau des regierenden Herzogs keine administrativen Funktionen, doch war sie im Herrschaftsgefüge in zentraler Stellung eingebaut. Als «regierende Herzogin» absolvierte sie an der Seite Ernst August Constantins auch die ersten Besuche in Eisenach. Vor allem der Antrittsbcsuch im Jahr 1757 war standesgemäß: Das «Hoflager» im Eisenacher Schloß umfaßte 40 Personen sowie Lakaien und sonstige Bedienstete. Damals unternahm das Herzogspaar Ausflüge auf die Wartburg und nach Schloß Wilhelmstal. Doch es gab die Befürchtung, das junge Paar befinde sich in Weimar in «gewaltig beschränkten umständen». Carl I. erhielt diese Nachrichten von seinem Schwager Friedrich von Brandenburg-Bayreuth. Carl möge überlegen, wie die beiden «aus einer solchen, einer Sclaverey nicht unähnlichen Situation zu retten» seien.[14] Es ist zu vermuten, daß er damit vor dem übermächtigen Premierminister warnte. Bünau scheute sich zum Beispiel nicht, den Schatullier im September 1757 anzuweisen, dem Herzog in Zukunft nur noch drei

Viertel seiner bisherigen Schatullgelder auszuzahlen und auch sonstige Ausgaben so weit wie möglich einzuschränken. Diese rigorosen Maßnahmen begründete der Minister mit den «bedrängten Zeit-Umständen», dem Krieg.[15]

Über die kurze Ehe Anna Amalias ist leider wenig bekannt – so wissen wir auch nicht, ob das Paar gemeinsame Interessen verbanden. Bekanntlich war Anna Amalia musikbegeistert, auch der Herzog spielte Violine. Die Jagd war Ernst August Constantin ebenso wichtig wie die Musik.[16] Aus staatlich-dynastischer Sicht waren Gemeinsamkeiten zweitrangig. Das wichtigste Ziel dieser Verbindung war, einen Thronfolger hervorzubringen. Schon als die Hochzeit dem Volk von den Kanzeln verkündet wurde, wurde es angehalten, Gott um eine glückliche Ehe zum weiteren «Wachsthum» und zur «Befestigung» des Hauses zu bitten.[17] Am 5. Juni 1757 konnte dann bereits in allen Kirchen des Landes für eine glückliche Schwangerschaft gebetet werden. Gott solle die Herzogin «samt dem kostbaren Pfande, so Sie unter Dero Herzen tragen, vor allem Unglücke getreulich bewahren».[18] Der Wunsch wurde erfüllt: Anna Amalia gebar am 3. September 1757 den Erbprinzen Carl August. Während das Consilium die Untertanen in den Kirchen dafür danken ließ[19], wich von Amalia der enorme Druck, der auf ihr gelastet hatte, wenn man ihrem späten autobiographischen Fragment Glauben schenkt: «Es war die erste und reinste Freude, die ich in meinem Leben hatte. Mir war, als wer ich auch von verschiedenen andern neuen Empfindungen entbunden worden. Mein Herz wurde leichter, meine Ideen wurden klarer; ich bekam mehr Zutrauen zu mir selber.»[20]

Die Erleichterung währte nicht lange. Anna Amalia war zwar Anfang 1758 bereits erneut schwanger, doch Ernst August Constantin erkrankte schwer. Am 20. Februar bat die Herzogin Premier Bünau um ein Gespräch, in dem es vermutlich um das Testament ihres Mannes ging. Aber ihre Bemühungen zeigten nicht das gewünschte Ergebnis. Einen Tag später unterzeichnete der kranke Herzog ein von Bünau aufgesetztes Testament, in dem zwar Anna Amalia die Obervormundschaft über Carl August und die Landesverwaltung übertragen wurde, jedoch gemeinsam mit dem König von Dänemark. Dieser war weit entfernt; die Korrespondenz wäre über Bünau gelaufen, der die Herzogin damit in der Hand gehabt hätte. Seine ‹absolute› Stellung wäre zementiert worden. Nun bekam Anna Amalia jedoch Unterstützung von ihrer Familie in Braunschweig. Carl I. sorgte sich um die Rechte seiner unmündigen Tochter und sandte seinen Vizekanzler Georg Septimus Andreas von Praun nach Weimar. Praun verbündete sich mit Gottfried Nonne, ebenfalls Mitglied des Geheimen Consiliums, und es gelang ihnen, das Testament noch vor dem Tod Ernst August Constantins zu Anna Amalias Gunsten zu ergänzen. Dieses Kodizill sah vor, Carl I. als Administrator bis zur Volljährigkeit seiner Tochter einzusetzen. Sie sollte beim Kaiser beantragen, die Volljährigkeit vorzeitig, also noch vor ihrem 21. Geburtstag zu erhalten. Danach sollte sie die alleinige Obervormundschaft und Regentschaft ausüben. Bünau sollte zwar den Vorsitz in allen Landeskollegien behalten, jedoch eindeutig «unter und nach» der Herzogin.

Am 27. Mai 1758 benachrichtigte Nonne den Braunschweiger Herzog, daß es mit seinem Schwiegersohn zu Ende gehe. Seine Tochter sei «so voller Jammers», daß sie nicht selbst schreiben könne. Einen Tag später erlag der Weimarer Herzog seinem Leiden. Jahrzehnte später berichtete eine Nichte des Geheimen Rats Nonne von Anna Amalias Reaktion: «Sie weinte sehr bei der Todesnachricht; doch erlangte sie schon in den ersten Stunden die Hoffnung, von Regierungsgeschäften sprechen und Befehle geben zu können». Nach dem Tod des Herzogs habe Anna Amalia aber «bald kleine Gesellschaften um sich [versammelt], wo es munter herging; daß in dem Zimmer des Verstorbenen Conseil gehalten wurde, war ihr unbekannt geblieben.»[21] Wenn diese Erinnerungen stimmen, so ist es denkbar, daß Anna Amalia bereits am Anfang bei wichtigen Vorgängen nicht immer informiert wurde. Auch in Zukunft würde sie sich gegenüber den erfahrenen Männern der obersten Verwaltung behaupten müssen, die nur zu häufig gegeneinander intrigierten.

Vorerst nahm alles seinen dem Kodizill und der Reichsverfassung gemäßen Lauf: Carl I. übernahm formal die Landesadministration und benachrichtigte den Kaiserhof sowie die meisten Reichsstände. Anna Amalia beantragte bei Kaiser Franz I. die frühzeitige Volljährigkeit (Venia aetatis). Der Kaiser gab dem Gesuch am 1. August 1758 statt, stellte Anna Amalia aber wieder einen Mitvormund an die

Seite: Den König von Polen, zugleich Kurfürst von Sachsen, einen (katholischen) Verbündeten des Kaisers. Damit wollte der Kaiserhof ein Gegengewicht zu den engen verwandtschaftlichen Beziehungen Sachsen-Weimar-Eisenachs zu Brandenburg-Preußen schaffen, schließlich war König Friedrich II. Anna Amalias Onkel und führte Krieg gegen Österreich und Sachsen. Als die Nachricht von dieser Regelung am 10. August in Weimar eintraf, bat Bünau Carl I., ihn von seinen Dienstpflichten zu entbinden. Er war nämlich selbst durch seine Besitzungen in Sachsen ein kursächsischer Landstand. Durch die Regelung wäre er in einen handfesten Interessenkonflikt geraten, da er als weimarischer Staatsdiener alles hätte tun müssen, um die Obervormundschaft des sächsischen Kurfürsten zu verhindern, also seinem Lehnsherrn entgegenzuarbeiten. Carl wies das Gesuch zurück und ließ seiner Tochter durch Praun ausrichten, sie solle Bünau «äußerlich alles gute Vertrauen» zeigen. Die Braunschweiger entschlossen sich, Anna Amalias Schwangerschaft zu nutzen, um auf Zeit zu spielen. «[E]iner in hoher Schwangerschaft Sich befindenden Fürstin» könne nicht zugemutet werden, sofort das kaiserliche Reskript zu erfüllen.[22] Damit wollten sie verhindern, daß Kursachsen sofort einen Minister nach Weimar sandte, um die Mitvormundschaft anzutreten. Anna Amalia hatte bereits im Juni verlauten lassen, sie sei damit einverstanden, die Landesadministration zunächst bei ihrem Vater zu belassen, falls die Venia aetatis nicht rechtzeitig eintreffe. Sie erklärte, daß sie sich während ihrer Schwangerschaft «keinen affairen zu unterziehen imstande seyn würde», und die Staatsangelegenheiten in Weimar «in andere Hände so ganz allein zu geben scheu u. bedencken hätten.»[23]

Die Bevölkerung der Herzogtümer wurde in die Sorgen um die Dynastie einbezogen. Das zeigen die offiziellen Kirchengebete. Erst bei zwei Prinzen galt die Thronfolge als gesichert. Die Untertanen sollten also ihre Gebete für die «verwaisten» Lande und ihre Thronfolge «verdoppeln».[24] So wandte sich die Aufmerksamkeit aufs neue der Herzogin und ihrem Gesundheitszustand zu. Praun und der Leibarzt Engelhardt berichteten von beruhigenden Zeichen, doch die werdende Mutter empfand offenbar Todesangst. Es war das einzige Mal, daß sie in ihren Briefen an den Vater von ihren Gefühlen sprach. Die

Herzogin erhoffte sich nicht nur persönlichen Beistand bei der Geburt ihres zweiten Kindes, sondern bat ihn auch um seine andauernde Gnade für ihre beiden Kinder:

> Denn wenn vielleicht die göttliche Vorsehung beschlossen hat, mich wieder von der Welt zu nehmen, so bitte ich meinen lieben Vater demütig, die Gnade zu haben, ihr Vater zu werden und sie zu sich zu nehmen, denn ich bin sicher, daß sie dort in guten Händen sind, und das wäre mir für immer ein großer Trost, meine Kinder wohlauf zu wissen.

Wieder versuchte Carl I., sie zu beruhigen. Sie solle Gott vertrauen, wie er es tue, und solle sich nicht solchen düsteren Gedanken hingeben. Er tröste sich damit, daß solche Gedanken immer ein Zeichen für eine glückliche Niederkunft seien.[25]

Ihrer Bitte um persönlichen Beistand kam nur die Mutter nach, die – wie im Reichsfürstenstand allgemein üblich – zur Geburt des Enkelkindes nach Weimar reiste. Der Vater wollte dem Kaiserhof keinen Anlaß zu Mißtrauen geben: Mit Philippine Charlotte sei schon genug preußische Verwandtschaft in Weimar anwesend. Dynastische Überlegungen standen bei Carl vor persönlichen Empfindungen. Wegen der unsicheren Straßenverhältnisse mitten im Siebenjährigen Krieg kam die Mutter zur Geburt Constantins etwa einen Monat zu spät. Auch die Schwestern Sophie Caroline Marie und Elisabeth Christine Ulrike hatte sie mitgebracht. Dieser Besuch war für Anna Amalia von großer Bedeutung. Die Braunschweiger blieben über zwei Wochen in Weimar und waren öfter mit der Herzogin allein. Ein so persönlicher Kontakt war selten, doch befand sich die junge Herzogin nach dem Tod ihres Mannes und der Geburt ihres zweiten Sohnes in einer ungewöhnlichen Situation.

Seit dem 8. September 1758 war nun der zweite Prinz Friedrich Ferdinand Constantin auf der Welt – es war Zeit, in der Vormundschaftsfrage zu handeln. Bünau lehnte es ab, Carl I. bis zu Anna Amalias gesetzlicher Volljährigkeit am 24. Oktober 1760 als Administrator zu akzeptieren: Ein Braunschweigischer Obervormund und erklärter Kriegsgegner des Kaisers erschien ihm für Weimar-Eisenach zu riskant. Zudem war es ohnehin sein Ziel, den Braunschweiger Einfluß zu seinen eigenen Gunsten wieder zurückzudrängen. Er wollte nun in Wien eine vorzeitige Volljährigkeit Amalias mit alleiniger Obervormundschaft beantragen. Dies war in den ernestinischen Herzogtümern und auch in anderen Fürstenhäusern durchaus üblich.[26] Die Legitimität der künftigen Weimarer Obervormünderin wurde trotzdem angezweifelt, aufgrund ihrer dynastischen Verbindungen zu Preußen, ihrer Minderjährigkeit und der voraussichtlichen Dauer ihrer Vormundschaft von mindestens sechzehn Jahren. Wegen dieser kritischen Stimmen beauftragte Carl I. die Weimarer Regierung, die rechtlichen Grundlagen für eine Regentschaft seiner Tochter zu klären. Ein ausführliches Gutachten bestätigte schließlich, daß es dem Herzog freigestanden habe, solche Bedingungen im Kodizill zu verfügen. Damit stand es im Einklang mit der allgemeinen juristischen Diskussion und stärkte Amalias Position. Allein die Zweifel waren für ihre Regentschaft sicherlich eine prägende Erfahrung. Anna Amalia mußte sich darüber im klaren sein, daß ihre ‹weibliche Herrschaft› als zeitlich und rechtlich begrenzte Ausnahmesituation galt.

Carl I. nutzte seine interimistische Regierung für strukturelle Entscheidungen. Er ordnete vor allem den Hofetat neu und legte ihn auf mindestens sechzehn Jahre Vormundschaftsregierung an. Dabei stellte er Bünaus Forderung nach Sparsamkeit zurück. Das Decorum («Wohlanständigkeit») und damit das Ansehen Weimar-Eisenachs in der höfischen Öffentlichkeit waren ihm wichtiger. Er argumentierte, auch Ernst August Constantin habe sicher nicht gewollt, daß seine Gemahlin die Hofhaltung derart einschränken müsse, daß der «auf das beste des Herrn Land Prinzens und Dero Lande mit einfließende Wohlstand darunter leiden müße».[27]

Bei der Besetzung von Ämtern ließ Carl seine Tochter gewähren, solange es sich um Posten in ihrer persönlichen Umgebung handelte. Unter dem Einfluß Nonnes und Prauns schaffte Anna Amalia das System der vier Oberchargen (Hofmarschall, Oberkämmerer, Oberschenk, Oberhofmeister) wieder ab, das an größeren Höfen gebräuchlich war, und das Bünau erst 1756 in Weimar eingeführt hatte. Ab sofort versah der bisherige Oberschenk Friedrich Hartmann von Witzleben als «Chef von allen HofAemtern» diese Funktionen in einer Person.[28] [Abb. 3] Damit nutzte sie die Gelegenheit, einige der unliebsamen älteren Herren loszuwerden: Sie entließ ihren eigenen

Abb. 3: Johann Friedrich Löber, Anna Amalia mit Oberhofmarschall Friedrich Hartmann von Witzleben beim Ausritt, Öl auf Leinwand, nach 1758

Oberhofmeister von Benckendorff und pensionierte Hofmarschall von Schardt sowie Oberkämmerer von Göchhausen – sie wurden nur noch bei besonderen Zeremonien eingesetzt. Die vertrauliche Korrespondenz mit Carl I. führte Nonne im Namen der Herzogin. Sein Ziel war es, die Gefolgschaft Bünaus aus dem Weg zu räumen. Bünau ließ sich wahrscheinlich mit dem Argument ruhigstellen, man spare viel Geld dabei, und der Hofstaat einer verwitweten Landesregentin auf Zeit komme mit nur einer Obercharge aus.

Praun gab der jungen Herzogin zudem Nachhilfeunterricht in den Regierungsgeschäften. Im Juli 1759 verfaßte er ausführliche «Nachrichten, so einem angehenden Regenten zur Kenntniß seines Staats dienlich seyn können». Von dieser Schrift gibt es zwei Fassungen. In der ersten betont Praun die traditionellen Werte eines fürstlichen Regiments, also «Wahre GottesFurcht», um «gute Zucht u. Ehrbarkeit im Lande» durchzusetzen, «unpartheyische JustizPflege» und ein «Guter Haußhalt», um die Bedürfnisse des Staats bestreiten zu können, ohne die Untertanen «über die Gebühr zu beschweren». In der zweiten Fassung entwirft Praun mit aufklärerischen Vokabeln das Bild eines Fürsten als Diener seines Volkes:

> Denen großen in der welt ist es vornehmlich vorbehalten, der glückseeligkeit, welche alle andere zeitliche güter an wert übertrifft, genießen zu können, daß sie anderen, welche ohngeachtet ihres großen unterschieds ihre nächsten zu seyn nicht aufhören, wol zu thun imstande sind, wie sie denn auch immer sich deßen wol zu erinnern haben, daß nicht die unterthanen für sie, sondern sie für die unterthanen geschaffen sind.[29]

Weiter konnte Anna Amalia anhand von Prauns Aufzeichnungen die Reichsverfassung studieren, die Beziehungen Weimar-Eisenachs zu Kaiser und Reich, den Reichsinstitutionen, dem obersächsischen Kreis, den anderen Linien des Hauses Sachsen sowie den eigenen Landständen. Außerdem beschreibt Praun die Landesverfassung Weimar-Eisenachs mit den Behörden und Steuern und unterrichtete über die historisch-geographisch-politischen und ökonomischen Zustände der einzelnen Landesteile.

In Prauns Grundsätzen dominieren die männlichen Formen. Er formulierte keine spezifisch weiblichen Anforderungen oder Tugenden. Maria Theresia als ‹vollwertige› Erzherzogin von Österreich und Königin von Ungarn bot offensichtlich kein Vorbild. Dagegen war Anna Amalias Obervormundschaft ein zeitlich begrenzter Ausnahmezustand. Zum Abschluß seiner Ausführungen wurde Praun etwas persönlicher und bezog sich dann doch auf die besondere Situation der jungen Herzogin in Weimar. Er riet ihr zu kühlem Blut und Behutsamkeit in schwierigen Fragen. Seine Vorstellungen einer Fürstin muten fast ‹modern› an: Eine natürliche Autorität, die durch Charisma und Willensstärke überzeugt.[30] Wie Anna Amalia auf Prauns Unterweisungen reagierte, und ob sie sie sich zu Herzen nahm, wissen wir nicht.

Nach der Entbindung von Constantin entspannte sich die politische und militärische Lage etwas. Aus Wien vernahm man, daß der Kaiser bereit sei, im Vormundschaftsstreit einzulenken. Schließlich verzichtete Kursachsen tatsächlich auf die Mitvormundschaft, und das ursprüngliche Kodizill mit Anna Amalia als alleiniger Obervormünderin konnte in Kraft treten. Der Kaiser nahm der Weimarer Herzogin als Gegenleistung für seine Einwilligung das Versprechen ab, die kaiserliche Position auf dem Reichstag zu unterstützen und ihre reichsrechtlichen Pflichten zu erfüllen. Das bedeutete allerdings, das erforderliche Kontingent an Reichstruppen gegen Preußen und Braunschweig-Wolfenbüttel zu stellen. Doch die junge Herzogin lernte schnell. Während der Verhandlungen vernachlässigte sie keineswegs ihre dynastischen Verbindungen zu Preußen. In den wechselhaften Kriegszeiten war sie darauf angewiesen, keine der beiden Seiten zu düpieren. Am 9. Juli 1759 erteilte ihr Kaiser Franz I. die alleinige Obervormundschaft und Landesadministration, die sie am 30. August antrat.

Alle Versuche, die sich wandelnde Stellung Anna Amalias innerhalb des Regierungsgefüges, ihre politischen Grundsätze, persönlichen Schwerpunkte und eigenständigen Initiativen auf dem Feld der Landesadministration näher zu beschreiben, stoßen an enge Grenzen. Denn der Entscheidungsprozeß im Geheimen Consilium ist in aller Regel nicht dokumentiert. In den allermeisten Fällen liegen in den Akten der Geheimen Kanzlei nur die Konzepte mit den Kürzeln der Regentin und der Consiliumsmitglieder. Das eigenhändige «AA» auf einem solchen Schriftstück heißt aber nur, daß Anna Amalia von einem bestimmten Vorgang Kenntnis genommen, sich die Entscheidung des Consiliums zu eigen gemacht und dafür als Regentin die Verantwortung übernommen hat. Es ist daher hier weder möglich noch sinnvoll, das Regierungshandeln in Weimar-Eisenach in allen Bereichen darzustellen[31], weil wir meist nicht wissen, was auf Anna Amalia persönlich zurückgeht. Die ältere biographische und landeshistorische Literatur hat dieses Grundproblem übersehen, wenn sie «Anna Amalia» diese oder jene Maßnahme zuschrieb.[32] So muß man sich darauf beschränken, aus Korrespondenzen der Herzogin, einzeln überlieferten Voten und Äußerungen Dritter ein Bild ihrer persönlichen Stellung zwischen Consilium, Ständen, Hofämtern und staatlichen Oberbehörden zu zeichnen.

Anna Amalia konzentrierte sich in den ersten Jahren auf ihre Aufgaben als Obervormünderin und als Mutter. Ihr Witwenstand schien ein Tabu zu sein. Lediglich ein Gruppenporträt der gesamten Braunschweiger Familie aus dem Jahr 1762 hebt sie – die vierte von rechts – durch dunkle Kleidung hervor [Abb. 4].[33] Wenn die Weimarer

Abb. 4: Johann Heinrich Tischbein d.Ä., Familienbild des Herzogs Carl I. und der Herzogin Philippine Charlotte mit ihrer Familie im Park von Salzdahlum, Öl auf Leinwand, 1762

Herzogin auf Gemälden abgebildet wurde, dann mit den Insignien der Regentschaft oder der Kunstliebhaberei. Erst kurz vor ihrem Tod stellt der Maler Ferdinand Jagemann sie noch einmal mit einem Witwenschleier dar [Abb. 5].

Da sie überzeugt war, dem Willen ihres verstorbenen Mannes Genüge getan zu haben, indem sie beispielsweise treue Diener entlohnte oder weiter im Dienst bei Hofe beschäftigte, erwähnte sie ihn in keinem der erhaltenen Briefen mehr. Auch in ihrem autobiographischen Fragment setzte sie sich kaum mit dem Tod Ernst August Constantins auseinander: Dort ist er eines der vielen umwälzenden Ereignisse des Jahres 1758: «Ich wurde zum zweytenmahl Mutter, wurde Wittib, Obervormünderin und Regentin». Interessant ist, daß sie die Reihenfolge der Ereignisse umdreht und die Geburt Constantins in der Aufzählung vor den Tod ihres Mannes setzt. Der zweite Sohn war ihr in der Situation, in der sie den Rückblick verfaßte, näher und wichtiger.[34]

Abb. 5: Ferdinand Carl Christian Jagemann, Anna Amalia v. Sachsen-Weimar-Eisenach, Öl auf Leinwand, ca. 1805–1806

Eine Wiederheirat hat Anna Amalia offenbar nie in Betracht gezogen. Dafür hatte sie mehrere gute Gründe: Wie allgemein üblich[35], sah der Ehevertrag vor, daß sie das Recht auf die Obervormundschaft und auf die Erziehung ihrer Kinder behalte, «so lange sie den Wittben Stuhl nicht verrücket». Die Dynastie war wichtiger als die Blutsverwandtschaft – im Falle einer erneuten Heirat hätte sie ihre Kinder in Weimar-Eisenach zurücklassen müssen. Außerdem hätte sich ihr Witwengeld, ihr «Wittum», um die Hälfte verringert. Anna Amalia zog es also wahrscheinlich vor, unverheiratet zu bleiben, um Mutter sein zu können: Die Mutter der Prinzen und die «Landesmutter» des Herzogtums Weimar-Eisenach.[36]

Der Regierungsantritt Anna Amalias war eher unspektakulär. Als das kaiserliche Diplom der Venia aetatis ankam, war schon alles vorbereitet: Die Patente und Reskripte mußten nur noch ausgefüllt, gedruckt und veröffentlicht werden. Es folgte kein symbolischer Akt der Machtübertragung, und es gab keine offizielle Huldigung der Landstände. Dergleichen war im Herzogtum Weimar ohnehin unüblich – wurde bei der Amtsübergabe an Carl August aber eingeführt: Beim Antritt von Anna Amalias Regentschaft war es also kein aufklärerisches Vernunftdenken, warum man auf solche symbolischen Handlungen verzichtete. Wahrscheinlich wollte man nicht noch durch offizielle Zeremonien betonen, wie lange es tatsächlich gedauert hatte, bis Weimar wieder eine Regentin hatte. Außerdem sollte der Beginn einer obervormundschaftlichen Regentschaft nicht als ein solcher Einschnitt hervorgehoben werden wie der spätere Regierungsantritt eines Fürsten auf Lebenszeit.

Bei ihrem Antrittsbesuch als Regentin in Eisenach im Juni 1760 waren Anna Amalia und ihre Ratgeber offenbar bemüht, Eindruck zu machen und symbolisch von diesem Landesteil Besitz zu ergreifen. Sie reiste mit vier Wagen an und hielt vier Wochen Hoflager. Die junge Herzogin nutzte die Gelegenheit, um sich einen Überblick über die Sozial-, Finanz- und Verwaltungsverhältnisse in diesem Herzogtum zu verschaffen.

Anna Amalia versuchte, in Weimar ein persönliches Regiment zu etablieren, was ihr zunächst auch gelang. Anders als viele andere Regentinnen hatte sie keine anderen Reichsfürsten als Mitvormund und keinen fürstlichen Rat als Untervormund.[37] Praun entwickelte ein Regierungssystem, das die Regentin in alle wichtigen Entscheidungsprozesse einbinden sollte. So wollte er den Ministerabsolutismus Bünaus aushebeln. Doch dieser hatte seine alte Machtposition insgeheim schon aufgegeben, als er bemerkt hatte, daß alles auf eine alleinige Obervormundschaft der Herzogin hinauslaufen würde. Bünau besuchte zwar weiter die Sitzungen des Geheimen Consiliums, in dem er immer noch den Vorsitz führte, zog sich sonst aber auf sein Gut in Oßmannstedt bei Weimar zurück. Praun hatte die Herzogin darin bestärkt, verschiedene Ratgeber anzuhören und ihren Namen nicht «zu allem blinderdings herzugeben und alles gut zu heißen, ohne von den sachen selbst eigene kenntnis vorgängig zu haben».[38] Noch vor dem offiziellen Regierungsantritt Anna Amalias hatte Praun einen Formfehler des Geheimen Referendars im Consilium dazu genutzt, eine Intrige gegen Bünau anzuzetteln. Es gelang ihm, den Eindruck zu erwecken, der Premier wolle Anna Amalia in wichtigen Entscheidungsprozessen übergehen. Bünau ahnte, wer diese «Bagatelle» aufgebauscht hatte, bat Carl I. jedoch trotzdem um seine Entlassung. Diese Aufgabe überließ Carl seiner Tochter, die ihre Regentschaft so mit einem Paukenschlag beginnen konnte.

Praun sorgte dafür, daß das Testament Ernst August Constantins möglichst zu Anna Amalias Gunsten interpretiert wurde. Er verfaßte ein «Regulativ», das ihr die Möglichkeit gab, alle Regierungsgeschäfte zu kontrollieren. Sowohl Konzepte als auch die Ausfertigungen amtlicher Schreiben hatte sie zu signieren. Sie behielt sich vor, das Consilium zu besuchen und einzuberufen, wann sie es wünschte und auch außerhalb der Sitzungen über alle relevanten Vorgänge informiert zu werden. Ohne ihre «Wissenschaft und genehmigung» durfte vor allem in Militär-, Kammer-, Landschaftskassen- und Gnadenangelegenheiten nichts verordnet werden.[39] Die Herzogin hatte zwar mit dem Kabinettsekretär Carl Christian Kotzebue – er stammte aus Braunschweig – einen wichtigen Vertrauten im Consilium. Ansonsten war sie aber inmitten ihrer erfahrenen Geheimen Räte auf sich allein gestellt. Der Posten des Premierministers blieb unbesetzt; Praun kehrte nach Braunschweig zurück.

Bereits drei Tage nach dem Erlaß mußte Anna Amalia das Regulativ im Consilium erläutern. Realistischerweise schränkte sie die darin umrissenen Aufgaben wieder ein. Sie wolle nur direkt an sie adressierte Bittschriften, Hand- und Kanzleischreiben von Fürsten und anderen Personen sowie die Berichte der Gesandten aus Wien und aus Regensburg einsehen. Die Räte hatten zu Recht angezweifelt, daß Anna Amalia den gesamten Schriftverkehr der Oberbehörden überblicken könne. Den Schwerpunkt legte sie auf die Reichs- und Außenpolitik – eine Entscheidung, die sicher der Kriegssituation geschuldet war.

Anfangs trat die Herzogin energisch auf, mußte jedoch bald auf die Beschlüsse ihrer Geheimen Räte vertrauen. Es mangelte ihr schlicht an Erfahrung. Mit Carl Ernst von Rehdiger († 1766), Gottfried Nonne († 1765) und Johann Poppo Greiner († 1772) hatte sie drei erfahrene Verwaltungsbeamte um sich, die es gewohnt waren, selbständig zu entscheiden. Ab 1772 übernahm Jacob Friedrich von Fritsch († 1814) den Vorsitz im Geheimen Consilium.[40]

Das Consilium blieb die Stelle des Herzogtums, an der die wesentlichen Entscheidungen zusammenlaufen sollten. Was Bünau allein auf sich zu vereinen versucht hatte, hatten die Mitglieder des Consiliums nun kollektiv übernommen. Ämterhäufungen und das Wissen über politische Bereiche, für die es keine Oberbehörde gab, sorgten für den Erhalt dieser Macht. Indem sich die Herren gegenseitig in den Ämtern ablösten, verhinderten sie neue Mitwisser, die zu Konkurrenten hätten werden können. Anna Amalia steuerte die informelle Machtverteilung durch persönliche Gunsterweise: Sie dosierte ihre Ansprechbarkeit oder verlieh Titel.

Nach drei Monaten konnte sie die Regierungspraxis besser einschätzen. Sie beklagte sich darüber, daß sie so viele Bittschriften erreicht hätten, daß ihre «Gnade dadurch gantz ermüdet sey». In Zukunft wolle sie nicht mehr mit diesen Gesuchen behelligt werden, weil sie «die Verdienste eines jeden zu seiner Zeit schon von Selbst und aus eigener Bewegniß belohnen wollte [...]».[41] Die Regentin hatte also kein Interesse daran, Regierungsvorgänge durchsichtig zu machen. Indem sie den Zugang zu sich kanalisierte, setzte sie ein wichtiges monarchisches Machtinstrument ein.

War Anna Amalia einmal nicht in Weimar, so stand sie mit ihren Regierungsmitgliedern in ständigem Briefkontakt. Gottfried Nonne zeigte sich in seinen Berichten sehr offenherzig, berichtete Privates, ja Intimes. Das widersprach offenbar nicht dem wohlanständigen Betragen gegenüber einer Herzogin. Mit Klatsch und Tratsch kaschierte er Verschwiegenheit in anderen Bereichen: Politische Informationen gab er nur knapp und teilweise unvollständig an die Herzogin weiter. Anna Amalia durchschaute dieses Spiel, beendete es aber nicht. Nonne mußte sich des Vorwurfs erwehren, ihr übermäßig zu schmeicheln. Dies verstieß nach Ansicht Anna Amalias gegen die Etikette, also die Normen für das Verhalten Untergebener gegenüber fürstlichen Personen. Es war der Herzogin zuwider, wenn Personen ihres Hofstaats allzu offensichtlich um ihre Gunst warben. Anders war die Korrespondenz zwischen der Herzogin und Johann Poppo Greiner: Ihm gestand sie zu, seine Briefe auf Deutsch zu verfassen; sie schätzte ihn als einen väterlichen Freund und Ratgeber. Allerdings mußte sie stets vermeiden, sich von einem ihrer Räte abhängig zu machen oder ihn zum besonderen Günstling zu erheben.[42]

Schon früh war ein Konfliktherd während der Regentschaft Anna Amalias ausgemacht: Der Hofetat, der sich aus dem Kammeretat speiste, den Einnahmen der herzoglichen Eigengüter (landwirtschaftliche Kammergüter). Schon im Oktober 1759 stand die Finanzpolitik auf der Tagesordnung des Geheimen Consiliums. Die Herzogin fühlte sich dafür persönlich verantwortlich; ihre eigenen Stellungnahmen lassen freilich keine Grundlinie erkennen. Eine zentrale Frage war, ob man sich bei der Ausstattung des Hofes daran orientieren sollte, daß man es hier mit einem Witwenhofstaat zu tun hatte – oder mit dem einer Regentin. Denn dieser hatte ganz anderen, höheren Ansprüchen zu genügen.

In der Debatte wurden politische und moralische Argumente gegeneinander abgewogen. Nonne fand, die Regentin sei «genöthiget», «zur Ehre des Fürstlichen Haußes, einen größeren Aufwand zu machen». Jedoch habe sie über ihre Ausgaben genaue Rechenschaft abzulegen. «Denn die wahre Ehre bestehet nicht in einem grosen Aufwand, und in einem äußerlichen kostbaren Glanze; sondern in genauer Erfüllung der obhabenden Pflichten». Schließlich zähle auch das angemessene Verhältnis zum Volk: «Die arme Unterthanen werden bis auf den lezten BlutsTropfen ausgesauget: und an dem Hofe der besten Fürstin, einer wahren Mutter der Unterthanen, soll zu eben der Zeit Pracht und Ueberfluß herrschen?» Schließlich müsse sie sich nicht nur eines Tages ihrem Sohn gegenüber rechtfertigen, sondern auch das «unbefangene publicum» werde über eine Mißwirtschaft richten. Die Meinung der Öffentlichkeit war also ein Faktor.[43] Referendar Kotzebue unterstützte diese Argumentation. Zwar müsse Anna Amalia manchmal – vor allem beim Besuch auswärtiger Gesandter und Fürsten – «eine Regentin vorstellen», der Ehre des Hauses Genüge tun und den Besuchern gegenüber den noch minderjährigen Fürsten ersetzen. Grundsätzlich könne sie als Witwe aber «große

Pracht» vermeiden, denn «die Betrachtung des Witwenstandes» sei «unauslöschlich». Er verwies auf das Testament, das sie verpflichte, Schulden abzubauen. Bei sparsamer Wirtschaft könne sie mit der Dankbarkeit des Erbprinzen rechnen, andernfalls werde sie sich mit ihm «überwerfen».[44]

Jedoch waren vor allem die Kosten für unvorhergesehene Besuche schwer zu kalkulieren. Die Ausgaben für die Repräsentation des Hofes ließen sich nicht in ein rationales System der Staatsfinanzen einordnen, da der ‹wohlanständige› Aufwand – das «decorum» – nicht eindeutig zu berechnen war.[45] Es war demnach unmöglich, einen Etat für die gesamte Zeit der Obervormundschaft festzulegen, wie es Carl I. und dann Anna Amalia eigentlich geplant hatten. In den 1760er und 1770er Jahren reichte das veranschlagte Jahresquantum fast nie aus – eine permanente Krisensituation war die Folge. Anna Amalia klagte ihrem Vater: «Die ganze Unordnung kommt nur vom Übermaß des Phlegmas und der Bequemlichkeit des Herrn von Witzleben.» Es erscheine unter seiner Würde, sich im Detail mit der Hofökonomie zu beschäftigen. Er sehe seine Autorität gefährdet, wenn ihm ein Aufseher über die Hoffinanzen an die Seite gestellt werde. Carl I., dessen Herzogtum selbst hochverschuldet war, wiegelte ab: Wegen der Wirren des Siebenjährigen Krieges könne niemand den Haushalt richtig abschätzen. Sie solle sich bis zum Frieden gedulden. Der Etat blieb also weiter Witzleben überlassen.[46]

Als weiteren Posten, der nicht kalkuliert worden sei, führte die Herzogin immer wieder die Kosten der Prinzenerziehung an – was natürlich ein willkommener Vorwand war, ihre eigenen Ausgaben nicht einschränken zu müssen.[47] In den kommenden Jahren wurde dieser Konflikt nicht gelöst, die Fronten waren verhärtet: Das Consilium beharrte darauf, daß der Etat eingehalten werden müsse. Das Hofmarschallamt klagte, die Herzogin wolle sich die Zahl und Bewirtung ihrer Gäste nicht vorschreiben lassen. Allerdings kamen aus dem Amt nie rechtzeitig Warnungen, daß die Ausgaben die Einnahmen zu übersteigen drohten. Während der Regentschaft sah sich keine Seite in der Lage, die ausufernden Ausgaben zu bändigen.

Um den Hofetat und Anna Amalias Schatulle für ihre persönlichen Ausgaben (Garderobe, Schmuck, Almosen, Theaterzuschüsse, Bücher und Kunstgegenstände) aufzubessern, gebrauchte das Geheime Consilium die Währungspolitik.[48] Die Geheimen Räte ließen wie Friedrich II. von Preußen Geld mit geringem Edelmetallgehalt prägen, bezahlten die Dienste der Untertanen mit diesem Geld, erlaubten ihnen im Gegenzug aber nicht, ihre Steuerschulden damit zu begleichen. Obwohl die Kammer dadurch Steuerausfälle zu verzeichnen hatte, konnten die Räte mit der schlechten Währung Gewinne erzielen, die in die Kammerkasse flossen. Die Stände protestierten gegen diese katastrophale Währungspolitik, konnten sich jedoch nicht durchsetzen. Die Entscheidungen traf ein kleiner Zirkel um Nonne und den Eisenacher Hofagenten Johann Georg Bohl. Anna Amalia war über die wesentlichen Schritte informiert, ihre Sorgen scheinen aber hauptsächlich anderer Natur gewesen zu sein. Nonne teilte dem Eisenacher Münzmeister mit, sie wolle ihr Konterfei nicht auf die Münzen prägen lassen:

> Serenissima und andere Personen glauben, daß das Portrait auf dem Stempel nicht gar zu ähnlich und besonders zu alt ausgefallen. Höchstdieselbe wollen also darnach nicht ausprägen laßen, sondern verhoffen, der Medailleur Stockmar werde dero portrait, bey einem anderweiten Versuch beßer treffen.[49]

Ob es sich bei den ästhetischen Bedenken um eine Ausrede Nonnes handelte, oder ob Anna Amalia persönlich mit der schlechten Währung nicht in Verbindung gebracht werden wollte, wissen wir nicht. Fest steht, daß die minderwertigen Kupfermünzen viele Handel- und Gewerbetreibende in Weimar-Eisenach in den Ruin trieben. Doch dies sollte nicht das einzige Problem des Herzogtums bleiben.

Zunächst war die wirtschaftliche Situation wegen des Siebenjährigen Krieges ohnehin schwer zu überblicken. Überraschenderweise brachte dieser Anna Amalia einen guten Einstieg in ihre Regentschaft. Sie selbst beschrieb später den Ansporn, den sie durch die Kriegssituation bekam, so:

> Es war Krieg, meine Brüder und nächsten Verwandten, die alle mit darinne verwickelt waren, erwarben sich den Größten Ruhm. Man hörte nichts als den Nahmen Braunschweig, Er wurde besungen von Feind und Freund, mit Lorbeeren bekränzt. Alles dieses erweckte meinen Stolz und Eitelkeit, ich angelte nach Ruhm und nach Lob.[50]

Diese Taten seien für sie als junge Regentin ein Anreiz gewesen, ihre Schüchternheit abzulegen und männliche Tugenden nachzuahmen. Ihre Brüder hatten tatsächlich einiges vorzuweisen, was man im damals vorherrschenden Verständnis als ruhmvoll bezeichnen konnte. Die Leistungen Carl Wilhelm Ferdinands stilisierte sogar Friedrich II. zu Heldentaten; er nannte ihn in einem Atemzug mit anderen großen Kriegsherren. Friedrich August hinderte 1761 die Franzosen daran, Braunschweig einzunehmen, und Albrecht Heinrich wurde schon dadurch zum Helden, daß er den Kampfhandlungen zum Opfer fiel. Die Motivation, dem «Ruhm» der Familie nachzueifern, konnte Anna Amalia gut gebrauchen: Sie mußte täglich Eilentscheidungen treffen und zwischen der Weimarer und der Eisenacher Kammer vermitteln, militärische Exekutionen bzw. Zwangseinquartierungen verhindern, sich um Kornlieferungen kümmern und Beschwerden einzelner Amtmänner nachgehen. Die Herzogin sah sich in dieser Zeit in die Amtshandlungen gut eingebunden.[51]

Häufig entwarfen die Consiliumsmitglieder Gottfried Nonne oder (ab 1765) Jacob Friedrich von Fritsch die Schreiben der Regentin an andere Reichsfürsten oder hohe Militärs. Darin erwähnte «Anna Amalia» nicht selten, daß sie nur eine Obervormünderin sei, der zwei Länder zur Verwaltung anvertraut seien. Die Anspielung auf die zeitlich begrenzte Regentschaft hatte auch taktische Gründe. An den Wiener Hof versuchten die Geheimen Räte Schutzanforderungen zu stellen, denn das Reichsoberhaupt war der oberste Vormund für die «verwaisten» Prinzen von Sachsen-Weimar-Eisenach.[52] Schon Ende 1759 erbat Anna Amalia bei Kaiser Franz I. für die «meiner Vormundschftl. Pflege anbefohlenen Fürstl. Landen ein neues Merckmahl von dero Allerhöchsten Kayserl. Protection» und versicherte «ganz ungeheuchelten patriotischen DienstEyfer». Sie werde alles tun, «was die Obliegenheit getreuer Reichs-Stände erheuschet».[53] Die Weimarer Fürstin erinnerte sich an die Kaisertreue, die sie versprochen hatte, um die alleinige Obervormundschaft zu erlangen.

Anna Amalia bemühte sich, die ihr anvertrauten Territorien aus dem Siebenjährigen Krieg (1756–1763) herauszuhalten. Problematisch waren zum einen die Durchmärsche oder gar die monatelangen

Einquartierungen von Truppen, die von der ohnehin häufig notleidenden Bevölkerung zu versorgen waren. Krieg zu ertragen, hieß für die Weimar-Eisenacher vor allem, den Krieg zu ernähren. Politisch heikel waren Truppenanforderungen, die Weimar-Eisenach von beiden Kriegsparteien ereilten – sowohl von der Reichsarmee (Österreich und das von ihm geführte Reich hatten sich mit Frankreich verbündet) als auch der Armee Brandenburg-Preußens (das von Großbritannien-Kurhannover unterstützt wurde). Als Fürstentum des Reiches war Weimar-Eisenach zur Stellung eines Kontingents für die Reichsarmee verpflichtet. Brandenburg-Preußen begründete den Anspruch auf Truppen mit den verwandtschaftlichen Beziehungen. Doch die junge Herzogin versuchte genau diese Verwandten zu benutzen, um den preußischen Forderungen zu entgehen, die ihr Herzogtum eindeutig auf die Seite der Gegner von «Kaiser und Reich» gestellt hätten. Sie wandte sich persönlich an Friedrich II. und an ihren Vater – diesmal nicht als seine Tochter, sondern von Fürstin zu Fürst in administrativen Angelegenheiten.

Der ‹Spezialschutz› des Kaisers, den sie für Weimar-Eisenach angefordert hatte, blieb aus. Amalia und ihre Räte hatten mit der Rechtsordnung des Reiches argumentiert, die sich aber in diesem Krieg souveräner, auf Expansion bedachter Großmächte als nachrangig erwies. Auf das mangelnde diplomatische Geschick des weimarischen Gesandten am kaiserlichen Hof, Rehboom, ist die ausbleibende Hilfe wohl nicht zurückzuführen. Rehboom entschärfte anklagende Billets aus Weimar und wandelte sie in dringliche Appelle um, indem er die persönliche Betroffenheit der Herzogin betonte:

> Das Wehklagen und Winseln im ganzen Lande rühret das zarteste Gemüth der Frau Herzogin Regentin hochfürstl. Durchl. auf innigste. Da Sie Selbst nicht helfen können, würde dero Landes Mütterliche Herz völlig in Wehmuth versincken müssen, daferne Sie allerhöchsten Orts da wo Sie sich es mit Recht zu versehen haben, die gebührende Hülffe nicht erlangen solten.[54]

Dennoch mußte man in Weimar bald erkennen, daß der Kaiserhof vor allem als Zentrale der Großmacht Österreich handelte, die nur dann half, wenn es in ihrem eigenen Interesse war. Zu einem Bruch mit Wien kam es nicht mehr: Der Krieg endete im Februar 1763. Deshalb konnte sich Maria Theresia auch so lobend über die Weimarer Herzogin äußern:

> Sie ist eine wackre Frau: und eine gescheute brave Frau, die Sich auch bey dem vergangenen Kriege aus manchen verdrießlichen und critischen Umständen noch ganz brav und galant herauszuwickeln gewußt hat. Man kan Sie nur von allen Seyten nicht gnug loben: und Sie ist doch noch so jung. Ich habe sie auch recht von Herzen lieb.[55]

Diese Äußerungen hat Rehboom vermutlich ein wenig ausgeschmückt, der Grundton ist jedoch glaubwürdig, da der Gesandte sonst auch unverblümt vor der Mißgunst der Wiener Minister warnte.

Das langerwartete Ende des Siebenjährigen Krieges feierte man, wie im ganzen Reich, so auch in Weimar mit einem Friedensfest. Das Fest war der Auftakt für die Landtage in den drei Landesteilen, also in Weimar (Mai), in Jena (Juni) und Eisenach (Oktober). 1763 war Anna Amalia auf der Höhe ihrer Handlungsfähigkeit: Der Regierungswechsel stand erst in zwölf Jahren an, und der Krieg mit den ständigen reichspolitischen Verhandlungen hatte ihre Position im Herrschaftsgefüge gestärkt. Die Landstände hegten mittlerweile einiges Mißtrauen gegenüber dem Geheimen Consilium und setzten ihre Hoffnungen auf die Regentin. Die Stände trugen unter anderem die Finanzierung des Militärs, des Straßenbaus und der auswärtigen Gesandtschaften. Sie unterstützten zudem die Kammer mit einem Fixbetrag durch die Steuern, die sie eigenständig und zusätzlich zu den landesherrlichen Steuereinnehmern von der Bevölkerung einzogen. Während des Siebenjährigen Krieges hatten Regierung und Consilium einige Privilegien der Stände mißachtet, nun wollten diese sie wieder zurückgewinnen. Dabei hatten die Vertreter des landsässigen Adels (der «Ritterschaft») natürlich andere Interessen als die der Städte oder der Universität Jena. Beim Weimarer Landtag 1763 forderten die Stände insgesamt eine Beteiligung an der Gesetzgebung bei sozialen und ordnungspolitischen Maßnahmen («Policey»), das Recht, selbständige regelmäßige Versammlungen der Deputationsausschüsse abhalten zu dürfen, und die Jenaer und Weimarer Stände zu einer Gesamtlandschaft zu vereinigen. Auch wollten sie wieder die Kontrolle über die landschaftlichen Kassen zurückgewinnen, die durch permanente Zugriffe der Obrigkeit verschuldet waren. Einige von den Ständen bewilligte Summen erhöhte Verhandlungsführer Nonne eigenmächtig, zum Beispiel den Militäretat. Anna Amalia ließ ihren Geheimen Rat gewähren. Ob sie sich der Konsequenzen dieses Rechts- und Vertrauensbruches bewußt war, wissen wir nicht.

Die Herzogin ließ auch nach dem Landtag einige Beschwerden und Anfragen unbeantwortet; sie hatte ohnehin die Neigung, unangenehme Entscheidungen aufzuschieben oder auszusitzen. Das verstärkte die allgemeine Tendenz der Landstände, den obervormundschaftlichen Verordnungen nur begrenzte Wirkmächtigkeit zuzuweisen: Es war ihnen klar, daß die Macht der Regentin nur geliehen war. Carl August konnte ihre Entscheidungen wieder zurücknehmen, sobald er an der Regierung sein würde. Auch die Mitglieder des Geheimen Consiliums beriefen sich immer dann auf die Vorläufigkeit der Regierungsentscheidungen Anna Amalias, wenn es ihnen gelegen kam.

Wie sich die Regierende gegenüber den Ständen selbst sah, ist nur durch wenige Zeugnisse belegt. Es deutet aber einiges darauf hin, daß auch sie sich nicht als erste Dienerin des Staates verstand, sondern vielmehr als Herrscherin – wie später auch ihr Sohn. Wenn es um die persönlichen Angelegenheiten ihrer Günstlinge ging – 1768 verlangte sie, daß die Weimarer Landschaftskasse die Schulden des Geheimen Rats Greiner übernehmen sollte – so trat Anna Amalia ziemlich bestimmt auf: «Ich meine doch, daß ich in dieser Angelegenheit als Souveränin [souveraine] sprechen kann, ohne vorher die Zustimmung der Stände zu erbitten». Der Geheime Rat von Fritsch entschärfte die Situation, indem er sie überredete, den Ständen den Betrag aus der (ebenfalls verschuldeten) Kammer ersetzen zu lassen.[56] Prinzipiell respektierte Anna Amalia den Anspruch der Stände auf Mitbestimmung, konnte aber im Gegenzug auch finanzielle Mitverantwortung einfordern.

Die Stände des Eisenacher Landesteils, deren Kasse der Krieg am stärksten strapaziert hatte, waren 1763 relativ friedfertig. Anna Amalia berichtete aus Eisenach: «Ich bin sehr zufrieden mit meinen Ständen, sie haben sich hervorragend betragen, vor allem Herda, der sich als treuer Diener und als Vassal, der seine Pflicht kennt, verhalten hat.»[57] Der Ritterschaftsvertreter Carl Christian von Herda stand als Mitglied der Eisenacher Kammer damit in einem Interessenkonflikt, den er zugunsten seiner Regentin auflöste. Solche Konflikte waren aber eher selten. Anna Amalia vergab an Vertreter aus der landsässigen Ritterschaft kaum Posten am Hof oder in den staatlichen Behörden. Die Hofämter besetzte sie meist mit Adligen aus Familien, die schon seit Generationen im Hofdienst tätig waren. Hielt sie die Ständevertreter bewußt auf Distanz oder drängte es diese gar nicht in den Fürstendienst? Wir wissen es nicht. Der Hof war in Weimar jedenfalls kein Instrument, um den (landsässigen) Adel gefügig zu machen.[58] Insgesamt wurden die Stände während Anna Amalias Regentschaft nicht entmachtet – sie behaupteten ihre zentrale Stellung in der Finanzverwaltung und konnten auch ihr Kontrollrecht bei der Prinzenerziehung prinzipiell aufrechterhalten.

Bei seiner Abschlußrede des Weimarer Landtags benannte der Geheime Rat Nonne die Aufgaben der obervormundschaftlich regierenden Herzogin «bei der sorgfältigen Verwaltung der verwaißten Lande»:

> mit andern Fürstlichen, besonders verwandten und benachbarten, Häusern ein gutes Vernehmen unterhalten; die entstehenden Irrungen gütlich hinlegen; Recht und Gerechtigkeit im Lande handhaben; vor das Aufnehmen der Commercien und der Nahrung sorgen; die Policey herstellen und in guter Ordnung erhalten; das gute und die Verdienste belohnen, das Böse aber bestrafen; mit denen LandesEinkünften eine solche Einrichtung treffen, daß die Sparsamkeit und die Anständigkeit daran gleichen Antheil haben [...].[59]

Nonne gab Anna Amalia hier das traditionelle Herrscherbild der ernestinischen Linien mit auf den Weg. Aufklärerisches Vokabular verwendete er nicht, und auch sonst schien er keine außergewöhnlichen Ansprüche an die neue Regentin zu haben. Ihre Pflichten waren vor allem, das Vorhandene zu bewahren – große Reformen wären zwar nötig gewesen, wurden von ihr aber nicht erwartet. Sie war eben ‹nur› eine Herrscherin auf Zeit. Das wurde immer wieder deutlich.

Nach dem Krieg schwand Anna Amalias Durchsetzungskraft innerhalb des Regierungsapparats langsam dahin, was sie auch selbst zu bemerken schien. Eigene politische Projekte, wie die Idee, in Eisenach Handelsmessen einzurichten, waren wohl die Ausnahme.[60] Im Herzogtum drängten nun innerterritoriale Reformen auf die Tagesordnung. Eine neue Landesordnung zu erstellen, welche alle gesetzlichen Vorschriften für Weimar-Eisenach zusammenfaßte, war nicht geglückt. Schließlich wurde die Landesordnung von 1589 wieder neu aufgelegt, es wurde Neues ergänzt oder mit Altem zusammengeführt, überholte Regelungen wurden aber nicht gestrichen. Die Policey- und Rechtspolitik des Herzogtums bot also ein unübersichtliches Bild.

Anna Amalia sah sich nicht nur in der Landespolitik zahlreichen, miteinander konkurrierenden Interessen und Meinungen ausgesetzt. Auch bei der Erziehung der Prinzen glaubten viele, mitreden zu können und zu müssen, da es sich schließlich um die künftigen Herrscher und somit auch um die Zukunft des Herzogtums handelte, für die hier die Weichen gestellt wurden. Im Testament war festgelegt, daß Anna Amalia Entscheidungen, die die Prinzen betrafen, mit dem Geheimen Consilium abzusprechen hatte. Bei besonders heiklen Fragen wurden auch die Landstände mit einbezogen. Doch obwohl viele Seiten darauf bestanden, ihre Meinung kundzutun und Einfluß geltend zu machen, so wollte doch niemand die letzte Verantwortung tragen. Zu weitreichend waren die Konsequenzen, sollte einem der beiden Prinzen oder gar beiden etwas zustoßen. Das Wohl der Kinder war oberstes Gesetz.

Bei der Eröffnung des Weimarer Landtags 1763 bezeichnete Nonne die beiden Söhne als Faustpfänder von Dynastie und Land. «Als es Gott gefiel, unsern Herrn von unserm Haupte zu nehmen, ließ er uns doch einen hoffnungsvollen ErbPrinzen, und kurz darauf schenkte er uns den SchmerzensSohn, unsern zweyten Durchlauchtigsten Prinzen.»[61] Constantin wurde in der Tat in eine denkbar schwierige Situation hineingeboren. Für ihn gab es keinen wirklichen Lebensplan außer vorbereitet zu sein, falls dem Bruder etwas zustoßen sollte. Der kleine Prinz erahnte dies natürlich erst nach und nach. Zunächst erhielt er die gleiche Fürsorge und Ausbildung wie sein Bruder.

Dabei konnte Anna Amalia als fürstliche Mutter nicht auf sich allein gestellt sein – nicht nur wegen der formalen Bedingungen des Testaments. Das begann bereits im Säuglingsalter. Für eine Mutter ihres Standes ziemte es sich nicht, selbst zu stillen; dieses Ideal, das Rousseau in seinem «Emile ou de l'Education» (1762) formulierte, war mit ihrer Wertewelt unvereinbar. Die Prinzen, Carl August und Constantin, wurden traditionsgemäß einer «Säug-Amme» übergeben, eine weitere hatten die Leibärzte noch in «reserve».[62]

Das Wichtigste war zunächst, daß die Prinzen das Kindesalter überlebten. Zwar hatten Carl August und Constantin durch ihren Stand die besten Voraussetzungen an Hygiene und Ernährung – dennoch war auch der Adel in der zweiten Hälfte des 18. Jahrhunderts von der weiterhin hohen Kindersterblichkeit betroffen. Das Fach «Kinderheilkunde» war noch nicht erfunden, und bei der Frage, was für die Gesundheit der Prinzen gut sei, gab es ebenso viele Meinungen wie Personen, die sich einmischen konnten, durften und wollten. Anna Amalia hatte wenig Zeit für ihre Kinder, und die wenigen Stunden waren eine schmale Grundlage, um maßgebliche Aussagen über das Wohl der Kinder zu treffen. Wie eng der persönliche alltägliche Kontakt zwischen der fürstlichen Mutter und ihren beiden Kindern war, ist unklar. Da sie die Prinzen ohnehin in die Obhut anderer hatte geben müssen, war sie auf deren Einschätzung angewiesen. In den Fragen, die ihre Kinder betrafen, konsultierte sie übrigens nie ihre eigene Mutter. Abgesehen davon, daß dies wohl kein ‹schickliches› Thema war, hatte sich auch Philippine Charlotte nicht selbst um ihre Kinder gekümmert und hätte Amalia mithin nicht wirklich beraten können. Großen Einfluß hatten die Mitglieder des Geheimen Consiliums und die Leibärzte, die als einzige Fachmeinungen äußern konnten. Die Herzogin mußte sich absichern, damit ihr die Landstände oder Stadtbürger nicht vorwerfen konnten, sie setze das Leben der «Landesprinzen» leichtfertig aufs Spiel.

Bei den geringsten Anzeichen von Husten oder Unwohlsein wurde der Arzt gerufen. Die adligen Damen, die Carl August und Constantin bis zu ihrem vierten Lebensjahr beaufsichtigten, schlugen lieber einmal zuviel Alarm als einmal zuwenig. Das «Frauenzimmer» hatte in diesen ersten Jahren primär die Aufgabe, den Kindstod zu verhindern;

für die eigentliche Erziehung gab es keine besonderen Vorgaben. Vor allem die Oberaufseherin Christine Charlotte von Quernheim war Anna Amalia Rechenschaft schuldig. Wenn sich die Regentin längere Zeit nicht in Weimar aufhalten konnte, hatte von Quernheim ihr penibel Bericht zu erstatten. Die Herzogin konnte sehr ungehalten werden, wenn ihr ein Versäumnis der Aufsichtspflicht zu Ohren kam. Die härteste Form des Tadels, die ihr zur Verfügung stand, war offener Gunstentzug.[63] Die sonstigen Hofchargen und Bediensteten hatten ebenfalls ein wachsames Auge auf die Prinzen und konnten sicher sein, daß die herzogliche Mutter ihnen Gehör schenken würde, wenn sie von vermeintlichen Gefahren für die Prinzen zu berichten hatten. Dies war auch eine gute Methode, um sich selbst in der Gunst der Herzogin eine bessere Stellung zu verschaffen.

Je älter die Kinder wurden, desto wichtiger wurden dann neben der Gesundheit auch Erziehung und Unterricht. Geheimrat Nonne formulierte die Aufgabe des Prinzenerziehers so:

> Es ist in der That ein höchstwichtiges Geschäfte, nicht nur um das leibliche Wohlseyn der Fürstl. Pflegbefohlnen bekümmert zu seyn, sondern auch mit eben so großer Sorgfalt auf die Bildung des Herzens und des Verstandes zu denken; in das Herz eine eherbietige Furcht vor Gott und ächte Menschenliebe zu pflanzen, und den Verstand durch richtige Begriffe und durch eine genaue Kenntniß der, einem künftigen Regenten nöthigen, Wissenschaften aufzuklären.[64]

Außerdem waren dem Prinzenerzieher die Lehrer unterstellt, die Carl August und Constantin in verschiedenen Fächern unterrichteten. Daher war es für ein Fürstenhaus äußerst wichtig, wer diese Stelle des Prinzenerziehers ausfüllen sollte.[65] Es war eine verantwortungsvolle und, nebenbei bemerkt, lukrative Aufgabe für Adlige. Das Hofmeisteramt stand am Beginn einer Karriere im Hof- oder Staatsdienst: Die erfolgreiche Erziehung von Adelssöhnen oder sogar Landesregenten qualifizierte für weitere Ämter.

Anna Amalia versuchte, so weit es ihre Möglichkeiten erlaubten, auf die Erziehung Einfluß zu nehmen. Deren Erfolg war mitentscheidend darüber, wie ihre Obervormundschaft einmal beurteilt werden sollte. Bald war Anna Amalia Graf Johann Eustach von Schlitz

(1737–1821) aufgefallen, der «Görtz» genannt wurde und sich seit 1759 in Weimar aufhielt. Diesen schlug sie ihrem Consilium als Prinzenerzieher vor. Er hatte sich selbst für diese Stellung empfohlen, einige andere Faktoren waren für Anna Amalias Entscheidung jedoch sicher wichtiger. Eine Berufung von außerhalb kam für sie nicht in Frage, da sie wünschte, den Erzieher selbst einzuschätzen. Zudem sei er christlich, rechtschaffen und redlich («honnête»), unbescholten, mit rechtem Verstand und Geschmack ausgestattet, weltgewandt und strebe durch beständiges Studium nach Selbstvervollkommnung. Zwar war er mit seinen 25 Jahren noch jung, doch seine Aufgaben würden lange Jahre in Anspruch nehmen und so, bemerkte Anna Amalia, könne er daran wachsen.[66] Görtz konnte eine gute Braunschweigische Ausbildung am Collegium Carolinum vorweisen und hatte im Ausland studiert. Sein Hang zur Satire stimmte das Geheime Consilium zunächst mißtrauisch. Die Räte veranlaßten, daß Görtz erst nach einer Probezeit den Titel des Hofmeisters bekommen sollte.

Formal wollte Anna Amalia die Bestimmungen des Testaments genau einhalten; das Anstellungsdatum für Görtz sollte der 3. September 1761 sein, also der vierte Geburtstag des Erbprinzen. Intern gelang es ihr jedoch, den Amtsantritt des Grafen zu verzögern. Warum sie das tat, ist unklar. Görtz meinte daher von Anfang an, der Herzogin nicht voll vertrauen zu können. Carl August wurde am 7. Mai 1762 der Obhut des Prinzenerziehers übergeben. Constantin blieb noch ein Jahr länger im «Frauenzimmer».

Görtz stand von da an unter dem wachsamen Auge der Herzogsmutter und im Licht der Öffentlichkeit. Am 17. Juli 1762 ging er mit Carl August die drei Kilometer von Belvedere zum Residenzschloß zu Fuß. Ein paar Tage später erfuhr er, daß sich einige Viertelsmeister der Stadt Weimar beschwert hätten: Er gehe leichtsinnig mit der Gesundheit des Erbprinzen um, wenn er ihn die Strecke laufen lasse, anstatt mit ihm standesgemäß in einem Wagen zu fahren. Offenbar fühlten sich nicht nur die am Hof Anwesenden verantwortlich, sondern auch die Bürger der Stadt. Görtz rechtfertigte sich gegenüber dem Leibarzt, der Prinz habe die Wanderung sehr gut überstanden. Im übrigen sei ein kräftiger Prinz besser als ein schwächlicher. Anna Amalia war schockiert, als sie von diesen Vorgängen erfuhr, denn Gerüchte über Nachlässigkeiten in der Erziehung mußten ihren Ruf als gewissenhafte Obervormünderin schädigen.

In der Fürstenerziehung war es allgemein üblich, den Hofmeister auf eine Instruktion zu verpflichten. Darin wurden Lernziele und Verhaltensweisen für die Prinzen festgeschrieben. Später sollten diese Richtlinien Görtz als Orientierung für die Berichte dienen, die er der Herzogin und dem Consilium vorlegen mußte, um Fortschritte in der Prinzenerziehung zu dokumentieren. Anna Amalia hätte hier ihre eigenen Vorstellungen einbringen können, doch sie hielt sich zurück. Sie überließ die Ausarbeitung der Instruktion – wie im Testament ihres Mannes vorgesehen – dem Geheimen Consilium, obwohl darin auch die Beziehung der Söhne zur Mutter definiert wurde. Sie sollte in erster Linie von Ehrfurcht, Gehorsam und Dankbarkeit gekennzeichnet sein.[67] Pädagogische Anweisungen enthält die Instruktion kaum. Insgesamt folgt sie den Traditionen der Erziehung in den ernestinischen Fürstenhäusern. Teilweise hatten sogar schon für Ernst August, den Großvater der beiden Prinzen, um 1700 die gleichen Lernziele gegolten. Neu war nur die Betonung der lebendigen Sprachen. Anna Amalia fand es offenbar selbstverständlich, daß die Instruktion nicht individuell auf ihre Söhne zugeschnitten wurde.

Seine Tätigkeit brachte den Erzieher fast automatisch in eine enge Beziehung zu den Prinzen. Daher versuchte Anna Amalia, ihren Einfluß durch die Auswahl der anderen Prinzenlehrer wieder zu vergrößern. Zu ihnen gehörte von Anfang an Johann Wilhelm Seidler († 1777), der Bibliothekar und Professor am Braunschweiger Collegium Carolinum gewesen war und bereits Anna Amalias älteren Bruder unterrichtet hatte. Bis 1774 lehrte er ohne Unterbrechung Latein, Religion, Geographie, Mathematik, Physik und Naturrecht.

Immer wenn weitere Lehrer eingestellt werden sollten, kam es zu Diskussionen zwischen Anna Amalia, dem Consilium und Görtz. Mal war es der Prinzenerzieher, der um einen weiteren Lehrer bat, mal wollte er weitere Einstellungen verhindern, weil er um die Beschäftigung seiner Kollegen bangte. Er notierte in seinem Journal, wie schwer es ihm falle, die Harmonie zwischen den Lehrern und den Geheimen Räten zu wahren und obendrein die Zustimmung der fürstlichen Mutter zu erhalten.[68] Die Herzogin verhielt sich in diesen

Verhandlungen meist abwartend – ein Machtmittel, um ihren Entscheidungen mehr Autorität zu verleihen. In den folgenden Jahren stießen noch Gottlob Ephraim Heermann (1727–1815) und Johann Carl Albrecht (vor 1736–1803) zu der Gruppe der Prinzenlehrer. Heermann unterrichtete Lesen, biblische Geschichte und Mythologie, Latein, Geographie, Staaten-, Reichs- und sächsische Geschichte. Zu Albrechts Fächern zählten «Belles lettres», später noch Statistik und allgemeine Poesie, französische Lektüre, Universalhistorie und schließlich auch Englisch und Physik. Französisch, das zentrale Sozialisationsmedium in der höfischen Gesellschaft, unterrichtete erst Görtz selbst. Dann übertrug Anna Amalia diese Aufgabe dem Muttersprachler Claude Dumanoir, weshalb Görtz beinahe zurückgetreten wäre. Er hielt sich zurück – die Außenwirkung für Anna Amalias Regentschaft wäre fatal gewesen.

Die meisten Methoden, die der Prinzenerzieher anwandte, befürwortete Anna Amalia. Görtz hoffte meist auf Einsicht und Vernunft bei den Prinzen, gebrauchte aber auch schon mal die Rute, um ihnen ‹Laster› wie Ungehorsam, Unaufrichtigkeit, Eigensinn, Eitelkeit, Ehrbegierde und – speziell bei Constantin – Furchtsamkeit auszutreiben. Amalias Argwohn erregte jedoch etwas anderes: Görtz hielt den Erbprinzen dazu an, abends eine Prüfung seines Gewissens abzulegen. Anna Amalia teilte dem Grafen mit, daß sie und auch das Consilium der Ansicht seien, er solle dabei nicht zu streng mit Carl August umgehen, da dies seine Neigung, sich zu verstellen, noch fördere. Görtz verteidigte sich: Er wolle dem Prinzen keinesfalls Geständnisse abnötigen, sondern ihn zur Tugend führen. Angesichts seiner Launen und seines Charakters sei die Prüfung ein geeignetes Mittel dafür. Die Kritik der Herzogin erschien Görtz erneut als ein Zeichen des Mißtrauens.

Sonst war es allerdings nicht Anna Amalias Art, Görtz zu mehr Nachsicht und Milde aufzufordern. Im Gegenteil: Sie hatte unmißverständlich deutlich gemacht, daß sich die Kinder ihre Liebe und Freundschaft vor allem durch Gehorsam und gutes Benehmen verdienen könnten. Die «schuldige ehrfurchtsvolle Liebe», die sie in Briefen versicherten, hatte aber Görtz hineingeschrieben. Er entwarf sämtliche Briefe Carl Augusts und Constantins aus der ersten Hälfte der 1760er Jahre. Die Jungen mußten sie dann in Schönschrift abschreiben. Daß diese ‹Entkindlichung› nicht ganz funktionieren konnte, zeigen Kritzeleien auf der Rückseite der Briefe.[69]

So wie sich Anna Amalia dessen bewußt war, daß sie ihre Macht stellvertretend für ihren Sohn ausübte, so sah sie bereits im Kind den künftigen Herrscher. Sie ermahnte die Oberaufseherin des «Frauenzimmers» von Quernheim, sich jede erdenkliche Mühe zu geben, besonders bei der Erziehung Carl Augusts, «der dazu bestimmt ist, eines Tages ein ganzes Volk glücklich zu machen, und dies wird viel von seiner ersten Auferziehung abhängen.»[70] Doch bald nachdem die Herzogin bemerkt hatte, daß sich das Interesse am Hof auf Carl August konzentrierte, versuchte sie gegenzusteuern und die Aufmerksamkeit auf Constantin zu lenken. Görtz bekam daher den eindeutigen Hinweis: «Ich zähle viel zu sehr auf Ihre Rechtschaffenheit, als daß es mir einfiele, Sie könnten einen Erbprinzen einem nachgeborenen Prinzen vorziehen, allein aus dem Grund, daß jener eines Tages Ihr Herr werden könnte.»[71] Schmeichelei war Anna Amalia auch bei ihren Kindern zuwider. Görtz beteuerte, sein Augenmerk gelte beiden Prinzen gleichermaßen. In den Halbjahresberichten wies er früh auf die «gantz besondere Verschiedenheit» der Brüder hin, die er aber meist auf ihr Alter oder ihren Charakter bezog.[72] Görtz plädierte dafür, den Unterricht im Interesse des Jüngeren zu trennen. Weder Anna Amalia noch das Consilium reagierten zunächst auf diesen Hinweis. Dies erstaunt, hatte die Herzogin doch selbst die Ungerechtigkeit eines gemeinsamen Unterrichts (mit ihrer älteren Schwester) erfahren. Doch dem Argument des Erziehers, die beiden Brüder blockierten sich gegenseitig, konnten sich die Herzogin und die Geheimen Räte schließlich nicht entziehen. Ab dem Winterhalbjahr 1768/69 wurden die beiden Prinzen bis auf wenige Stunden getrennt voneinander unterrichtet.

Anna Amalia konnte den Erzieher ermahnen, nicht aber die Mechanismen des Hofs außer Kraft setzen. Eine gute Gelegenheit, sich beim künftigen Landesregenten beliebt zu machen, war die Tafel der Prinzen. Zu ihr waren auch Hof- und Kammerjunker, adlige Mitglieder der Oberbehörden, einzelne Landschaftsdeputierte, adlige Militärs sowie bestimmte Räte des Oberkonsistoriums (der Schul- und Kirchenbehörde) zugelassen. Nichtadlige Räte waren ausgeschlossen, es sei denn, sie genossen die besondere Gunst oder das Vertrauen der Herzogin. Görtz klagte, diese «schädlichen Schmeicheleyen» machten seine Bemühungen zunichte, dem Erbprinzen Bescheidenheit anzuerziehen. Carl August habe «schon in diesem so zarten Alter eine ziemlich genaue Kentnis von dem Hohen Stande, worinnen Sie [ihn] die Göttliche Vorsehung durch Ihre Geburth gesetzet hat», schrieb Görtz in seinem ersten Bericht an Anna Amalia am 20. Juni 1762.[73] Gehorsam sei dem Prinzen daher unangenehm. Natürlich konnte es dem Kind nicht verborgen bleiben, welche Stellung es hatte, wenn es bei offiziellen Anlässen – mit dem Einverständnis der Mutter! – als Erbprinz behandelt wurde. Bereits im Alter von sechs Jahren richtete Carl August ein Grußwort an die Landstände in Weimar.

Die künftige Position zeigte sich auch darin, wie Carl August und Constantin ihre Zeit verbringen mußten. Schon für die Kinder war Freizeit ein Fremdwort, Gelegenheit zum zweckfreien Spiel bot sich – neben den hochadligen Verhaltensexerzitien Tanzen, Musizieren, Reiten, Fechten, Konversation und (Karten-)Spiel – selten. Als die Prinzen heranwuchsen, waren ihre einzigen gleichaltrigen ‹Gefährten› am Hof die adligen Pagen, mit denen sie aber auch nur selten, bei förmlichen Anlässen, zusammenkamen. Am Pageninstitut wurden Söhne des Niederadels standesgemäß ausgebildet und für den späteren Hofdienst vorbereitet; bei den größeren Tafeln servierten sie und warteten der fürstlichen Familie auf. Die Sprach-, Zeichen-, Fecht- und Tanzmeister des Instituts unterrichteten auch die Prinzen. Anna Amalia hatte sich nach dem Tod ihres Mannes genau überlegt, wen von den Pagen sie im Dienst behalten wollte.[74]

Die herzogliche Mutter, in ihrem standesgemäßen Denken verankert, vermochte es nicht, den Widerspruch zwischen kindgerechtem und hoffähigem Verhalten aufzulösen. Sie zeigte sich begeistert über Carl Augusts kleine Händchen und schenkte ihm ein eigens für ihn angefertigtes Kartenspiel. Doch dann erwartete sie, daß der Prinz mit diesen Karten an den Spielabenden bei Hofe oder an den Assembléen der adligen Damen teilnahm. Solche Auftritte dienten dazu, formvollendetes Betragen an den Tag zu legen.[75]

Das (Karten-)Spiel gehörte zu den Hauptunterhaltungsformen bei

Hofe. Hinzu kamen die wöchentliche «Cour» und die «Assemblée», also Empfänge im Schloß für die bei Hofe tätigen und die sonstigen Adligen aus der Residenzstadt, Besuche des Hoftheaters, Jagdpartien, Vogelschießen des Militärs und je nach Jahreszeit Spazier- oder Schlittenfahrten und Eislaufen. Gelegentlich nahmen die Herzogin und ihre Söhne auch an Assembléen teil, die adlige Damen in der Stadt veranstalteten. Erholsam waren diese Aktivitäten für Anna Amalia kaum. Sie stand immer im Zentrum der Aufmerksamkeit, bei den Redouten (Maskenbällen), im Theater in ihrer Loge oder bei den Konzerten der Hofkapelle. Dieser Aufmerksamkeit konnte sie sich nur in ihren eigenen Gemächern entziehen, wenn sie sich dort vorlesen ließ oder selbst musizierte. Als Regentin hatte sie aber den Vorteil, auf die künstlerische Infrastruktur des Hofes zurückgreifen zu können. Wie andernorts gab es auch in Weimar eine Hofkapelle, eine Bibliothek, eine Gemäldekammer, ein Münzkabinett und Sammlungen von Grafiken. Anna Amalia nutzte sie zu ihrer persönlichen Bildung. Wohlinformierte Gespräche über Musik, bildende Künste und Literatur sollten im letzten Drittel des 18. Jahrhunderts als Form der Geselligkeit an Bedeutung gewinnen. Für Anna Amalia war es jedoch – und das gilt für ihr ganzes Leben – am wichtigsten, sich mit Hilfe der Kunst zu unterhalten und Abwechslung in den eintönigen Alltag zu bringen. Sammlungen dienten natürlich auch der Außendarstellung (Repräsentation) der Dynastie, um eine Gleichrangigkeit mit anderen vergleichbaren Fürstenhäusern zu demonstrieren und immer wieder neu zu behaupten.[76]

Das Hoftheater war nach Ernst August Constantins Tod 1758, mitten im Krieg, aus Kostengründen geschlossen worden. Damit sparte das Geheime Consilium rund 6.300 Reichstaler jährlich – das Gehalt der 31 Personen, die am Hoftheater beschäftigt waren. Dies war immerhin fast ein Zehntel des Hofetats von rund 70.300 Reichstalern. Dafür begann Kapellmeister Wolf 1761 damit, die Hofkapelle wieder neu einzurichten. Die ehemaligen Militärmusiker spielten bei Bällen und Geburtstagsfeiern und hielten wöchentliche Konzerte für die Hofgesellschaft und den Adel ab. Anna Amalia veranstaltete musikalische Abende in ihren Räumen. Welche Auswahl an Stücken und Teilnehmern sie dabei traf, ist nicht mehr nachzuvollziehen.[77] Musik

Abb. 6: Johann Ernst Heinsius, Anna Amalia mit Maske, Öl auf Leinwand, nach 1772

und Musiktheater waren ihr schon damals die wichtigsten unter den Künsten – und das sollte zeit ihres Lebens so bleiben. Das unterschied den Weimarer Hof nicht von anderen Höfen: Neben Konzerten waren Maskenbälle und andere Verkleidungsdivertissements [Abb. 6] am beliebtesten[78] – die Musik spielte immer eine zentrale Rolle. Ab 1767 gastierten dann wieder Schauspieltruppen in Weimar, so daß die Hofgesellschaft nicht durchgehend auf das Theatervergnügen verzichten mußte.

Der Weimarer Hof besaß auch eine Kunstkammer, die neben dynastischen Andenken vor allem naturkundliche Raritäten zu bieten hatte. Zweck der barocken Kunstkammer war es gewesen, die Welt als Gottes Schöpfung im Kleinen nachzuerzählen, also «künstlich» zu schaffen.[79] Die junge Herzogin konnte mit den ausgestopften Tieren, Häuten, mechanischen und astronomischen Instrumenten, Elfenbeinen und Irdenwaren offenbar nicht viel anfangen. Sie gebrauchte die Kunstkammer als Reservoir für Gastgeschenke. Den Bestand baute sie nicht aus.

Anders verhielt es sich mit der Bibliothek. Anna Amalia vermehrte den Buchbestand, so weit es ihre Mittel erlaubten. Für die Bibliothek standen ihr etwa 400 Reichstaler im Jahr zur Verfügung, für die Prinzen und persönliche Anschaffungen konnte sie diesen Etat aber noch überschreiten. Zum Vergleich: Für ihre Garderobe gab sie (1774) 8.878 Reichstaler aus. Solange sie regierte, war die fürstliche Bibliothek nicht von ihrer eigenen Büchersammlung getrennt. Verwaltet wurde sie vom fürstlichen Bibliothekar Johann Christian Bartholomäi. Anna Amalia ließ historische, staatsrechtliche und sonstige der «Staatsklugheit» dienende Werke anschaffen. Außerdem wurde von ihr erwartet, daß sie sich mit den neuesten pädagogischen Werken beschäftigte. Wie stark sie sich persönlich für die Hofbibliothek engagierte, wissen wir aber nicht. Geheimrat Johann Poppo Greiner ergriff die Initiative, die Bücher ab 1760 nach und nach in das sogenannte französische Schlößchen – das 2004 abgebrannte Stammgebäude der Herzogin Anna Amalia Bibliothek – zu verlegen. So wurden die Bücher von der Bilderkammer getrennt.

Denn auch die Gemälde wurden seit 1730 nicht mehr gemeinsam mit den Raritäten der Kunstkammer aufbewahrt – das Interesse Anna Amalias für bildende Kunst wurde offenbar aber erst später geweckt. Die Bilder scheinen jedenfalls in den ersten zehn Jahren ihrer Regentschaft eher in Vergessenheit geraten zu sein. Wurden neue Werke angeschafft, so ging es dabei nicht um den persönlichen Geschmack der Herzogin. Kabinettsmaler Löber wählte sie nach Authentizität, künstlerischer Qualität, «Antiquität und Historie» und Seltenheit aus. Solche Werke befand er für «würdig», sie «einer fürstl. Bilder-Cammer einzuverleiben».[80] Auch die Bilder konnten der Außendarstellung des Hofes dienen. Wäre die Sammlung in einem guten Zustand gewesen, hätte man sie hohem Besuch zeigen können, worauf Oberhofmarschall von Witzleben die Herzogin vergeblich hinwies.

Zum Tugendkanon frühneuzeitlicher Fürsten gehörte es zudem, Künstler und Gelehrte zu unterstützen. Doch auch für Mäzenatentum waren die Mittel begrenzt. Die Förderung konnte den Betroffenen auf verschiedene Weise zugute kommen. Kaum ein Künstler lebte vor den 1780er Jahren freischaffend, nur vom Erlös seiner Werke. Die naheliegende Strategie war, ein Amt bei Hofe zu erstreben – für Schriftsteller häufig als Prinzenlehrer oder Bibliothekar, für bildende Künstler als Pagenlehrer, Kabinetts- oder Hofmaler. Der sicheren Einnahmequelle standen die höfischen Pflichten gegenüber. Denn auch feste Ämter waren an die Gunst des Fürsten geknüpft; wie sicher die Stellung wirklich war, hing allein vom Fürsten ab. Ständige Dankbarkeit, Gehorsam und Diensteifer wurden erwartet – es war also eine durch und durch abhängige Stellung. Ämter, in denen Künstler in ihrem ursprünglichen Metier tätig werden konnten, waren rar. In Weimar beschäftigte man den eben schon erwähnten Hof- und Kabinettsmaler, einen Landbaumeister, der sich um die herzoglichen Gebäude und Gärten kümmerte, und einen Kapellmeister. Anna Amalia besetzte als Regentin in Absprache mit dem Geheimen Consilium frei gewordene Ämter neu, schuf aber außer der Stelle für Hofbildhauer Klauer (1773) keine neuen Posten.

Eine weitere Möglichkeit der Förderung war, Prädikate zu vergeben. In welcher Sparte Künstler oder Handwerker auch tätig waren, es war eine Auszeichnung, den Zusatz «Hof» im Titel führen zu dürfen, zumal sie mit regelmäßigen Aufträgen rechnen konnten. Mäzenatentum war eines der wichtigsten Mittel zur Selbstdarstellung einer Dynastie innerhalb der höfischen Gesellschaft des Reichs. Ausgewählten Günstlingen, die Anna Amalia vielleicht von anderen Bediensteten bei Hofe empfohlen wurden, konnte sie Stipendien für ihre Ausbildung zukommen lassen. Künstler, die nur kurz am Hof erschienen oder vorsprachen, also Schauspieltruppen oder Musiker, die sich «hören lassen wollten», wurden mit einmaligen Geschenken abgefunden.[81] Die Höhe variierte stark – die Gunst der Herzogin als *der* höfischen Zentralperson mußte immer unberechenbar bleiben, um ihre Wirkung nicht zu verlieren.

Anna Amalia konnte als regierende Obervormünderin die Rahmenbedingungen für die höfische Geselligkeit zwar bestimmen, mußte sich jedoch finanziellen Vorgaben anpassen und mit dem Geheimen Consilium absprechen. Zu berücksichtigen ist auch, daß sie keine

Verpflichtungen eingehen wollte und sollte, die ihr Sohn hätte übernehmen müssen. Als fürstliche Mäzenin konnte und wollte die verwitwete Regentin nur begrenzt hervortreten. So unternahm der Weimarer Hof in den 1760er Jahren keine besonderen mäzenatischen Anstrengungen – anders als Anna Amalias Eltern in Braunschweig.

Kapitel 3

«Große Pracht» vermeiden und doch «eine Regentin vorstellen»[1]

Erziehungsgeschäft, Regierungshändel, Hofzeremonien

Es war eine kleine Kavalierstour für die Prinzen. Im Mai 1771 reiste Anna Amalia mit ihren Söhnen nach Braunschweig. Begleitet wurde sie von einer Suite von 40 Personen – darunter der Oberhofmarschall nebst Frau, zwei Hofdamen, der Prinzenerzieher, der Oberstallmeister sowie der Hofrat Hieronymus Dietrich Berendis.[2] Berendis war auch Mitglied der Weimarer Kammer, Direktor der Jenaer Landschaftskasse und nicht zuletzt Verwalter der persönlichen Schatulle der Herzogin. Stets im Hintergrund agierend, war er eine Schlüsselfigur im Weimar der frühen 1770er Jahre, was ihm beinahe automatisch die Gegnerschaft des Prinzenerziehers einbrachte. Görtz und seine Schützlinge standen in Braunschweig also unter strenger Beobachtung. Carl August und Constantin sollten die zu Hause eingeübten höfischen Verhaltensnormen vor fremdem Publikum vorführen. Sie wurden den höheren Staats- und Hofbediensteten in einer Audienz vorgestellt, mußten galante Konversation führen, inmitten der Hofgesellschaft tanzen, reiten, an Jagdausflügen teilnehmen sowie die Kabinette und Bibliotheken in Braunschweig und Wolfenbüttel besichtigen. Der Hof der Eltern Anna Amalias war eine Art Übungsraum, bevor man die Brüder tatsächlich in die weite Welt entlassen würde, also nach Frankreich oder Italien, wohin traditionell eine Kavalierstour führte. Die Pläne für die kleine Reise nach Braunschweig hatte Anna Amalia bewußt vor anderen Höfen geheimgehalten. Es hätte als ein großes Risiko gegolten, beide Prinzen gleichzeitig aus Weimar zu entfernen. Nach der Rückkehr würden solche Bedenken gegenstandslos sein, denn dann wäre bewiesen, daß sie mit der Reise dem Landeswohl gedient hatte, indem sie die

Erziehung der Prinzen durch wichtige Erfahrungen ergänzt hatte. Aus diesem Grund hatte Görtz eine solche Reise gewünscht, gerade der Erbprinz sollte einmal etwas anderes sehen als die immergleiche Weimarer Hofroutine.

Auf dem Weg nach Braunschweig kam Anna Amalia ihr jüngerer Bruder Leopold (1752–1785) entgegen – doch sie erkannte ihn nicht. Das ist nicht weiter verwunderlich: Leopold war noch ein kleines Kind gewesen, als seine Schwester den Hof der Eltern verlassen hatte; seitdem hatten sich die Geschwister nicht mehr gesehen. Sie lud ihren Bruder nach Weimar ein. Dieser Besuch muß für ihn ähnlich gewesen sein wie für seine Neffen die Reise nach Braunschweig: ein Probelauf in höfischem Betragen an einem verwandten und doch fremden Hof.

Die Betragensprobe war nicht nur für die Prinzen eine aufregende Angelegenheit, sie schürte auch die nervöse Eifersucht ihres Erziehers. An seine Frau Caroline schrieb er: «Die ganze Genugtuung, die man meinen Prinzen gegenüber bekundet, macht überhaupt keinen Eindruck zu meinen Gunsten auf den Geist der Frau Herzogin».[3] Anna Amalia behandelte den Grafen äußerlich freundlich, ließ ihn aber dennoch eine kühle Distanz spüren. Daß die Prinzen auf dem glatten Parkett ihres Heimathofes gut bestanden, mochte sie nicht allein mit der Erziehungsleistung des Grafen begründet wissen. Seit 1763 hatten sich am Hof die Gewichte beträchtlich verschoben; schon im Umfeld der Reise nach Braunschweig konnte Anna Amalia das Geflecht ihrer vielfältigen Aufgaben – bei den Regierungsgeschäften, der Erziehung und der Kunstpflege bei Hofe – kaum noch entwirren. 1771 war die Lage noch einigermaßen ruhig. In den folgenden Jahren sollte sie in einem versuchten Staatsstreich und einem halbherzigen Abdankungsversuch der Regentin eskalieren.

*

Gespannt war das Verhältnis zwischen Anna Amalia und ihrem Prinzenerzieher von Anfang an. Es gelang ihnen nicht, ein vertrauensvolles Verhältnis zueinander aufzubauen. Stattdessen suchten sie geradezu nach Zeichen für gegenseitiges Mißtrauen. Anna Amalia betrachtete eifersüchtig Görtz' täglichen Kontakt mit ihren Söhnen und befürchtete, der Erzieher wolle ihr die Kinder entfremden. Doch auch Görtz buhlte um das Vertrauen der Prinzen, indem er bei der Erziehung mehr auf Kooperation als auf Strenge setzte. Da die Söhne ohne Vater aufwuchsen, verfolgte man ihre Entwicklung besonders aufmerksam – sogar in Wien. Von Maria Theresia berichtete der weimarische Geschäftsträger am Kaiserhof 1764:

> Die zwey guten Kinder haben das Unglück gehabt, ihren Herren so jung zu verliehren. Mich freut nur von Herzen, daß der Herzogin von Weimar ihre zwey Prinzen so wohl aufkommen. Wer hätte das von dem schwachen Vatter dencken sollen, insonderheit da der jüngst erst etliche Monath nach seinem Tode gebohren worden.[4]

Maria Theresia wußte nur allzu gut, wie viele Gefahren und Krankheiten selbst den Kindern des Hochadels drohten. Mit ein Grund für die hohe Kindersterblichkeit waren die Pocken. Die Impfung mit Kuhpocken wurde erst 1796 entwickelt, bis dahin wurden Impfungen mit dem Eiter aus Pusteln von erkrankten Menschen vorgenommen. Die Impfung kam also einer Infektion gleich und löste stets eine Pockenerkrankung aus, war unter Umständen lebensgefährlich und konnte im schlimmsten Fall eine Epidemie zur Folge haben. Ob die beiden Prinzen gegen die Pocken geimpft werden sollten oder nicht, war in den 1760er Jahren eine so schwerwiegende Entscheidung, daß Anna Amalia sie nicht allein treffen wollte und konnte. Die Frage wurde im Geheimen Consilium dreimal diskutiert: 1763/64, 1767 und 1771. Ob die herzogliche Mutter selbst die Diskussion anregte, ist nicht überliefert. Sogar die Stände wurden mit einbezogen, denn «die von Gott geschenkten Prinzen [gehören] nicht alleine Ihro hochfürstl.en Durchl. sondern auch in gewißermaaße dem ganzen Lande zu.»[5] Doch in einer so wichtigen Angelegenheit wollte niemand so recht die Verantwortung übernehmen. Die weimarischen und eisenachischen Landstände antworteten zurückhaltend und beriefen sich in ihrem Schreiben auf Anna Amalias «mütterliche Liebe» und «Fürsorge». Nur die Jenaer Landschaftsdeputierten stimmten einer Impfung generell zu, da «auch in der Nachbarschafft, als Gotha, Weimar und Jena überzeugende Exempel vorhanden» seien. Zu einer konkreten Empfehlung konnten sie sich dennoch nicht durchringen.[6]

Auch die Leibärzte blieben in ihren Aussagen vage. Sie lobten die Impfung als «ein wichtiges Werck, wodurch dem Menschen Geschlecht viel Vortheil zuwachsen könnte». Doch in diesem Fall lautete ihr Fazit: Keine Experimente mit Kindern, auf denen «das Wohl und Glückseligkeit zweyer Fürstentümer, und vieler tausend getreuer Unterthanen» ruhe.[7] So entschied auch das Collegium Medicum in Eisenach, eine Art Gesundheitsbehörde für das Herzogtum, die vor allem die Ausbildung der Landärzte überprüfte. Gegen die Pockenimpfung führte es auch religiöse Motive an. «[E]in erbPrinz als unser durchl. herr sind, Sind Ein von Gott zur regierung bestimmter Fürst, Der Sein Eignes Ja Wort und Einwilligung zu dieser Bedenklichen und zweiffelhafften Operation geben muß.»[8] Schließlich folgte Anna Amalia der allgemeinen Skepsis und ließ die Impfung erst einmal verschieben.

Eine Pockenepidemie im Sommer 1767 warf das Thema erneut auf. Diesmal vermied Anna Amalia jedoch eine öffentliche Auseinandersetzung und fragte nur ihren Vater um Rat. Carl I. sprach sich gegen die Impfung aus, und seine Tochter hielt sich daran. Das Consilium diskutierte unterdessen, ob man die Prinzen nicht an einen Ort bringen solle, der von Weimar weiter entfernt war als das Schloß Belvedere. Die Impfung der Bevölkerung generell zu verordnen, stand damals noch nicht zur Debatte. Erst zu Beginn des 19. Jahrhunderts gingen Vorreiter wie Preußen, Hannover oder Bayern zu dieser Maßnahme der gesundheitlichen Kontrolle über. In Hamburg und Lübeck testete man solche Prestige-Projekte erst einmal an den Kindern in den Waisenhäusern, um medizinische Erfahrungswerte zu bekommen.[9] Selbst Kaiserin Maria Theresia erkundigte sich persönlich über das weitere Vorgehen Anna Amalias hinsichtlich der Blatternimpfung.[10]

Der Termin, den die Herzogin schließlich fand, enthob sie teilweise ihrer Verantwortung: Carl August wurde ein halbes Jahr *nach* seiner Konfirmation gegen die Pocken geimpft. Damit hatte er einen ersten Schritt in die Mündigkeit vollzogen und war – formal gesehen – in seinem Glauben neu befestigt worden. Der Erbprinz habe die «erste heilsame Frucht des Glaubens [...] bald nach Seiner Confirmation in der ängstlichen Stunde des in Seinem Blute gährenden Blattergiftes aufs kräftigste genossen», ließ Religionslehrer Seidler verkünden.[11] Im allgemeinen Kirchengebet anläßlich der Impfung wurde Anna Amalia die Entscheidung im Nachhinein abgenommen: Der Erbprinz habe selbst «mit Gott den Entschluß gefaßt» und «darzu auch die Einwilligung Ihrer Durchlauchtigsten Frau Mutter, unserer gnädigsten Landes-Fürstin, erhalten».[12] Nachdem Carl August sich wieder von der Impfung erholt hatte, war die Lage bei seinem Bruder nicht mehr so kritisch: Constantin wurde bereits ein halbes Jahr *vor* seiner Konfirmation geimpft, von einer eigenen Entscheidung war diesmal nicht die Rede. Da die Nachfolge weniger gefährdet war, konnte Anna Amalia problemlos die Verantwortung übernehmen.

Die Konfirmation hatte der Herzogin also einen Ausweg geboten. Auch Prinzenerzieher Görtz betonte ihr gegenüber immer wieder die Bedeutung des religiösen Unterrichts. Der Erfolg seiner Erziehung sei davon abhängig, ob den Prinzen «thätige Gottesfurcht und Erkenntniß in Ihrer Religion beigebracht» werde.[13] Damit stand das Weimarer Fürstenhaus in einer Erziehungstradition, die der Hochadel aller Konfessionen seit dem 16. Jahrhundert befolgte. Anna Amalia äußerte sich (schriftlich) nicht dazu, wie die «christfürstlichen Tugenden» und die religiös legitimierten Rechte der zukünftigen Landesregenten ausgelegt werden sollten. Äußerlich korrektes Verhalten, wie am Sonntag den Gottesdienst zu besuchen und Almosen zu geben, schienen ihr wichtiger zu sein. Der Klage des Prinzenerziehers, Constantin könne den Inhalt der Predigt nach dem Gottesdienst nicht wiedergeben, schenkte sie keine Aufmerksamkeit. Die Mutter unterstützte die religiöse Erziehung also nicht inhaltlich, behinderte sie aber auch nicht. Anna Amalia selbst schien die Gottesdienstbesuche eher auf das schickliche Mindestmaß zu beschränken und lebte der Hofgesellschaft keine tiefe Religiösität vor, wie es für eine Witwe ihres Standes üblich und zu erwarten gewesen wäre. Es ist fraglich, ob man dieses Verhalten der ‹Aufgeklärtheit› gleichsetzen oder nicht vielmehr religiöser Zurückhaltung zurechnen sollte, die von Selbstreflexionen nicht begleitet war.

Carl August wurde bereits ein halbes Jahr früher als allgemein üblich konfirmiert, mit dreizehneinhalb Jahren. Damit wurde öffentlich demonstriert, wie erfolgreich die Erziehung des künftigen Regenten verlief – auch die gedruckten Gebete und Dankesreden Seidlers dienten diesem Zweck. Die göttliche Vorsehung habe dafür gesorgt, daß Carl August «nach der weisen Verordnung Ihres in Gott ruhenden Herrn Vaters die früheste Erziehung erhalten, die jemals ein Prinz genossen hat». Seine jetzige Reife und Gottesfurcht habe er «[d]ieser väterlichen Verordnung, und deren mütterlichen Erfüllung» zu verdanken. Daher müsse er seiner Mutter doppelt dankbar sein.[14] In Seidlers Augen hatte die Mutter also keine eigenen Erziehungskonzepte zu entwickeln, sondern lediglich den Willen des Vaters auszuführen. Von Carl August selbst ist ein eigenhändiges Glaubensbekenntnis erhalten, das er, so Görtz, eigenständig verfaßt habe:

> Ich lege also heut mein demüthiges Glaubens Bekäntniß ab, daß ich von dem daseyn Gottes [...] durch den gebrauch meiner vernunft völlig überzeugt bin. [...] Und ob ich zwar nicht begreifen kan, wie in dem Eintzigen göttl. Wesen, drey von ein ander verschiedene persohnen, Vater, Sohn, und heil. geist, aber nicht drey götter sind, so glaube ich doch solches dem untrügl. worte gottes, weil in dem unendl. viel seyn muß, daß ein Endl. verstandt es faßen kan [...].[15]

Carl Augusts Erziehung maß dem Individuum größere Bedeutung zu, als es bei vorherigen Prinzengenerationen üblich gewesen war. Es war ihnen erlaubt, sich der eigenen Vernunft zu bedienen und Fragen zu stellen. Die Prinzenerziehung blieb also von neuen Entwicklungen in der pädagogischen Literatur nicht unberührt. Jedoch bewegte sich die damalige Pädagogik in der höfischen Praxis auf einem schmalen Grat: Das eigenständige Denken durfte keinen Bruch mit den Traditionen zur Folge haben. Das konnte für die fürstlichen Eleven sehr verwirrend sein, denn die neuen Ideale waren mit einer standesgemäßen Sozialisation nur schwer zu vereinbaren. Vor allem Constantin sollte mit diesem Widerspruch noch zu kämpfen haben.

Zu erzieherischen Grundsätzen äußerte sich Anna Amalia kaum, ganz anders etwa als Luise Dorothea von Sachsen-Gotha-Altenburg (1710–1767). Diese beaufsichtigte als Frau eines regierenden Fürsten die Erziehung ihrer Söhne direkt und ließ sie regelmäßig philosophisch-erzieherische Fragen in eigens geführten Heften beantworten.[16] Die Regentin Anna Amalia sah ihre Söhne dagegen meist nur in höfischer Gesellschaft, in der bestimmte Regeln Vorrang hatten, nicht die individuelle Entwicklung. Gelegentlich unternahm sie mit ihren Kindern Spaziergänge oder Ausfahrten. Im Alter zwischen fünf und neun Jahren – für die späteren Jahre sind keine Quellen erhalten – gingen Carl August und Constantin meist montags, mittwochs, donnerstags und freitags etwa eineinhalb Stunden vor dem Abendessen zu ihrer Mutter, aßen dann aber nicht mehr mit ihr gemeinsam. Sonntags trafen sie sich in der Kirche, und nach dem Mittagessen an der großen Hoftafel kam die Herzogin häufig mit ihren Hofdamen zum Tee oder Kaffee.[17]

Görtz plädierte dafür, nicht zu oft erwachsene Tischgäste bei den Prinzen zuzulassen. Damit stellte er sich gegen einen Wunsch der Mutter mit dem Argument, die halbe Stunde vor und nach dem Essen sei die einzige Zeit, welche die Prinzen «noch zu denen Ihnen noch nicht gäntzlich zu verwehrenden kindischen Spielereien anwenden können». Wenn er allerdings «solche Spielereyen in Gegenwart, der Ihnen mit besonderer Achtung zu betrachtender Herren» zuließe, dann könne das «wohlanständige betragen leiden».[18] Görtz hatte hier mit einem weiteren Grundwiderspruch in der Erziehung zu kämpfen: Er versuchte, die Prinzen noch Kinder sein zu lassen, obwohl er die meiste Zeit damit beschäftigt war, ihnen kindliches Verhalten abzutrainieren.

Daran, wie gut ihm dies gelang, las Anna Amalia schon früh den Erziehungserfolg des Grafen ab. Halbjährlich lieferte er der Mutter einen schriftlichen Bericht über die Entwicklung ihrer Söhne. Der Vergleich mit seinem Journal zeigt, daß er die Berichte nicht übertrieben schönte, dennoch bescheinigte er sich Erfolge, um seine Stellung nicht zu gefährden. Außerdem war ihm bewußt, daß die Berichte ebenfalls im Geheimen Consilium beraten wurden – eine weitere Erwartungshaltung, die er zu befriedigen hatte. Im Bericht vom 1. Mai 1767 beklagte er sich erstaunlich offen:

> Unglückliches Schicksal, einem Geschäfte gewidmet zu sein, wovon der glückliche Ausgang allemahl ungewis bleibet, und wobey nichts gewiß ist, als bey einen unglücklichen Erfolg dem Tadel des grössesten Haufens ausgesetzet zu sein.[19]

Der Tadel des «grössesten Haufens» drohte freilich auch der Herzogin und dem Geheimen Consilium, wenn das Volk einmal einen unfähigen Regenten ertragen müßte. Persönlich schaltete sich Anna Amalia aber nur in die Verhaltenskorrekturen der Prinzen ein, wenn sie gegen höfische Normen verstoßen hatten – und es ihr daher überhaupt zu Ohren kam. Die Strafpredigten der Mutter zeigten aber nie lange Wirkung. Sie war sowohl für die Prinzen als auch für den Oberaufseher nur vordergründig eine Respektsperson. Görtz war es ganz recht, daß die Regierungsgeschäfte und das Hofleben Anna Amalia nur wenig Zeit ließen, sich um die Erziehung zu kümmern.

Als Carl August zehn Jahre alt war, festigte sich der Eindruck, daß der Erbprinz den Stoff leichter erfasse als Constantin, aber schwerer zu erziehen sei. Der Zweitgeborene bleibe «immer ein gut lenkbarer Prinz», allerdings sei er zu flüchtig und konzentrationsschwach.[20] Von diesem Zeitpunkt an verschob sich die Zielsetzung in der Erziehung etwas: Nicht mehr die Verhaltenskorrektur stand im Mittelpunkt, sondern der höfische Schliff, der die künftige Position der beiden Brüder berücksichtigte. Seiner Position war sich Carl August jedoch schon lange bewußt. Am 24. Juli 1764, also im Alter von knapp sieben Jahren, zählte er seiner Mutter stolz die Reihe seiner Vorfahren seit Landgraf Heinrich dem Erlauchten (um 1215/16–1288) auswendig auf. Als Anna Amalia fragte, wer denn auf seinen Vater folge, nannte er ihren Namen, gab aber noch einige ausweichende Antworten. Er wußte also, daß eigentlich er der rechtmäßige Thronfolger war.

Nach neun Jahren zog Görtz eine erste, halböffentliche Bilanz seiner Tätigkeit als Erzieher. In dem Büchlein «Briefe eines Printzenhofmeisters» (Heilbronn 1771) setzte er sich in literarischer Form mit den pädagogischen Grundsätzen Johann Bernhard Basedows auseinander, die gerade in Mode kamen. Doch seine Ausführungen über das vollkommene Vertrauen, das ein Erzieher brauche, waren auch eine Abrechnung mit seiner Situation in Weimar. Vermutlich ließ er die «Briefe» deshalb anonym veröffentlichen und gab einen anderen Druckort an. Bei aller Unzufriedenheit wollte er am Ende doch nicht seine Stellung gefährden. Dieses Werk sollte noch für Verstimmungen sorgen, doch zunächst erfuhr Anna Amalia davon nichts.

Ihre Pflichten als «Landesmutter» ließen ihr einfach zu wenig Zeit. Das Jahr 1768 beunruhigte sie zutiefst, denn es war geprägt von Unruhen in der Stadt Ilmenau, südöstlich von Weimar gelegen. Die dortige Bürgerschaft war in Aufruhr, weil das Consilium – offiziell die Landesregentin – einen Bürgermeister wieder ins Amt eingesetzt hatte, der der Veruntreuung bezichtigt wurde. Das Geheime Consilium verlegte daraufhin Truppen in das Ilmstädtchen – Anna Amalia empfand dies als Bürgerkrieg.[21] Die Ilmenauer Bürgerschaft wandte sich schließlich an das Reichskammergericht in Wetzlar. Dies blieb während der Regentschaft der einzige Prozeß, den eine Korporation von Untertanen gegen die Landesobrigkeit vor den beiden Reichsgerichten anstrebte. Das Begehren der Bürgerschaft blieb letztlich erfolglos, und damit war der Fall für Anna Amalia erledigt. Sie war zufrieden, wenn Weimar-Eisenach zumindest nach außen befriedet wirkte. Doch es war ihr wichtig, von ihrem Volk akzeptiert zu werden.

Den Landständen erfüllte Anna Amalia einen Wunsch: Sie wollten einen ihnen gemäßen Versammlungsort. Amalia legte am 3. Mai 1770, umgeben von den Prinzen und ihrem Hofstaat, «unter Trompeten und Pauken, auch samt. Hautboist Schall» den Grundstein zum «Fürst. LandschaftsHauße».[22] Daß die Herzogin während ihrer Regentschaft ein Gebäude «von Wichtigkeit» bauen würde, hatte Gottfried Nonne zehn Jahre zuvor nicht gedacht.[23] Damals hatte er dafür plädiert, den Baumeister einzusparen, denn große Baumaßnahmen kämen einer vormundschaftlich regierenden Herzogin nicht zu. Anna Amalia hatte 1769 Johann Gottfried Schlegel als neuen Landbaumeister eingestellt und strafte Nonne zumindest mit dem Landschaftshaus Lügen. Sonst ließ sie keine wesentlichen herrschaftlichen Neubauten errichten.

Die Landstände wollten ein schlichtes, funktionales Gebäude, das die ständischen Finanzen nicht allzu sehr belasten sollte. Der Landschaftskassendirektor Wilhelm Friedrich von Herda, der zugleich Mitglied der Regierung war, bestand jedoch auf einem aufwendigen, repräsentativen Gebäude. Auch das Geheime Consilium folgte diesem Plan und nahm in Kauf, daß um des Decorums willen Schulden gemacht werden mußten. Mit der Errichtung war der private Bauunternehmer Anton Georg Hauptmann beauftragt. Da man auf eine schnelle Fertigstellung drängte, kam es zu allerlei Flüchtigkeitsfehlern, die Hauptmann dem Landbaumeister Schlegel zur Last legte. Sie sollten ein paar Jahre später, als Weimar eine Katastrophe ereilte, bedeutsam werden.

Ein weiteres prestigeträchtiges Betätigungsfeld wäre die Gestaltung der herzoglichen Gärten gewesen, die spätestens seit Sulzers vielgelesener «Allgemeinen Theorie der schönen Künste» (1771–1774) zu diesen schönen Künsten gezählt wurde.[24] Kunstvoll angelegte Gärten und ihre Orangerien machten auf Besucher großen Eindruck, über Briefe und Reiseberichte konnte ihr Lob an andere Höfe getragen werden. In den 1760er Jahren kamen Landschaftsgärten nach englischen Vorbildern in Mode, deren «natürliche» Harmonie die geometrische Strenge der französischen Park- und Gartenanlagen verdrängte. Doch Anna Amalia hielt sich zurück, sie wollte ihrem Sohn offenbar nicht vorgreifen. Eine Umformung des Schloßgartens in Weimar, der zum Teil aus dem 16. Jahrhundert stammte, hätte einen massiven Eingriff ins Erscheinungsbild der Residenz bedeutet. Allein an der Orangerie Belvedere ließen Anna Amalia bzw. ihre Geheimen Räte schon 1760 einen Erweiterungsbau errichten. Um die Sommer in dem außerhalb von Weimar gelegenen Schlößchen so angenehm wie möglich zu gestalten, betrieb Anna Amalia einigen Aufwand. Sie vermißte dort das städtische Publikum und das Theater. Also holte sie sich Gesellschaft dorthin. Das Belvederer «Hoflager» im Sommer 1768 umfaßte 120 Personen. Darunter waren das für die fürstliche Familie und ihre adligen Chargen unentbehrliche Küchenpersonal (u.a. ein Karpfenstopfer, ein Bratenwender, mehrere Mundköche, Konditoren und deren «Burschen»), sowie Diener für den Haushalt wie eine Silberscheuerin und eine Bettmagd.

Das künstlerische Leben in Weimar erhielt zu dieser Zeit einige Impulse. Seit 1766 war der Umzug der fürstlichen Bibliothek in das «Französische Schlößchen» abgeschlossen. Die Bücher waren jetzt dem Publikum allgemein zugänglich; eine offizielle Nutzungsordnung sollte die Bibliothek jedoch erst viel später, 1789, bekommen. Die zweite Erneuerung betraf das Hoftheater: Seit 1767 wurden wieder freie Schauspieltruppen engagiert. Musik- und Sprechtheater waren in dieser Zeit noch nicht getrennt.[25] Es kam Anna Amalias persönlichem Interesse entgegen, daß Musik somit stets Teil der höfischen Divertissements war.

Für eine verwitwete Regentin war es schwierig, in standesgemäßer Form ‹Erholung› von ihren Pflichten zu finden – von Sitzungen des Consiliums, dem Unterzeichnen von Reskripten und Mandaten, der Lektüre von Bittschriften, und von den anstrengenden, weil meist nach dem gleichen Schema ablaufenden Cour-Abenden und Assembléen. Nach zeitgenössischen Vorstellungen durfte und sollte sich eine Fürstin von den Lustbarkeiten des Hofs, den offiziellen Divertissements, erholen. Dies war notwendig, da sie dort inmitten der Hofgesellschaft auftrat und stets alle Aufmerksamkeit auf sie gerichtet war. Die Betätigungen, bei denen sie sich im engsten Kern-Hofstaat ein wenig «recréation» verschaffen sollte, galten als «Plaisirs», wobei die Grenze zu den Divertissements nicht immer deutlich war. Zu Anna Amalias bevorzugten Plaisirs gehörte das Klavierspiel, zu dem sie sich in ihre persönlichen Schloßräume zurückzog.

Wenn Anna Amalia in ihren Worten «komponierte», improvisierte sie, ohne das Gespielte festzuhalten. Oder aber sie komponierte – im heutigen Wortsinn – tatsächlich. Insgesamt ist die Autorschaft oder Mitwirkung Anna Amalias bei fünf Werken gesichert. Sie verfaßte Lieder, kleine Instrumentalstücke oder Singspielbegleitungen.[26] Damit trat sie auch in eine sehr begrenzte Hoföffentlichkeit, bei Konzerten im Schloß und – nach 1774 – in ihrem Stadtpalais. Aus dem Jahr 1765 ist der Anfang einer Sinfonie von ihr überliefert, unter dem Titel «Sinfonia a due Oboi, due Flauti, due Violini, Viola, e Basso di AMALIA». Es fehlt die Bezeichnung ihres Standes, doch ebenso fehlt der Nachname, was den Stand wiederum eindeutig macht.[27] Publiziert hat sie dieses wie alle anderen Werke nicht. Johann Adam Hiller meldete in seinen «Wöchentlichen Nachrichten und Anmerkungen die Musik betreffend», daß vor Ostern 1768 ein Oratorium, das die Herzogin komponiert habe, am Weimarer Hof aufgeführt worden sei.[28] Musikpublizisten wie Hiller hatten also offenbar nichts gegen eine komponierende Fürstin einzuwenden, solange sie sich nur vor ein kleines höfisches Publikum wagte. Mit seiner Ankündigung verschaffte Hiller Anna Amalia sogar eine prinzipiell reichsweite Öffentlichkeit. Von dem Oratorium hat sich leider keine Partitur erhalten. Da sich der Hof in diesen auf den Augenblick beschränkten Künsten am Geschmack Anna Amalias orientierte, paßten sich ihre Werke wahrscheinlich in das Repertoire der Kapelle ein.

Auch für die Hofbediensteten – und besonders solche, die es werden wollten – war es wichtig, sich an der Herzogin zu orientieren. Von Johann Ehrenfried Schumann erhielt sie ein Gesuch um ein Prädikat als Hofmaler. Darin lobte er sie als «eine vollkommene Kennerin der Mahlerey», die sich bemühe, «die Künste und schönen Wissenschaften, mit größtem Ruhme, zu befördern».[29] Daher könne sie selbst seine Fähigkeiten am besten beurteilen. Schumann traf den richtigen Ton. Er wurde prädikatierter Hofmaler und durfte bzw. mußte regelmäßig Familien- und Einzelporträts von der Herzogin und ihren Söhnen zu einem festgelegten Preis abliefern.

Eine solche Stellung – oder überhaupt in der Gunst der Herzogin zu stehen –, war das erklärte Ziel vieler. Hatte es jemand in die Nähe Anna Amalias geschafft, so mußte er sich nicht nur anstrengen, diese Position zu halten, sondern er mußte ebenso ein wachsames Auge auf die anderen Günstlinge haben. Wie an allen Höfen des Reiches, so funktionierte auch in Weimar ein bestimmter Mechanismus von Gunsterweisen und Huldentzug. Jede «Herablassung» Amalias, jedes freundliche Nicken, jede Aufmerksamkeit, gar ein Brief oder Geldgeschenke wurden neidisch registriert. Der engere Günstlingskreis der Herzogin wechselte, nicht vielen gelang es, über Jahre oder sogar ein Leben lang in ihrer Nähe zu bleiben. Hielt sich jemand aufgrund eines Talents längere Zeit in der Gunst der Herzogin, machte das die anderen nervös. Eine besondere Auszeichnung war eine Einladung in die Theaterloge der Herzogin – eine Gunstbezeugung mit hohem Neidfaktor bei den anderen, da sie von der gesamten Hofgesellschaft bemerkt wurde. Ein gutes Beispiel für die Eifersucht bei Hof ist Prinzenerzieher Görtz, der im höchsten Maße von Anna Amalias Gunst abhängig war. Er registrierte im Juni 1768 mit Unbehagen: Jeden Tag sei die von Bischoffwerder, die Frau eines kursächsischen Kammerjunkers, bei der Fürstin zur Mittagstafel geladen, ohne ihn! Die Herzogin habe, so Görtz, eine rätselhafte Leidenschaft für sie. Doch bereits zwei Wochen später konnte er sich wieder beruhigen: Die

Bischoffwerder beginne zu langweilen.[30] Als Gegenleistung für die Nähe oder Aufmerksamkeit mußte man Anna Amalia unterhalten. Dabei war sie anspruchsvoll, was als launisch interpretiert werden konnte. Ob beabsichtigt oder nicht – diese Wahrnehmung half ihr, ihre Gunst unberechenbar zu halten.

Da bei Hofe stets die gleichen höheren Staats- und Hofbediensteten anwesend waren, war Besuch eine willkommene Abwechslung. Die Herzogin sei «ganz anders», wenn Fremde anwesend seien, schrieb Görtz.[31] Gute Nachbarschaft, Verwandtschaft oder politische Beziehungen machten ein System von Besuchen und Gegenbesuchen erforderlich, in das Weimar als reichsfürstlicher Hof eingebunden war. Zu den engeren Nachbarn gehörten die anderen ernestinischen Höfe in Gotha, Meiningen, Hildburghausen und Saalfeld. Davon standen allerdings nur die Hofgesellschaften von Weimar und Gotha in engem Austausch. Eine persönlichere Verbindung unterhielt Amalia zu Gotha und, ab Oktober 1772, zu Erfurt, als Carl Theodor von Dalberg dort Statthalter des Mainzer Kurfürsten wurde. Als solcher gehörte er zu den hochrangigen Besuchern der Weimarer Redouten – Gäste von höherem Rang waren äußerst selten.

Als Fürstin empfing Anna Amalia eher Besuch, als daß sie sich selbst auf den Weg machte. Das bedeutete aber auch, daß sie Weimar möglichst attraktiv machen mußte, um interessante Gäste anzuziehen. Sie mußte die Divertissements ansprechend gestalten und das Kommunikationsnetz ihrer Hofchargen und Günstlinge nutzen. Es mußte sich herumsprechen, daß ein Besuch in Weimar lohnend sei. Dies war umso nötiger, als die Residenz abseits der stark frequentierten Reiseroute Frankfurt – Erfurt – Leipzig – Dresden lag. Wer nach Weimar kam, der wollte dorthin.

Besondere Feste organisierte Anna Amalia zu den seltenen Besuchen von Angehörigen ihrer Braunschweiger Familie. Dann wurden nicht nur Bälle und Konzerte veranstaltet, es kam auch ein ausgeklügelteres Zeremoniell zur Anwendung, diese – am Weimarer Hof ungeschriebenen – Gesetze, die bestimmten, wer, wann, wo und wie mit wem zusammentraf. Das Zeremoniell plazierte Personen räumlich und sozial um die Zentralperson, es regelte den Ablauf der Veranstaltungen und legte fest, wie sich die Anwesenden gegenüber der

Fürstin zu verhalten hatten. Je nach Rang und Funktion der Gäste waren diese unterschiedlich aufwendig zu empfangen.[32]

Als ihre Schwester Sophie Caroline Marie, die verwitwete Markgräfin von Bayreuth, im Mai 1770 auf ihrer Durchreise nach Erlangen in Weimar Station machte, schickte ihr Anna Amalia an der Landesgrenze sechs Husaren entgegen. Beim Abschied begleitete sie ihre Schwester mit den Prinzen und dem «gantzen Hoff» bis Jena. Dort wurden im Schloß eine fürstliche und eine Marschallstafel mit insgesamt 45 Personen veranstaltet. An der fürstlichen Tafel saßen die Herzogsfamilie, die obersten Hofchargen und besonders ausgezeichnete Gäste; die Marschallstafel war für die übrigen Hoffähigen bestimmt. Diese Tafel gab es nur an solchen besonderen Tagen. Nach dem Essen wurde die Markgräfin vom Oberhofmarschall, den Hofkavalieren und den Hofdamen unter Ehrenbezeigungen bis zum Wagen geführt.[33]

Für nichtregierende Mitglieder der ernestinischen Nachbarn wurde weniger Aufwand betrieben. Zum Beispiel kamen am 17. Mai 1770 der Erbprinz von Gotha und seine Schwester «in einer Suité von 3 Wagen mit Postpferden» nach Weimar. Sie stiegen am «Auftritt» der Wilhelmsburg aus, wo sie Anna Amalia, der Erbprinz, sämtliche Hofkavaliere sowie adlige Damen «vom Hof und aus der Stadt» empfingen. Als die Gothaer fünf Tage später abreisten, begleiteten sie nur die Prinzen, die Hofkavaliere und -damen bis zum Wagen. Die Herzogin blieb an der Schloßtreppe stehen.[34] Dagegen stiegen Gesandte der ernestinischen Höfe im besten Weimarer Gasthof ab, dem «Erbprinzen», ließen sich bei der Herzogin melden und wurden – wenn die Herzogin im Sommer im nahen Belvedere Hoflager hielt – von einer fürstlichen Kutsche mit sechs Pferden abgeholt, wo sie in der Regel zwei Kammerjunker empfingen.

Den höchsten Seltenheits- und Unterhaltungswert hatten ausländische Gäste. So fiel es zum Beispiel dem italienischen Dichter und Übersetzer Domenico Michelessi 1771 leicht, großen Eindruck zu machen. Michelessi besuchte den Weimarer Hof auf Empfehlung von Anna Amalias Mutter. Auch an anderen Höfen war er bereits wohlwollend empfangen worden. Auguste Luise Eleonore von Keller vom Gothaer Hof beschrieb am Beispiel Michelessis das Ideal eines Hofmanns: «Dichter, Gelehrter, Schöngeist sind seine Titel, und seine Talente, um in allen Gesellschaften gefallen zu können, sind amüsant zu sein, fröhlich und enthusiastisch».[35]

Der italienische Dichter hatte nicht nur auf die Damenwelt eine solche Wirkung: Graf Görtz schätzte seine Anwesenheit, trotz dessen «freie[r] Reden, und Atheisterey». Die ernsthaften Debatten mit ihm seien eine wohltuende Ausnahme von der galanten Konversation im Hofstaat der Herzogin.[36] Ende Februar schrieb Michelessi aus Dresden an Anna Amalia. Er sei melancholisch, weil er Weimar habe verlassen müssen. Seine momentane Gastgeberin, die Kurfürstin, bringe Lobeshymnen auf die Weimarer Herzogin aus, denen er sich anschließe: Ihre Menschlichkeit spiegele sich in ihren Söhnen wider und diene als Modell für Prinzen von Geblüt.[37] Selbstverständlich war Michelessi daran gelegen, daß die Weimarer Herzogin ihn in guter Erinnerung behielt.

Ein willkommener Anlaß für Feste waren die Geburtstage Anna Amalias. Zu ihrem 31. Geburtstag am 24. Oktober 1770 lud man die Hofdamen mittags zur sogenannten «gala en robe», die Hofkavaliere wurden zur Abendgala eingeladen. Bei der Kleidung zu solchen Gelegenheiten trugen Damen und Herren bunte Seide, die Damen Reifröcke und eng geschnürte Mieder, die Haare waren kunstvoll aufgetürmt.[38] An der fürstlichen und der Marschallstafel wurden insgesamt 78 Personen bedient, «zur Tafel wurde mit Trompeten und Paucken geschlagen.» Der pensionierte Hofmarschall Johann Wilhelm von Schardt, der für solche Gelegenheiten noch eingesetzt wurde, «servierte mit dem Marchalstaab». Die Herzogin speiste inmitten der Kavaliere, die sie nach dem Essen förmlich verabschiedete.[39] [Abb. 7].

Doch gerade die regelmäßigen Feste konnten im höfischen Leben keine wirkliche Abwechslung bieten. Sie gehörten zum Alltag wie das dabei anwesende Personal. Der Hof als eine in sich abgeschlossene Gesellschaft bedurfte dringend der Anregung von außen. Daher führten viele Hofangehörige einen regen Briefwechsel, in dem gerne Klatsch und Tratsch verbreitet wurden, daher waren Reisen wichtig – aber auch kostspielig. Selbst eine Fürstin wie Anna Amalia konnte es sich nicht häufig erlauben, längere oder weitere Reisen zu machen.

Abb. 7: Seidenschuhe, um 1756 (?)

Die Reisen der Regentin mußten zudem immer dem Landeswohl dienen, als Obervormünderin durfte sie ihre Söhne nicht ohne weiteres verlassen. Für ihre Reise 1765 nach Aachen fand Anna Amalia einen legitimen Grund: Die «Badekur» diente offiziell der Gesundheit der Herzogin, also auch im übertragenen Sinn dem Wohl des Landes. Obwohl ‹Gesundheit›, vor allem die der Prinzen, ein ständiges, wichtiges Thema im Briefwechsel Anna Amalias war, diente sie diesmal wohl als Vorwand. Am 28. Mai 1765 schrieb die Herzogin: «[G]estern gab es einen Ball, wo ich die Bekanntschaft der ganzen schönen Gesellschaft, die sich hier befindet, gemacht habe; heute rechne ich, der Gräfin von Staremberg meinen Besuch abzustatten, falls sie mich empfängt; man erweist mir hier mehr Höflichkeiten, als ich es verdiene.»[40] Sie hoffe, daß sich bald noch mehr adlige Fremde einfinden würden. Im Verlauf der Kur betonte sie allerdings die Behandlungen stärker als die geselligen Abende: «[D]ie Bäder und das Wasser tun mir gut, außer daß sie mich sehr müde und sehr schwach machen.» Sie sei niedergeschlagen, aber das sei normal, und ihre Laune werde sich bestimmt bessern.[41] Die Prinzen warteten – laut Görtz – ungeduldig auf die Rückkehr ihrer Mutter, die dann auch entsprechend gefeiert wurde: Mit Ehrenpforten, Festbeleuchtungen, musikalischen Eskorten und Huldigungsgedichten.

Ähnliche Divertissements, aber Strapazen anderer Art hatte die

Reise 1771 nach Braunschweig, die kleine Kavalierstour für die Prinzen, zu bieten. Schon drei Jahre zuvor hatte der Erzieher Anna Amalia vorgeschlagen, die Prinzen an eine vom Weimarer Hof getrennte Unterrichtsstätte zu bringen, um ihre Umgangsformen zu verfeinern und ihre Kenntnisse über eine kluge Landesführung zu vervollständigen. Görtz erhoffte sich einen größeren Einfluß auf die Prinzen, fern von Weimar. Das eben lag durchaus nicht im Interesse der Herzogin. Auf seine Vorschläge ging sie nicht ein, wenngleich sie wußte, daß eine Kavalierstour zur Erziehung eines Prinzen gehörte. Wie so häufig verschob die Herzogin diese unangenehme Entscheidung, bis sie auf einen Kompromiß verfiel, der ihre Söhne nicht in der alleinigen Obhut des Erziehers lassen würde: Die Reise nach Braunschweig.

Während der vier Wochen im Juni 1771 scheuten die Braunschweiger weder Kosten noch Mühen, um ihrer Tochter und den Prinzen einen angemessenen Aufenthalt zu bereiten. Doch es war alles andere als ein gemütliches Familientreffen. «Die Frau Herzogin und meine Prinzen werden mit der größten Zuvorkommenheit [distinction] behandelt. Für die letzteren macht man nur immer zuviel. Heute haben wir eine Gala. Alles ist von großer Pracht [magnificence] und einer phantastischen Etikette.»[42] Die Begriffe «Etikette» und «Zeremoniell» waren im letzten Drittel des 18. Jahrhunderts am Weimarer Hof noch nicht streng geschieden – Görtz meinte mit Etikette wohl das, was die Forschung übergreifend als «Zeremoniell» definiert: die «zeitlich regulierte Bewegung von Personen im Raum». Als Etikette wird dagegen das ‹wohlanständige› Verhalten innerhalb der Hofgesellschaft bezeichnet, ein ungeschriebener Kodex an Normen, der vor allem die Umgangsformen zwischen Zentralperson und Untergebenen regelt.[43] In Braunschweig nahmen Anna Amalia und ihre Eltern den Reiseanlaß, daß der Erbprinz und sein Bruder üben sollten, wie sie sich einem Reichsfürsten und seiner Frau gegenüber zu benehmen hatten, sehr ernst.

Neben diesen sozialen Herausforderungen wartete ein umfangreiches Besichtigungsprogramm auf die Prinzen. Sie besuchten das Naturalienkabinett und die Gemäldegalerie, das Reithaus im Collegium Carolinum und die Bibliothek in Wolfenbüttel. Außerdem wohnten sie einem Manöver bei. Dies war besonders für Constantin interessant: Da er vermutlich nicht als Ersatzthronfolger einspringen mußte, war die Militärlaufbahn die einzige standesgemäße Alternative. Doch auch Carl August würde sich als zukünftiger Herzog militärischen Aufgaben widmen müssen.

Von Braunschweig aus begab sich die Gesellschaft nach Salzdahlum, wo Anna Amalia den Sommersitz der Braunschweiger Familie und einen Ort ihrer Jugend wiederentdeckte. Dort erwarteten sie König Friedrich II. von Preußen zu einem kurzen Besuch – eine besondere zeremonielle Herausforderung. Amalias Mutter nutzte die Gelegenheit, sich mit ihrem Bruder unter vier Augen ausführlich auszutauschen. Die Weimarer Herzogin und ihre Söhne bekamen den König nur beim Essen zu Gesicht. Doch auch dies war eine Begegnung mit der ‹großen Welt›, die in Weimar nicht zu inszenieren gewesen wäre. Görtz schmückte das kurze Treffen des Königs mit den Weimarer Prinzen zu einem langen Gespräch aus. Carl August habe von Friedrich II. viel Beifall erhalten. Der König habe Carl I. gesagt: «[M]ein Gottt, wir haben nun viele junge Prinzen gesehen, die älter waren als er, und unter ihnen war nicht einer, der sich so wohl betragen hätte.» Auch Constantin habe sich sehr gut benommen.[44]

Görtz hatte also allen Grund, stolz zu sein auf «seine» Prinzen. Und er besaß nun hochrangige Zeugen seiner Erziehungsleistung, die er gegenüber der Herzogin immer wieder anbringen konnte. Ausgezahlt hat es sich für ihn letztlich nicht, und schon bald sollte er zu anderen Mitteln greifen.

Kapitel 4

«man sieht jetzt nur nach der aufgehenden Sonne»[1]

Intrigen, Verschuldung, Katastrophen

Die Eisenacher Landstände bekamen Ende September 1775 noch einmal Besuch von ihrer «Landesmutter». Eigentlich war sie jetzt ‹nur› noch die Mutter des regierenden Herzogs Carl August – doch dieser reiste schon zwei Wochen nach dem Regierungsantritt zur Hochzeit nach Karlsruhe. Anna Amalia vertrat ihn im Geheimen Consilium und unterzeichnete mit seiner Vollmacht weiterhin Reskripte – eine Aufgabe, die in Zukunft seiner Gemahlin zufallen würde.[2] Die Mutter begleitete die Reisesuite ihres Sohnes, wie es das Zeremoniell erforderte, bis zur westlichen Landesgrenze nach Eisenach und blieb dort noch einige Tage – nun wieder als «Landesmutter». Ohnehin sahen sie viele Menschen in beiden Herzogtümern immer noch so – sie ahnten nicht, wie schwer Amalia die letzten Jahre der Regentschaft gefallen waren, daß sie mit Intrigen zu kämpfen gehabt hatte, daß sie überlegt hatte, vorzeitig zurückzutreten. Nach außen hatte sie die obervormundschaftliche Regierung erfolgreich abgeschlossen und war nun die «Herzogin Frau Mutter».

*

Von den Entscheidungsprozessen, die sie zu Beginn ihrer Amtszeit unter Kontrolle haben wollte, wurde Anna Amalia in den letzten Jahren vor dem offiziellen Ende ihrer Regentschaft immer mehr abgekoppelt. Gleichzeitig schob das Consilium dringende Entscheidungen auf, mit dem beliebten Argument, man wolle dem zukünftigen Landesherrn nicht vorgreifen. Dies zeigte sich vor allem in der Steuer- und Finanzpolitik. Probleme wurden verschleppt, was der Regierung Carl Augusts nach 1775 noch zu schaffen machen sollte. Die Behauptung, Anna Amalia habe ihrem Sohn ein geordnetes Herzogtum mit soliden Finanzen übergeben,[3] hat keine Grundlage.

In Weimar hatte man es versäumt, nach dem Siebenjährigen Krieg die Staatsfinanzen zu sanieren, was andere Territorien zumindest versuchten – in Kursachsen unter dem Schlagwort «rétablissement». Bis 1775 konnte die Regierung Anna Amalias nur ein Viertel der finanziellen Kriegsfolgen abbauen. Das Prinzip, mehr zu verausgaben als einzunehmen und mehr Schulden aufzunehmen als abzubezahlen, prägte die Finanzpolitik der ständischen Landschaftskassen. Die herzogliche Kammer sah sich ebenfalls nicht angehalten, den strikten Sparkurs zu verfolgen, den ihr das Testament Ernst August Constantins verordnet hatte. Ein Beispiel, das sich auf das gesamte Finanzwesen der obervormundschaftlichen Regierung übertragen läßt, ist das der Kammer unterstellte Bauwesen für Straßen und herrschaftliche Gebäude wie Schlösser, Forsthäuser oder lokale Verwaltungssitze. Die Kammer argumentierte gegenüber den Räten, daß immer neue bauliche Maßnahmen vonnöten seien, um einen weiteren Verfall der Gebäude zu verhindern. Doch die ständigen Reparaturen änderten nichts am schlechten Grundzustand.[4] Die katastrophale finanzielle Situation der Kammer hielten die Räte jedoch im Detail vor der Herzogin geheim. Nicht zu belegen ist, ob Anna Amalia die Misere nicht erkannte oder ob sie sie einfach ignorierte. Zumindest vom kritischen Zustand der Hoffinanzen hat sie gewußt.[5] Dennoch leitete sie keine Sparmaßnahmen in die Wege, sondern rechtfertigte ihre Ausgaben immer wieder als absolut erforderlich. Der Zusammenhang zwischen der Finanz-, Währungs- und Steuerpolitik einerseits und den Lebensbedingungen der Untertanen andererseits schien ihr nicht klarzuwerden. Die Bevölkerung hatte immer noch mit den Auswirkungen der Münzabwertungen vom Anfang der 1760er Jahre zu kämpfen. Ein Großteil der Untertanen war mit den Steuerzahlungen im Rückstand, die Behörden versuchten die Forderungen mit eigenen Kommissionen zu «executiren», welche die Bevölkerung noch weiter in den Ruin trieben. Zudem machten sich die Steuereinnehmer der Kammer und der Landschaftskasse gegenseitig Konkurrenz. Mißernten in den Jahren 1770 bis 1772, die Teuerungen und eine – reichsweite! – Hungersnot zur Folge hatten, verschärften die

Situation noch. Als die Hungerkrise Weimar erreichte, war die Herzogin nicht anwesend: Sie weilte mit ihren Söhnen in Braunschweig. Also traf das Geheime Consilium die notwendigen Entscheidungen allein, aber im Namen der Herzogin. Diese Vollmacht hatte Anna Amalia zu Beginn ihrer Regentschaft verhindern wollen, doch inzwischen hatte sie wohl gesehen, wie befreiend die Entlastung von den Regierungsgeschäften sein konnte. Als sich die Krise 1772 dann zuspitzte, wurde die Herzogin in die meisten Entscheidungen nicht einbezogen: das Consilium war es ja gewohnt, über diese Sache zu befinden. Anna Amalia erfuhr erst im nachhinein von ihrem Geheimen Rat Fritsch, daß man geradezu panisch Getreide zu horrenden Preisen eingekauft hatte. Als es schließlich in Weimar ankam, stellte sich heraus, daß man diese Mengen schon gar nicht mehr verbrauchen konnte. Sie mußte das Verfahren rückwirkend gutheißen. Die Wirtschaftspolitik ihrer Räte entzog sich dem Zugriff der Regentin.[6]

Bei Reformprojekten, denen man das Etikett «aufklärerisch» anheften könnte[7], zeigte Anna Amalia kein besonderes Engagement. So hatten die Stände eine Brandassekurationssozietät angeregt, die Fritsch durchsetzte. Jedoch gelang es der Regierung nicht, die Untertanen vom Nutzen dieser Versicherung zu überzeugen. Um die baulichen Vorschriften nach einem Brand umzusetzen – vor allem: Ziegel statt Stroh zum Wiederaufbau zu verwenden –, fehlte vielen schlicht das Geld. Dieses zentrale Reformprojekt der Regierung Anna Amalias war zum Scheitern verurteilt. Im Strafrecht folgte man weiter der kaiserlichen «Halsgerichtsordnung» aus dem frühen 16. Jahrhundert, die andere Territorien zunehmend hinterfragten oder außer Kraft setzten. Das bedeutete, daß ledige Schwangere an den Pranger gestellt und Mörder gerädert wurden. 1767 wurde die öffentliche Auspeitschung mit Landesverweisung («Staupenschlag») wieder eingeführt. Erst 1761 hatte man sie durch eine Zuchthausstrafe ersetzt, was sich jedoch als zu kostspielig erwies. Die «peinliche Befragung», also die Folter, wurde im Gerichtsverfahren weiterhin angewandt, unter anderem bei unehelich Schwangeren.[8] Am 24. Juli 1772 wurde, nach Bestätigung Anna Amalias, der «Menschenfresser» Johann Nikolaus Goldschmidt wegen Mordes und

Kannibalismus in Berka «von unten auf gerädert und aufs Rad geflochten».[9] Die Strafen für Kindsmörderinnen wurden jedoch einer Überprüfung unterzogen. 1772 bestätigte das Consilium ein Todesurteil für die «Kindsmörderin» Judith Maria Müller aus Rosla, änderte aber den Tod durch Erhängen in die Hinrichtung mit dem Schwert. Der Körper der Toten wurde, wie allgemein üblich, der Jenaer Anatomie zur Verfügung gestellt. Drei Jahre später wandelte das Consilium das Todesurteil gegen die «Kindsmörderin» Catharina Elisabeth Warz aus Großrudestedt in eine fünfjährige Zuchthausstrafe um. Der Verurteilten sei im Zuchthaus «ein derber Willkommen und Abschied zu geben».[10] Anna Amalia hatte all diese Urteile abzuzeichnen, inwiefern dabei ihre eigenen Meinungen einflossen, läßt sich nicht mehr nachvollziehen.

Der Kaiserhof in Wien nahm wie selbstverständlich an, daß die Weimarer Regentin in die dortigen Entscheidungen eingebunden sei. So leitete Christian Bernhard Isenflamm, der weimarische Gesandte am Wiener Hof, 1772 eine Anfrage der Kaiserin Maria Theresia weiter:

> Es ist in verschiedenen auswärtigen Blättern diejenigen weisen und Landes-Mütterl. Einrichtungen, welche [... Anna Amalia] in dem Zucht- und Arbeits Haus zu Eisenach treffen lassen, mit so vielem Lob erwähnt worden, daß Ihro Maj[estä]t. die Kayserin, welche davon Nachricht erhalten, u. auch hier dergleichen einzuführen gedenken, wohl wünschten davon etwas näher unterrichtet zu werden.

Mit den von Anna Amalia erbetenen Informationen erhoffe sich Maria Theresia, in Österreich «bey der gegenwärtig immer mehr zunehmenden Anzahl Armer Dienst- und Arbeitsloser Personen guten Gebrauch zu machen». Im Gegenzug erhielt die Weimarer Herzogin zum Beispiel die Schulordnung der habsburgischen Erblande, «die an sich sehr viel gutes enthält» und daher Weimar zum Vorbild dienen könne.[11]

Als Regentin brach Anna Amalia also nicht mit den patriarchalischen Traditionen der ersten Jahrhunderthälfte. Sie hielt sich an überkommene reichsrechtliche Vorschriften noch zu einer Zeit, als man in anderen Territorien bereits eigene Wege zu gehen begann.

Umso mehr überrascht es, daß sich zu den zahlreichen Bittschriften zur Religionsausübung anderer christlicher Bekenntnisse als der lutherischen Landeskonfession eine einzige direkte Äußerung der Herzogin findet. Die Weimarer Katholiken – es gab eine kleine Minderheit in der Residenz – baten 1774 darum, auf eigene Kosten Ostern mit einem Priester aus Erfurt, das zu Kurmainz gehörte, feiern zu dürfen. Der Mainzer Statthalter Dalberg in Erfurt unterstützte das Gesuch, das Weimarer Oberkonsistorium war jedoch dagegen. Es legte die reichsrechtliche Regelung des Westfälischen Friedens von 1648 sehr eng aus. Darin war die öffentliche Religionsausübung der Konfessionen auf den Stand von 1624 eingefroren worden – und damals hatte es keine Katholiken in Weimar gegeben. Nun bat Amalia Fritsch um Rat. Ihre suggestive Frage verrät jedoch schon ihre Meinung:

> Glauben Sie nicht daß ich den Katholiken erlauben könnte, es zu wagen, den Priester Bernhard kommen zu lassen, ausschließlich für das Osterfest, das das heiligste Fest für die ganze Christenheit ist, und warum den Katholiken etwas verbieten, was man den Calvinisten gestattet?[12]

Das Geheime Consilium hatte den Calvinisten schon vor einigen Jahren erlaubt, von einem reformierten Prediger das Abendmahl zu empfangen – unter dem Vorbehalt, daß dieses Privileg jederzeit rückgängig gemacht werden könne. Denn es sollte sich kein öffentlicher Gottesdienst entwickeln. Dies entspricht den Regelungen des Westfälischen Friedens, der Nichtangehörigen der Landeskonfession nur Hausandachten gestattete, die aber nicht mit Glockengeläut angekündigt oder beendet werden durften. In ihrem Gesuch beriefen sich die Katholiken auf Anna Amalias «angestammte und weltbekannte Tolerance» und bezeichneten ihre «stille Religions-Übung» als fürstliche Gnade. Diese Schmeichelei war geschickt eingesetzt: Indem sie die Erlaubnis als eine fürstliche Gnade bezeichneten, waren Anna Amalia und das Geheime Consilium abgesichert, denn Gnade konnte jederzeit zurückgenommen werden. Obgleich es den Katholiken gelang, das Zugeständnis in den nächsten Monaten sogar noch auf einen «sonntäglichen Privat-Gottes Dienst» auszuweiten, konnten sie daraus keinen Anspruch auf öffentliche Religionsausübung ableiten.[13]

Stets mußte Anna Amalia die zwei großen Themenbereiche ihrer Obervormundschaft im Kopf behalten – die Regierungsgeschäfte und die Erziehung ihrer Söhne. Und beides bereitete ihr in den letzten Jahren der Regentschaft Sorge. Sie spürte einen Machtverlust auf der einen und einen Vertrauensverlust auf der anderen Seite. Der Einfluß des Grafen Görtz auf die beiden Prinzen schien immer größer zu werden. Jahrelang hatte es Anna Amalia vermieden, sich Gedanken über die Schlußphase der Erziehung Carl Augusts zu machen, obwohl Görtz sie wiederholt darauf angesprochen hatte. Als Carl August dann aber 1772 konfirmiert und auch von der Pockenimpfung wieder genesen war, konnte sie sich den Forderungen des Prinzenerziehers nicht mehr länger entziehen. Sie mußte den Unterricht neu strukturieren, um den Erbprinzen gezielt auf die Regentschaft vorzubereiten. Görtz wollte schon frühzeitig mit der letzten Unterrichtsphase Carl Augusts beginnen, da er ahnte, daß er nicht bis zum 21. Lebensjahr des Prinzen Zeit haben, sondern daß man die vorzeitige Volljährigkeit mit 18 Jahren beantragen würde. Anna Amalia war unentschlossen, ob sie die Prinzen für längere Zeit an einer auswärtigen Universität oder an einem fremden Hof unterbringen sollte. Ihr ehemaliger Erzieher Johann Friedrich Wilhelm Jerusalem lehnte es 1772 ab, die Prinzen auf einer Reise zu begleiten.

Inzwischen hatten die Herzogin und der Prinzenerzieher die Beziehung zu Christoph Martin Wieland vertieft, der seit 1769 an der Erfurter Universität Philosophie unterrichtete. Wieland, der durch den Bildungsroman «Geschichte des Agathon» (1766/67) und seine Shakespeare-Übersetzungen bekannt geworden war, strebte nach einem Amt an einem Hof, das ihm Freiraum für seine schriftstellerischen und publizistischen Ambitionen ließ. Anfang März 1772 las er Anna Amalia in Weimar aus seinem Roman «Der Goldne Spiegel» vor, an dem er gerade arbeitete. Darin argumentiert er, daß schon bei der Fürstenerziehung aufklärerische Ideale zu vermitteln seien, um diese dann in den auf die Fürsten zentrierten Territorialstaaten besser durchsetzen zu können. Es ist also nicht verwunderlich, daß Anna Amalia auf den reizvollen Gedanken kam, diesen «Weisheitslehrer» bei sich zu haben. Zu Ostern hielt sich Wieland wieder einige Wochen in Weimar auf. Danach entwickelte sich ein kurzer, aber erstaunlich vertraulicher Briefwechsel zwischen Anna Amalia und dem Autor. Sie gestand Wieland ihr Gefühl, bei der Erziehung der Prinzen versagt zu haben. Zu ihrem Ideal einer guten Mutter gehörte ein vertrautes Verhältnis zu ihren Kindern. Der Erbprinz verschließe sich ihr aber. Sie sei von Natur aus empfindsam, «vielleicht bin ich zu empfindsam, und eine stärkere Seele als die meine würde die Oberhand behalten, ich muß zugeben, daß ich mich da etwas schwach fühle; kann eine Frau eine starke Seele haben?» Es ist eine der wenigen überlieferten Quellen, in denen die Fürstin Anna Amalia an ihren Fähigkeiten zweifelt und meint, ein Scheitern läge in ihrem Geschlecht begründet. Als Alleinstehende falle ihr die Erziehung ihres Sohnes schwer. Sie geht sogar so weit zu sagen: «Ich gestehe Ihnen ehrlich, mein Herr, wenn ich noch einmal von vorne zu beginnen hätte, ich gäbe meinen Kindern eine ganz andere Erziehung.»[14] Dann würde sie Carl August Respekt und Mutterliebe beibringen. Anna Amalia suchte beim «Weisheitslehrer» Rückendekkung. Wie gewünscht, lieferte Wieland ihr einen Katalog weiblicher Tugenden und widersprach ihrem Gefühl, versagt zu haben. Carl August wirke nur im Vergleich zum liebenswürdigen Constantin hart und verschlossen. Grundsätzlich müsse das weibliche Geschlecht, das sich vor allem durch Empfindsamkeit, Sanftheit und Anmut auszeichne, nicht noch die Stärke der Seele zu seinen Tugenden zählen. Doch wünsche er sich, daß auch eine Frau stark sei. Die Vernunft solle sich gegen die Empfindsamkeit durchsetzen – besonders bei einer Fürstin.

> [I]ch spreche von der Stärke der Seele, die sich aus dem unerschütterlichen Entschluß speist, sich seinen Pflichten zu widmen, aus einem Geist, der erleuchtet ist von den Prinzipien, welche uns führen müssen, und aus einem Untergrund an edlen und erhabenen Gefühlen, ohne die es schwierig oder gar unmöglich ist, sich unter allen Umständen wohl zu betragen, um die Oberhand gegenüber dem Gewöhnlichen [vulgaire] zu behalten.[15]

Allein welche Pflichten und Prinzipien der weiblichen Seele Stärke verleihen sollten, ließ er offen und gab der Herzogin damit Interpretationsfreiräume. Anna Amalia konnte sich in seinen abstrakt-philosophischen Reflexionen wiederfinden, indem sie seine Leerstellen mit eigenen Ansichten füllte. Sie gefiel sich im Dialog mit dem Dichter, den sie wegen seines Ansehens nach Weimar eingeladen hatte. Zu Beginn ihres Briefwechsels sah sich Anna Amalia nicht als Gunst vergebende Mäzenin, sondern als fürstliche Mutter, die sich eine Stärkung ihres Selbstbildes erhoffte. Er war für sie als intellektuell-moralischer und unabhängiger Ratgeber interessant. Seine Aussagen im «Goldnen Spiegel» spielten in ihren Unterhaltungen keine Rolle. Es war vielmehr die Tatsache, daß er einen solchen Roman schrieb, die ihr Wieland als Gesprächspartner attraktiv erscheinen ließ.

Nach Ostern 1772 rückte Wieland allerdings von der Idee ab, sich an der Prinzenerziehung zu beteiligen. Sein eigentliches Ziel war Wien; Weimar schien ihm die angestrebte Position eines alimentierten Hofdichters und Fürstenberaters nicht näherzubringen. Glaubt man dem enttäuschten Görtz, so wollte Wieland sich nicht an diese «schwache und undankbare Frau» binden.[16] Kein Wunder, daß Görtz so schlecht über die Herzogin sprach: Wieland hatte ihm die Briefe Anna Amalias gezeigt, in denen sie sich selbst als schwach bezeichnet und gesteht, die Erziehung am liebsten noch einmal neu beginnen zu wollen. Das mußte auf Görtz undankbar wirken. Er überlegte ernsthaft, von seinem Amt zurückzutreten, doch Wieland überredete ihn zu bleiben.[17] Anna Amalia erfuhr von Wielands Vertrauensbruch nichts.

Zur gleichen Zeit sagte die Herzogin alle Pläne für eine Kavalierstour vorerst ab, so daß Görtz die letzten Jahre der Erziehung in Weimar gestalten mußte. Er schlug dem Consilium vor, die Reihe der Lehrer und damit die fachlichen Möglichkeiten zu erweitern. Die Geheimen Räte bevorzugten Lehrer, die bereits im Hof- oder Staatsdienst Weimar-Eisenachs standen, um weitere Pensionsansprüche zu vermeiden. Görtz schlug den Geheimen Assistenzrat Achatius Ludwig Carl Schmid vor, seit 1766 Mitglied des Consiliums und zuvor Professor in Jena. Damit konnte das Consilium über einen Mittelsmann direkt auf die Unterrichtsinhalte einwirken. Schmid sollte bürgerliches Recht und sächsisches Staatsrecht unterrichten. Für Reichsgeschichte und deutsches Staatsrecht einigte man sich auf. Johann Christian Majer, einen außerordentlichen Professor an der Universität Jena. An einer akademischen Karriere interessiert, würde er wohl kaum übertriebene Ansprüche stellen. Für die Philosophie schlug Görtz Wieland vor. Der Geheime Rat Fritsch empfand es jedoch als Risiko, Wieland anzustellen, da er nach spätestens drei Jahren Pensionär und damit zu einem alimentierten Hofdichter werden würde, der noch dazu auf die Idee kommen könne, seine Pension außerhalb des Landes zu «verzehren».[18] Diese Beratungen im Consilium mußten laut Testament Ernst August Constantins stattfinden, auch wenn sie der informellen Diskussion hinterherliefen. Der Fall wurde besprochen, als sei das Thema noch nie auf dem Tisch gewesen. Anna Amalia hielt sich formal an die Vorschriften. Gleichzeitig demonstrierte sie Görtz, daß sie seine Vorschläge nur als unverbindliche Hinweise ansah.

Der Geheime Rat von Fritsch mißtraute Wieland, da er ihn als einen Vertrauten Görtz' erkannte. Damit schwand seine Hoffnung, in Wieland einen Verbündeten für die Herzogin zu gewinnen und so den Einfluß des Hofmeisters auf den Erbprinzen zu verringern. Wieland, eigens für die Prinzenerziehung eingestellt, müßte sich zwangsläufig in die höfische Gunsthierarchie einordnen und daher ganz auf den Thronfolger ausrichten. Fritsch versuchte, Wieland zunächst mit einem halben Jahr Unterricht abzuspeisen. Darauf ließ sich dieser nicht ein. Amalia, die Fritschs Befürchtung eigentlich teilte, ignorierte ihre anfänglichen Bedenken und bot Wieland eine dauerhafte Stellung als Prinzeninstruktor mit dem Titel Hofrat an. Wieland akzeptierte – nachdem er über Görtz ein höheres Gehalt ausgehandelt hatte.

Carl August hatte selbst den Wunsch geäußert, von Wieland unterrichtet zu werden. Anna Amalia tat ihm diesen Gefallen in der Hoffnung, mit Wieland ein Gegengewicht zum Prinzenerzieher ins Spiel gebracht zu haben. Die Herzogin war als Zentralperson des Hofes selbst in das höfische System der «unehrlichen Kommunikation»[19] eingebunden. Anna Amalia konnte und wollte sich nicht selbst aus dem Gunstsystem ausschließen und schmeichelte ihrem Sohn, dem zukünftigen Herzog. Carl August hatte nun in der Tat einen Lehrer von überregionaler Reputation, der sich an dem Menschen orientierte, der ihm einmal seine Pensionen zahlen würde. Wieland war sich zu diesem Zeitpunkt schon dessen bewußt, daß er bald von der

Gunst des Herzogs abhängig sein würde. Zugleich mußte er Anna Amalia sein Leben lang dankbar sein, da sie ihm diese Stellung verschafft hatte.

Zum Winterhalbjahr 1772/73 begann Wieland mit dem Unterricht. Es wurden keine Aussagen darüber gemacht, wie viele Jahre er lehren sollte. So hatten sich das Consilium und die Herzogin offengehalten, ihn auch noch für Constantin zu verpflichten, der erst 1779 im Alter von 21 Jahren volljährig werden würde. Der Unterricht für die Prinzen orientierte sich nun an ihren künftigen Aufgaben. Fächer wie Schönschrift, Zeichnen oder Tanzen wichen der Reichsgeschichte, deutschem Staatsrecht, sächsischem und bürgerlichem Recht sowie dem Naturrecht. Die Naturrechtstheorien versuchen, aus dem Urzustand des Menschen allgemeingültige Regeln für das Zusammenleben abzuleiten. Wieland begann, den Prinzen Geschichtsphilosophie, die Theorie der schönen Wissenschaften und «Moral» zu lehren. Ursprünglich sollte er Görtz auch bei der «Bearbeitung des Hertzens» behilflich sein, doch die große Menge an Unterrichtsstoff, die zu bewältigen war, erlaubte das nicht. Er versuchte, die Philosophie in die anderen Unterrichtsfächer zu integrieren, doch das wurde immer schwieriger – vor allem, weil er in seinem zweiten Jahr Carl August auch noch in Polizey- und Kameralwissenschaften, sowie beide Prinzen in Statistik und Staatswissenschaft unterweisen sollte.

Der ursprünglich vorgesehene erzieherische Unterricht kam wahrscheinlich zu kurz. Anna Amalia hatte Wieland ohnehin – formal und inhaltlich gesehen – nicht zum Prinzen*erzieher*, sondern zu *einem der Lehrer* der Prinzen berufen. Die erzieherischen Maßnahmen lagen zu allen Zeiten in den Händen des Grafen Görtz. Wielands Berufung als Lehrer war also nicht als ein mäzenatischer Akt Anna Amalias geplant. Von einem Posten als Hofdichter war er anfangs weit entfernt.

Wieland hatte mit der Stelle als Prinzenlehrer seinen Plan, unabhängiger Gelehrter zu werden, nicht aufgegeben. Die Zeitschrift «Der Teutsche Merkur» gründete er mit diesem Ziel vor Augen. Als sich aber abzeichnete, daß sich Weimar tatsächlich nicht als Sprungbrett nach Wien nutzen lassen würde, deutete er die Programmatik der Zeitschrift vom Kaiserhof auf den kleinen Weimarer Hof um. Das

Hoftheater wollte er zu einer nationalen Erziehungsanstalt umgestalten und entwarf ein kulturpolitisches Programm für Weimar, das außerdem die Herausgabe mehrerer Zeitschriften vorsah. Doch mit diesen Vorschlägen überschritt Wieland in Anna Amalias Augen seine Kompetenzen.

Das Hoftheater war das Terrain der Herzogin. Sie interessierte sich nicht nur für die Aufführungen, sondern nahm sogar an den Proben teil. So integrierte sie das Theater in ihr System von Gunstvergabe und Huldentzug: Sie gab genau zu erkennen, welche Stücke, Libretti und schauspielerischen Leistungen ihr gefielen und welche sie ablehnte. Gründe dafür nannte sie selbstverständlich nicht. Ernst Wilhelm Wolf, festangestellter Kapellmeister, und Anton Schweitzer, Komponist der auf Zeit engagierten Koch'schen Schaupielertruppe, wetteiferten darum, von der Herzogin mit Kompositionen beauftragt zu werden. Als Schweitzer die Musik zu Wielands Singspiel «Alceste» komponierte, nahm Anna Amalia es Wieland übel, den von ihr favorisierten Wolf vernachlässigt zu haben. Auch Wolfs Frau Caroline, eine ehemalige Kammerfau Amalias, intrigierte gegen Schweitzer. Görtz gelang es, die Entlassung Schweitzers und der Schauspieler zu verhindern, aber die Herzogin machte zur Bedingung, daß Wieland sich künftig nur noch im «genre lyrique» betätigen sollte. «W. kann nichts anderes machen, als sich unterwerfen und das Theater verlassen, wo er Autor sein will. Unsere Truppe wird in kurzer Zeit sehr schlecht werden», schrieb Görtz. Anna Amalia hatte Wieland vom Hoftheater ausgeschlossen und seine Hoffnung, doch noch alimentierter Hofdichter zu werden, zunichte gemacht.[20]

Die Herzogin bestrafte jeden mit Gunstentzug, der das von ihr abgelehnte Singspiel lobte. Nur gegenüber seiner Frau traute sich Görtz zu schreiben: «Die ‹Alceste› verleiht Weimar Glanz».[21] In der Tat war die Außenwirkung von «Alceste» gut. Im «Teutschen Merkur» pries Wieland selbst die künstlerische Qualität des Singspiels in deutscher Sprache, statt – wie bisher in der Berichterstattung über höfische Divertissements üblich – den Aufwand an Personal, Dekorationen und Kostümen hervorzuheben. In seinen «Theatralischen Nachrichten» lobte er den freien Eintritt zum Theater für den Hofstaat und die Bürger Weimars.[22] Doch Jahrzehnte später erinnerte sich ein alter

Hofbediensteter: «So ganz frei war eigentlich der Eintritt in das Theater doch nicht». Für die Vergabe der Karten war das Hofmarschallamt zuständig. «Leute, die man am Hofe kannte, wurden besonders berücksichtigt. [...] Man mußte genereus seyn gegen die welche die Billets austheilten.»[23] Der Forderung Wielands, das Theater solle ein Medium der Verfeinerung der Sitten und der sinnlichen Vervollkommnung des Volkes werden, schloß sich Anna Amalia nicht an. Ohne den Rückhalt der Herzogin konnte Wieland seine hochfliegenden Ideen nicht verwirklichen. Andererseits war es Amalia angenehm, daß der Name Weimar mit solchen aufklärerischen Idealen in Verbindung gebracht wurde. Wieland sorgte in seiner Zeitschrift für eine reichsweite Inszenierung der Herzogin als Mäzenin, ein Dienst, den sie zu schätzen wußte. Daß sie das Theater hofintern als Machtmittel nutzte, stand auf einem anderen Blatt. Schwierig wurde es für sie nur, wenn die positiven Besprechungen der «Alceste» in den Zeitschriften Besucher nach Weimar lockten, diese dann aber feststellen mußten, daß die Herzogin das so gelobte Stück im Grunde ablehnte.[24] Anna Amalia ging es hauptsächlich darum, daß über Weimar in einer reichsweiten Öffentlichkeit gesprochen wurde. Ob sie die aufklärerischen Ideen Wielands inhaltlich nachvollzog, ist nicht klar, da keine Äußerungen von ihr zu diesem Thema überliefert sind. Klar ist allerdings, daß sie eine dominierende Stellung Wielands auf dem Theater nicht duldete. Dieses Machtinstrument wollte sie nicht aus der Hand geben.

Sowohl Anna Amalia als auch Görtz hatten sich viel von der Berufung Wielands versprochen. Beide hofften auf moralische Unterstützung und eine gefestigte Position gegenüber Carl August. Görtz war Ende 1772 sogar noch weiter gegangen: Er wollte Carl August mit 17 Jahren durch den Kaiser vorzeitig volljährig erklären und Anna Amalia als Regentin absetzen lassen. Sein Verbündeter bei diesem Plan war der Gothaer Minister Silvius Freiherr von Frankenberg und Ludwigsdorff.[25] Beide erhofften sich, daß Carl August sie ins Geheime Consilium berufen werde und entwarfen umfangreiche Umbesetzungen für die Zeit nach dem Regierungswechsel. Sie hatten aber nicht nur persönliche Motive: Görtz wollte die schwierige finanzielle Lage verbessern und den Reformstau in Weimar-Eisenach auflösen. Gegen rigide Sparmaßnahmen hätte die alte Elite gewiß Widerstand geleistet – schon allein aus diesem Grund erschien ihnen ein Personalwechsel unvermeidlich. Görtz hielt Fritsch für einen unfähigen Minister, was sich in der Hungersnot von 1771/72 gezeigt habe. Weimar schien ihm unter der zaudernden Herzogin als «Land der Unentschiedenheit».[26] Als Anna Amalias Vertrauensmann im Consilium, Greiner, 1772 starb, rückte der erfahrene, doch nichtadlige Regierungsrat Christian Friedrich Schnauß nach, und Fritsch übernahm den Vorsitz. Für Görtz war dies eine unglückliche Konstellation: Er betrachtete Fritsch als Feind, der versuchte, den Erbprinzen gegen ihn und gegen die Herzogin auszuspielen. Nach einem monatelangen geheimen Briefwechsel mit Frankenberg verliefen die Umsturzpläne schließlich im Sande. Der Gothaer hatte zu große Bedenken, denn Görtz konnte einen Antrag auf eine vorzeitige Volljährigkeitserklärung nicht ausreichend begründen. Wenn sie mit einer vollkommenen Zerrüttung der Staatsfinanzen argumentiert hätten, wäre die Gefahr entstanden, daß Wien eine kaiserliche Entschuldungskommission nach Weimar gesandt hätte, welche dort faktisch die Regierung übernommen hätte – wie in Sachsen-Hildburghausen bereits geschehen. Görtz gab seine Pläne also auf. Doch schon ein Jahr später geriet Anna Amalias Regentschaft wieder in Gefahr – diesmal aus ihrem eigenen Antrieb.

Die Euphorie der Herzogin über die Berufung Wielands war schnell verflogen, als sie sich eingestehen mußte, daß sich die Situation nicht zu ihren Gunsten entwickelte. Sie sah sich der Troika Erbprinz – Prinzenerzieher – Instruktor nahezu einflußlos gegenüber. In einem Brief an Fritsch ließ sie ihren düsteren Gedanken freien Lauf. Zunächst beschwerte sie sich über Carl Augusts Verhalten:

> Seit ungefähr einem Jahre bemerke ich eine große Veränderung im Charakter und im Verhalten meines ältesten Sohnes, besonders mir gegenüber; vor etwa einem Monat machte ich ihm lebhafte Vorstellungen, ich wollte ihm die Augen öffnen hinsichtlich Wielands und des Grafen Görtz; er fing Feuer und versicherte mir, diese beiden seien seine besten Freunde; ich erinnerte ihn daran, daß er in früherer Zeit über den Grafen Görtz nicht so gedacht habe; er gab mir Recht, doch versicherte, er habe sich getäuscht, sei mittlerweile vom Gegenteil überzeugt und sei empört, bei mir Mißtrauen in seine zwei besten Freunde zu bemerken; ich erwiderte ihm, daß er darüber nicht erstaunt sein

dürfe, weil es mir scheine, als habe ich seit der Zeit, daß Wieland bei ihm sei, sein Vertrauen verloren, als wolle er weder meinem Rat noch meinen Ermahnungen folgen, die ihm doch häufig sehr nötig seien; es scheine mir im Gegenteil, daß er, wenn ich ihm diese kleinen Wahrheiten sage, sie nicht in der Weise aufnehme, wie es sich gehöre, da sie von einer Mutter kommen, die ihn zärtlich liebe und kein anderes Ziel habe als sein Wohl; er beteuerte mir das Gegenteil [...]; ich brach das Gespräch ab und schickte ihn fort.

Sie sei enttäuscht, daß ein solches Gespräch nichts verändert habe. Die Ursache für die Probleme sah Anna Amalia in den Charaktereigenschaften der drei Herren: Bei allen sei zuviel «Eigenliebe», «Eitelkeit» und «Ehrgeiz» im Spiel. Bei Carl August führte sie entschuldigend seinen «Mangel an Erfahrung» und seine «große [...] Jugend» an. Wieland schmeichele dem Prinzen zu viel. Die Herzogin sah einen Zusammenhang zwischen diesen Erziehungsnöten und ihren eingeschränkten Möglichkeiten als Regentin. Sie zog aus der Misere radikale Konsequenzen:

[...] um es kurz zu machen, ich bin des Lebens überdrüssig, das ich jetzt führe; ich bin nicht politisch [diplomatisch] genug, um meine Entrüstung immer vor denjenigen Leuten verbergen zu können, die sie verdienen; ich sehe deutlich, daß ich dadurch nichts gewinne; ich bin daher entschlossen, mich der Regentschaft zu entledigen, mit Erlaubnis des Wiener Hofes, sobald Carl das Alter von 17 Jahren erreicht haben wird; ich glaube, daß ein Jahr mehr oder weniger nichts an der Sache ändern wird; die schlechte Wirtschaft bei der Hofkasse, die alle Tage zunimmt, und wo es kein anderes Mittel und keine Abhilfe gibt, als einen Eklat zu machen; [...] die Armut, welche die Finanzkammer mir gegenüber zur Schau trägt und vortäuscht, und meinem Sohne gegenüber ist sie voll Gold, kann mich nur entrüsten. Ich gestehe Ihnen offenherzig, daß ich zu stolz bin, um solche Verfahrensweisen mit Geduld zu ertragen; ich sehe aus allem, daß ich nicht mehr so viel ausrichten kann, als ich es früher getan habe, weder mit dem Nachdruck noch mit der Festigkeit, die vielleicht gegenwärtig nötiger wäre als in der Vergangenheit; *man sieht jetzt nur nach der aufgehenden Sonne*; ich bin darauf nicht eifersüchtig, ich bin zufrieden, die Untertanen glücklich gemacht zu haben, die vielleicht seit langem nicht mehr dieses Glück genossen haben wie während meiner Regentschaft [...].[27]

Da sie Fritsch bat, ihr seine Sicht der Dinge mitzuteilen, merkte der erfahrene Geheime Rat, daß die Entscheidung seiner Herzogin noch nicht endgültig war. Mit allem gebotenen Respekt versuchte er, sie vom Gegenteil zu überzeugen – ein Paradebeispiel höfischer Diplomatie. Zuerst stimmte er der Herzogin zu, er habe dies selbst kommen sehen, gibt ihr aber Hoffnung: Carl August habe ein gutes Herz und Verstand, es dürfe also nicht zu schwer sein, ihn «zu seinen ersten Pflichten zurückzuführen.» Man müsse ihm das wahre Gesicht seiner sogenannten Freunde zeigen, «indem man auf eine geschickte Art ihre Schwächen und Mißgriffe rügt». Das werde ihn zur Einsicht bringen, «ihm diese beiden Persönlichkeiten verleiden» und ihn zu Anna Amalia und anderen Personen, «Personen die ihm aufrichtiger zugethan sind», zurückführen. Die beiden Verbündeten würden über kurz oder lang zu Rivalen werden, wenn sich die «Eifersucht» hineinmische, und dann könne sie Anna Amalia in aller Stille von den Prinzen entfernen.[28]

Fritsch zeigte hier nicht nur seine absolute Loyalität zur Herzogin, sondern bediente virtuos die Klaviatur höfischer Machtinstrumente. Der Minister wollte natürlich nicht nur die Regentschaft Anna Amalias, sondern auch seinen eigenen Kopf retten. Hatte Carl August erst einmal das Sagen in Weimar, so war auch seine Position im Geheimen Consilium nicht mehr gesichert. Ein Regierungswechsel war immer eine willkommene Gelegenheit, unliebsam gewordene Personen loszuwerden, wie Anna Amalia an Bünau vorexerziert hatte.

Fritschs Einschätzungen sollten sich als richtig erweisen. Doch zunächst hatte er dafür zu sorgen, daß Anna Amalia noch so lange Regentin blieb, wie es das Testament ihres Mannes festgeschrieben hatte. Ihm fielen noch eine Reihe weiterer Argumente ein, weshalb Carl August die Regentschaft erst zu seinem 18. Geburtstag übernehmen sollte: Auf das eine Jahr komme es sehr wohl an, denn in einem Jahr könne jemand auch viel Unheil anrichten. Dafür trage Anna Amalia dann zwar nicht die Verantwortung, aber sie wolle sich doch keine Vorwürfe machen müssen? Der Erbprinz habe noch mindestens ein Jahr mit dem bisher geplanten Unterrichtsstoff zu tun. Zu einem guten Regenten gehöre zudem «Kenntniß der Welt und der Geschäfte». Die «Lehrzeit der großen Kunst zu regieren» solle er doch am besten bei Anna Amalia selbst nehmen. Wenn diese ihn in das Geheime Consilium mit hineinnehme, könne sie ihm alles das beibringen, was ihn «seine Freunde nicht lehren können». Dort werde er «den ganzen Umfang seiner Pflichten gegen seine Oberen, seines Gleichen und seine Unterthanen überblicken [...], aber zugleich auch den ganzen Umfang der Verpflichtungen die er E[uer] D[urchlaucht] dafür schuldet, daß Sie so lange und so ausgezeichnet seine Stelle ausgefüllt!»

Fritsch schmeichelte der Herzogin nicht nur, er gab ihrem letzten Regierungsjahr auch einen Sinn. Schließlich lenkte er ihre Aufmerksamkeit auf Constantin. Dessen Schicksal dürften nicht die derzeitigen Vertrauten Carl Augusts bestimmen. Glücklicherweise habe sich der Prinz für die Militärlaufbahn entschieden. Eine standesgemäße Tätigkeit, die ihn davor bewahre, am Hof des Bruders «das traurige Gewerbe des Müßiggängers zu treiben, abwechselnd gelangweilt und langweilend, selbst mitunter den Späßen desselben Hofes ausgesetzt, dessen Herr er sein würde, wenn das Recht der Erstgeburt nicht gegen ihn entschieden hätte.» Er empfahl, für Constantin einen eigenen «Gouverneur» einzustellen. Abschließend riet Fritsch Anna Amalia noch, wegen der schlechten Lage der Hofkasse doch tatsächlich «einen Eclat zu machen». Auch würde eine gewisse Kraft und Festigkeit «wunderbar den Übermut aller dieser Anbeter der aufgehenden Sonne zügeln, die schon auf eine eingebildete Protektion rechnen und gar zu gern sich wichtig machen».[29]

Der Herzogin leuchtete die Argumentation ihres Geheimen Rats offenbar ein. Sie trat nicht zurück und hielt sich sogar an einige seiner Empfehlungen. Angesichts der skizzierten Konfliktfelder ist es kein Zufall, daß sie in den Jahren 1773/74 mit autobiographischen Aufzeichnungen begann. Der melancholische Grundton dieses Fragments ist der Krisenzeit geschuldet. Anna Amalia suchte schriftliche Selbstvergewisserung. Sie stellte ein Gebet voran, das nur ein Ziel hatte: Gott zu klagen, wie unglücklich sie war. Ihr Leben sei «Von Kindheit an [...] Nichts als Aufopferung für andere» gewesen. Schuld daran sei ihr «liebendes Herz», das Gott ihr zu ihrem Glück geschenkt habe, das aber ihre «Ruhe verstöhret – jeder Tag, jede Stunde ist mit Schmerz und Kummer angefüllet.» Es mache sie allein glücklich, «andere Mitmenschen glücklich zu machen». Das Gebet endet mit der Hoffnung, in der «engsten Verbindung» mit dem Schöpfer «die Ruhe der Seele zu finden».

Dann beginnt Anna Amalia zu erzählen – und diese Aufzeichnungen lesen sich wie eine Abrechnung mit ihren Eltern und Erziehern.[30] Sie habe sich «nicht geliebt» gefühlt. Weiter beschreibt sie kurz ihre Heirat, die sie «aus denen harten Banden erlöset» habe, die Geburt Carl Augusts als «erste und reinste Freude» und die Regentschaft als «die größte Epoche meines Lebens». Ihren Mann erwähnt sie noch nicht einmal mit Namen. Anna Amalia berichtet von einer «Dumpfheit», die sie überfallen habe, vermutlich aus Überforderung – doch der Krieg weckte ihren Ehrgeiz wieder. Bei all diesen Herausforderungen blieb ein Wunsch immer der gleiche: Einen Freund zu finden, dem sie sich anvertrauen könne. Bewerber darum gab es viele:

> Einige suchten sie durch Schmeicheleyen, andere durch den Falschen schein der Wahrheit und frommen Aufrichtigkeit, unter welchem sie ihre eigene interesse suchten, und andere aus Eitelkeit, um sich damit zu brüsten. Es vergnügte mich inniglich, zu sehen, wie man nach meinem Zutrauen strebte. Ich erhielt sie alle in der Hoffnung, nahm sie bey ihrer schwächsten Seite, lernte sie dadurch kennen und hütete mich wohl vor ihrer Freundschaft.

In Johann Poppo Greiner habe sie schließlich einen wahren, väterlichen Freund gefunden. Aber:

> Bey Fürsten muß ich leider selber bekennen, daß es schwer ist, wahre Freunde zu finden, und wenn es wahre Freunde sind, sie zu erhalten. Sie sind von der Jugend auf mit Ungezipher [Ungeziefer] umringt. Hierdurch werden sie entweder mißtrauisch gegen alle, oder werfen sich unwürdigen Menschen in die Arme. Treffen sie jemand an, den sie ihrer Freundschaft würdig achten, so ist es etwas sehr Seltenes, daß dieser in seinem Gemüth nicht über sich selbst erhebet und die freundschaftliche Neigung des Fürsten nicht mißbraucht.[31]

Hier brechen die Aufzeichnungen ab. Sie sind wohl während der Diskussion mit Fritsch Ende 1773 entstanden – oder fünf Monate später, in einer neuerlichen Krise.

1774 griffen die Geheimen Räte ein Projekt wieder auf, das eigentlich die Krönung der Regierungszeit Anna Amalias hätte werden können. Daß es fünf Jahre zuvor schon einmal gescheitert war, hätte vielleicht eine Warnung sein sollen. In Jena sollte eine Hebammenschule mit Accouchierhaus (Geburtshaus) eingerichtet werden, um die Qualifikation der Hebammen zu gewährleisten und um uneheliche Geburten besser kontrollieren zu können. Die Bevölkerung sah ein solches Haus jedoch als einen Ort der Unehre. Die Weimarer Viertelsmeister (Stadtteilverantwortliche für den Rat) weigerten sich, ein Erhebungsregister des sogenannten «Hebammengroschens» zu erstellen. Diese zusätzliche Abgabe sollte die geplante Schule und das Accouchierhaus finanzieren – die Allgemeinheit sollte eine Institution für das Wohl aller bezahlen. Das Geheime Consilium versäumte es aber, das Volk über seine wohlmeinenden Absichten aufzuklären. Die Viertelsmeister hätten das Vorhaben der restlichen Bevölkerung vermitteln können – doch sie wollten sich nicht zum Anwalt eines unbeliebten obrigkeitlichen Projekts machen und kooperierten nicht. Daraufhin ließ man sie verhaften, und die Revolte brach aus. Am 5. Mai 1774 versammelte sich die Weimarer Bürgerschaft auf dem Marktplatz und protestierte lautstark für die Freilassung der Viertelsmeister. Das Consilium versetzte die Infanterie in Alarmbereitschaft. Der Zorn der Bürger richtete sich gegen die Räte; sie wollten ihre Herzogin nicht selbst verantwortlich machen. Vielleicht ahnten sie auch, daß Anna Amalia kaum noch in politische Entscheidungsprozesse eingebunden wurde. Einer der Anführer der Revolte sagte später aus, er habe die Bürger ermahnt, nicht alle ins Schloß zu laufen, «damit Serenissima kein Schrecken bekämen».[32] Schließlich versprachen die Räte, die Viertelsmeister freizulassen, und die Protestversammlung löste sich auf. Am nächsten Tag brannte das Residenzschloß.

Bei dem Brand wurden Nord- und Westflügel, die Schloßkirche, ein großer Teil der Mobilien, Vorräte und Akten vernichtet, ebenso die meisten Gemälde aus der Bilderkammer. [Abb. 8] Man hatte sie noch nicht wie die fürstliche Bibliothek in das «französische Schlößchen» gebracht. Anna Amalia war am Boden zerstört. Sie schrieb an ihren künftigen Kammerherrn von Einsiedel:

Die Katastrophe, die Gott mir hat schicken wollen, ist höchst empfindlich für mich, die ich mich von der schönen Hoffnung enttäuscht sehe, meinem Sohn alle Angelegenheiten etwas besser in Ordnung zu übergeben, und nun sind die schönen Hoffnungen in den Flammen, Sie verstehen, mein lieber

Abb. 8: Unbekannt, Das Weimarer Residenzschloß «Wilhelmsburg» nach dem Brand vom 6. Mai 1774, Gouache und Deckfarbe auf Papier, um 1774

Einsiedel, daß dies für ein Herz wie das meine höchst schmerzhaft sein muß, doch was tun gegen die Bestimmungen der Heiligen Vorsehung! Sich ihr mit Geduld unterwerfen; ich muß ihr dankbar sein, mein Leben und das meiner Kinder gerettet zu haben, dadurch daß sie den Flammen erlaubt hat, ihre Verwüstung tagsüber anzurichten, in der Nacht wären wir verloren gewesen, ich und meine Kinder. Ich unterwerfe mich völlig dem Willen der Göttlichen Vorsehung, sie hat mich bis jetzt so offensichtlich in tausend anderen kritischen Situationen bewahrt, in denen ich mich während meiner Regentschaft befunden habe, sie wird mich auch in diesem neuen Kummer mit Festigkeit und Geduld stützen.[33]

Carl August hatte während des Brandes persönlich geholfen und sich damit den Ruf eines guten Thronfolgers erworben. Bereits zwei Tage später bemühte er sich, mit Hoffnung in die Zukunft zu blicken. An Benckendorff schrieb er:

Unser Schloß liegt in Asche; alle Papiere der Finanzkammer verloren, das Silber, die Regierungsunterlagen, die Archive, die Schmuckstücke, der größte Teil der Möbel ist gerettet, [...] unsere Kavaliere, unsere Bediensteten, die Offiziere, und die Untertanen haben auf unglaubliche Weise gearbeitet; dieses Unglück wird uns vieler Annehmlichkeiten berauben, aber es gibt Durststrecken, um am Ziel anzugelangen, was wir mit der Zeit schaffen können. [...] der Gothaer Hof hat uns mit dem Nötigsten versorgt.[34]

Die Herzogsfamilie hatte kein Dach mehr über dem Kopf. Wegen der neuen Unterkunft kam es zu einem Machtkampf zwischen Carl August und seiner Mutter. Sie schlug drei einzelne Anwesen vor, Carl August wollte jedoch unbedingt in das Landschaftshaus ziehen, dessen Bau seit 1771 für Dissonanzen sorgte. Auch 1774 war es noch nicht fertiggestellt. Anna Amalia fand, es passe mit seinem aufwendigen Baustil nicht zur herzoglichen Familie, der zukünftige Regent sah in dem prächtigsten Gebäude Weimars jedoch das einzig schickliche. In Eisenach machte man sich Hoffnungen, die Fürstenfamilie würde die Hauptresidenz dorthin verlegen. Das hätte der Stadt einen Aufschwung beschert – für Weimar wäre es eine ökonomische Katastrophe gewesen, da der Hof viele Arbeitsplätze und Aufträge für in der Stadt ansässige Handwerker zu vergeben hatte. Die Fürstenfamilie blieb in Weimar. Zunächst wich sie in das 1767 erbaute Haus des Geheimen Rats von Fritsch aus – es war das einzige moderne, größere Stadtpalais in der Residenz. Fritsch, von einer Reise nach Weimar zurückgekehrt, schrieb seiner Schwester, daß sie während Anna Amalias Regentschaft schon viele Unglückssituationen durchgemacht hätten, «und nun diese schreckliche Feuersbrunst». Es sei «Gottes Hand, die uns trifft, sie wird uns aufrichten wenn wir von unseren Irrthümern zurückkommen von der Gleichgültigkeit für unser Seelenheil und von der zu großen Vorliebe der Weltlichkeit und des Vergnügens die sich unserer Herzen ergeben haben.»[35]

Trotz dieser moralisch-religiösen Argumentation bemühte sich die Weimarer Regierung, Schuldige zu finden, dabei aber den Brand möglichst nicht mit den vorangegangenen Protesten in Verbindung zu bringen. Man rief die Bevölkerung zu Denunziationen auf. Die Weimarerin Dorothea Sophie Axt hatte den Brand angeblich während der Unruhen vorhergesagt. Obwohl man ihr keine Brandstiftung nachweisen konnte, ließ das Consilium sie zwei Jahre lang einsperren, ohne Gerichtsverfahren oder Urteil. Anna Amalia zeichnete diese Reskripte ab.[36]

Da man ihm Nachlässigkeiten beim Feuerschutz des Landschaftshauses vorwarf, verlor Landbaumeister Schlegel seinen Posten. Auch diese Beschuldigungen waren nicht nachweisbar. Dennoch fürchtete Schlegel um sein Leben; Fritsch und Kammerpräsident von Kalb hätten ihn angeblich bedroht. Nach Leipzig geflüchtet, versuchte er über Carl I. einen Schutzbrief zu erlangen, da es ihm nicht gelungen sei, zu Anna Amalia persönlich vorzudringen. Doch auch der ehemalige Landesadministrator Carl fragte beim Weimarer Consilium nach. Die Herren ließen den Braunschweiger Herzog im Namen Anna Amalias wissen, daß man bei Schlegel «einiges Derangement seiner Seelen-Kräffte» vermutete.[37]

Der Schrecken des Brandes saß tief und lähmte die Regierung endgültig. Auch die Verhandlungen mit einem Gouverneur für Constantin zogen sich dadurch noch länger hin. Fritsch hatte dafür wohl bereits früh den preußischen Offizier Carl Ludwig von Knebel im Auge gehabt. Dieser suchte nach einem neuen Tätigkeitsfeld und hatte sich von Ende September bis Anfang Oktober 1773 am Weimarer Hof aufgehalten. Er interessierte sich für die schöne Literatur, was ihn zwar nicht für die vorgesehene Tätigkeit qualifizierte, für Anna Amalia aber interessant machte.

Knebel kokettierte mit seiner Distanz zum Hofleben, sah sich aber in der Lage, «das Herz meines Prinzen zu bilden». Zunächst wollte er dem Prinzen ein Jahr als Gesellschafter zur Seite stehen, um seinen Charakter zu studieren und sein Vertrauen zu gewinnen.[38] Die Verhandlungen erwiesen sich als äußerst kompliziert. Denn mit seinem Anspruch, Constantin nicht bloß in den militärischen Fachgebieten zu *unterrichten*, sondern ihn zu seiner «militärische[n] Bestimmung» zu *erziehen*, betrat er das Hoheitsgebiet des Grafen Görtz. Auch Carl August war skeptisch, Anna Amalia äußerte sich nicht eindeutig. Schließlich wandte sich Knebel direkt an den zukünftigen Herzog. Carl August lenkte ein und überließ es seiner Mutter, eine Versöhnung zwischen Knebel und Görtz herbeizuführen. Knebel durfte nicht nur unterrichten, sondern umfassend bilden. Er und sein Schützling unterstanden aber weiterhin der Oberaufsicht des Prinzenerziehers Görtz. Constantins militärische Laufbahn schien also beschlossene Sache zu sein. Als einziger Ersatz-Thronfolger kam für ihn eine ruhmreiche Karriere in einer großen Armee aber nicht in Frage. Er mußte sich ungefährlicheren Aufgaben widmen. Anna Amalia erwarb für Constantin eine Kompanie in der niederländischen Armee. Das Geschäft hatte ihr Onkel vermittelt, Ludwig Ernst von Braunschweig-Lüneburg, Feldmarschall und ehemaliger Regent der Niederlande.

Die Herzogin griff noch einen anderen Ratschlag Fritschs auf: Im Herbst 1774 führte sie Carl August offiziell in das Geheime Consilium ein, damit er an ihrer Seite die Regierungsgeschäfte beobachten und aus der Praxis erlernen konnte. [Abb. 9] Ob dieser gewünschte Effekt eintrat, ist schwer einzuschätzen: Carl August war vor der Regierungsübernahme acht Monate lang nicht in Weimar.

Was die Regierungsverantwortung anging, stand die Zukunft des ältesten Sohnes fest. In persönlicher wie dynastischer Hinsicht mußte Anna Amalia allerdings noch für Carl August sorgen: Es war an der Zeit, sich nach einer standesgemäßen Braut umzusehen. Sie hatte dieselben Voraussetzungen wie Anna Amalia zwei Jahrzehnte zuvor zu erfüllen: Ebenbürtigkeit, lutherische oder reformierte Konfession, attraktive Verbindungen ihrer Herkunftsfamilie, eine angemessene finanzielle Ausstattung und Gesundheit, um bald einen Thronfolger auf die Welt bringen. Doch in den 1770er Jahren wurden aus der schönen Literatur neue Ideale auch an die Ehen des Reichsfürstenstandes herangetragen: Übereinstimmung der Charaktere, gegenseitige Zuneigung und Liebe. Anna Amalia versuchte, in der Auswahl der Erbprinzessin dynastische Motive mit persönlichen Bestrebungen zu verbinden.

Die Vermählung Carl Augusts sollte die Krönung einer erfolgreichen Obervormundschaft werden. Doch so ein freudiges Ereignis bedeutete langwierige diplomatische Arbeit. Carl August hatte bei den Verhandlungen allenfalls ein Vetorecht, während seine Mutter die Kandidatinnen in Absprache mit ihren Vertrauten selbst auswählte.

Wer ihren Blick auf Prinzessin Luise von Hessen-Darmstadt lenkte, ist nicht bekannt. Graf Görtz hatte über seine weitläufigen Verbindungen erfahren, daß deren Mutter, die Landgräfin Henriette Caroline von Hessen-Darmstadt, im Frühjahr 1773 nach Sankt Petersburg

Abb. 9: Anna Rosina de Gasc, Anna Amalia von Sachsen-Weimar Eisenach mit ihren Söhnen Carl August und Constantin, Öl auf Leinwand, um 1773/1774

reisen würde, um ihre drei Töchter der russischen Kaiserin vorzustellen. Katharina II. wollte eine von ihnen als Braut für ihren Sohn auswählen. Die zukünftige Verbindung mit dem russischen Kaiserhaus machte die drei Schwestern auch für Weimar attraktiv. Der Darmstädter Kriegsrat Johann Heinrich Merck konnte Wieland die Hochzeitspläne bestätigen und beschrieb ihm die damals sechzehnjährige Prinzessin Luise: Sie tanze hervorragend, zeichne gut, habe ausgeprägte Fertigkeiten im Englischen und große Kenntnis in bildender

Kunst und Literatur. Sie sei bescheiden, und ihre mangelnde Höflichkeit könne sie durch Güte und Nachgiebigkeit ausgleichen.[39]

Auf der Reise nach St. Petersburg machten die Landgräfin von Hessen-Darmstadt und ihre Töchter in Erfurt Station, wo sie Anna Amalia und ihre Söhne am 9. Mai 1773 trafen.[40] Die Landgräfin konnte der Herzogin keine Versprechen machen, denn die erste Wahl blieb der russischen Kaiserin vorbehalten. Bei der Petersburger Brautschau suchte Katharina II. Prinzessin Wilhelmina als zukünftige Gattin des Zarewitsch aus. Eine Woche nach der Heimkehr der Reisesuite trafen in Weimar Porträts der beiden Prinzessinnen ein, die noch ‹frei› waren. Wegen möglicher Mitbewerber war größte Diskretion geboten. Görtz weihte nicht einmal Anna Amalia in dieses Vorgehen ein. Carl Augusts Augenmerk fiel auf Luise: Sie sei «das charmanteste und süßeste Geschöpf, das ich kenne».[41] Görtz, Wieland und Carl August schmiedeten also Hochzeitspläne, ohne die Herzogin zu unterrichten. Es ist nicht erstaunlich, daß sie sich bei Fritsch über die wachsende Entfremdung von ihrem Sohn beklagte.

Die Verbindung mit Luise blieb aber unsicher: Es war durchgedrungen, daß sich auch Erbprinz Friedrich von Mecklenburg-Schwerin um die Darmstädter Prinzessin bemühte. Es wurden weitere Diplomaten eingeschaltet, mit denen sich auch Anna Amalia beriet. In den folgenden Wochen sorgte Luise für Verwirrung. Ihre Mutter war am 30. März 1774 gestorben, so daß sich die Prinzessin nun selbst für einen Ehemann entscheiden konnte. Sie zog zu ihrer Schwester Amalie nach Karlsruhe, die sich mit dem Erbprinzen Karl Ludwig von Baden vermählt hatte. Luise fiel die Entscheidung für einen der Prinzen denkbar schwer, also wollte sie beide noch einmal persönlich sehen. Deshalb brachen Carl August, Constantin und Görtz am 7. Dezember 1774 nach Karlsruhe auf. Da es sich um so wichtige Verhandlungen handelte, konnte Anna Amalia es vertreten, daß beide Prinzen gemeinsam reisten, um in Karlsruhe höfischen Schliff zu erhalten. Doch es war eine Reise mit ungewissem Ausgang: Der Mecklenburger Konkurrent war dort bereits eingetroffen.

Die Herzogin hoffte, aus der Ferne schriftlich Einfluß nehmen zu können, doch nun waren die Prinzen erst einmal mit Görtz unterwegs. Dieser kam auf die Idee, dic aufgeschobene Kavalierstour von

Karlsruhe aus nachzuholen. Die Reiseroute sprach er mit Anna Amalia nur vage ab, da sie sich nicht auf die Ziele einigen konnten. Görtz bevorzugte eine Reise zur gelehrten Bildung über Straßburg nach Paris, während Amalia ihre Söhne lieber in der Schweiz, in Basel, Lausanne und Genf, gesehen hätte. Diese Reisekonzeptionen, so unterschiedlich sie waren, deuten darauf hin, daß Anna Amalia und ihr Prinzenerzieher den traditionellen Parcours der höfischen Kavalierstour nach Italien und Frankreich verlassen wollten. Die große Neuerung, die das Reiseverhalten der adligen Eliten nach dem Siebenjährigen Krieg kennzeichnete, nahmen sie jedoch nicht auf: Viele Höfe schickten die Prinzen in andere deutsche Territorien, um aus der fremden Regierungspraxis Anregungen zu gewinnen, die sie später während der eigenen Regentschaft ‹reformerisch› umsetzen sollten.[42]

Zunächst hatte allerdings die Brautschau in Karlsruhe Priorität, bei der sich Amalia zurückhielt. Offenbar befürchtete Luise, Carl August werde von seiner Mutter gesteuert. Diese blieb in Weimar aber nicht untätig. König Friedrich II. von Preußen hatte laut Testament Henriette Carolines einer Vermählung ihrer Tochter zuzustimmen. Anna Amalia bereitete ihren königlichen Onkel vorsorglich auf die anstehende Entscheidung vor, bestand allerdings darauf, daß die Heirat erst in zwei bis drei Jahren vollzogen werde. Carl August sei noch zu jung und habe keine angemessene Unterkunft in Weimar zu bieten. Vielleicht waren diese Gründe nicht nur vorgeschoben. Wahrscheinlicher fürchtete sie aber auch um ihre eigene Stellung: Luise wäre – als Frau des Herzogs – die erste weibliche Person im Zentrum des Hofes geworden. Anna Amalia wäre zurückgestuft worden und hätte viel weniger Einfluß auf ihren Sohn ausüben können.

Noch auf dem Weg nach Karlsruhe erfuhren die Reisenden, daß Luise den Mecklenburger endgültig abgelehnt habe. Sofort nach der Ankunft berichtete Carl August seiner Mutter, daß er in Luise «eine Prinzessin voller Geist und Charakter» gefunden habe.[43] Schon einen Tag später war die Entscheidung getroffen: Carl August bat Anna Amalia am 19. Dezember 1774 noch einmal offiziell um die Zustimmung zur Heirat. Auch Luise schien zufrieden. Carl August sei zwar nicht schön, doch er habe «eine schöne Seele».[44] Das Paar äußerte gegenseitiges Gefallen, und alle Beteiligten sahen darin den Grundstein für eine glückliche Ehe. Die Mutter bedauerte, sich nicht mit eigenen Augen von der Verliebtheit ihres Sohnes überzeugen zu können. Für sie genügten gegenseitige Übereinstimmung und Hochschätzung, um von ‹Liebe› zu sprechen. Wieland war da pragmatischer.

> Ich denke beyde werden das für einander empfinden was zum Glück des ehlichen Lebens (welches Fürsten ohnehin weniger empfinden als Privatleute) nöthig ist; und das ist genug, und, alles wohl erwogen, besser als wenn sie Amandus und Amanda mit einander spielten.[45]

Auch wenn sie nicht in unserem heutigen Verständnis ‹verliebt› waren: Carl August hatte es eiliger, als es seiner Mutter recht war. Wahrscheinlich wollte er sofort nach dem Regierungswechsel als ‹vollwertiger Regent› auftreten. Er bat Anna Amalia, von ihren ursprünglichen «Befehlen» abzurücken und ihm zu erlauben, Luise in weniger als einem Jahr nach Weimar zu holen. Seine Heirat zu verzögern, hieße das Glück seines Lebens zu verschieben. Es sei zudem Luises Wunsch, denn sie fühle sich am Karlsruher Hof einsam und heimatlos.[46] Diesem Argument konnte sich die Mutter anscheinend nicht verschließen.

Nach der erfolgreichen Brautschau konnten sich die Prinzen wieder ihren Reiseplänen zuwenden. Einige Wochen hielten sie sich in der ehemaligen Reichsstadt Straßburg auf. Dann erreichte Anna Amalia eine Art Petition aller Reisenden, die Paris zu ihrem Ziel machen wollten.

> Wir sämtliche Reysende unterstehen uns Ew. hochfürstliche Durchlaucht unterthänigst anzuflehen, daß da wir uns so nahe an der Vaterstadt des Wizes und alles Schönen und Artigen was auf der Welt ist befinden, dieselben uns die gnädigste Erlaubnis ertheilen mögen, dahin zu reysen und unsern Geist und unser Herz mit allen daselbst befindlichen grossen Nahmen, prächtigen, vortrefflichen Lustschlössern und Promenaden, vorzüglich aber mit den Sitten, Gebräuchen, Wiz und Arten dieses ersten Volkes der Erde zu schmücken.[47]

Eigenhändig unterschrieben hatten die beiden Prinzen, Görtz, Oberstallmeister von Stein und Knebel. Dem hatte Anna Amalia nichts entgegenzusetzen: Obwohl es sie schmerze, ihre Kinder nicht bald wiedersehen zu können, unterstütze sie alles, was dazu beitrage, sie zu bilden und ihre Kenntnisse auszuweiten. Damit hatte sich die Reise der Weimarer Prinzen doch der traditionellen Kavalierstour angenähert.

Anna Amalia konnte in Weimar nun nur auf Post warten. Die Briefe der Prinzen waren eher Pflichtübungen, die Emotionen oder tiefere Eindrücke weitgehend aussparten. Görtz hatte ein Interesse daran, die Reise als Erfolg darzustellen. Also erreichten Amalia auch Berichte von Außenstehenden, wie zum Beispiel von Friedrich Melchior Grimm, dem Gothaer Gesandten in Paris, der die Weimarer Prinzen dort gesellschaftlich eingeführt hatte. Er hatte für die Bekanntschaft mit Gelehrten wie Raynal, Villoison oder Diderot gesorgt, auf daß man der Prinzenerziehung das schmückende Etikett ‹aufgeklärt› anheften konnte. Knebel beeindruckte die Herzogin ebenfalls mit Diderot-Zitaten. Dieser habe für die Erziehung die Parole ausgegeben: Wenig Tadel, viele gute Beispiele. Daran wollte Knebel sich orientieren.[48] Anna Amalia, die sich gern als aufgeklärte Mutter sah, fühlte sich geschmeichelt. «Vertrauen und Freundschaft zu seinem Mentor» erhob sie geradezu zum Inhalt der Erziehung Constantins. Vor allem sollte sein Charakter gefestigt werden. Anna Amalia mußte die Zeit überbrücken, bis der Sohn wieder in Weimar unter ihren Augen war und sie sich ihm – nach Abgabe der Regentschaft – wieder ausführlicher widmen konnte.[49]

Görtz bekam während der Reise nun endlich auch von der Herzogin Anerkennung für seine Leistungen. Allerdings stellte sie mehr die positive Außenwirkung der Reise heraus. Der Vorstellungsparcours, den ihre Söhne auf dem Rückweg bei den Reichsfürsten Frankens absolvierten, erfüllte sie mit Stolz. Doch die Erziehung hatte für sie ein zentrales Manko: Es war ihr nicht gelungen, eine vertrauensvolle Beziehung zu ihren Söhnen aufzubauen. Dafür war Görtz in ihren Augen mitverantwortlich. An ihrer generellen Unzufriedenheit mit dem Prinzenerzieher konnten auch die Vermittlungsversuche des Erfurter Statthalters Dalberg nichts ändern.

Unterdessen hatte Carl August den Regierungswechsel gedanklich schon vollzogen. Er schickte Oberstallmeister von Stein voraus nach Weimar, damit er mit Fritsch die nächsten Schritte besprechen könne – vertraulich. Doch Fritsch berichtete Anna Amalia detailliert darüber. Zwar habe Stein ihm versichert, daß Carl August für seine Mutter nichts anderes als «unendliche Dankbarkeit» hege und bereit sei, «mit Ehrerbietung» ihren Rat entgegenzunehmen. Doch Fritsch mahnte die Herzogin zur Zurückhaltung, vor allem was ihre Meinung zu «künftigen Anordnungen und Stellenbesetzungen» des Herzogs angehe. Sie solle warten, bis Carl August wieder in Weimar sei, und «ihm dann Ihre Ansicht weniger als Mutter und als Regentin, sondern mehr als zärtliche und am Glück ihres Sohnes interessierte Freundin» mitteilen.[50] Anna Amalia goutierte Fritschs Direktheit. Sie liebe ihren Sohn so sehr, daß sie auch bereit sei, für ihn Opfer zu bringen.

> So werde ich denn mein Möglichstes tun, um mit dem Grafen G[örtz]. gut zu stehen nach Art der Hofleute; aber daß er nicht diejenigen Personen angreife, die mir ergeben sind und dem Hause gut gedient haben; denn ich glaube, es ist meine Pflicht, ihm zu zeigen, mit wem er es zu tun hat [...].[51]

Nun war Christoph Martin Wieland an der Reihe, seinen Trumpf auszuspielen. Während der langen Abwesenheit der Prinzen war er nahezu ohne offizielle Beschäftigung in Weimar geblieben und hatte viel Zeit zum Nachdenken gehabt. Dabei hatte er begonnen, die persönliche Vertrauensstellung des Grafen Görtz bei Carl August als Gefahr zu sehen, und es geschah das, was Fritsch vorausgesagt hatte: Die beiden «Freunde» begannen, sich gegenseitig zu schaden. Wieland vertraute Anna Amalia an, daß Görtz den angehenden Herzog beeinflußt habe, an der Spitze der Regierung einige Personalveränderungen vorzunehmen. Es ist möglich, daß er ihr ebenfalls von Görtz' Umsturzplänen aus dem Jahr 1772 erzählte und ihr dessen Autorschaft der «Briefe eines PrintzenHofmeisters» offenbarte. Die Herzogin war alarmiert. Sie wollte nicht nur Görtz entmachten, sondern auch Fritschs Position retten, wie sie es zugesagt hatte. Das durfte nicht erst geschehen, wenn Carl August volljährig war. Am 1. Juli 1775, nur wenige Tage nach der Rückkehr der Prinzen und zwei Monate vor dem Regierungswechsel, entließ Anna Amalia den Prinzenerzieher.

Wieland hatte offenbar auch an Carl Augusts Pflicht appelliert, seiner Mutter dankbar zu sein. Der Sohn protestierte nicht gegen die Entlassung seines engsten Vertrauten, sprach ihm aber schon bald eine Zusatzgratifikation von 4.000 Reichstalern zu. Görtz erhielt ohnehin als Anerkennung für seine Dienste ein Geschenk in der üblichen Höhe von 20.000 Reichstalern, für die ihm die Landstände einen Schuldschein ausstellen mußten, sowie seine Pension von jährlich 1.500 Talern. Eine geringere Abfindung hätte einen reichsweiten Eklat ausgelöst. Die Situation war ohnehin schon prekär: Durch die vorzeitige Entlassung gab Anna Amalia öffentlich zu, in einem zentralen Punkt ihrer Regentschaft, der Prinzenerziehung, einen Fehler gemacht zu haben. Davon ließ sie sich aber nicht abschrecken. Sie sorgte sogar noch dafür, daß das «Entlassungsdecret», das einem Zeugnis gleichkam, nach ihren Wünschen umformuliert wurde.

> [I]ch finde darin zwei zu starke Ausdrücke, um meine Dankbarkeit auszudrücken, und sicherlich würde mein Gewissen zu sehr darunter leiden, wenn ich das unterschreiben müßte; denn ich bin überzeugt daß er [Görtz] meinen Sohn verdorben hat und zwar vollständig; ich überlasse es Ihnen, andere, ein wenig gemäßigtere Ausdrücke zu finden [...].[52]

Fritsch, dem Carl August zugesagt hatte, Regierungspräsident zu werden, erledigte auch diese Aufgabe zur Zufriedenheit seiner Herzogin.

Carl August und das Consilium befaßten sich unterdessen mit der schwierigen Aufgabe, einen Ehevertrag auszuhandeln. Görtz hatte leichtsinnigerweise zugesagt, der Vertrag werde die gleichen Grundlagen haben wie der Anna Amalias. Den Braunschweigern war es 1756 allerdings gelungen, für die junge Amalia außergewöhnlich gute Bedingungen festzuschreiben, denn Ernst August Constantin war der einzige und noch dazu kränkliche Nachkomme des Hauses gewesen. Nun hatte das Haus Sachsen-Weimar-Eisenach aber zwei Prinzen vorzuweisen, es war also unwahrscheinlich, daß Luise in die selbe Situation kommen würde wie Anna Amalia. Die Herzogin ließ ihrem Minister Achatius Ludwig Carl Schmid weitgehend freie Hand. Luise mußte geringere Witwengelder akzeptieren – allerdings wandte man sich gegen die Klausel, Carl August könne in seinem Testament einen Vormund für Luise bestimmen. Die Darmstädter unterstellten, man wolle Luise offenbar «die künftige Vormundschaft und Landes-Regentschaft aus den Händen drehen.» Die Prinzessin drohe «Selbst unter die vormundschaftliche Regierung einer imperiosen Schwieger-Frau-Mutter» zu kommen.[53] Aus Luises Sicht war die Befürchtung nachzuvollziehen: Daß Anna Amalia Görtz entlassen hatte, muß wie ein Schlag gegen sie persönlich gewirkt haben, da sie den Grafen schon als ihren künftigen Oberhofmeister ausgewählt hatte. Obwohl die Vormundschaftsregelung der sächsischen Hausverfassung entsprach, gab Schmid nach: Falls Carl August sterbe, ohne ein Testament zu verfassen, werde die Vormundschaft wie im Fall Anna Amalias geregelt.

Während für die Hochzeit nun alle Verträge geschlossen werden konnten, wäre die Übergabe der Regentschaft fast an einer Formalie gescheitert. Die Räte hatten mit dem Antrag, Carl August bereits mit 18 Jahren für volljährig zu erklären, bis in den April 1775 gewartet. Das Volljährigkeitsdiplom kam sozusagen in letzter Minute an, zwei Tage vor Carl Augusts Geburtstag. Falls Anna Amalia auf diese Verzögerung Einfluß gehabt hat, so wollte sie vermutlich zeigen, daß der Regierungswechsel kein reiner Automatismus war. Schließlich lief alles nach Plan: Carl August übernahm die Regierung von Weimar-Eisenach am 3. September 1775; die Untertanen huldigten ihm oder den Amtleuten vor Ort, stellvertretend für den Herzog. Die Staatsdiener verpflichteten sich persönlich auf ihn. Anders als vor 16 Jahren beim Amtsantritt Anna Amalias wurde auf eine sichtbare Inbesitznahme der Herzogtümer also Wert gelegt.

Im Oktober machte sich Carl August auf den Weg nach Karlsruhe, um Luise von Hessen-Darmstadt zu heiraten. Zu diesem Anlaß erreichten zahlreiche Huldigungsschriften das Brautpaar und die Herzogsmutter. Auf Anna Amalia wurden Lobeshymnen gesungen, während Carl August und Luise eher an ihre Pflichten erinnert wurden. Die Bürgerschaft der Stadt Buttstädt erhoffte sich, daß sie «[...] als vieljährige Waisen An Amaliens Hand geführt, In Dir [Luise] nun wieder Eltern finden». Eine andere Schrift trägt Luise auf, Carl August «voll Heiterkeit» die Lasten der Regierung zu erleichtern. Daran schloß sich die rhetorische Frage an: «Wo ist die Landes-Mutter, die

Uns künftig ist, was Amelie Uns war? Wer wird den Fürsten-Stamm vermehren?»[54]

Carl August nutzte seine neue Stellung als regierender Herzog bald nach der Hochzeit, um seiner Braut einen Wunsch zu erfüllen: Am 30. Oktober 1775 stellte er den Grafen Görtz als Oberhofmeister Luises an.

Kapitel 5

«seyn Sie versichert, daß ich unverändert seyn werde»[1]

der neue Herzog, der Höllen Bregel und der Wolf

Die Reise an den Rhein im Sommer 1778 führte Anna Amalia weit weg von höfischen Zwängen. Es war eine der wenigen Reisen außerhalb ihres eigenen Territoriums und die einzige innerhalb des Reiches, die eine geplante Symbiose von Kunstanschauung und Naturbetrachtung war. Die Herzogsmutter, seit knapp drei Jahren nicht mehr die Regentin von Weimar-Eisenach, reiste inkognito. Wahrscheinlich reiste sie, wie später 1788 und 1803, als «Gräfin von Allstedt». Der Name war inspiriert von der ehemaligen Königspfalz Allstedt nördlich von Weimar, die ursprünglich einmal ihr Witwensitz werden sollte. Schon Ernst August Constantin hatte sich auf seiner Brautfahrt nach Braunschweig als «Graf von Allstedt» ausgegeben, und auch die Söhne Amalias gebrauchten diesen Titel mehrfach. Inkognito zu reisen war für Mitglieder des Reichsfürstenstandes eine gängige Praxis, um die Kosten möglichst gering zu halten, um Rangniedere überhaupt und Ranggleiche außerhalb des Protokolls treffen zu können.[2] Die Suite der «Gräfin von Allstedt» auf der Rheinreise war dennoch recht groß: Ihr gehörten Kammerherr Friedrich Hildebrand von Einsiedel, Gesellschafterin Luise von Göchhausen, Hofdame Charlotta von Stein, der Maler Georg Melchior Kraus und ab Frankfurt der hessen-darmstädtische Kriegsrat Johann Heinrich Merck an, der wie Kraus als Kunstberater mitreiste. Überdies brüskierte eine Gräfin keine anderen Fürsten, wenn sie an deren Residenzen vorbeifuhr, ohne ihnen aufzuwarten, sie kam ohne kostspielige Geschenke und Aufmerksamkeiten aus, die sie dort hätte verteilen müssen – und auch der verhinderte Gastgeber sparte sich sowohl einen standesgemäßen Empfang mit Festprogramm als auch die Verpflichtung zu einem Gegenbesuch. Obwohl das Inkognito also einige Vorteile bot, machte Anna Amalia erst davon Gebrauch, als sie die Regentschaft abgegeben hatte und frei von den offiziellen Verpflichtungen einer «Landesmutter» war. 1778 wechselte Anna Amalia je nach Situation zwischen einem ‹totalen› Inkognito, bei dem sie um jeden Preis unerkannt bleiben wollte, und einem ‹offenen› Inkognito, bei dem die Umgebung den höheren Rang der Herzogin kannte, sie aber dennoch wie eine Gräfin behandelte.

Die Reisenden beanpruchten für sich, als Kunstkenner unterwegs zu sein. Zwar spreche ihre Hofdame von Stein «von Rembrand und Vandeyk daß einen Eißkald wird», aber Kraus bemerkte dennoch: «Wir passieren überall für gelehrte Kunstrichter und man hat einen gewissen Respekt für uns, der uns oft lustig macht.»[3] Selbstironisch zählte sich der professionelle Maler hier zu den adligen Dilettanten. Anna Amalia genoß offenbar ihre Selbstinszenierung als Kunstkennerin. In einem Brief an Catharina Elisabeth Goethe beschreibt sie ein Gemälde von Pieter Breughel d. J. (um 1564–um 1638) mit den entsprechenden Vokabeln:

> jeder Connesseur findet dieses Stück eines der vorzüglichsten von Höllen Bregel, den großen Gedancken in der Composition! Den Starcken Geist in der Gruppirung! – was aber jeder Kenner fürs herrlichste des Stücks hält ist der Vordergrund: da ist wahre Natur nur Schade daß der hinter Grund etwas zu lichte ist; ist aber etwas ganz volkomen in der Welt?[4]

Als Anna Amalia vom Rhein nach Weimar zurückkehrte, erwartete sie eine Überraschung: Die ehemalige Landesregentin wurde «mit Trompeten und Pauken und großem Jubilo der treudevotesten Bürgerschaft» begrüßt.[5] Auch vor dem Palais der Herzogsmutter versammelten sich Bürger und riefen: «vivat die Groß Mama»! Die Nachricht, ihre Schwiegertochter Luise sei schwanger, konnte Anna Amalia kaum glauben. Gräfin Giannini, die Oberhofmeisterin Luises, berichtete, die Herzogsmutter habe daraufhin einen Wutanfall bekommen. Sie unterstellte Amalia sogar, alles zu tun, damit die Eheleute sich nicht berührten.[6] Auch laut Reisemarschall Klinkowström verstanden sich die beiden Herzoginnen denkbar schlecht: «Es ist traurig, wenn eine Mutter an der Stelle ihrer [Schwieger]Tochter sein möchte, aber ich glaube, dies ist bei uns der Fall.»[7] Daß Luise 1779 ‹nur› ein Mädchen auf die Welt brachte, erhöhte noch die Aufmerksamkeit, die sie bekam. Anna Amalia neidete ihr diese Position. Ihr bereitete es wohl immer noch Schwierigkeiten, ihren neuen Platz in der Hofgesellschaft zu finden, hatten sich doch in anderthalb Jahrzehnten vor 1775 stets alle Augen auf sie gerichtet. Sie wußte noch nicht recht mit dieser Situation umzugehen. So hatte sie den Hof über das Ziel und den Zweck der Rheinreise im unklaren gelassen. Als man ihr eine reine Kunstreise nicht abnahm, reagierte sie ärgerlich. Merck berichtete ihr später, es habe Gerüchte gegeben, daß sie nur an den Rhein gefahren sei, um eine Braut für Constantin zu suchen. Da dies jedoch vergeblich war, sei es eine «höchst verunglükte Reise» gewesen. Merck, ganz Hofmann, zeigte sich mit seiner Gönnerin solidarisch und beklagte, «daß der ganze Campo von Kunst und Natur, worauf wir uns herumgetummelt hatten», so zweckgebunden und politisch motiviert gewesen sein sollte, dabei seien sie doch «so wenig bey Hofe gewesen». Anna Amalia wollte sich keine politisch-dynastischen Motive mehr unterstellen lassen:

> Wie sehr mich die garstige politische Auslegung unserer so harmlosen Rheinreise geschmerzt hat, können Sie sich vorstellen, sogar Thusnelde [Göchhausen], Einsiedel und Kraus, denen ichs sagte, sind außer sich darüber, vom Rang der Connoisseurs herab, blos unter den Nachtrag der Hofschranzen versetzt zu seyn.[8]

Die Regentschaft hatte sie vor gerade einmal drei Jahren abgegeben. Weshalb mochte sie nun nicht mehr damit identifiziert werden? Wie kam es zu diesem Gesinnungswandel von der «Landesmutter», die alle Fäden bei der Erziehung ihrer «Landesprinzen» in der Hand behalten wollte, zur reinen Kunstkennerin?

*

Anna Amalia rückte 1775 automatisch vom Zentrum weiter an den Rand der Hofgesellschaft, da sie ihrem nun regierenden Sohn und seiner Gattin den gebührenden Platz zu verschaffen hatte. Nach 16 Jahren Regentschaft war sie offenbar froh, sich nicht mehr mit politischen Alltagsgeschäften abgeben zu müssen. Wenn sie aufgefordert wurde, sich noch einmal einzuschalten, bat sie Fritsch inständig, «alles möglich zu thun um es abwendig zu machen das dieser Kelch vor mir übergehet».[9] Es standen ihr jedoch nicht viele standesgemäße Beschäftigungsformen zur Auswahl. Möglich wäre ein Rückzug in die religiöse Kontemplation gewesen, die für sie aber schon als junge Witwe nicht in Frage gekommen war. Wenn ihr eine besonders intensive Frömmigkeit eigen gewesen wäre, hätte diese wohl schon direkt nach dem Tod ihres Mannes ihren persönlichen Verhaltensstil bestimmt. Ihr Interesse an den Künsten aber und die geselligen Unterhaltungsformen bei Hofe hatte sie schon – wenngleich in Maßen – ausgelebt, als sie noch regierte. Nun konnte sie darin noch mehr Zeit und Aufwand investieren, da sie die Regierungsverantwortung abgegeben hatte und ihre künstlerischen Neigungen nicht mehr unmittelbar mit einem Nutzen für das Herzogtum verbinden mußte.

Nach dem Ende ihrer Regentschaft zog sich Anna Amalia nicht auf den für sie vorgesehenen Witwensitz Schloß Allstedt zurück, das etwa 50 Kilometer nördlich von Weimar liegt. Carl August hatte sie gebeten, in der Residenz zu bleiben. Die Mutter willigte unter der Bedingung ein, daß er die Personen, die ihr gut gedient hatten, angemessen abfinde. Für sich selbst verlangte sie keine Entschädigung zum Zeichen der Dankbarkeit.[10] Bei früheren Besuchen hatte sie schon festgestellt, daß sie in dem Landstädtchen Allstedt wenig Unterhaltung und Zerstreuung zu erwarten hatte. Sie wäre abseits des Weimarer Hofs, seiner Besucher und seiner Infrastruktur gewesen, und sie hätte von den politischen Geschäften und gesellschaftlichen Ereignissen im Herzogtum wenig mitbekommen. Für die 36jährige Anna Amalia, die 16 Jahre lang die Zentralperson des Weimarer Hofes gewesen war, kam eine solche Zurückgezogenheit offenbar nicht in Frage. Vielleicht stand ihr auch das Beispiel ihrer ebenfalls verwitweten Schwester Sophie Caroline Marie warnend vor Augen: Diese langweilte sich auf ihrem Witwensitz in Erlangen, während das höfische Leben in Ansbach bzw. Bayreuth stattfand. Daher verwundert es nicht, daß Amalia auf Carl Augusts Vorschlag einging, ohne lange zu zögern.

Abb. 10: Gottfried Heinrich Krohne, Neues Schloß Ettersburg, Nordfassade, Entwurfszeichnung, um 1730

Mit dem Amtsantritt des regierenden Herzogs und seiner Frau entstanden in Weimar mehrere Hofhaltungen, die aufgrund der schwierigen Raumsituation nach dem Schloßbrand räumlich getrennt waren. Der ‹regierende Hof› Carl Augusts und der Hofstaat Luises residierten im Landschaftshaus, die kleine Hofhaltung von Prinz Constantin im Sommer im nahen Tiefurt. Im Winter wohnte er bei seiner Mutter, die ihre Hofhaltung in einem eigenen Stadtpalais führte. Widerstrebend hatte Fritsch es ihr verkauft. Auf die architektonische Gestaltung des Palais hatte sie keinen großen Einfluß mehr, es wurde lediglich im Innern an die Zurschaustellungsbedürfnisse einer verwitweten, nichtregierenden Herzogsmutter angepaßt. Von Fritsch übernahm sie auch den für das Palais zuständigen Innenausstatter Adam Friedrich Oeser. Er war Direktor der Zeichenakademie in Leipzig und arbeitete gleichzeitig als Plafond- und Dekorationsmaler. Für das Palais fertigte er das Deckengemälde des Saals an, dessen Zentrum er mit einer Minerva versah. Es war in der frühen Neuzeit allgemein üblich, Fürstinnen mit der Göttin der Weisheit, der Künste und der klugen Kriegsführung zu assoziieren. Anna Amalia konnte sich in diesem Bild sowohl als

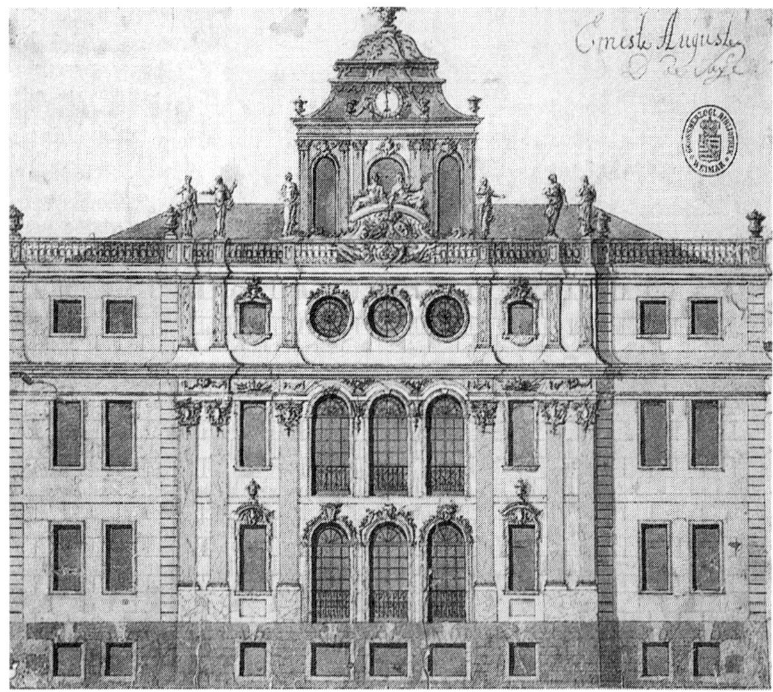

Abb. 11: Johann Adolph Richter/Gottfried Heinrich Krohne, Neues Schloß Ettersburg, Südfassade, Entwurfszeichnung, um 1730

ehemalige Regentin als auch als Mäzenin und Kunstliebhaberin wiederfinden.

Seit 1776 logierte die Witwe im Sommer in Ettersburg. Dieses 1706 bis 1712 errichtete und von Herzog Ernst August umgebaute Rokoschloß war seit dessen Tod (1748) unbewohnt geblieben, so daß Amalia in den folgenden Jahren beträchtliche Summen für Instandsetzungsarbeiten ausgeben mußte [Abb. 10, Abb. 11]. Nun, da sie für Ettersburg allein verantwortlich war, konnte sie sich auch der Gartengestaltung widmen – als Regentin hatte sie sich ja vor tiefgreifenden Veränderungen der herrschaftlichen Bauten und Gärten gescheut. Hinter dem Ettersberg war die Landschaft noch weitgehend unberührt, so daß sie nahezu frei ‹komponieren› konnte, ohne alte Gartenanlagen berücksichtigen zu müssen. Knebel hatte ihr Kupferstiche zukommen lassen, die ihr einige Anregungen gaben: Sie ließ

Abb. 12: Anna Amalia von Sachsen-Weimar-Eisenach, Garten am Stadtpalais mit chinesischem Pavillon, aquarellierte Pinselzeichnung, um 1780 (?)

Alleen und Baumgruppen anpflanzen, die sie mit etwa hundert Akazien, siebzehn Platanen und einem Tulpenbaum ausstattete. Am Südhang ließ sie Kirsch- und Pflaumenbäume pflanzen. Ferner sorgte die Herzogin für ‹empfindsames› Zubehör: eine Einsiedelei, eine Rasenhütte, eine Nische, eine Eisgrube und kleinere Teiche, die den Garten zu einer «romantischen Wildnis» machen sollten.[11] Englische Landschaftsgärten bzw. die Vorstellung, die man sich davon mittels Kupferstichen machte, waren hier offenbar Vorbilder. Ihren Garten am Stadtpalais gestaltete Anna Amalia im Stil eines *Jardin anglo-chinois*, indem sie einen alten Wehrturm mit chinesischer Umkleidung versehen ließ, und Oeser den Innenraum mit chinesischen Landschaften und Figuren verzierte [Abb. 12, Abb. 13].

Anna Amalias Witwenhofstaat bestand zwischen 1775 und 1807 aus 30 bis 40 Personen. Dazu zählten ein Oberhofmeister bzw. ein

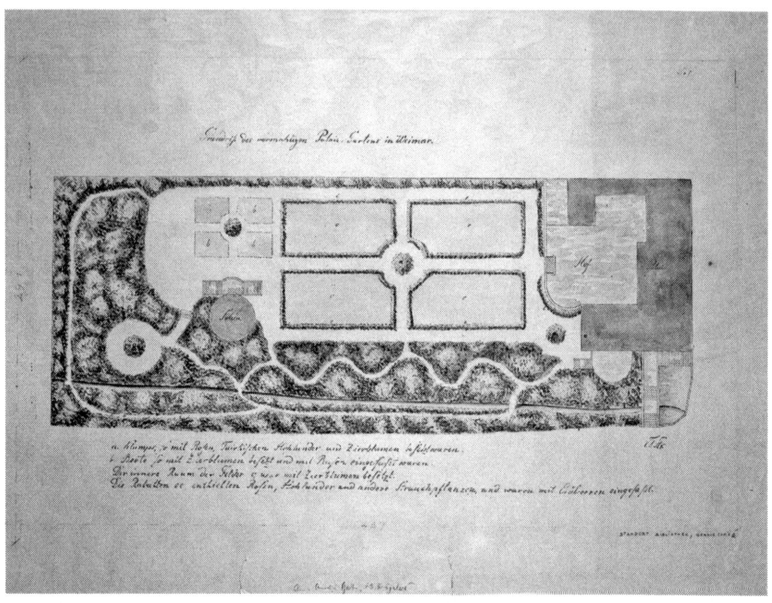

Abb. 13: Carl Friedrich Christian Steiner, Grundriß des Palaisgartens in Weimar, Aquarell, um 1800

Kammerherr, ein bis drei Hofdamen, zwei Kammerfrauen, Schatullier, Mundkoch, Leibarzt, zeitweilig mehrere Kammermusiker und eine schwankende Zahl sonstiger Bediensteter. Oberhofmeister war zuerst Moritz Ulrich von Putbus, der vom Stuttgarter Hof kam und Anna Amalias Hofstaat Ansehen verleihen sollte. Er starb allerdings bereits 1776 – etwa zeitgleich verließ Görtz dieselbe Stelle bei Herzogin Luise. Carl August ließ beide Chargen jahrelang unbesetzt; die Aufgaben des Oberhofmeisters – also die gesamte Organisation von Bedienung («Aufwartung»), Unterhaltung und Geselligkeit – erfüllte bei der Herzogsmutter Kammerherr Friedrich Hildebrand von Einsiedel.[12] 1775 stellte sie den ehemaligen Mönch Christian Joseph Jagemann als persönlichen Bibliothekar ein – nachdem er zur weimarischen Staatskonfession, dem Luthertum, konvertiert war.[13] Diese konfessionelle Ausrichtung des Hofstaats war im Ehevertrag festgeschrieben, und Anna Amalia rührte nie daran. Neben ihren beiden Hofdamen, die sie bereits seit einigen Jahren beschäftigte, diente ihr Luise von Göchhausen seit 1776 als unbesoldete Gesellschafterin.

Erst als Hofdame Charlotta von Stein 1784 starb, rückte sie in diese offizielle, bezahlte Position nach. Anna Amalia hatte ebenso viele adlige Hofchargen wie die regierende Herzogin Luise – mehr wäre ein Affront gewesen. Immerhin blieb sie so der neuen weiblichen Zentralperson am Weimarer Hof gleichgestellt, was ihrem Wunsch entgegenkam, so weit als möglich ebenfalls im Zentrum der Hofgesellschaft zu stehen.

Während des Regierungswechsels und kurz danach war Anna Amalia bemüht, den Eindruck von Kontinuität und eines reibungslosen Übergangs zu erwecken. Doch schon Ende 1775 kam es über das Erbe der Regentschaft zu Unstimmigkeiten. Als besonderer Günstling des Herzogs kam der Frankfurter Johann Wolfgang Goethe nach Weimar. Der mit dem Drama «Götz von Berlichingen» und dem Roman «Die Leiden des jungen Werthers» hervorgetretene Schriftsteller hatte bislang noch nie eine Stelle in der Verwaltung, geschweige denn eine Führungsposition, eingenommen. Sein Lizentiat der Rechte qualifizierte ihn dazu jedenfalls nicht. Doch gerade seine Unabhängigkeit verschaffte ihm das Vertrauen des jungen Herzogs. Carl August wollte ihm einen Platz im Geheimen Consilium verschaffen und war bereit, dafür das Prinzip der Anciennität (stufenweise Beförderung nach langjährigen Verdiensten) zu übergehen.[14] Daraufhin drohte der erste Geheime Rat von Fritsch mit seinem Rücktritt. Schon bei der Berufung Wielands hatte sich gezeigt, daß er politisch mitdenkenden Literaten grundsätzlich mißtraute. Der Rücktritt des langjährigen Ministers, der für die Regentschaft Anna Amalias stand, hätte über Weimar hinaus für Aufsehen gesorgt und den mühsam geschaffenen Eindruck von Kontinuität im Staatswesen zerstört – vielleicht wären sogar die Konflikte der Zeit vor 1775 ans Tageslicht gekommen. So suchte Anna Amalia ‹ihren› Minister von Goethes Integrität zu überzeugen. Bewußt argumentierte sie nicht mit seinen Talenten, sondern mit ihrer eigenen Einschätzung, daß er nicht nach seinem persönlichen Vorteil strebe.[15] Daß Goethe einen Sitz im Consilium erhalten sollte, war für Anna Amalia eher nebensächlich. Ihr Wunsch war es, ihren altgedienten Vertrauten Fritsch dort zu behalten, was ihr schließlich gelang.

Goethe ist neben Wieland ein weiteres Beispiel für institutionalisiertes Mäzenatentum: Anna Amalia unterstützte diese beiden Schriftsteller bei ihrem Wunsch, eine Stelle im Staats- oder Hofdienst zu erhalten. Doch sie förderte sie nicht als Künstler, sondern erwartete von ihnen eine klare Gegenleistung: von Wieland den Unterricht der Prinzen und von Goethe die politische Mitarbeit im Consilium. Der deutschlandweite Ruf der beiden Dichter verschaffte dem Weimarer Hof Aufmerksamkeit. Eher nebenbei beanspruchte die Herzogsmutter natürlich auch das literarische Talent der neuen Hof- und Staatsdiener: Mit Gelegenheitsdichtungen oder ähnlichem mußten Goethe und Wieland zur kunstliebenden Geselligkeit bei Hofe beitragen.

Anna Amalia nahm die Personalpolitik Carl Augusts in den ersten Jahren nach dem Regierungswechsel genau zur Kenntnis – wirklichen Einfluß konnte sie allerdings nicht mehr ausüben. 1776 wurde der Theologe und Schriftsteller Johann Gottfried Herder zum Generalsuperintendenten, Oberhofprediger und Rat im Weimarer Oberkonsistorium, der obersten Kirchen- und Schulbehörde des Herzogtums, berufen.[16] An der Vergabe dieses Postens war sie nicht beteiligt, doch sie profitierte davon. Ihr Witwenhofstaat hatte keinen eigenen Geistlichen. Oberhofprediger Herder bereitete die Herzogsmutter regelmäßig auf ihren Kirchgang mit Abendmahl zu Weihnachten und zu Ostern vor. Sie nutzte zudem die Chance, sich von Herders schriftstellerischen Werken unterhalten zu lassen.

Anna Amalias Beschäftigung mit den Künsten Musik, Literatur, Schauspiel, Gartenkunst, Innenausstattung und bildende Kunst hatte drei Erscheinungsformen: Sie beschäftigte sich mit Kunst, indem sie Gemäldegalerien besuchte und Kunstwerke bzw. Bücher meist auf Empfehlung ankaufte und sammelte; sie förderte Kunst – oder vielmehr Künstler –; sie betätigte sich selbst künstlerisch. Diese drei Formen der Kunstbeschäftigung zu vereinen, war für eine Fürstin nichts Ungewöhnliches. Die Kunst diente der Repräsentation der Dynastie sowie der Unterhaltung und der (sinnlichen) Bildung des Hofstaats. Besuchern konnten die Kunstwerke gezeigt werden, im Idealfall lockten besonders wertvolle oder umfangreiche Sammlungen sogar Gäste in die Residenzstadt. Auch die Kunstförderung, entweder durch direkte Zuwendungen an Künstler oder den Ankauf von

Werken, ist im Dienst höfischer Selbstdarstellung zu sehen. Mäzenatentum gehörte seit der Renaissance zu den von Fürsten geforderten Tugenden, die ihnen einen guten Ruf verschafften, konnten sie doch als gebildet und als Freunde der Musen gelten. Anna Amalias Kunstförderung waren freilich enge finanzielle Grenzen gesetzt. Der Dilettantismus schließlich, das eigene, nichtprofessionelle Schaffen von Kunst, unterlag im 18. Jahrhundert einem Wandel in der Bedeutung und Bewertung, auf den später noch ausführlich einzugehen sein wird.[17]

Der Begriff stammt aus dem Italienischen, wo das Wort «dilettare» erfreuen, ergötzen bedeutet. In Verbindung mit Kunst heißt es also, sich am Ausüben einer Kunst zu erfreuen. Der Dilettant bewegt sich demnach zwischen verschiedenen anderen Rollen: Der Kunstliebhaber, der sich an der Kunst erfreut, ohne differenzierte ästhetische Kriterien zu entwickeln, steht in der Diskussion des späten 18. Jahrhunderts im Gegensatz zum Kunstrichter. Dieser findet an der Kunst gleichwohl Vergnügen, sieht aber in der fundierten Beurteilung von Kunst seine Aufgabe, deren Ergebnisse er der Öffentlichkeit weitergibt. Dem gegenüber ist derjenige zu sehen, der vom Kunstrichter beurteilt wird, der professionell Kunstschaffende, der Virtuose. Als Dilettantin hatte Anna Amalia von all diesen Rollen etwas: Die Liebe zur Kunst, die sie zu eigenem Schaffen antrieb, die Beurteilung der Kunst, die sie zum Üben anhielt, wobei sie aber nicht zu streng zu sich war, um nicht die Motivation zu verlieren, und schließlich die Befriedigung, selbst ein Werk geschaffen zu haben.

Während heute etwas als ‹dilettantisch› zu bezeichnen einem vernichtenden Urteil gleichkommt, war der Begriff Dilettant seit dem 16. Jahrhundert positiv besetzt. Er wurde zuerst für (meist adlige) Musiker gebraucht, die nicht darauf angewiesen waren, mit Kompositionen ihren Lebensunterhalt zu verdienen. Er bezeichnete also prinzipiell ein Adelsprivileg. Seit dem Ende der 1750er Jahre tauchten die ersten Polemiken gegen adlige Dilettanten auf, die als aktive Liebhaber in allen Künsten zu auffällig wurden. In Weimar sollte diese Diskussion jedoch erst später ankommen.

Die Künste waren für Anna Amalia eine beliebte Beschäftigung. Es war fast zweitrangig, ob es sich um Literatur, Musik, Theater, bildende

Kunst oder Gartenbau handelte – wobei die Musik Anna Amalia immer am wichtigsten war. Die Hauptsache war der Zeitvertreib – denn die Abläufe bei Hofe, bei den Mahlzeiten, den Empfängen und Gesellschaften mit den immer gleichen Personen waren selten abwechslungsreich. Die Langeweile, als «horror vacui» selbst schon ein Topos[18], konnte in der Tat grenzenlos scheinen. Künstlerische Unterhaltung, die nebenbei noch der persönlichen, sinnlichen Vervollkommnung diente, war daher hoch willkommen. Leider sind nur wenige Selbstzeugnisse Anna Amalias dazu erhalten, so daß unklar ist, wie sie ihre eigene Rolle als Musenfreundin einschätzte. Es bleibt nichts anderes, als aus ihren Handlungen vorsichtig auf persönliche Absichten und Einstellungen zu schließen.

Das Dilettieren wurde zeitweise zum allgemeinen Verhaltensstil an Amalias Hof – man kann von einem regelrechten Wettbewerb des Dilettierens in den Künsten sprechen. Die Bediensteten und Günstlinge richteten sich in ihrem Verständnis von Zeitvertreib und Geselligkeit natürlich nach Anna Amalia und unterstützten ihre Ambitionen bereitwillig, da sie sich so der Gunst der Herzogin versicherten. Dabei ist zwischen eher zurückgezogenen Formen der Künste, wie beispielsweise der Lektüre oder der Anschauung der bildenden Künste, und den auf Außenwirkung und Selbstinszenierung angelegten Künsten, wie Theater oder konzertanter Musik, zu unterscheiden.

Christian Joseph Jagemanns erste Amtshandlung als Bibliothekar war, einen *Catalogue raisonné* aller Bücher der Herzogin zu erstellen, mit dessen Hilfe sich ihre persönliche Bibliothek zum Großteil rekonstruieren läßt. Kauf- und Buchbinderechnungen weisen weitere Buchtitel nach, die nicht im Katalog erfaßt sind.[19] Jagemann führte ihn nach 1776 nicht sehr gewissenhaft weiter, vielleicht fehlte ihm die Zeit, vielleicht war es aber auch ein Mittel, sich selbst unentbehrlich zu machen. Jagemanns Gedächtnis war ein verläßliches Bestandsverzeichnis. Der Katalog war zudem wegen der ausführlichen Kommentare etwas unhandlich geworden. Anhand der Erwerbungen läßt sich nicht unmittelbar auf die Lektüreinteressen der Herzogsmutter schließen. Gekauft ist nicht gleich gelesen[20] – und es ist davon auszugehen, daß Jagemann durchaus Bücher anschaffte, die eher seinem persönlichen Interesse entsprachen. Im Lauf ihres Lebens erstand

Anna Amalia rund 3.000 Werke (die Anzahl der einzelnen Bände war natürlich weit höher) – es entstand eine der umfangreichsten persönlichen Bibliotheken deutscher Fürstinnen im 18. Jahrhundert. Ein Großteil dieser Sammlung wurde beim Brand vom 2. September 2004 zerstört.

Anna Amalia verfolgte die Entwicklung auf dem europäischen Buchmarkt; sie las Bücher in mehreren Sprachen. Lesen war für die Herzogsmutter, wie für andere Fürstinnen ihrer Zeit auch, einer der wenigen wertvollen Rückzugsräume, die ihr überhaupt zur Verfügung standen.[21] Erhalten sind Exzerpte, die sie während der Lektüre anfertigte, und seltene Äußerungen über Gelesenes in verschiedenen Briefen. Allerdings beschrieb sie eher die Wirkung bestimmter Bücher auf sie, als daß sie Inhalte kommentierte. Theologische Literatur, die eigentlich in den Bestand einer jeden Fürstinnenbibliothek gehörte, ist bei Anna Amalia wenig zu finden. Die intensivste Beschäftigung war für sie, (Unterhaltungs-) Literatur zu übersetzen.

Die Übersetzung galt zwar im 18. Jahrhundert als eine niedere literarische Gattung, doch für die Herzogsmutter war sie ein angenehmer und lohnender Zeitvertreib. Jagemann übernahm 1775 den Italienischunterricht bei Anna Amalia. Vorher hatte Prinzenlehrer Heermann diese Aufgabe erfüllt. Im Lauf ihres Lebens lernte Anna Amalia sechs Sprachen: Französisch, Deutsch, Englisch, Italienisch, Griechisch und Latein. Ob sie in der Kindheit zuerst Deutsch oder Französisch lernte, ist nicht mit Sicherheit zu sagen. Französisch war die Umgangssprache am Wolfenbütteler Hof wie auch in Weimar. Als sie acht Jahre alt war, wurden einige Fächer auch auf Deutsch unterrichtet. Französisch blieb ihr jedoch die Sprache, in der sie sich am sichersten fühlte und am nuanciertesten ausdrücken konnte. Daher lernte sie – wohl kurz nach 1775 – italienische Vokabeln mit französischen Synonymen und übersetzte Opernarien des berühmten Librettisten Pietro Metastasio aus dem Italienischen ins Französische.[22]

Bei Jagemann lernte Amalia in der zweiten Hälfte der 1770er Jahre auch Englisch, obwohl sie diese Sprache in der höfischen Gesellschaft, in der sie verkehrte, selten nutzen konnte. Besucher von den britischen Inseln kamen erst in den 1790er Jahren häufiger nach Weimar. Um 1777 wandte die Herzogin ihre Englischkenntnisse bei Übersetzungen an. Sie übertrug mehrere Epen aus den «Works of Ossian» ins Deutsche. Ossian ist ein fiktiver keltischer Dichter. Der Schotte James MacPherson hatte zu Beginn der 1760er Jahre Epen und Gedichte publiziert, die er als Übersetzungen aus dem Gälischen ausgab. Mit seinen lyrischen Naturbeschreibungen und den Themen Krieg, Liebe und Einsamkeit traf MacPherson den Geschmack der Zeit: die Ossian-Verehrung hielt Einzug in die Literatur (auch Goethes Werther trägt Ossiansche Dichtungen vor) und in Weimar. Jagemann und seine Herzogin hielten die Epen für authentische Werke ‹Ossians›. Von den fiktiven Übersetzungen existierten bereits Übersetzungen ins Deutsche, die Anna Amalia allerdings nicht zu Hilfe nahm. Sie übertrug englische Redewendungen wörtlich ins Deutsche und orientierte sich stark an der Satzstellung des Originals. Vielleicht wollte sie das Original möglichst genau nachempfinden, vielleicht waren aber auch ihre sprachlichen Möglichkeiten so begrenzt, daß sie übersetzte und nicht in eine Neudichtung übertrug.[23] Ihr Interesse an den Ossian-Dichtungen und der englischen Sprache verflog allerdings recht schnell, als der ‹empfindsame› Modus um 1780 in Weimar wieder weitgehend verschwand.

War Bibliothekar Jagemann für Anna Amalia der Vermittler für Literatur und Sprachen, so war es für die Musik der herzogliche Kapellmeister Ernst Wilhelm Wolf. Bei ihm nahm sie bereits seit den 1760er Jahren Klavierunterricht. Das Klavier blieb ihr bevorzugtes Instrument, womit sie einer Strömung des 18. Jahrhunderts folgte, die es in das Zentrum der öffentlichen und der häuslichen Musik stellte. Der Ehrgeiz, ein ausgesprochenes Soloinstrument zu beherrschen, zeigte sich bei ihr etwa zwei Jahre lang. Von 1773 bis 1775 hatte sie bei einem Weimarer Kammermusiker Querflöte gelernt. Der Anteil an Flötenstücken in ihrer Musikaliensammlung ist dementsprechend gering.[24]

Eigene Kompositionen sind auch aus den Jahren nach dem Regierungswechsel bekannt. Anna Amalia vertonte Goethes Singspiel «Erwin und Elmire», das am 24. Mai 1776 vom Weimarer Liebhabertheater uraufgeführt und mehrfach wiederholt wurde. Über die Publikation der Noten war man sich jedoch nicht einig. «Unter dem

Namen einer Fürstin?», fragte Wolf seinen Leipziger Verleger Breitkopf skeptisch.[25] Der Kapellmeister hatte Bedenken, daß eine Veröffentlichung unstandesgemäß sei. Außerdem wäre Anna Amalia in eine Männerdomäne eingebrochen, wenn sie auf dem Musikalienmarkt als Komponistin aufgetreten wäre. Dem Werk einer fürstlichen Dilettantin wäre nicht das Niveau zugesprochen worden, das eine Publikation gerechtfertigt hätte. Immerhin feierte Jakob Michael Reinhold Lenz die Musik zu «Erwin und Elmire» in einem Artikel in Wielands «Teutschem Merkur».[26] Daraufhin drängte Wolf wiederum bei Breitkopf auf eine Publikation und wollte sich selbst als Co-Autor auf dem Titelblatt sehen. Doch Breitkopf ließ sich nicht darauf ein. Die Komposition wurde zu Anna Amalias Lebzeiten nicht publiziert. Die Mitautorschaft Wolfs kann bei diesem und anderen Stücken nicht als gesichert gelten. Bei seinen Äußerungen gegenüber Breitkopf ließ er sich offensichtlich von persönlichen finanziellen Interessen leiten.

Eine ausgesprochen gesellige, künstlerische Beschäftigung war das Liebhabertheater, das von dem Hof zugehörigen Laien und nur einer professionellen Sänger-Schauspielerin (Corona Schröter) getragen wurde.[27] Es bot der Hofgesellschaft zahlreiche Möglichkeiten, sich zu beteiligen, denn ein Theaterstück wollte nicht nur geschrieben und inszeniert sein, sondern erforderte selbstverständlich auch Kostüme, ein Bühnenbild, Begleitmusik, Schauspieler und Komparsen. Liebhabertheater und -konzerte waren im letzten Drittel des 18. Jahrhunderts an vielen Höfen beliebt.[28] Möglicherweise brachte Luise diese Unterhaltungsform aus Karlsruhe mit. Nach dem Schloßbrand mußten Theateraufführungen in Anna Amalias Palais und – für einen größeren Zuschauerkreis – im Redoutensaal an der Esplanade stattfinden. Sein eigentliches Zuhause fand das Liebhabertheater jedoch in Schloß Ettersburg. Dort nutzte man einen Seitenflügel, aber auch den Park für Aufführungen in der Natur. Die Leitung des Unternehmens hatte zuerst Amalias Oberhofmeister Putbus inne. Nach dessen Tod veranlaßte Anna Amalia eine stärkere Zusammenarbeit mit dem ‹regierenden› Hof. Das Liebhabertheater schuf so eine Klammer: Angehörige beider Hofstaaten wirkten bei den Inszenierungen mit, Carl August kam für den Großteil der Kosten auf. Kammerherr Siegmund von Seckendorff leitete das Ganze, das Consiliumsmitglied Goethe war ebenfalls aktiv beteiligt. Das Repertoire bestand vornehmlich aus Unterhaltungsstücken, Singspielen, Farcen, Komödien und Schwänken. Seckendorff und Goethe engagierten sich, weil sie sich die Gunst der Herzogsmutter und eine gefestigte Stellung gegenüber Carl August erhofften; Seckendorff spekulierte auf einen Posten im Geheimen Consilium. Wieland hielt sich bewußt aus den Aktivitäten des Liebhabertheaters heraus: Der Konflikt um seine «Alceste» war ihm eine Lehre gewesen. Anna Amalia beaufsichtigte das Repertoire, die Dekorations- und Kulissenarbeiten und nahm an den Proben teil. Gelegentlich übernahm sie auch eine kleinere Rolle, wie andere Mitglieder der fürstlichen Familie. Sie spielten jedoch nie Figuren, die auf der Bühne singen mußten, vielleicht hätte dies doch die Grenzen der Schicklichkeit überschritten, oder man fürchtete einen Qualitätsunterschied zur professionellen Sängerin. Anna Amalia und ihre Günstlinge bezweckten mit ihrer Teilnahme am Liebhabertheater keine ästhetischen oder pädagogischen Ziele. Man wollte sich amüsieren. Die Zuschauer wurden wie die Mitwirkenden ebenfalls aus der Weimarer Hofgesellschaft rekrutiert, indem – bei Aufführungen im Redoutensaal – 200 bis 300 Billets gezielt verteilt wurden. Das Liebhabertheater war also das Unterhaltungsmedium einer weitgehend geschlossenen Gesellschaft. Die Programme der Aufführungen wurden in einer Auflage von 100 bis 500 Stück am Hof verteilt. Durch das Liebhabertheater gelang es Anna Amalia für ein paar Jahre, sich als die ‹Zentralmuse› des Weimarer Hofes zu inszenieren.

Schloß Ettersburg stilisierten ihre Günstlinge zu einem Ort der Musen; der sommerliche Rückzug von der Stadt auf das Land entsprach der Entbindung von lästigen Pflichten.[29] Zu Anna Amalias Geburtstag am 24. Oktober 1777 schrieb Wieland das Gedicht «An Olympia»:

> O Fürstin, fahre fort, aus Deinem schönen Hain
> Dir eine Elysium zu schaffen!
> Was hold den Musen ist, soll da willkommen sein![30]

Daß Wieland diese Verse im «Teutschen Merkur» veröffentlichte, überschritt den sonst üblichen Rahmen solcher Panegyrik. Doch Anna Amalia ließ es sich gern gefallen, auch außerhalb ihrer Hofgesellschaft als Beschützerin der Musen bekanntgemacht zu werden. Dafür sorgte auch der Bildhauer Gottlieb Martin Klauer, indem er eine Art frühes Merchandising mit den ‹großen Geistern› betrieb, die am Weimarer Hof zeitweilig oder dauerhaft Zutritt hatten. 1773 hatte Anna Amalia ihn noch als Regentin zum Hofbildhauer bestellt. Klauer begann, einen Vertrieb mit Büsten aufzubauen und hatte Erfolg damit. Die Porträts Wielands und Goethes, aber auch Herders und Knebels avancierten zur Exportware. Anna Amalia initiierte diese Selbstdarstellung zwar nicht, unterstützte sie aber nach Kräften.

Klauers Stelle war übrigens die einzige für einen Künstler, die Amalia während ihrer Regentschaft neu geschaffen hat. Als Mäzenin hatte sie sowohl vor als auch nach ihrer Regierungszeit keine großen Spielräume. Über 70 Prozent ihrer Schatullgelder waren als Fixkosten bereits vergeben: Spielgelder, Garderobe und Möbel, Besoldungen und Livreen, Küche, Kellerei, Licht, Brennholz, Porto und Pflichtpräsente. Im musisch-mäzenatischen Bereich hatte die Herzogsmutter Kosten für die Redoutenbeleuchtung und Abonnements des Hoftheaters, Bücher und Kunstwerke, Musikalien und Instrumente, Geschenke für auswärtige und einheimische Musiker, Stipendien für Studenten (meist an der Landesuniversität Jena) und sonstige Zuwendungen an Künstler und seltener – Gelehrte. Das meiste Geld beanspruchte die Gartenkunst. Insgesamt machten die Ausgaben für künstlerische Zwecke im weitesten Sinn nach 1775 etwa 7 bis 13 Prozent ihres Schatulletats aus. Bestimmte Günstlinge konnten mit außergewöhnlich hohen Geschenken rechnen, das finanziell aufwendigste Vergnügen blieben jedoch die Reisen. Wenn Anna Amalia eine etwas weitere Reise gewagt hatte, so reiste sie in den darauf folgenden Jahren kaum, damit sich ihre Schatulle etwas erholen konnte.

Die Rheinreise 1778 kostete sie etwa 4.500 Reichstaler, fast 16 Prozent ihres Jahresetats![31] Das Ziel war die Gemäldegalerie in Düsseldorf, aber auch der Weg dorthin führte zu einigen Sehenswürdigkeiten. Die Schiffahrt von Mainz bis Köln brachte sie an Koblenz, Ehrenbreitstein, St.Goar und der Marksburg vorbei. Die Besichtigung dieser Festung des Landgrafen von Hessen-Darmstadt am 22.Juni 1778 bot Anna Amalia die Gelegenheit, die Freiheiten des Inkognitos auszukosten. Einsiedel und Merck sondierten zunächst die Lage und baten den Kommandanten der Marksburg Rohr darum, ihren Damen die «schöne Situation» der Festung zeigen zu dürfen. Rohr versicherte, vor «Frauenzimmer[n]» sei ihm «nicht bange», diese müßten sich allerdings mit einer «ordinaire[n] Mittags-Suppe u. allen guten Willen» zufrieden geben. Einsiedel und Merck meldeten sich namentlich, gaben für ihre weibliche Begleitung (Anna Amalia, von Stein und von Göchhausen) aber falsche Namen an. Aufgrund ihres Auftretens hielt Rohr sie für «nur adeliche Personen» und da ihm so wenig bange war, wie er gesagt hatte, nahm er die vorderste – Anna Amalia -, die ihm «die vornehmste däuchte, sans façon in Arm und brachte sie herauf und ließ Sie auf ein Canapée niedersitzen.» Aus «Achtung vor fremde Damen von Distinction» fragte er nicht nach ihrer Herkunft. Zwanglos bewirtete er die Damen mit Kaffee und Wein, führte sie herum und zeigte ihnen das Panorama der Rheingegend, das «obgemeldter Dame [Anna Amalia] sehr wohl gefiele und sehr mahlerisch vorkam». Die Aussicht von der Marksburg war für die Damen eine größere Sehenswürdigkeit als die Festung selbst. Anna Amalia entdeckte beim Kommandanten einige Bücher von Sophie von La Roche und fragte ihn über die Schriftstellerin aus, die sie am gleichen Abend ohnehin besuchen wollte. Eine solche Unterhaltung, das Führen am Arm und die einfache Bewirtung wären ohne das Inkognito nicht möglich gewesen. Erst als die Gesellschaft wieder ihr Schiff bestiegen hatte, erfuhr der Kommandant von einem anderen Besucher, wer die Dame tatsächlich gewesen ist. Merck hatte ihn instruiert, es «nicht eher [zu] melden, als biß sie ganz fort wären». Das Inkognito war also nicht ‹total›. Es war ein kleines Versteckspiel mit kontrollierter Unschicklichkeit, dessen Ende Anna Amalia selbst bestimmen konnte.[32]

Das Landschaftserlebnis der Rheinreise weckte in Anna Amalia aber nicht den Wunsch, es in Worte zu fassen, um sich diese Erlebnisse später noch einmal vergegenwärtigen zu können. Sie hatte inzwischen eine andere Art der Annäherung an die Natur entdeckt: das

Zeichnen. Im Gegensatz zu manch anderer Prinzessin hatte Anna Amalia in ihrer Jugend keinen Zeichenunterricht bekommen. Sie hatte erst Gelegenheit und Zeit dazu, als sie die Regentschaft abgegeben hatte. Seit 1776 experimentierte sie mit unterschiedlichen Basistechniken, arbeitete mit Tusche, fertigte Zeichnungen und Radierungen an. Der Weimarer Hof- und Kabinettsmaler Georg Melchior Kraus, der auch bei der Rheinreise dabei war, gehörte zu ihren Lehrern. Er war weitgereist, umfassend gebildet und beherrschte mehrere künstlerische Techniken – Eigenschaften, die Anna Amalia an ihm schätzte. Oberhofmeister von Putbus beobachtete die beiden beim Unterricht in Tiefurt und faßte diese Szene für die engere Hofgesellschaft in folgende Worte:

Die Fürstin sizt im dunklen Wald
Aufmerksam wie ein Mäusgen
Und mahlt den holden Auffenthalt
Mit Hülffe ihres Kräusgen[33]

Das Zeichnen in der freien Natur praktizierte Anna Amalia auch am Rhein: Von Braubach aus fertigte sie zwei Radierungen mit der Ansicht der Marksburg an, ihr Lehrer Kraus mehrere Zeichnungen. Der Maler in der Gunst Amalias war verpflichtet, den Verlauf der Reise festzuhalten. Zu diesem Zweck und zu ihrer Unterhaltung hatte sie ihn mitgenommen.

Während Kraus für den praktischen Teil der Kunst zuständig war, so beriet Merck sie als Kunstkenner in der Anschauung der Künste, nicht zuletzt, um Stücke für die eigene Sammlung anzuschaffen. Diese Aufgabe hatte er vor allem in Düsseldorf in der Gemäldegalerie zu erfüllen. Der dortige Akademiedirektor Johann Lambert Krahe unterstützte ihn dabei. Der Schriftsteller Johann Jakob Wilhelm Heinse, der Anna Amalia wohl über Wieland kannte, berichtete dem gemeinsamen Bekannten Gleim in Halberstadt:

Alle haben unaussprechliche Freude an der Gallerie gehabt. Die Herzogin ist bloß Düsseldorfs wegen nach Düsseldorf gereist. Sie ist über eine Woche da geblieben, und wir haben sie überall herumgeführt und gefahren. Ich habe sie unter andern einmal auf ein Flotz auf dem Rhein gebracht, eine Masse von Holz, wogegen das größte Orlochschiff eine Kleinigkeit ist, und ihr ein nagelneues Gaudium gemacht, wie allen den andern. Sie wollte vor Lust nicht wieder fort, ob es gleich schon dunkel ward, und der Rhein stürmte. Sie und Merk und Krause haben sich sehr an unsern Gegenden geweidet.[34]

Die «unaussprechliche Freude» der Reise konnte Anna Amalia weitgehend für sich behalten. Es stand einer Fürstin nicht an, eine Reisebeschreibung zu publizieren. Immerhin hätte sie durch Kunstkäufe für die fürstliche Sammlung das Ansehen der Dynastie vermehren können. Doch von derartigen Pflichten sah sich Amalia nun befreit. Sie glaubte ohnehin, Kunstanschauung lasse sich nicht in Worte fassen. Die Kunst wie die Natur entzogen sich für sie der Übertragung in Sprache. Merck allerdings hatte solche Verpflichtungen. Er schrieb einen Artikel für den «Teutschen Merkur», um seine Erkenntnisse weiterzugeben, legitimierte im Nachhinein noch seine Teilnahme an der Reise und trug dazu bei, Anna Amalia einen Ruf als Mäzenin zu verschaffen.

Kapitel 6

Die «imperiose Schwieger-Frau-Mutter»[1]

Mätressen, Journale, Gartenkunst

Im Jahr 1783 besuchte Anna Amalia noch einmal den Hof ihrer Eltern in Braunschweig. Seit der letzten Reise vor 13 Jahren hatte sich ihre Situation völlig verändert: Brachte sie damals ihre beiden Söhne mit, die eine kleine Kavalierstour erleben sollten, so reiste sie diesmal allein mit ihrem kleinen Witwen-Hofstaat. Carl August hatte sich längst als regierender Herzog etabliert. Nun wollte sie als Herzogsmutter und als eine ehemalige Regentin wahrgenommen werden. Ihre eigene Mutter Philippine Charlotte war in der gleichen Position wie sie: Ihr Mann Carl I. war drei Jahre zuvor gestorben, ihr Sohn Carl Wilhelm Ferdinand hatte die Regierung übernommen. Es war ein seltenes Wiedersehen der Familie, über das Philippine Charlotte ihrem Bruder Friedrich II. von Preußen schrieb:

> Meine Tochter aus Weimar ist hier um elf angekommen; ich habe sie ein wenig verändert gefunden, aber das ist nicht erstaunlich nach dreizehn Jahren der Abwesenheit, ansonsten ist sie eine gute Tochter, sanft und mit einem angenehmen und festen Geist. Sie hat ein schickliches Betragen, wie es sich ihrem [Witwen-] Stand ziemt, ist weder schikanös noch intrigant, und hat einen festen Charakter und einen den schönen Talenten aufgeschlossenen Geist; also wird mir ihre Gesellschaft viel Freude machen.[2]

Philippine Charlotte beschrieb ein freundliches Verhältnis innerhalb höfischer Verhaltensnormen. Obwohl zu vermuten wäre, daß die beiden Frauen sich aufgrund ihrer Lebenssituation viel zu sagen hätten, war dies offenbar nicht der Fall. Die junge Anna Amalia, die sich den Beistand ihrer Mutter am Wochenbett gewünscht hatte, gab es nicht mehr. Hier trafen sich zwei eigenständige Fürstinnen.

Die Beziehung zum Vater hatte sich in den Jahrzehnten nach 1756 auf politische Kontakte beschränkt. Als er nach einem Schlaganfall (1776) jahrelang schwer krank war, sah Anna Amalia keinen Anlaß, nach Braunschweig zu fahren.

Der Braunschweiger Aufenthalt von 1783 diente auf beiden Seiten der Repräsentation. Anna Amalia genoß die Unterhaltung, die ihr dieser Besuch ermöglichte: Die Oper, die Bälle und die festlichen Mahlzeiten, die zu ihren Ehren veranstaltet wurden. Carl August nahm dies humorvoll zur Kenntnis:

> [Kammerherr von] Seckendorff machte Hoffnung, dass, à force von vielen Tafeln und langen Nachtwachen, Sie vielleicht den Lusten nicht spüren würden, länger als Sie sich's vorgesetzt hatten, zu Braunschweig zu bleiben.[3]

Auch Anna Amalia wollte die Braunschweiger Hofgesellschaft beeindrucken, und sei es durch gesellschaftliche Ausdauer. Der offizielle Charakter des Besuchs war ebenso an den Kosten abzulesen, die er verursachte: Amalia gab 3.044 Reichstaler aus – nur die Rheinreise kostete sie mehr, sieht man vom Italienaufenthalt ab. Mehr als die Hälfte dieser hohen Ausgaben waren Geschenke, die Amalia ihrer Familie und deren Hofstaat machte. In einem Brief an Carl Ludwig von Knebel lobte sie die Braunschweiger Hofgesellschaft und vor allem ihren regierenden Bruder, zeigte sich aber froh, wieder zu Hause zu sein:

> Doch hat mich der Genuß meines Tiefurts wieder gefreuet [...]. Ich bin jetzt sehr mit Anpflanzungen und mit bauen beschäftigt, ich habe eine ganze Wand von Felsen an den Ufer und im Loh holz an bauen laßen; wie wünschte ich daß Sie es sehen könten! gewiß würde es Ihre Aprobration haben, denn würklich es macht ein gar schön Effect.[4]

Anna Amalia hatte 1781 ihren Sommersitz von Ettersburg nach Tiefurt verlegt – ein Unterfangen, das sich gegen ihren Sohn Constantin richtete. Dieser hatte es sich mit seiner Mutter verscherzt, wegen seines unstandesgemäßen Verhaltens während einer Reise. Das Leben am Weimarer Hof hatte sich so verändert, daß Anna Amalia sich gezwungen sah, sich in Tiefurt ein Refugium zu schaffen.

*

Ende der 1770er Jahre war die Ettersburger Welt noch in Ordnung gewesen. Die Briefe der Zeitzeugen klingen, als habe sich dort eine ungezwungene Gesellschaft versammelt, die den ganzen Tag den Künsten huldigte.[5] Herzogin Luise berichtet ihrer Schwester von einem Samstags-Besuch in Ettersburg:

> [D]ie Herzogin ließ einige Musiker, die gerade dort waren, ein Impromptu mir zu Ehren spielen. Es war aus der ‹Eingebildeten Kranken› von Goldoni; obwohl vom Blatt gespielt wurde, haben einige ihre Sache sehr gut gemacht … Die Herzogin ist niemals glücklicher, als wenn sie so etwas arrangieren kann; das macht ihr gute Laune für eine gewisse Zeit.[6]

Die letzte Bemerkung zeugt von einer gewissen Distanz Luises zu diesem ‹Treiben› ihrer Schwiegermutter. Die Fürstin deutete aber auch ein generelles Problem der höfischen Gesellschaft an: All die Vergnügungen, die den Alltag abwechslungsreicher machen sollten, wurden nach kurzer Zeit selbst zum Alltag. Anna Amalia konnte sich nicht lange darüber hinwegtäuschen, daß die Aufgaben und Möglichkeiten einer ‹Musenfreundin› ihre frühere Stellung als Mittelpunkt eines ‹regierenden› Hofes nicht ersetzen konnten. Außerdem mußte sich die Herzogsmutter peu à peu eingestehen, daß sie den Platz als ‹Zentralmuse› nicht mehr lange würde halten können. Dies war ohnehin ein unaufhaltsamer Prozeß – es blieb ihr nichts anderes, als ihn zu verlangsamen. Auf Dauer konnte es Anna Amalia nicht gelingen, die auseinanderstrebenden Zirkel zu integrieren, die sich um Carl Augusts Hofhaltung, Luises und ihre eigene bildeten. Während der junge Herzog zwar die wichtigsten Empfänge und die Sonntagstafeln besuchte, inszenierte er ein ‹Hofleben› abseits des Hofes, mit Personen, die in der Regel kein Hofrecht hatten – wie anfangs Goethe, zeitweise die gräflichen Brüder Stollberg sowie die Dichter Friedrich Maximilian Klinger, Jacob Michael Reinhold Lenz oder Christoph Kaufmann.[7] Luise hielt sich an die offiziellen Formen des Hoflebens und lebte ansonsten mit ihren Hofdamen zurückgezogen. Bindeglieder zwischen diesen Fraktionen waren die musischen Kammerherren von Seckendorff und von Einsiedel, das Consiliumsmitglied Goethe sowie einige wenige auswärtige Günstlinge.

Johann Heinrich Merck, einer der künstlerischen Berater Amalias,

Abb. 14: Georg Melchior Kraus, Das Neueste von Plundersweilern, Aquarell über Feder in Grau, 1781

hatte nicht nur bei Herzog Carl August, sondern seit der Rheinreise 1778 laut Wieland auch bei Anna Amalia «einen mächtigen Stein im Brett».[8] Das zeigte sich in diversen, auch materiellen Gunsterweisen. Als Gegenleistung hielt er für die Herzogsmutter Kontakt zu den Frankfurter und Mannheimer Kunsthändlern und versorgte sie mit Neuigkeiten. Merck wurde wiederum gut informiert, was in Weimar bzw. Ettersburg vor sich ging. Wenn Wieland an Merck schrieb, achtete er besonders darauf, sich positiv über die Herzogsmutter zu äußern, da er wußte, daß Merck ihr davon erzählen würde. So hatte die Kommunikation zwischen zwei Günstlingen zu funktionieren.

Das gesellige Ereignis schlechthin war nach 1778 weiterhin das Liebhabertheater. Damit konnte Anna Amalia einige Zeit das Auseinanderdriften des Hoflebens in verschiedene Parteiungen verlangsamen. Diese Form des Theaters stand zwischen höfischen und nicht-höfischen Unterhaltungsformen und war daher zumindest auch für Carl August, seine Günstlinge und seine Hofchargen (wie den ansonsten konservativen Seckendorff) attraktiv. An der Aufführung von Goethes «Jahrmarktsfest zu Plundersweilern» am 20. Oktober 1778 beteiligten sich laut Wieland «der halbe Hof und ein guter Theil der Stadt».[9] [Abb. 14] Auch die Herzogsmutter hatte einige Lieder dazu beigetragen – die natürlich nicht gedruckt oder über Weimar hinaus verbreitet wurden. Die Standesgrenzen, die sie für sich akzeptierte, zeigten sich noch auf einer anderen Ebene: Die Bauern, Spielleute und Zigeuner aus Goethes Libretto stellte sie durch die Melodieführung einfach und zufrieden mit ihrer sozialen Stellung dar. Zweck und Inhalt des Liebhabertheaters beschrieb Anna Amalia Merck so: «Da doch das Theater den Gang der Welt darstellen soll, so amüsiren wir uns hier mit Farcen-Spielen, und finden, daß wir damit der Sache am nächsten kommen».[10] Die Herzogin relativiert das Weltgeschehen von ihrer privilegierten Warte aus zu einer Komödie – und zeigt gleichzeitig, daß sie mit dem Theaterspiel keinen Bildungsanspruch im engeren Sinn verband. Ein Beispiel für das Repertoire des Liebhabertheaters ist das Stück «Die Gouvernante», das Johann Joachim Christoph Bode nach einer unbekannten Vorlage erarbeitete.

> [I]ch selbst habe mich produciret, doch sind wir ziemlich mit Ehren davon gekommen. Bode [...] selbst spielte die Gouvernante sehr gut, [...] Thusnelde [= Göchhausen], ich und die kleine Schardtin machten die untergebnen der Gouvernante, die sich zu Ende des Stücks und ihren Zöglingen dadurch alle Freiheit läßt, ihre Unarten auszutoben. Dieses Alles hielten wir nun sehr geheim, und an einem schönen Nachmittag ließ ich meine Kinder, die Herzogin, den Kammerherrn Seckendorff und Göthe herauskommen und wir spielten zu großem Gaudium aller Anwesenden [...].[11]

Das Liebhabertheater eröffnete Anna Amalia die Möglichkeit, einmal in die Rolle einer Bediensteten zu schlüpfen. Ein solches Experiment wagte sie aber nur im Sommerschloß Ettersburg vor ausgesuchtem Publikum. Im Redoutensaal in der Stadt, wo auch das städtisch-höfische Publikum Zutritt hatte, trat Anna Amalia nicht auf.

Von dem großen «Gaudium» des ausgewählten Publikums offenbar ermutigt, übernahm Anna Amalia die Hauptrolle in Einsiedels Lustspiel «Orpheus und Eurydike», das eine Parodie auf Wielands «Alceste» darstellte. Da Anna Amalia mit der «Alceste» schon 1773 ihre Probleme gehabt hatte, überrascht es nicht, daß sie sich nun auch aktiv an deren Verballhornung beteiligte – sehr zum Mißfallen Wielands. In seinen Augen gab sie damit ihre Position als Vermittlerin eines geläuterten Geschmacks auf.[12] Über die schauspielerische

Leistung der Herzogsmutter schwieg man höflich, wie Goethe in einem Bericht an Charlotte von Stein – oder lästerte genüßlich wie Luises Oberhofmeisterin Giannini: Die «Großmutter» spiele «wie ein Schwein».[13] Diese Bosheit hatte ihren Grund: Giannini fand – wie ihre Herzogin – das Dilettieren am Witwenhof an sich unschicklich, erst recht, wenn sich die Herzogsmutter selbst ins Rampenlicht stellte.

Ihr letzter Auftritt, diesmal vor der größeren städtisch-höfischen Öffentlichkeit, war hingegen standeskonform: Anna Amalia wirkte am 2. Februar 1782 in Goethes Maskenzug «Aufzug der vier Weltalter» mit. Darin verkörperte die Herzogsmutter das Goldene Alter, ihre Schwiegertochter das Silberne. Der Geheime Rat wollte symbolisch den Witwenhof und den Hof der regierenden Fürstin, die noch immer keinen Thronfolger geboren hatte, miteinander versöhnen. Daß Anna Amalia Luise ihre zentrale Stellung neidete, war ein offenes Geheimnis.[14]

Anna Amalia agierte auch im Hintergrund. In Ettersburg betrieb sie eine kleine Druckerpresse. Zwei kleine Bände ließ die Herzogsmutter dort drucken, die sie ihrem Hof und einem ausgewählten Kreis von Günstlingen zukommen ließ, darunter waren Goethes Mutter in Frankfurt und Merck in Darmstadt. Doch Anna Amalia hatte ohne das Einverständnis eines der Autoren gedruckt. Kein ungewöhnlicher Vorgang, denn ein Urheberrecht kannte man noch nicht. Goethe aber, einer der beiden Verfasser, hätte durch die Verbreitung seiner Parodie auf Friedrich Heinrich Jacobis «Woldemar» leicht in eine literarische Fehde geraten können, woran er offenbar kein Interesse hatte. Carl August gab seiner Mutter zu verstehen, ihre verlegerischen Ambitionen zu beenden, und sie fügte sich.[15]

Carl August hatte seine Aufforderung geschickt verpackt. Er versuchte, seine Mutter brieflich bei Laune zu halten, denn die Schweiz-Reise, auf der er sich Ende 1779 gerade befand, war so eigentlich nicht geplant gewesen. Anna Amalia hatte ohnehin wegen einer längeren Abwesenheit mit Goethe eine «starke Erklärung» gehabt.[16] Am Hof war man sich einig, daß Carl August lieber zu Hause bei seiner Frau bleiben und für einen Thronfolger sorgen solle, anstatt gefährliche Bergtouren zu unternehmen. Zudem wurde die für einen regierenden

Herzog unstandesgemäße Form der Reise kritisiert: ohne angemessene Begleitung, zu Pferde anstatt in einer Kutsche. Carl August und Goethe gaben anfangs vor, eine Kunstreise nach Düsseldorf zu unternehmen – nach dem Vorbild Anna Amalias. Von ihrem Entschluß, doch in die Schweiz zu reiten, erfuhr die Herzogsmutter erst, als die Reisenden bereits in Frankfurt waren. Carl August behauptete keck, der Engel Gabriel habe ihnen diese Routenänderung unterwegs eingegeben.[17]

Die Herzogsmutter mußte es aufgeben, auf ihren erwachsenen Sohn noch nennenswerten Einfluß ausüben zu wollen. Merck verschwieg sie diese Auseinandersetzungen und bedauerte, nicht selbst reisen zu können:

> Die Nachrichten die ich von den Reisenden bekomme, machen mir öfters den Kopf schwindlich. Es thut weh von nichts als den frolichen Sachen zu hören um sich Ihnen nicht anders als durch ein trübes fernglas nähern zu können. Doch gön ichs ihnen von Herzen, und machs wie die Frau Aja [Catharina Elisabeth Goethe] schüttel mich ein paar mahl setze mich ans Clavier oder zeichne, da werden Ideen wieder Couleur de Rose.[18]

Mit dem Verlauf der Reise konnte Anna Amalia aber zufrieden sein: Carl August lernte den berühmten Theologen und Physiognomen Johann Caspar Lavater kennen, die körperliche Ertüchtigung im Gebirge stärkte seine Gesundheit, und er konnte an einigen süddeutschen Höfen, die auf dem Weg lagen, dynastische Kontakte pflegen.

Das Thronfolger-Problem stellte die Weimarer Hofgesellschaft indes vor neue Herausforderungen. Zu Ehren Luises wurden aufwendige Maskenzüge und Redouten veranstaltet, so daß kaum noch künstlerische Ressourcen für das Liebhabertheater übrigblieben. Vielleicht hatte man sich mit diesem ‹Projekt› ohnehin verausgabt: Zwischen 1776 und 1780 wurden ca. 115 Aufführungen von etwa 60 verschiedenen Stücken durchgeführt. Anna Amalia sah ihr Unternehmen in der Krise:

> Ich! lebe wie ein Fuhrmann, der die Pferde antreib den beladenen Kahrren aus dem Koth zu ziehen, aber leider steck er so tief das viel dazu gehört ihn von Flecke zu bringen. Es wird viel und allerlei von Comoedien gesprochen, Französische und Deutsche, aber man hat noch nichts zu Stande kommen [...].[19]

Doch so sehr sie sich bemühte: Nach dem Winter von 1780/81 ließ sich das Liebhabertheater bis auf wenige Aufführungen nicht mehr dauerhaft wiederbeleben. Also mußte sich die Herzogsmutter neue Betätigungsfelder suchen und vertiefte ihre Zeichenstudien mit Kraus:

> Meine lieben für die Zeichenkunst ist noch immer gleich starckt, ich habe eine Cammera Obscura worin ich zeichnen, und sie scheint mir von großen nutzen, um mit den Verhältnißen in Natur recht bekand zu werden. Für mich ist es eine große Hülfe weil ich etwas zu spät angefangen habe den zeichnen mich zu widmen. Die Experimental Physique macht auch dieses jahr eine große Beschäftigung für mich, ich habe mir ein *Electro-For* gekauft welcher sehr gut und starckt ist, diese neue Beschäftigung macht mir sehr viel Freude.[20]

Die experimentelle Naturkunde verfolgte Anna Amalia jedoch nur wenige Jahre, nicht so ausdauernd wie die bildende Kunst. Die wenigen Tuschzeichnungen und Aquarelle, die erhalten geblieben sind und die ihr mit einiger Sicherheit zugeschrieben werden können, zeigen gestaltete Landschaften, keine unberührte Natur. Sie zeichnete ländliche Idyllen mit kleinen Gehöften – das «Lob des Landlebens» wird sichtbar. Dieser Topos der Hof- und Adelskritik, der sich aus der höfischen Gesellschaft heraus entwickelt hatte,[21] war im Rokokoschloß von Ettersburg allgegenwärtig. Das Schloß selbst spiegelte in seiner Pracht den unvereinbaren Gegensatz zwischen dem Hof und dem einfachen Landleben, das dort gesucht wurde. In der Natur traute sich Anna Amalia an eigene Motive; Kraus half ihr meist bei der Perspektive und bei schwierigen Stellen wie der Darstellung von Wasser oder Baumkronen. Eine andere Übung war es, Bilder ihres Lehrers zu kopieren. Auch der Leipziger Kunstprofessor Adam Friedrich Oeser unterstützte sie gelegentlich darin, Zeichnen durch Nachahmung zu lernen. In dieser angenehmen Beschäftigung sah er eine Verbindung von passiver Kunstliebhaberei und aktivem Dilettieren: «Und so kann man, wenn man in trüben Tagen bey Betrachtung dieser Werke verweilt, doch in die heitere Natur schauen.»[22] Genau dies wollte Anna Amalia, schätzte ihre Fähigkeiten aber realistisch ein. An Oeser schrieb sie:

Ich bin sehr fleißig im Zeichnen und bald werde ich Ihnen etwas von meiner Arbeit überschicken; Dem Kunstrichter und Kenner ist es aber nicht gewidmet sondern dem guten Freund der es mit nachsichts vollen Augen ansieht.[23]

Strenge Kritik hätte die Gönnerin der beiden Künstler ohnehin nicht zu erwarten gehabt.

Auch Prinz Constantin hatte die Kunst für sich entdeckt – zunächst gezwungenermaßen. Immer wieder hatte Anna Amalia seinen Dienstantritt bei der niederländischen Kompanie, in die sie ihn eingekauft hatte, verschoben. Ihr Onkel Herzog Ludwig Ernst, der das Geschäft vermittelt hatte, war über die Weimarer Hinhaltetaktik verärgert. Anna Amalia versuchte, ihn zu beruhigen: Sie habe Constantin noch eine Weile unter ihren Augen haben wollen. Ein Wunsch, den man einer Mutter nicht verübeln sollte, «die nur in ihren Kindern existiert».[24] Bei Carl August hatte sie solche Ambitionen bereits aufgeben müssen. Constantin wurde, wie es scheint, noch nicht einmal gefragt: Der Wunsch nach mütterlicher Fürsorge und Kontrolle war stärker als die Bereitschaft, dem Prinzen Selbstbestimmung zuzugestehen.

In den ersten Jahren nach dem Regierungswechsel blieb Constantin tatsächlich unter den Augen seiner Mutter. Daß er seit seinem 21. Geburtstag am 8. September 1779 auch auf dem Papier volljährig war, schien für sie keinen Unterschied zu bedeuten. Im Winter wohnte er gemeinsam mit seinem Erzieher Knebel in ihrem Palais; im Sommer zogen sich die Herren in das Pächterhaus nach Tiefurt zurück, wo Anna Amalia jedoch mindestens einmal in der Woche zu Besuch kam. Knebel wollte sich die Gunst der Herzogsmutter nicht verscherzen und versuchte so den fast unmöglichen Spagat, den Interessen beider einigermaßen gerecht zu werden: Constantins Verlangen nach Selbständigkeit und dem Wunsch der Mutter, ihren Sohn in ihre Gesellschaft zu integrieren. Constantin erschien es als lästige Pflicht, seinen Bruder auf Ausflügen in die Umgebung zu begleiten oder seine Mutter und ihre Damen zu unterhalten. Überall sah er sich kontrolliert – zu Recht. So war zum Beispiel Anna Amalias Schatullier Johann August Ludecus auch für Constantins Finanzen zuständig. In die äußere Lebensführung ihres Sohnes hatte Anna Amalia einen guten Einblick.

Knebel nahm seine ursprüngliche Aufgabe, dem Prinzen militärische Kenntnisse zu vermitteln, kaum wahr. Constantin beschäftigte sich mit der Gestaltung des Tiefurter Parks, mit Literatur und Musik – er spielte Flöte und Violine. In Knebel sah er «seinen Ihm ganz eigenen Philosophen».[25] Knebel füllte diese Aufgabe aus, indem er die Werte, nach denen Constantin erzogen worden war, grundsätzlich in Frage stellte. Er machte ihn mit der Idee der allgemeinen Menschenrechte vertraut und damit, daß sein reichsfürstlicher Stand auch Pflichten nach sich zog. Im Juni 1780 war es damit aber vorbei. Knebel verließ den Weimarer Hof, da die finanzielle Mißwirtschaft an Constantins Hofhaltung zu Konflikten geführt hatte, und er selbst verschuldet war. Von seinem Schützling trennte er sich jedoch im Guten: Sie blieben in engem Briefkontakt. Mehr als zuvor widmete sich Constantin nun dem Tiefurter Park. Die ihm «übertragene Gärtnerstelle» erfülle ihn viel mehr als das Studium der Bücher, vertraute er Knebel an. Abends könne er zu sich sagen, «diesen Tag bist du ein Arbeitsames Glied im Menschlichen Leben gewesen». Um diese gewisse Eigenständigkeit zu behalten, vermied er die Zwänge des Hoflebens und damit auch die Gesellschaft seiner Mutter:

> Alle Augenblicke soll ich in Ettersburg sey[n], und dieses ist mir höchst fatal, bin ihnen auch einigemal entwischt, und habe solchen Finten und ausflüchte gemachte die noch aber sind gnädig aufgenommen worden, der Himmel aber weis wie lange dieses gute Wetter dauern wird.[26]

Wieland hatte einmal über Constantin gesagt, er bedürfe keines vertieften Unterrichts, denn eine liebenswürdige Frau werde ihn besser als die Philosophie zum Guten formen.[27] Anna Amalia bemühte sich jedoch nicht, eine solche Frau für ihren zweiten Sohn zu finden. Es war nichts Ungewöhnliches, daß nachgeborene Prinzen unverheiratet blieben. Da man die Hoffnung auf einen Thronfolger aus der Verbindung Carl Augusts mit Luise noch nicht aufgegeben hatte, war es aus dynastischen Motiven momentan nicht nötig, daß Constantin heiratete.

Da sich der Prinz aber ohnehin wenig für höfische Normen interessierte, ist es nicht verwunderlich, daß er sich seine Partnerinnen frei wählen wollte. Sein Augenmerk fiel auf Caroline von Ilten, eine verwaiste Niederadlige aus Weimar. Sie spielte gelegentlich im Liebhabertheater oder in Maskenzügen mit, war der Hofgesellschaft also bekannt. Knebel befürwortete den Kontakt zunächst. Ernsthaftere Absichten wurden jedoch vom Herzog und der Mutter unterbunden, denn eine Verbindung mit einer Niederadligen wäre im dynastischen Sinne unklug gewesen. Das Erstgeburtsrecht sah vor, daß der nachgeborene Prinz von der Erbfolge ausgeschlossen werde, wenn er «eine andere Persohn, als aus einem Fürstl. oder alten Reichs gräflichen Hause heyrathen sollte.»[28] Wäre Carl August ohne Sohn gestorben, hätte ihn Constantin wegen dieser Mesalliance nicht als Regent ersetzen dürfen; Weimar-Eisenach wäre an eine andere Linie gefallen.

1781 beschloß Constantin, eine zweite Bildungsreise zu unternehmen. Anna Amalia, die zu diesem Zeitpunkt bereits mit dem Gedanken spielte, mit ihrem Sohn nach Italien zu fahren, mußte enttäuscht feststellen, daß Constantin allein reisen wollte. Dennoch stellte sie ihre Pläne zurück und unterstützte sein Vorhaben. Wahrscheinlich hoffte sie insgeheim, daß sich mit der Reise das Problem «Caroline von Ilten» von selbst erledigen würde. Der Hofklatsch berichtete, der Prinz habe ihr vor seiner Abreise versprochen, sie nach seiner Rückkehr zu heiraten. Anfangs bemühte sich Constantin, den Kontakt zu seiner «Liebe» zu halten, doch mit der räumlichen Entfernung wuchs seine innere Distanz.[29]

Als Reisebegleiter suchte sich Constantin seinen ehemaligen Lehrer Johann Carl Albrecht aus. Er war in den Jahren 1777 bis 1779 mit Carl Augusts Unterstützung nach Italien, Frankreich und England gereist. In diese Länder sollte er nun auch Constantin führen. Seine Mutter informierte der Prinz erst, als er die Zustimmung des Herzogs hatte. Sie war dementsprechend «sehr unzufrieden», billigte aber die Wahl Albrechts und die Ziele der Reise, die auf zwei Jahre angelegt war.[30] Wenn sie schon nicht in die Pläne eingeweiht worden war, so versuchte Anna Amalia wie schon bei der ersten Kavalierstour, die Reise brieflich zu beeinflussen. Diesmal war es Albrecht, der die Interessen der Herzogsmutter und des Prinzen austarieren mußte.

Constantin suchte in seiner Mutter eine Verbündete gegen die Zwänge des Hofes, diese «unbequemlichkeiten, die nur zu oft uns gantze Tage und Zeiten verderben».[31] Leider sind Anna Amalias Briefe an Constantin aus dieser Zeit nicht erhalten, doch offenbar ging sie auf seine Kritik des Hoflebens nicht ein. Seine persönlichen Empfindungen verbarg er allerdings vor der Mutter. Er mußte davon ausgehen, daß sie seine Briefe am Hof herumzeigte oder vorlesen ließ, um seine Bildungsfortschritte zu dokumentieren. Also lieferte Constantin folgsam die gewünschten Reisebeschreibungen. Anna Amalia war zufrieden und schrieb an Albrecht:

Es war immer mein einziger Wunsch daß er Reisen mögte, und es war hohe zeit daß er weg kam, Er schien mir hier wie ein junger Baum der in ein übels Erdreich gepflanzet war, jetzt hat er wieder Luft bekommen, und unter Ihre Aufsicht Lieber Albrecht zweifel ich nicht daß der junge Baum auch gute Früchte tragen wird. Einen großen theil meiner Ruhe und des Glüks meines Sohns bin ich Ihnen schuldig.[32]

Dabei verdrängte Anna Amalia offenbar, daß sie es gewesen war, die Constantins Karriere im Militär verhindert und ihn im «üblen Erdreich» des Hofes hatte Wurzeln schlagen lassen. Obwohl sie die Reise offiziell unterstützte, schlug sie sich stets auf die Seite des Herzogs, wenn es Probleme gab: Albrecht wurde eine Beförderung, die Constantin ihm versprochen hatte, vorenthalten, und auch den Prinzen hielt man knapp bei Kasse. Um Kosten zu sparen, mußte er inkognito als Graf von Allstedt reisen. Albrecht versuchte, dies als aufklärerisches Reisekonzept und Abkehr von der höfischen Gesellschaft darzustellen. Constantin aber fühlte sich sozial ausgegrenzt. Hätte er diese Entscheidung selbst treffen dürfen, hätte er die Lage sicher anders eingeschätzt. Sein Inkognito war also kein freiwilliges, das Freiräume schaffen sollte, sondern ein ‹verirrtes›, das zu Vereinzelung und Verunsicherung führte.[33]

Viel schwerer wog jedoch, daß Anna Amalia das Refugium ihres Sohnes besetzte: Im Sommer 1781 zog sie nach Tiefurt. Sie überhörte seine vorsichtigen Einwände, und als er sie bat, das Landhaus wenigstens als Geschenk anzunehmen, ging sie nicht darauf ein.

Den Namen des im Vergleich zu Ettersburg bescheidenen, ehemaligen Kammerpächterguts machte sie zum Markenzeichen eines literarischen Unternehmens: Anna Amalia gab das «Journal von Tiefurt» heraus.[34] Dieses Magazin beinhaltete Gedichte, Scharaden, literarische Übersetzungen, gelehrte Abhandlungen und Preisfragen zu den unterschiedlichsten Themen. Für die Günstlinge am Hof und aus Amalias Korrespondentenkreis war es zugleich eine gute Gelegenheit, ihrer Gönnerin zu huldigen. Die Zeitschrift kursierte in maximal elf handschriftlichen Exemplaren, die von Schreibern kopiert wurden. Wen das Journal erreichte, ist schwer zu bestimmen, es kam immerhin bis nach Erfurt zu Dalberg, nach Frankfurt zu Catharina Elisabeth Goethe und nach Darmstadt zu Merck, die es wiederum in ihren Kreisen herumgaben. Der Verweis auf Tiefurt im Titel bedeutete nicht, daß das Magazin nur im Sommer herausgegeben wurde. Gerade in den langen Wintermonaten ermöglichte es kurzweiligen Zeitvertreib. Tiefurt diente wesentlich überzeugender als das Rokokoschloß Ettersburg als Chiffre für das ungezwungene Leben auf dem Land, was die Vielzahl an Themen sowie die freien literarischen Formen rechtfertigte. Gleich in der ersten Ausgabe deutete eine Preisfrage darauf hin, weshalb das Journal entstanden war: «Wie ist eine unoccupirte Gesellschaft für die [vor der] Langeweile zu bewahren?» Ohne das adlige Standesprivileg der Muße zu verraten, lieferte Herder eine zugespitzte Form der Frage mit einer gewitzten Antwort: «Wie man sich angenehm occupiren könne, ohne occupirt zu seyn?» Er empfahl das Journal selbst als Mittel gegen die Langeweile und steuerte gleich einige Fabeln bei.[35]

Die Beiträge wurden anonym veröffentlicht – wenngleich die Autoren im begrenzten Kreis der Leser kein Geheimnis waren. Die Anonymität erlaubte es, sowohl Standes- als auch Geschlechtergrenzen zu überschreiten. Die Beiträge professioneller Schriftsteller und niederadliger Männer wie Frauen konnten neben denen der fürstlichen Dilettantin Anna Amalia stehen. Daß so etwas in schriftlicher Form möglich war, bedeutet nicht, daß diese Freiheit in den Umgangsformen des höfischen Alltags – bei der Tafel, Empfängen, Audienzen und Festen – nachvollzogen wurde.

Anna Amalia verfaßte in mehreren Folgen eine umfangreiche deutsche Übersetzung des Renaissance-Epos «Amor e Psyche» von Agnolo Firenzuola. Wieland korrigierte die Arbeit so gründlich, daß schon von einem gemeinsamen Werk gesprochen werden könnte. Natürlich versäumte er es nicht, seine Gönnerin gebührend zu loben. Mit dem «Journal von Tiefurt» hatte sich Anna Amalia einen Freiraum geschaffen, in dem eine solche ‹Veröffentlichung› überhaupt möglich war. Für die professionellen Literaten bedeutete die Anonymität, sich nicht um ihren Ruf in der Gelehrtenrepublik sorgen zu müssen. Herder rechtfertigte sich trotzdem gegenüber seinem Schriftstellerkollegen Hamann dafür, daß er sich an dem «Spaas» der Herzogsmutter beteiligte.[36] Allerdings verloren er und auch Wieland oder Goethe bald wieder das Interesse am «Journal», da sie sich prestigeträchtigeren Projekten zuwandten.

Während Anna Amalia sich ihre Position als Mäzenin von ihren Günstlingen schriftlich immer wieder bestätigen ließ, distanzierte sich Prinz Constantin zunehmend von seiner fürstlichen Position. Er stellte die Daseinsberechtigung der Kleinstaaten insgesamt in Frage. Insbesondere kritisierte er die (bescheidenen) mäzenatischen Unternehmungen seiner Mutter und seines Bruders: Während die Untertanen litten, fütterten sie Schmarotzer durch. Knebel gestand er, daß er nicht in Weimar dahinvegetieren wolle, denn «Dort ist Jammer!».[37] Knebel wird Anna Amalia sicher nichts davon verraten haben, dennoch bleibt der Mutter das «Mißvergnügen» Constantins über Weimar nicht verborgen. Er sehe «manche Dinge ganz von der falschen Seite» an, der Grund sei seine «große Empfindlichkeit». Besonders verärgert war sie darüber, daß ihr Sohn seine Diener nach Weimar entlassen und nun – auch mit dem Inkognito eines Grafen – keine standesgemäße Begleitung mehr hatte. Anna Amalia setzte Albrecht unter Druck: «ich weiß daß ich mich darauf verlaßen kann Sie werden Ihr möglichstes thun ihm auf andere Wege zu bringen».[38]

Doch Albrecht hatte die Kontrolle über seinen Schützling verloren. Constantin sehnte sich nach einem häuslichen Ideal, das er mit seiner französischen Geliebten Nanette Darsaincourt zu verwirklichen suchte. Sie begleitete ihn von Paris nach London, wo sie getrennt von Albrecht Quartier bezogen. Nach einer Fehlgeburt und einem Selbstmordversuch Darsaincourts entdeckte Albrecht die heimliche Beziehung. Als Anna Amalia davon erfuhr, brach sie schockiert die Verbindung zu den Reisenden ab und überließ es dem regierenden Herzog, die Ehre der Familie zu retten.[39]

Carl August konnte das Problem ein wenig entspannter angehen, denn inzwischen hatte seine Frau zur großen Erleichterung aller den Erbprinzen Carl Friedrich zur Welt gebracht. Herder nutzte bei der Taufe die Gelegenheit, den Herzog von der Kanzel herunter zu kritisieren. Wieland kommentierte den vielleicht etwas unpassenden Zeitpunkt für eine solche Predigt mit: «Je nun! Weil der Herzog sonst nicht in die Kirche kommt, so hat Herder vermuthlich den Augenblick ergriffen, da er ihn hatte.»[40] Seltener Kirchgang war verglichen mit dem Eklat, den Constantins Geliebte verursachte, das geringere Übel. Darsaincourt entschloß sich, selbst am Weimarer Hof vorzusprechen und auf das Wohlwollen der herzoglichen Familie zu hoffen. Dort wurde sie aber nicht vorgelassen. Schatullier Ludecus fing sie ab, und Goethe brachte sie zurück nach Frankreich. Constantin hatte seine Partnerin nur bis Eisenach begleitet und reiste wieder nach England, als klar war, daß sie bei Hofe nicht gehört worden war. Offenbar wollte er seiner Mutter nicht unter die Augen treten. In London ging er ein neues Verhältnis mit der sechzehnjährigen Lucy (Lucie) Shett ein. Als ihnen das Geld ausging, machten sie sich gemeinsam auf den Weg nach Weimar, wurden dieses Mal aber von Ludecus bereits in Wiesbaden abgefangen. In Wilhelmstal im Herzogtum Eisenach mußte sich Constantin von Lucy trennen und wurde von seinem Bruder persönlich abgeholt. Carl August besuchte mit ihm den Hof in Meiningen, «um ihn gleich irgendwo zu presentieren, damit es nicht aussähe, als brächte man ihn wie Kontrebande ins Land». Bei der Mutter warb der Herzog um Verständnis. «Kein Vorwurf wird ihn bessern, sondern freundschaftliche, aber sehr genaue Aufsicht und Rat. Wir müssen uns fürohin ein ganz besonderes Geschäfte aus ihm machen.»[41] Sie solle ihn ruhig öfter zu sich nehmen – doch offenbar war Anna Amalia der Meinung, sich genug um ihren Sohn gekümmert zu haben. Als er wieder in Weimar ankam, war sie verreist.

Mit neuerlichen Affären verscherzte sich Constantin bald auch das Wohlwollen seines Bruders. Carl August ließ ihm über Fritsch mitteilen:

> [I]ch werde ihn allezeit als einen theil dieser Familie ansehn, für deren besten ich sorge trage, wenn ich für Ihn aber bloß in Politischen und Ökonomischen Fällen mich bemühn werde; Zutraun, Liebe u. Freundschaft, hat er sich aber von meiner Seite verlustig gemacht, u. er möge nicht weiter darauf zählen.

Er werde nur noch schriftlich oder über Dritte mit ihm kommunizieren.[42] Interessanterweise wurde Constantin nach sittlichen Maßstäben verurteilt, obwohl ihm eigentlich der Ausbruch aus dem höfischen System verübelt wurde. Denn: Wäre er eine standesgemäße Verbindung eingegangen, hätten weitere Beziehungen, Mätressen und nebeneheliche Kinder kein Problem dargestellt.

Nun mußte er sich beruflich bewähren: Sein Bruder traute ihm die gewünschte Rittmeisterstelle in der Kavallerie der preußischen Armee nicht zu und vermittelte ihm einen Posten als Oberstleutnant bei der kursächsischen Infanterie. Er erhielt jedoch kein eigenes Regiment. Truppenteil, Rang und Dienststellung waren für einen Prinzen aus einem reichsfürstlichen Hause nicht standesgemäß. Constantin beklagte sich außerdem über seine finanzielle Ausstattung, die es ihm nicht erlaube, in der Garnisonsstadt «anständig» zu leben. Anna Amalia stand weiterhin auf der Seite des Herzogs. Über Finanzen verlor sie kein Wort, obwohl sie durch ihren Schatullier Ludecus vermutlich wußte, was vor sich ging. Sie verlegte sich auf Fürsprache: Ihren Vertrauten, den kursächsischen Generalleutnant Christoph Benckendorff in Dresden bat sie, seine Zuneigung zu ihr in Freundschaft zu ihrem Sohn zu verwandeln.[43]

‹Sein› Tiefurt dürfte Constantin bei seiner Rückkehr kaum wiedererkannt haben. Seit dem Sommer 1782 hatte Anna Amalia mit der Umgestaltung des Gartens begonnen. Anregungen erhielt sie durch die Besichtigung des Landschaftsgartens in Wörlitz[44] – der offizielle Anlaß war die Geburtstagsfeier für Fürstin Luise von Anhalt-Dessau. Fürst Leopold Franz bezeichnete sein Domizil als unüblich informell, sah dies aber als einen Anreiz für Anna Amalia an. Offenbar hatte es sich herumgesprochen, daß es die Herzogsmutter durchaus schätzte, wenn es nicht allzu förmlich zuging. Carl August beklagte sich darüber bei seiner Frau:

Ihr ton gegen Hausgenoßen von ihr, unter fremden leuten ist gantz besonders; es soll so ein neckender Spaß seyn, der gewöhnl. beleidigent abläuft; ich habe oft stark an mich halten müssen.[45]

Nun war es der Sohn, der sich für das ‹wohlanständige› Verhalten seiner Mutter verantwortlich fühlte. Für Anna Amalia war der einwöchige Aufenthalt eine willkommene Abwechslung. Voller Tatendrang kehrte sie nach Tiefurt zurück. An Knebel schrieb sie:

Kaum war ich wieder zurück, stürmte ich mit Projecten loß; mein armes Tiefurt war ganz erstaunt über meine erhabenen Ideen; und in der That, die Hand wurde daran gelegt. Das Loh Hölzgen wurde umgeschaffen, und in einem solchen Zustand gesetz daß Faunen und Nimphen sich nicht zu schämen brauchen ihren Auffenthalt darinnen zu haben.

Ihren Sohn Constantin wähnte Anna Amalia derzeit noch nicht auf Abwegen, sonst hätte sie seinem ehemaligen Mentor sicher davon berichtet. So konnte sie – nicht ohne Selbstironie – schildern, wie angenehm sie ihre Zeit verbrachte.

Seit Villoisons hierseyn habe ich das Griechische angefangen, ich kan sieben Annacreontische Oden lesen und verstehen, ich bin aber auch une Princesse pleine de génies. Knebel, was sagen Sie dazu. Währen Sie hier wie wolten wir die Sprache der Götter treiben. Es macht mir wirklich unendlich viel Freude und bringt mir viele Stunden sehr angenehm hin.[46]

Der französische Altertumsforscher Jean Baptiste Gaspard d'Ansse de Villoison hielt sich 1782/83 für mehrere Monate in Weimar und Tiefurt auf – eine Ausnahme, denn selten blieben auswärtige Gelehrte auf fürstliche Kosten so lange am Hof. Anna Amalia profitierte von seinem Wissen. Villoison gehört zu den wenigen Gelehrten, mit denen Anna Amalia nach ihrem Weimarer Aufenthalt in Briefkontakt blieb.

In Tiefurt legte sich die Herzogsmutter ein Literatenkabinett an. Sie kaufte Hofbildhauer Klauer einige seiner serienmäßig vertriebenen Büsten Weimarer Gelehrter ab. Amalia stellte Bildnisse von Wieland, Herder, Goethe, Knebel und Abbé Raynal in ihrem Park auf. In seinen zu diesem Büstenhain passenden Versen feierte Villoison

Anna Amalia als Mäzenin und stilisierte Tiefurt zum «Musensitz». Zu diesem Zeitpunkt war die Idealisierung der Weimarer Herzogin und die Musealisierung ihrer Umgebung bereits im Gange.

Diese Selbst- und Außendarstellung als Mäzenin sollte seit Beginn der 1780er Jahre tatsächliches mäzenatisches Engagement ersetzen. Von einer systematischen Förderung von Künstlern oder Gelehrten durch Anna Amalia kann ohnehin keine Rede sein. Die umfangreichste Förderung kam dem Kammermusikus Johann Friedrich Kranz zu, dessen Ausbildung an der Mannheimer Hofkapelle und in Italien Anna Amalia unterstützte. In den Jahren 1781 bis 1787 investierte sie in ihn insgesamt 1.350 Reichstaler. Zum Vergleich: In einem Jahr (1781) gab sie für die Kellerei 1.714 und für die Silber- und Lichtkammer 1.175 Reichstaler aus. Die Lobeshymnen, die ihre Zeitgenossen über Anna Amalia verbreiteten, verleiten dazu, ihre mäzenatischen Leistungen zu überschätzen. Amalia war zufrieden, wenn sie selbst ihre Zeit angenehm mit den Künsten vertreiben konnte. Dies auch anderen zu ermöglichen, zählte nicht in erster Linie zu ihren Zielen. Es sei denn, sie konnte ihre Günstlinge bei sich daran teilhaben lassen, wie diese Einladung an Caroline Herder vermuten läßt:

> Kommen Sie Liebe Frau, doch bald nach Tiefurt; Sie können ganz dreist kommen, hier trinkt man aus dem Fluß Lethe, der alle Sorgen vergessen macht u nur das Andenken am Genuß des Guten und Schönen erhält.[47]

Kapitel 7

«man verjüngt sich, indem man alles Unangenehme, was man in der Welt erfahren hat, vergißt und dadurch ein neugeborner Mensch wird»[1]

auch sie in Arkadien!

Augenzwinkernd, mit kindlicher Vorfreude erzählte die 48jährige Anna Amalia Johann Heinrich Merck, daß ihre Pläne, nach Italien zu reisen, nun endlich Wirklichkeit werden sollten: «ist das nicht ein kühnes Unternehmen? [...] Wie glücklich bin ich, einmal meinen Wunsch in Erfüllung zu bringen, und das schöne, natur- und kunstreiche Land mit eignem Auge zu sehen und zu genießen.» Es war im Januar 1788, zu Ostern erwartete man Goethe zurück in Weimar. «[W]ir werden ihn wie neu geboren wiedersehen», schrieb Amalia.[2] Alles Unangenehme vergessen und ein neuer Mensch werden, das war ihre Erwartung an Italien. Der beurlaubte Minister Goethe transportierte seine künstlerische Wiedergeburt fernab politischer Pflichten brieflich nach Weimar. Ihm war die Selbstfindung gelungen: Er hatte sich als Maler versucht, dann wieder Zeit zum Schreiben und darin seine wahre Bestimmung gefunden. Fern von Verpflichtungen und dem Hofstaat hatte er ein weitgehend selbstbestimmtes Leben geführt. Nach Freiheit strebte auch die Herzogsmutter. Nur war sie in einer vollkommen anderen Ausgangslage als der Geheimrat – als Frau, als Witwe und als Fürstin. Selbst unter dem Deckmantel des Inkognito konnte sie nicht allein reisen. Undenkbar, daß sie in einer Künstlergemeinschaft in Rom lebte, und – bei aller Liebhaberei – sie war keine Künstlerin. Ihre Erwartungen waren denn auch ganz andere als die Goethes. Bei der «Wiedergeburt» handelte es sich um einen Topos, den viele Italienreisende seit Winckelmann gebrauchten. Und doch: Goethe hatte sich allem Anschein nach weiterentwickelt, und das war es, wonach

Anna Amalia verlangte: Ein persönliches Italien-Erlebnis, das ihr Leben verändern sollte.

*

1784 hatte sich die Herzogsmutter von einem weiteren Lieblingsprojekt verabschieden müssen: Es erschien die letzte Ausgabe des «Journals von Tiefurt«. Es war zu mühsam geworden, Autoren zu finden. Die Aufmerksamkeit der Hofgesellschaft lag auf der Herzogsfamilie mit dem kleinen Erbprinzen Carl Friedrich. Ab Herbst 1783 begann Carl August, sich verstärkt reichspolitisch zu engagieren, und schloß sich einigen mittleren und kleineren Reichsständen an, die ein Bündnis zum Schutz der Reichsverfassung gegen die Dominanz Österreichs und Preußens schließen wollten. Im Sommer und Herbst 1784 war er wochenlang abwesend, so daß dem Hof die wichtigste Zentralperson fehlte. Anna Amalia verbrachte den Sommer auf dem ‹Landsitz› Tiefurt. Dort war sie zwar nicht ganz abgeschottet, da Besucher des ‹regierenden› Hofes auch bei der Herzogsmutter vorbeischauten. Dennoch war sie abseits vom Weimarer Geschehen. Carl August engagierte 1784 die Bellomo'sche Schauspielergesellschaft und professionalisierte damit das Theater in Weimar. Sieben Jahre lang spielte die Truppe italienische und französische komische Opern sowie deutsche Singspiele und Dramen. Anna Amalia besuchte das Theater regelmäßig, hatte aber mit der Aufführungspraxis nichts mehr zu tun. Sie vertrieb sich ihre Zeit weiterhin mit den Künsten, jedoch auf eine zurückgezogenere Weise, als es mit dem Liebhabertheater oder dem «Journal» möglich gewesen war. Amalia zeichnete weiterhin, und inzwischen wagte sie sich an die Porträtmalerei. Daher las sie zum Beispiel auch Texte des niederländischen Anthropologen Peter Camper. An Merck schrieb sie:

Vor Kurzem habe ich Camper's Rede in der Mahler-Akademie gelesen, die mir durch ihre Gründlichkeit und Wahrheit sehr gefallen hat; ich wünschte, wo möglich, einige Zeichnungen des menschlichen Kopfs von Camper zu bekommen. Sie müssen wissen, l[ieber] M[erck] daß ich seit einiger Zeit mich auf Porträt-Mahlerei gelegt habe und man mir schmeichelt, daß ich in der

Gleichheit ziemlich glücklich seyn soll. Um nun etwas vollkommener in dieser Kunst zu werden, wünschte ich sehr, einige solche Zeichnungen zu sehen, wie Camper den Kopf des Menschen eintheilt [...][3]

Leider sind keine Gemälde überliefert, die sich der Herzogin mit Sicherheit zuschreiben lassen.

Neben der Malerei boten ihr die Sprachen einen angenehmen Zeitvertreib. Zwar hatte ihr Griechischlehrer Villoison Weimar inzwischen verlassen, doch Wieland unterstützte sie bei ihren Studien. Im Winter 1783 versuchte sie, die Komödie «Die Frösche» von Aristophanes zu übersetzen.[4] Knebel lobte sie für ihre Bemühungen und fürchtete ironisch, sie könne ihn mit ihren Fertigkeiten bald überflügeln. Ihr erster Lehrer Villoison zeigte sich in Briefen jedoch besorgt über die zu komplizierte und schwierige Aufgabe – womit er nebenbei ihren neuen Lehrer kritisierte. In der Tat hielt Anna Amalias Enthusiasmus für die «Sprache der Alten» nicht lange an. Sie wandte sich lieber – auch in Vorbereitung der geplanten Reise – dem Italienischen zu. Sie übersetzte nicht nur, um ihre sprachlichen Fertigkeiten zu üben; je nach Sujet war es auch eine unterhaltende Beschäftigung. Sie übertrug das Märchen «Die weisse Katze» von Marie Caterine d'Aulnoy ins Italienische. Dieses Märchen gehörte zu einer Sammlung von französischen Feen-Geschichten, die Fürstinnen offenbar gerne lasen. ‹Ihre› «Gatta bianca» widmete sie dem Lehrer Wieland.[5] Die Herzogsmutter wurde fast immer von ihren Günstlingen gelobt, von Herder zum Beispiel für den «süßen Enthusiasmus», der in ihren Übersetzungen stecke[6] – über die Qualität ihrer Arbeit schwiegen sie sich zumeist aus. Doch bei ihren literarischen Versuchen legte Anna Amalia ohnehin keine professionellen Maßstäbe an, ebensowenig wie bei der bildenden Kunst. Ihre Kennerschaft war für die Musik reserviert.

Wie beim Theater ist auch bei den Konzerten im Palais der Herzogin eine Professionalisierung zu beobachten. Die Etablierung des Konzerts als eigenständige Veranstaltungsform, eine der wichtigsten Entwicklungen der Musikkultur des 18. Jahrhunderts, läßt sich auch an der geschlossenen Gesellschaft des Witwenhofes nachvollziehen. In den 1780er Jahren lud Anna Amalia das Ehepaar Schlick[7] aus Gotha mehrmals nach Weimar ein; sie spielte Violine, er Cello (und war Mitglied der Gothaer Hofkapelle). Sie blieben jeweils für mehrere Wochen auf Kosten der Herzogsmutter, um sie zu unterhalten. Beim Wiener Gesandten Christian Bernhard Isenflamm bestellte Amalia die Oper «Il Re Teodoro in Venezia» von Giovanni Paisiello, die in der Kaiserstadt viel gelobt worden war. Als sie die Musik gehört hatte, war Amalia voller Begeisterung: Sie habe größte Wirkung auf das Herz und den Geist des Menschen.[8] Emotion war der Musikliebhaberin stets sehr wichtig.

Neben den Konzerten für einen größeren Kreis geladener Gäste und den intimeren ‹Hausmusiken› für ihren kleinen Hofstaat gab es eine andere Unterhaltungsform, die an Anna Amalias Hof dominierte: das Spiel. Kartenspiele waren allgegenwärtig, wie der Karlsruher Hofprediger Christoph Friedrich Rinck leicht entrüstet bemerkte: Anna Amalia habe während eines Konzerts im Theatersaal «unaufhörlich» Karten gespielt.[9] Auch Knebel kritisierte das Spielen in einem Brief an seine Schwester:

> Wir waren so lange bei der Herzogin-Mutter beisammen wir spielten Tarock und kamen tief in die Beeten. Zur Entschädigung ließ uns die Herzogin Austern und Champagner geben, die mir sehr wohl bekamen. Es war eigentlich niemand als Wieland, die Herzogin, die Göchhausen und ich. Der Spielgeist hat hier sehr überhand genommen und es scheint beihnahe immer der gesellschaftliche Zeitvertreib solchen an Orten zu werden. [...] Es gibt ein fortwährendes falsches Interesse für eine Sache, die es absolut nicht verdient. Ueberdies, da so wenig Menschen unter uns sind, die was übriges haben, so kann man sich die kleinen Zerrüttungen, die das Spiel macht, auch die moralischen abgerechnet, leicht denken.[10]

Mit den «Zerrüttungen» spielte er auf die adligen Hofchargen an, die, wenn sie sich beteiligten, dazu angehalten waren, «edel» zu spielen, also verlieren mußten. Das konnte einen leicht in den Ruin treiben.

Ein zu hoher Aufwand war jedoch nicht nur ein Problem der Angestellten. Auch der Hof hatte nach wie vor finanzielle Schwierigkeiten. Aus Kostengründen schaffte Carl August 1785 die tägliche Hoftafel mit Hofchargen und Gästen ab. Damit konnte er zwar sparen, beraubte den Hof aber seiner wichtigsten alltäglichen Erscheinungsform: der gemeinsamen Mahlzeiten. Nur an Cour- und Sonntagen wurde nun noch gemeinsam gespeist, ansonsten erhielten die Hofkavaliere Kostgeld. Beim fürstlichen Ehepaar aßen nur noch die Hofdamen und jeweils ein «Fremder», der eingeladen wurde.[11] Die Herzogsmutter hatte es sich zur Gewohnheit gemacht, einmal wöchentlich an der fürstlichen Tafel zu speisen, meist sonntags. Überall wurden Klagen über die Langeweile bei Hofe laut – mit dem gemeinsamen Essen schwand natürlich auch die Gelegenheit zur Unterhaltung. Anna Amalia merkte dies nicht, solange sie im Sommer in Tiefurt weilte.

Das Refugium Tiefurt wurde 1785 zu einem Ort der Erinnerung. Bei dem Versuch, Ertrinkenden zu Hilfe zu kommen, war ihr jüngster Bruder selbst in der Hochwasser führenden Oder ertrunken. Leopold war in Frankfurt als preußischer Offizier stationiert, und Anna Amalia hatte nur wenig Kontakt mit dem viel Jüngeren gehabt. Nach seinem Tod wurde ihrer Beziehung Bedeutsamkeit verliehen. In der öffentlichen Wahrnehmung, gefördert durch zahlreiche Kupferstiche und Flugschriften, wurde Leopold zu einem Helden, der sich über Standesgrenzen hinweg für die Humanität aufgeopfert habe. Daß er – wie sein Bruder Friedrich August und sein Onkel Ferdinand – Freimaurer gewesen war, paßte perfekt ins Bild. Anna Amalia übernahm diese Deutung. Dem Freimaurer Isenflamm dankte sie für seine Anteilnahme am Tod ihres «so lieben und würdevollen Bruders»:

> [S]o schön und ruhmreich sein Tod auch gewesen ist, umso schmerzhafter ist er für ein Herz, das ihm vollkommen verbunden war, ach, dieser teure Bruder ist ein Opfer seines edlen und mitfühlenden Herzens geworden, seine schöne Tat verleiht Ruhm unserem Jahrhundert, das so voll ist von gefühlvollem Geschwätz, aber so schwächlich, wenn es darum geht zu handeln.[12]

Selbstverständlich beteiligte sich Anna Amalia an einer reichsweiten Sammlung für eine Stiftung zu Leopolds Andenken und beschloß, ihrem Bruder im Tiefurter Park ein Denkmal zu setzen. Mit der Gestaltung beauftragte sie den Leipziger Künstler Adam Friedrich Oeser und den Weimarer Hofbildhauer Gottlieb Martin Klauer; von den hiesigen Schriftstellern sandten unter anderen Goethe und Herder Epigramme an die Herzogin, die als Inschriften dienen sollten. Anna Amalia entschied sich für eine sehr schlichte Variante: «Dem ver-

Abb. 15: Georg Melchior Kraus, Denkmal für Maximilian Julius Leopold Herzog von Braunschweig-Wolfenbüttel im Park von Tiefurt, Radierung, koloriert, 1787

ewigten Leopold. Anna Amalia.» [Abb. 15] Warum sie dieser Inschrift, die ihre Verwandtschaft nicht verriet, den Vorzug gab, ist nicht dokumentiert. Vermutlich wollte Anna Amalia sich nicht plakativ als trauernde Schwester darstellen. Öffentliche Trauer – und der Tiefurter Park war über Kupferstiche überregional bekannt – galt für eine Fürstin als unangebracht.

Leopolds Tod war ohnehin so bekannt, daß das Denkmal auch ohne erklärende Inschrift für die Zeitgenossen verständlich war: Die Urne deutete auf seinen Stand hin, die militärischen Insignien Helm und Degen verrieten seine berufliche Laufbahn, und der Ort in der Nähe der Ilm symbolisierte die Todesart. Indem die Schwester ein Denkmal errichten ließ, konnte ein Teil seines Ruhms ein wenig auf sie abfärben.

Im Winter 1785/86 wurde die Langeweile bei Hofe als besonders groß empfunden. Der Hauptgrund dafür war die fehlende Hoftafel, zudem war Carl August wieder in reichspolitischer Mission unterwegs – er umwarb andere Reichsstände, unter anderem den Mainzer Kurfürsten, dem «Fürstenbund» beizutreten, der sich aus einem «Dreikurfürstenbund» (Preußen, Hannover, Sachsen) entwickelt hatte. Das reichsfürstliche Bündnis war mittlerweile preußisch und kurfürstlich dominiert, doch Carl August hoffte immer noch, damit den Reichsverband zugunsten seiner schwächeren Glieder stärken und reformieren zu können. Der endgültige Schwenk des Herzogs auf die Seite Friedrichs II. zeichnete sich ab.[13] Als der ‹große› König am 17. August 1786 starb, scheint die Nachricht seine Nichte Anna Amalia wenig berührt zu haben.

Die Herzogsmutter zog sich auf bewährte Beschäftigungen zurück, wie sie an Knebel schrieb:

> [I]ch für meine Person existire diesen Winter in der Musick, sie ist ein Cordial für schwarzes schweres Blut, denn es stehet in der Bibel daß König Saul seine schwarze Melancholie damit vertrieben habe [...].[14]

Das «schwarze schwere Blut» steht für die Melancholie als Geisteshaltung, die nach zeitgenössischem Verständnis wie eine Krankheit zu kurieren war. Deshalb steht sie bei Anna Amalia für mehr als für die zähe Langeweile, die sie ergriffen hatte. Es ist kein Zufall, daß sie ausgerechnet zu dieser Zeit davon spricht. Von Ende Februar bis Anfang April 1786 erkrankte Anna Amalia lebensbedrohlich (die Diagnose kennen wir leider nicht). Sie schrieb es der Behandlung durch den Jenaer Medizinprofessor Johann Christian Stark d.Ä. zu, daß sie überlebte. Es dauerte freilich den ganzen Sommer 1786, bis Anna Amalia mit Hilfe von «Gesundheitsschokolade», «Chinasalz», Eselsmilch und balsamischem Essig wieder zu Kräften kam. Der herzogliche Leibarzt konnte sich fortan der Gunst der Herzogsmutter sicher sein. Zunächst erhielt Stark ein Silberservice und 30 Goldtaler in bar.[15] Ihre anhaltende Dankbarkeit zeigte sich zudem in Anna Amalias Briefen an Stark:

> Das beykommende nehmen Sie als das Andenken einer Freundin an, und glauben Sie nicht daß ich es als eine Belohnung deßen was ich Ihnen schuldig bin ansehen, ich fühle zu sehr daß ich nie dieses so lange ich lebe vergelten kan.[16]

Professor Stark ist das einzige Beispiel für einen Jenaer Gelehrten, den Anna Amalia unterstützte – weil es ihr ein persönliches Bedürfnis war. Nicht zufällig war sie die Patin eines seiner Kinder. Eine prestigeträchtigere Patenschaft hätte dieses Kind wohl kaum bekommen können.

Dieses Jahr, das auf den Winter der Langeweile folgte, trieb Anna Amalia zu weiteren ungewöhnlichen Maßnahmen: Zum ersten Mal seit langem vergab sie wieder einen Posten: Sie stellte Heinrich Grave als ihren persönlichen Kammersänger ein. Pro Jahr erhielt er die stolze Summe von 400 Reichstalern, 70 Taler mehr als ihre adligen Hofdamen! Die Herzogin war bereit, Grave noch mehr zu fördern, erwartete dafür aber gesellige Kompetenz und ausschließliche Loyalität. Als Grave 1787 heiraten wollte, so kollidierte das mit den Plänen Anna Amalias, ihn in Italien weiter ausbilden zu lassen. Die Herzogsmutter wollte der Heirat nur zustimmen, wenn sich der Vater der Braut, Hofsänger Aulhorn, bereit erklärte, die jungen Eheleute noch drei Jahre zu unterstützen. Das Paar aber sollte der Reise zustimmen, die Amalia bezuschussen würde. Schatullier Ludecus und Kammerherr von Einsiedel verstanden es, den Vater und die Brautleute so unter Druck zu setzen, daß sie sich schließlich ihrem Willen fügten.[17]

Konnte Anna Amalia nachvollziehen, warum Grave bei der ihm angebotenen Reise zögern konnte? Italien! Schon seit 1781 spielte sie mit dem Gedanken, eine längere Reise in das Land der Oper, der Kunst und des Altertums zu unternehmen. Und immer wieder hatte sie andere dorthin aufbrechen sehen müssen: Zuerst Hofrat Albrecht, dann ihren Sohn Constantin und schließlich Goethe. Nun sollte sie endlich selbst an die Reihe kommen, zumal sich das Weimarer Hofleben nicht mehr nach ihren Wünschen gestalten ließ.

Ihre Pläne waren in Weimar ein offenes Geheimnis und drangen so bis nach Rom zu Goethe vor, der seit 1786 in Italien weilte. Seine größte Befürchtung war, daß Anna Amalias rollender Hofstaat in Rom eintreffen könne, solange er noch dort war. Dann wäre sein angenehmes, ungezwungenes Leben vorbei gewesen, und er hätte vermutlich als Reisebegleiter zur Verfügung stehen müssen. Zu seinem Glück verzögerten sich die Pläne der Herzogsmutter immer wieder. Ihr Bibliothekar startete 1787 allerdings schon ein Projekt italophiler Öffentlichkeitsarbeit: Christian Joseph Jagemann gab die Zeitschrift «Gazzetta di Weimar» heraus, die zwar nur drei Jahrgänge erlebte, doch reichsweite Verbreitung erlangte. Darin berichtete beispielsweise Anna Amalias Kammersänger Grave von Opernaufführungen in Venedig. Somit hatte sich die Investition in seine Ausbildung gelohnt, da bekannt wurde, daß Anna Amalia gebildete und weltgewandte Menschen in ihren Diensten hatte, zu denen übrigens auch der Herausgeber Jagemann gerechnet wurde.

Diese auf Außenwirkung bedachten Projekte mögen als ein Gegensatz zu den angeblich lockeren Umgangsformen an Anna Amalias Hof gesehen werden. Doch erstens war es auch Programm, auf die Etikette weniger Wert zu legen – und zweitens wußte Anna Amalia stets, was sie in ihrer Gegenwart erlauben wollte und was nicht. «Zeremoniös» konnte sie ohnehin nicht sein, da es an einem Witwenhofstaat kein festgeschriebenes und umfangreiches Zeremoniell gab; dies galt vor allem für den ‹regierenden› Hof. Bei Anna Amalia ging es also vor allem darum, wie genau sie es mit der Etikette, dem ‹wohlanständigen Betragen›, hielt. Diesen wichtigen Bedeutungsunterschied zu erkennen, der sich vor allem aus der Rückschau ergibt, war für zeitgenössische Besucher nicht leicht, die mit den Abläufen und

Umgangsformen am Weimarer Hof nicht vertraut waren, wie etwa Friedrich Schiller. Wieland führte ihn 1787 bei Anna Amalia ein. Danach berichtete Schiller in einem Brief an Körner, daß Amalia «das Gute [habe], keine Steifigkeit des Zeremoniells zu verlangen, welches ich mir auch trefflich zu nutze machte.» Doch dabei ging er wohl etwas zu weit, denn am nächsten Tag wies ihn Charlotte von Kalb auf eine Verstimmung der Herzogsmutter hin, da er sich ihr gegenüber «zu frey betragen» habe. Anna Amalia habe ihm einige Fragen gestellt, auf die er aber nicht ihr, sondern der Hofdame geantwortet habe. Schiller geriet über seinen Fehler ins Grübeln: «Es kann mir begegnet seyn, denn ich besann mich niemals, daß ich Rücksichten zu beobachten hätte. Vielleicht habe ich der Herzogin dadurch mißfallen.»[18] Schiller hatte also versehentlich Zeremoniell mit Etikette gleichgesetzt und meinte, weil das eine fehle, müsse auch das andere nicht beachtet werden. Der ehemalige Hofpage Carl Wilhelm Heinrich Freiherr von Lyncker erinnerte sich, daß Anna Amalia es zwar «wohl verstanden habe, öfters ihre fürstliche Gegenwart vergessen zu machen; dagegen aber auch Jedermann in den gehörigen Schranken zu erhalten.»[19] Auch ihren vertrautesten Günstlingen konnte es passieren, daß sie sich eine Rüge einhandelten. Wieland, so erinnerte man sich später, habe sich beim Kartenspiel im Ton vergriffen, wenn er verlor, woraufhin ihn die Herzogsmutter sanft, aber bestimmt ermahnt habe: «[...] aber mein Wielandchen; mit wem spielen Sie denn? Und an welchem Ort befinden Sie sich?»[20] Auch für Anna Amalia war es gewiß eine Erleichterung, wenn es in ihrer Gesellschaft nicht allzu förmlich zuging – doch die ihrem Stand gemäßen Umgangsformen vergaß sie selten.

Im August 1788 machte sich Anna Amalia tatsächlich auf den Weg nach Italien. Es war eine ungewöhnliche Reise, da sie sich in mehreren Punkten von dem unterschied, was man für die damaligen Verhältnisse als üblich bezeichnen könnte. Adlige reisten für gewöhnlich in jungen Jahren nach Italien, auf der Kavalierstour – doch Anna Amalia hatte es schon lange nicht mehr nötig, wohlanständiges Verhalten und Parlieren ‹in guter Gesellschaft› zu erlernen. Sie fühlte sich auch nicht bemüßigt, wie reisende Schriftstellerinnen es zunehmend taten, ihre Erlebnisse einem größeren Publikum zugänglich zu machen. Auch war es nicht ihr Ziel, enzyklopädisches oder gelehrtes Wissen anzuhäufen. Trotzdem mußte sie sich für ihr Vorhaben rechtfertigen, denn Bedenkenträger gab es einige: Carl August befürchtete in erster Linie, daß seine Mutter sich finanziell übernehmen könne – was sich als richtig erweisen sollte. Außerdem sorgte er sich um die Gesundheit der beinahe 49jährigen. Anna Amalia machte vor ihrer Abreise – wie es in der Zeit allgemein üblich war – ihr erstes Testament und nahm einen Arzt in ihre Reisesuite auf. Auch die Weimarer Bevölkerung gab sich besorgt, wobei ökonomische Erwägungen eine ebenso große Rolle gespielt haben mögen wie die Sorge um die Gesundheit der «Landesmutter». Mit Anna Amalia verließ ein beträchtlicher Wirtschaftsfaktor das Provinzstädtchen – ihr Hofstaat setzte mit Besoldungen, Waren und Dienstleistungen jährlich etwa 20.000 Reichstaler in der Residenz um.

All diese Bedenken konnten die Herzogin nicht aufhalten. Zu ihrer Reisesuite gehörten ihr Kammerherr Friedrich Hildebrand von Einsiedel, ihre Hofdame Luise von Göchhausen, der Komponist und Pianist Philipp Kayser, der Mundkoch René Le Goullon, der Arzt Wilhelm Ernst Christian Huschke, zwei Kammerfrauen sowie der von Goethe vermittelte Italiener Filippo Collina als ortskundiger Reiseführer. Amalia reiste inkognito als Gräfin von Allstedt, behielt sich aber vor, diese Tarnung bei Gelegenheit fallen zu lassen. So dinierte sie in Regensburg mit den beim Reichstag anwesenden Gesandten der Reichsstände. Manchmal hob sie das Inkognito nicht selbst auf, sondern es wurde gegen ihren Willen durchbrochen: In München wurde sie von einem Gastwirt «mit Kniebeugung u Altesse» empfangen.[21] Es sprach sich eben herum, wer da anreiste. Diese höfischen Formen und Förmlichkeiten gehörten vermutlich mit zu den Gründen für die Übellaunigkeit des Musikers Kayser. Er hatte Anna Amalias Erwartung, daß er ihr – als Gegenleistung für die Finanzierung der Reise – als Gesellschafter dienen sollte, unterschätzt. Ebenso machte ihm die auf die Gunst der Herzogsmutter ausgerichtete und daher weitgehend unaufrichtige Art des Umgangs zu schaffen. Dieses Wesensmerkmal höfischen Lebens behielt die Reisesuite in Grundzügen bei, auch wenn sie sich von der Residenz und deren Zwängen entfernt hatte. Es war eben ein reisender kleiner Hof. Einsiedel schrieb, Kayser sei «nicht leicht gesinnt genug, um manche Dissonanz unresolvirt verklingen zu lassen». Herder, der später zu den Reisenden stieß, zeigte Verständnis, daß Kayser vor dieser «Bagage [...] Reißaus nahm».[22] Der Musiker bat die Herzogin in Bozen, ihn zu entlassen. Sie kam der Bitte nach, ohne sie nachvollziehen zu können. Offenbar wollte Anna Amalia aber nicht ohne einen professionellen Künstler reisen. Ihre Wahl fiel auf den Maler Franz Kobell, den sie in München kennengelernt hatte. Dieser lehnte Einsiedels Anfrage aus gesundheitlichen Gründen ab. Vor allem aber wollte er seine derzeitige Gunststellung beim Kurfürsten von Bayern nicht auf's Spiel setzen – nicht wegen eines kurzfristigen Engagements bei einer ehemaligen Regentin. Anna Amalia verzichtete also gezwungenermaßen auf künstlerische Begleitung.

Auf der Reise nach Italien beschrieb Amalia zum ersten Mal ihre Landschaftseindrücke. Eine ungewöhnliche Erfahrung waren die Alpen. In ihrem persönlichen Journal erzählte sie ausführlich von der Fahrt über den Brenner und über die Gegend von «Tyrol»: «bald wurde sie sanfter bald gräßlich schön.»[23] Sie bediente sich der Begriffe, die ihr aus der unterhaltenden Literatur, dem Schauerroman, bekannt waren. Anna Amalia gehörte nicht zu den Reisenden der Frühaufklärung, die sich durch ergreifende Naturszenen darin behindert sahen, die Welt ausschließlich mit ihrer Vernunft zu betrachten. Das ‹empfindsame› Vokabular war seit den Ettersburger Jahren eigentlich selten geworden. Das Journal war für Amalia auch eine Art Übungsheft für Formulierungen, die sie in Briefen der (Hof-)Öffentlichkeit präsentierte. Die ersten Notizen führte sie jeweils ein paar Tage später genauer aus. An eine Veröffentlichung dachte sie nicht, es war ein privates Journal. Eine Art offiziöse Dokumentation der Reise war das Tagebuch der Hofdame Luise von Göchhausen. Doch selbst in den formal anmutenden Notizen über Besichtigungen und Besuche konnte sie sich die eine oder andere persönliche Bemerkung nicht verkneifen. Als die Herzogin in Mailand einem Grafen eine goldene Uhr schenkte, vermerkte Göchhausen: «Dieses Geschenk kränkte mich sehr, da ichs lieber einem würdigeren gegönnt hätte.»[24]

Die Weimarer Reisende hatte keine Rundfahrt durch Italien im

Sinn; Rom war das erste Ziel dieses «kühnen Unternehmens». Dementsprechend brachte sie die Fahrt dorthin in etwa sechs Wochen zügig hinter sich. Dort erwarteten sie der Gothaer Hofrat Johann Friedrich Reiffenstein, ein erfahrener Cicerone für deutsche Besucher, und einige andere Mitglieder der deutschsprachigen «Colonie» in Rom: Die Malerin Angelica Kauffmann und ihr Gatte Antonio Zucchi, die Maler Friedrich Bury, Johann Georg Schütz, Alexander Trippel und Maximilian Verschaffelt sowie der Altertumsforscher Aloys Hirt.[25] Anwesend waren auch der katholische Domherr Johann Friedrich Hugo von Dalberg mit seiner Geliebten Sophie von Seckendorff, der Frau des 1785 verstorbenen Kammerherrn. Der Zugang zu Anna Amalia war wie in Weimar reglementiert, und so konnte sie in diesem kleinen deutschen Kreis zunächst eine recht ungezwungene Gesellschaft genießen. Mit Reiffenstein absolvierte sie tagsüber ein Besichtigungsprogramm, mit den anderen zeichnete oder musizierte sie abends. Angelica Kauffmann schuf in mehreren Sitzungen das Porträt, das auf dem Frontispiz dieses Buches zu sehen ist. Anna Amalia war sich der Stilisierung zur alterslosen Musenfreundin, die Büste der Minerva zur Seite, wohl bewußt: «Mein Portrait, oder vielmehr das Tableau was die Angelica von mir macht, ist die schönste Poesie die man auf mich hätte machen können, ich finde mich dadurch sehr geschmeigelt».[26]

In Briefen versuchte sie, andere an ihren Eindrücken und Erfahrungen teilhaben zu lassen. Mit ihrem Bruder Friedrich August begann in Rom ein reger Briefwechsel auf Französisch. In ihm sah sie einen Gleichgesinnten:

> Ach, lieber Freund, warum kommst du nicht hierher und genießt die Schönheit dieser großartigen Stadt. Man kann sich von ihr keine richtige Vorstellung machen, ohne sie selbst gesehen zu haben. Die Ruinen der Kaiserpaläste, die Triumphbögen, die Bäder, die Aquädukte, das alles erfüllt einen mit Respekt und Verehrung für die Alten [die Antike]; die schönen Altertümer, die man in den Galerien und den Kabinetten findet, erheben einem die Seele, den Göttern gleich; das ist ein wahrer Hochgenuß, sich darin zu verlustieren, ich bin glücklich und profitiere sehr davon; jeden Tag bin ich auf den Beinen, die Natur, die hier so schön ist, ermöglicht es einem erst recht, die Anmut «del bello» zu genießen.[27]

Neben der Kunstliebhaberei verband sie mit Friedrich das Interesse an der italienischen Sprache. Teile ihrer Korrespondenz hielten sie auf Italienisch, und Anna Amalia schenkte ihm eine italienische Grammatik. Friedrich August kam ihrer Aufforderung, sie in Italien zu besuchen, jedoch nicht nach, und auch später reiste er nie dorthin.

Am stärksten beeindruckte Anna Amalia in Rom die Kunst der Antike, während sie zu den späteren Kunstwerken nicht so leicht den emotionalen Zugang fand, den sie letztendlich anstrebte. Reiffenstein führte sie zuerst in das Pantheon und danach in den Petersdom – ein denkbar starker, beabsichtigter Kontrast. Das Pantheon versetzte sie geradezu in religiöse Verzückung:

> Die Empfindung meiner Seele war so heftig daß mir Thränen in die Augen traten als ich hinein trat ich glaubte das Auge Gottes schaute hinunter ich hätte gern mich auf die Knie geworffen wie alle die Leute die um mich herum war u beteten es überfiel mir ein heiliger schauer es ist dazu gemacht den Künstler aller Künstler anzubetten das schöne ganze die einheit die große simplicität ist seiner würdig.[28]

Der Petersdom Michelangelos und Berninis wirkte dagegen theoretisch und abstrakt auf sie. Anna Amalia meinte, mehr Wissen zu benötigen, um dieses Bauwerk zu verstehen.

Mit ihren Erlebnissen in der Kunstbetrachtung wandte sie sich an den Spezialisten in Sachen Wiedergeburt durch Kunstanschauung in Rom: Johann Wolfgang von Goethe. An ihn schrieb sie:

> [I]ch finde mich hier ganz Seelig, und wünsche mir Keine andere existenz, ich werde schwanger von so vielen Schönen und herrlichen daß ich mir nur eine glückliche Entbindung wünsche, mitzutheilen was ich empfangen habe. Mein alter Reifenstein durch seine verständigen und klugen weise inisirt mich nach und nach in den Heiligen Geheimnißen der Kunst [...]; man Könte von Rom sagen, daß Natur und Kunst [sich] um die wette vereinigen einen glücklich zu machen.[29]

Anna Amalia war erfüllt von dem Glücksgefühl der ersten Wochen, der Momente, in denen sie die Kunst Roms zum ersten Mal mit eigenen Augen sehen konnte. Doch sich wie der Dichter neu geboren zu fühlen, aus der ersten Betrachtung neue Kraft und Kreativität zu schöpfen, stellte für sie eine Überforderung dar. Sie war eine fürstliche Dilettantin, der das Übermaß an Kunst eher eine ‹geistige Verstopfung› verursachte, wie dieser Brief an Knebel zeigt:

Man sollte glauben, lieber Knebel, daß es leicht wär, von Rom aus zu schreiben, und dennoch ist nichts gewisserers als daß es eine sehr schwere Sache ist. Stellen Sie sich eine Person vor die an einer sehr guten und schmackhaften Tafel sitzt und deren Magen nicht gehörige Verdauungskräfte hat, so können Sie sich meinem Zustand vorstellen. Der Genuß ist hier groß man ist umringt mit dem schönsten und vollkommensten, was man in der Welt wünschen kan.[30]

Die Begeisterung für Rom nahm ab, als die gehobene italienische Gesellschaft im Herbst wieder von ihren Villeggiaturen aus der Umgebung zurückkam. Anna Amalia verkehrte in verschiedenen Kreisen, die sie möglichst auseinanderzuhalten versuchte, da die Gesellschaft – wie Einsiedel es ausdrückte – ein wenig «bunt» war.[31] Die Kreise wären nicht unbedingt sozial kompatibel gewesen. Daher entschied Anna Amalia von Fall zu Fall, wen aus ihrem Hofstaat sie in die Gesellschaft einführte und wen nicht. Die Anwesenheit des in der Gelehrtenwelt bekannten Weimarer Oberhofpredigers Herder verschwieg sie dem päpstlichen Kardinalstaatssekretär Boncompagni zunächst, bis Herder sie schließlich darum bat, ihn nicht zu verleugnen. Dann verstand sie, daß sie sich eigentlich mit ihrem «Bischof von Thüringen» schmücken konnte. Die ehemalige Regentin eines kleinen Herzogtums war vermutlich unsicher, wie sie sich in der römischen Gesellschaft zu verhalten hatte. Doch sie bestand vor den Augen der Römer durchaus. Man empfing sie zumeist mit Ehrerbietung – und Jagemann konnte zu Hause in der «Gazzetta di Weimar» stolz über die Weltgewandtheit der Herzogsmutter berichten.

Allerdings fühlte Anna Amalia sich in kleinen Runden wohler, als in den großen Gesellschaften (eine «Conversazione» bei der Prinzession Santa Croce konnte bis zu 300 Gäste haben). Dort seien alle zu sehr darauf bedacht, nichts Falsches zu sagen, klagte sie.

Eine Italienische conversazione ist das aller abgeschmackteste was man sich denken kan, es wird keine suivirter discours gehalten ziemlich viel Witz aber zu nichts gescheutes es herscht aber doch immer eine lebhaftigkeit, mit loben mit höflichkeit kommt man mit dem Italiener gut aber mit sentiments komt man Ihm nicht an den sie haben keine.[32]

Mit Neugier betrachtete die protestantische Herzogin hingegen den Katholizismus. Ihr gefiel die Sinnlichkeit des Gottesdienstes, auch wenn ihr beispielsweise die Heiligenverehrung fremd blieb. Berührungsängste hatte sie nicht: Äbte und Kardinäle gehörten regelmäßig zu ihrer Gesellschaft. Mit dem Franziskanerpater Stanislao Mattei, den sie in Bologna kennengelernt hatte, verband sie die Liebe zur Musik. Über ihn schrieb sie, er sei «der beste Man von der Welt er hat verstand u würde vieleicht lustiger seyn wenn er kein Mönch were». Ärgerlich machte sie der «Religions Eyfer», der ihr in der Villa Doria Pamphili begegnete: Eine nackte Venus von Tizian war mit einem Gewand übermalt worden. Dann wieder konnte Anna Amalia durchaus erheitert reagieren – so auch bei ihrer Audienz bei Papst Pius VI. am 23. November 1788. Ihr wurden alle diplomatischen Ehren zuteil, bevor sie eine halbe Stunde allein zum Papst gebeten wurde. Persönlich spielte sie die Bedeutung herunter, und die «Gazzetta» berichtete den zeremoniellen Hergang. In ihrem Journal und ihren Vertrauten gegenüber machte sich Anna Amalia aber lustig: «Es war ein comischer und Theatralischer aufzug. Es war mich nicht anders zu muthe als wenn ich zum heimlichen Gerichte sölte geführt werden.»[33]

Je mehr Bekanntschaften sie machte, desto enger wurde ein Netz von Besuchen und Gegenbesuchen, das sie zunehmend belastete. Also kehrte sie Rom nach etwa drei Monaten den Rücken und reiste nach Neapel weiter. Dort erwarteten Anna Amalia vielfältige Möglichkeiten der geselligen Unterhaltung. Neapel war anders als die Städte, die sie bisher kennengelernt hatte, denn es hatte nicht nur einen großen Hof, sondern auch eine interessante Stadtgesellschaft zu bieten, die aus Diplomaten und anderen Adligen bestand. Anna Amalia besuchte den Hof Ferdinands IV. und seiner Frau Maria Carolina (eine Tochter der Kaiserin Maria Theresia), fast jeden Abend ging sie ins Theater, in die Oper oder ein Konzert und verkehrte mit dem einheimischen Adel, städtischen Honoratioren oder ausländischen Gesandten. Die meisten waren eng mit dem Bourbonenhof verbunden. An das Zeremoniell und die Gepflogenheiten bei Hof mußte sich Amalia erst gewöhnen, kam aber bald damit gut zurecht und lernte auch die Königsfamilie etwas näher kennen. Anders als in den kleinen deutschen Residenzen war in Neapel nicht die gesamte Geselligkeit auf den Hof bzw. die Zentralperson ausgerichtet, so daß ihr der Umgang ungezwungener und angenehmer erschien.

Zu ihrer Gesellschaft zählt fast jeden Tag auch ein Herr, den sie bald nicht mehr missen wollte: Giuseppe Capecelatro (1744–1836), der Erzbischof von Tarent. Der katholische Geistliche zeigte sich Amalia gegenüber äußerst zuvorkommend, bewirtete sie in ihrer Theaterloge mit Bratwürsten, machte ihr Geschenke und bedachte sie mit Gedichten. Es war eine für sie ganz und gar ungewohnte Beziehung. Die beiden machten Ausflüge und musizierten gemeinsam in Abendgesellschaften oder auch allein. In deutschen Reiseberichten wurde Capecelatro als aufgeklärter Reformer beschrieben, sein vermittelndes, distanziertes Œuvre ließ die Konfessionsunterschiede verschwinden. Wegen seiner kirchenkritischen Denkweise – er wandte sich unter anderem gegen den Zölibat – geriet er häufig in Konflikt mit der päpstlichen Kurie.[34] Anna Amalia schätzte Capecelatros Qualitäten als Gesellschafter. Sie lobte seinen Verstand, seine Rechtschaffenheit und sein Einfühlungsvermögen. Trotz der überaus angenehmen Gesellschaft in Neapel kehrte Amalia nach etwa sechs Wochen nach Rom zurück, weil sie die Osterfeierlichkeiten dort erleben wollte. Wehmütig blickte sie in ihrem Journal auf die letzten Wochen zurück. «Mein ganzer Aufenthalt zu Napel ist der glükseligste zeitpunkt meines lebens gewesen Gott gebe daß es so bleibt u mir stärke giebt es mit klugheit zu vollenden.» Rom erschien dagegen trist. «Wie ich Rom sah wurde ich betrübt es war mir nicht anders zu muthe als würde ich im ein Closter eingespert». Ohne Capecelatro langweilte sie sich.[35] Die Freundschaft zum Erzbischof muß ihre Entscheidung, im Sommer nach Neapel zurückzukehren, entscheidend beeinflußt haben. Nach außen konnte sie sie auch damit begründen, daß sie die Natur um Neapel in ihrer Blüte sehen und die Ausgrabungen in Herculaneum und Pompei bei besserem Wetter besichtigen wolle.

Aber was für eine Enttäuschung, als sie Ende Mai dort eintraf und ihren «guten Freund» nicht vorfand! Capecelatro war in sein Bistum Tarent nach Südostitalien zurückgekehrt, das er – wie die Kurie fand – zu sehr vernachlässigt hatte. Doch Anna Amalia sah ihren Freund noch einmal wieder – ausgerechnet in einem Kloster. Fünf Tage verbrachte sie fast ununterbrochen mit ihm in der Benediktinerabtei Andria la Madonna in Apulien. Welcher Art ihre Beziehung wirklich war, darüber läßt sich nur spekulieren. Amalias Journal läßt auf eine tiefe Verbundenheit schließen, die rein platonisch gewesen sein kann. «Die Freude ihm wieder zu sehen ist nicht zu beschreiben u ihm war es auch so zumuthe.» Selbst wenn sie abends mit ihm allein war, so ist davon auszugehen, daß eine Liebesbeziehung, die über Zuneigungsbekundungen hinausging, in dem höfisch-klösterlichen Umfeld unmöglich gewesen wäre. Nichtsdestotrotz war das Ende dieses Wiedersehens dramatisch. Capecelatro scheute wohl einen Abschied und fuhr heimlich ab. «[W]ie ich hörte er wehre weg stürzten mir die Thränen aus den Augen». Abends im Gasthof legte sie sich «so gleich zu Bette um in ruhe an mein besten Freund zu denken».[36] Interessant ist jedoch, daß Anna Amalia offenbar keinen anderen Begriff für diesen ihr wichtigen Menschen fand als das eher inflationär gebrauchte Wort «Freund». So betitelte sie auch Günstlinge wie Merck oder Wieland, mit denen sie eine ganz andere Beziehung verband. Zu Capecelatro unterhielt sie dagegen eine Art der Freundschaft, die auf gegenseitiger Übereinstimmung beruhte, ohne daß daraus Verpflichtungen erwachsen wären. Für den Erzbischof, der einen angenehmen Lebensstil pflegte, war Anna Amalia nicht die einzige «Freundin».[37] Für die Herzogin hingegen war diese Erfahrung neu, und sie ließ einen Wunsch in ihr reifen:

> Wie glüklich wehre man wen man könte immer mit Menschen leben wo man fühlt daß man eine Analogie gegen einander hätte u wo feinheit in verstand u Sitten u im Betragen findet u daß jeder Theil sucht einen andern glüklich zu machen wo keiner herschen will u kein Egoisme herscht. [...] doch ruhig mein Herz [...].[38]

Anna Amalia befahl sich selbst, mit diesen Gedanken aufzuhören. Sie wußte, daß sie eine Utopie beschrieb. Mit Capecelatro blieb sie in Briefkontakt, doch die Briefe konnten die persönliche Begegnung nicht ersetzen.

Vielleicht war ihr auch nach dem Abschied von Capecelatro die Musik ein Trost. Dieser bevorzugten Kunst widmete sich Anna Amalia in Neapel ausgiebig, indem sie eine Form der Geselligkeit aufgriff, die ihr genau das gab, was sie gesucht hatte. Amalia gab wöchentliche Vorspielabende mit etwa 20 bis 30 ausgewählten Personen, die sie schließlich «Académie de Musique» nannte. Es waren anspruchsvolle Abende, zu denen sie die besten Sänger der Stadt kommen ließ. Das machte sich auch finanziell bemerkbar: Da die Gesellschaften bewirtet sein wollten, gab Amalia im Jahr 1789 26.064 Reichstaler aus, im ersten Halbjahr 1790 sogar 19.546 Taler. Das überstieg ihren Reiseetat bei weitem, vor allem, da Mitglieder ihres Hofstaats in Weimar, wie etwa der Bibliothekar, weiter besoldet werden mußten. Zum Vergleich: 1787 hatte sie in Weimar nur gut 24.000 Reichstaler ausgegeben.[39] Doch das schien sie nicht zu kümmern.

Zur «Académie» gehörte inzwischen auch ihr Kammersänger Heinrich Grave, der aus Venedig nachgekommen war. Allerdings kam er mit seiner Situation nicht zurecht: Er nahm sich Ende 1789 in Neapel das Leben. Die Umstände seines Todes konnten nie geklärt werden. Ihre Umgebung versuchte die Todesart vor Anna Amalia geheimzuhalten, das erwies sich freilich als unmöglich. Der Tod ihres Kammersängers nahm sie sehr mit. Carl August bedauerte nüchtern die verlorengegangene Investition und riet seiner Mutter, in Zukunft keine dauerhaften Verpflichtungen einzugehen, sondern Künstler nur noch für eine Saison zu beschäftigen. Anna Amalia unterstützte Graves Witwe nur bis zum frühen Tod ihres Kindes 1791. Luise Grave versuchte etwa zehn Jahre später, nach Ludecus' Tod, noch einmal, die Herzogsmutter wegen der ‹erzwungenen› Italienreise unter Druck zu setzen. Ohne Erfolg. Daraufhin geriet die Sache endgültig in Vergessenheit.[40]

Da sie in Neapel kein so umfangreiches Besichtigungsprogramm zu absolvieren hatte wie in Rom, konnte die Herzogin dort intensiver die kampanische Natur genießen. Der Anblick des Meeres übte eine starke Faszination auf sie aus, und bei einem Ausflug nach Ischia konnte sie die Landschaft unmittelbarer als sonst in sich aufnehmen, denn sie reiste nicht im Wagen, sondern ließ sich in einer Sänfte tragen oder ritt auf einem Esel. Der Höhepunkt ihrer Naturanschauung in Italien war der Besuch des Vesuvs, der in diesen Tagen Feuer spie. Dabei interessierte sie mehr der Eindruck, den dieses nicht ungefährliche Spektakel auf ihre Seele machte, als die Geologie. Wieder versuchte sie, das Erlebte zu beschreiben, kam aber zu demselben Schluß, der sie schon auf der Rheinreise daran gehindert hatte, die Natur mit Worten fassen zu wollen: «Aber ich kome mir ordentlich wie ein elender Schmirer vor der ein Gemälde von Raphael copiert, indem ich eine Scene der Natur beschreibe, die nur durch Anschauen und Gefühl kan genoßen werden.» Im gleichen Brief äußerte sie sich kurz zur französischen Revolution: Sie traue sich kein Urteil zu. Auch in ihrem Umkreis hatte der Sturm auf die Bastille wohl keine tiefgreifenden Diskussionen verursacht.[41]

So wohl sich Anna Amalia in Neapel fühlte: Der Hof holte sie trotzdem ein. Zuerst in der Person ihres Neffen Carl Georg August, des Erbprinzen von Braunschweig-Wolfenbüttel, der sich auf seiner Kavalierstour befand. Dann traf auch ihre Schwester Sophie Caroline Marie aus Erlangen ein. Damit war es vorbei mit dem selbstbestimmten Leben: Die Besichtigungen mit dem hohen Besuch gerieten zu Großveranstaltungen. Den wohl immer noch untergründig ausgetragenen Konkurrenzkampf mit der Schwester konnte Anna Amalia diesmal für sich entscheiden. Als sie Caroline bei Hofe einführte, machte sie nun die bessere Figur. Schließlich weilte sie bereits ein halbes Jahr in Neapel und war mit dem ortsüblichen Konversationsstil und dem höfischen Verhalten dort bestens vertraut. Königin Maria Carolina berichtete ihrem Gatten über das erste Treffen mit der Markgräfin von Bayreuth: Deren Schwester habe ihr besser gefallen.[42] Auch sonst scheinen sich die Schwestern nicht gerade blendend verstanden zu haben: Den Besuch erwähnen beide nicht, weder Caroline in den Briefen an den Bruder, noch Anna Amalia in ihrem Journal.

Unterdessen gab sich Carl August von Weimar aus alle Mühe, seinen kostspieligen Italienflüchtling nach Hause zu locken. Kammerherr von Einsiedel hatte inzwischen den Vorschlag entwickelt, daß der Herzog seiner Mutter in Weimar eine «Art von Intendanz über Musik u. Theater» übertragen solle. Einsiedel selbst sah sich schon als künstlerischer Leiter.[43] Mit der vage gehaltenen Oberaufsicht über Musik und Theater erhielt Anna Amalia immerhin eine Perspektive für ihr neues altes Leben in Weimar. Am 18. Juni 1790, nach 22 Monaten, kehrte sie schließlich in das Ilmstädtchen zurück.

Kapitel 8

«wohl und vergnügt, wie man ist, wenn man aus dem Paradiese zurückkehrt»[1]

Museen, Märchen, Monumente

Ein trefflicher Grund für eine Reise war die Gesundheit. Eine Kur bot eine willkommene Abwechslung vom Hofalltag. Für Hofdamen oder Gesellschafterinnen war sie sogar oft die einzige Möglichkeit, einmal einige Wochen ohne die ‹Vorgesetzte› zu verbringen. Doch auch hier gab es finanzielle Grenzen. Anna Amalia hatte 1765 schon einmal eine Kur gemacht, deren Aufwand damit gerechtfertigt wurde, daß mit dem Wohl der Regentin auch das Wohl des Landes verbunden war. Damals hatte sich die Herzogin über die Strapazen der Kur beklagt, wenngleich sie sich über zu wenig Zerstreuung nicht beschweren konnte. Die Kurorte bildeten häufig gesellige Zentren der höfisch-staatlichen Eliten abseits des Hofzeremoniells. Besonders beliebt waren Wiesbaden, Karlsbad und Pyrmont. Ihre zweite Badereise führte Anna Amalia 1797 jedoch ins fränkische Kissingen, vermutlich, weil es für ihre Schwester Sophie Caroline Marie von ihrem Witwensitz in Erlangen aus relativ leicht zu erreichen war. Es mag überraschen, daß die beiden Schwestern, deren Verhältnis bisher alles andere als herzlich gewesen war, nun mehrere Wochen gemeinsam zur Kur fuhren. Allerdings war der nächste Hof so weit entfernt, daß das alte Konkurrenzverhalten keine Rolle mehr spielte. Was beide vielmehr seit 1790 verband, war die Italienerfahrung, die sie zum Teil ja sogar gemeinsam gewonnen hatten.

Ihre längste Reise lag nun schon knapp sieben Jahre zurück. Es muß Anna Amalia daher willkommen gewesen sein, Weimar wieder einmal für eine Weile zu verlassen. Seit ihrer Rückkehr aus Italien hatte sie sich hauptsächlich damit beschäftigt, ihr Italienerlebnis nach Weimar zu übertragen. Stets suchte sie nach neuen Formen, es für sich und für andere nutzbar zu machen. Anfang 1797 kulminierte dieses Unterfangen in den «Briefen über Italien», dem umfangreichsten eigenen Text, der von Anna Amalia überliefert ist.

*

Bevor sie diese literarisierte Reisebeschreibung verfaßte, machte Anna Amalia zahlreiche andere Versuche in verschiedenen Formen, «Italien in Germanien» zu erschaffen.[2] Denn die Rückkehr nach Weimar muß für die Herzogsmutter in mehrfacher Hinsicht enttäuschend gewesen sein. Zwar bestätigten zahlreiche Briefe und Billets die allgemeine Freude darüber, daß sie wohlbehalten wieder nach Hause gekommen war. Aber es fing schon damit an, daß ihr Sohn Carl August nicht persönlich zugegen war, um sie zu empfangen. Zudem fand sie sowohl ihr Palais in der Stadt als auch Tiefurt von der letzten Überschwemmung beschädigt, so daß sie zunächst nach Belvedere ausweichen mußte. Die vage Verheißung, sie könne eine Art Intendanz über Musik und Theater übernehmen, ließ sich nicht verwirklichen. Bei der Theaterreform des Jahres 1791 wurden die Herzogsmutter und ihr Kammerherr übergangen, die Leitung wurde Goethe übertragen. Es wurde still um Anna Amalia. Das aufwendige Fest für den gesamten Adel rund um ihren Geburtstag am 24. Oktober 1790 war eine der seltenen zentralen Veranstaltungen um die Herzogsmutter. An Knebel schrieb sie kurz nach ihrer Rückkehr:

> Seit dem ich mich nun wieder im Tühringer [sic!] Lande befinde, ist es mir nicht anders zu Muthe, als erwachte ich aus einem tiefen Schlaf, und alle die schönen und glücklichen Tage die ich in Italien gelebt habe, wäre nur ein schöner Traum gewesen; auch habe ich noch alle Muße davon zu träumen. [...] Ich suche mir einen Kreiß von guten Menschen zu machen; Herders Goethe und Wieland sind fleißig bey mir. [...] Mit den Kunstsachen, die ich mitgebracht habe, habe ich mir hier ein kleines Musäum arrangiret. So lebe ich den nun hier so in dem genuß des vergangenen, und suche, so viel es in meinen Kräften stehet mitzutheilen.[3]

Von dem kleinen «Musäum» profitierten freilich nur die eben erwähnten Günstlinge, mit einer öffentlichen Einrichtung, die einem größeren Kreise zur Anschauung gedient hätte, hatte es nichts zu tun. Wie ihre Tante Wilhelmine von Bayreuth eine Akademie der freien Künste und Wissenschaften zu gründen, kam Anna Amalia nicht in den Sinn – so ein Projekt wäre auch nicht zu finanzieren gewesen.[4] Dreh- und Angelpunkt der verbildlichten Italienerinnerung war Angelica Kauffmanns Porträt der Herzogin. Es mache «eine Epoque für Weimar» und werde allgemein bewundert, schrieb Anna Amalia der Künstlerin. «Mir ist es ein wahres Heiligthum und ein liebes Andenken von Ihnen und die beste und schönste Erinnerung von denen glücklichen Tagen die ich mit Ihnen in das schöne Rom zugebracht habe.» In der ‹offiziellen› Erinnerung nahm Rom gegenüber Neapel (und Capecelatro) den ersten Platz ein.[5]

Eine Art schriftliches Museum erstellte Amalias Bibliothekar Christian Joseph Jagemann 1794 mit dem kommentierten Verzeichnis ihrer Kupferstichsammlung. Druckgraphik zu erwerben, zumeist Reproduktionen von Gemälden niederländischer, französischer, italienischer und ‹altdeutscher› Meister, war die kostengünstigste Variante, bildende Kunst zu sammeln, und ein wichtiges Medium der Geschmacksbildung im 18. Jahrhundert. Anna Amalias Katalog war mehr als nur ein Verzeichnis – allein seine Lektüre sollte bereits unterhalten und belehren. Wer die Gelegenheit dazu bekam, wissen wir allerdings nicht.[6]

Trotz der guten Erinnerungen und der vielfältigen Medien, die ihr dafür zur Verfügung standen, war es für Anna Amalia ein Kraftakt, den Traum von Italien lebendig zu halten. Zu allem Überfluß nahte der Winter:

> Das Laub fällt ab; ich sah also nichts auf meiner Belvederischen Höhe als nackte Bäume, die eben nicht den schönsten Auftritt auf der Schaubühne der Natur bilden. In der Stadt ist es zwar nicht viel beßer; doch suche ich mich hier mit meinen italienischen Kunstsachen zu beschäftigen um mein Gemüthe in Heiterkeit zu erhalten.

Für Unterhaltung mußte auch Anna Amalias Umgebung sorgen. Zu diesem Zweck hatte sie einige niederadlige Damen aus der Stadt um sich geschart. Deren Vorzug für Anna Amalia bestand darin, daß sie nicht direkt in das Dienst- und Patronagesystem des Hofes eingebunden waren. So konnte sie ungezwungener mit ihnen umgehen und sich auch wieder von ihnen trennen, wenn sie begannen, sie zu langweilen.

Die Geselschaft der Frau v. Berlepsch, die den ganzen Winter hier zubringen wird, trägt durch ihren leichten Witz und angenehmen ton auch viel dazu bey, daß in meinem kleinen Kreise Munterkeit und guter Muth herschet [...].[7]

An Emilie von Berlepsch gefiel besonders ihr Vorlese-Talent. Die Leserunde bei der Herzogsmutter wurde eine Zeitlang zu einer regelmäßigen Veranstaltung, bei der Werke Weimarer und auswärtiger Dichter vorgetragen wurden. Der Kreis der Personen, die direkten Zugang zu ihr hatten, war wohl ausgewählt – Luise von Göchhausen wachte scharf darüber. Von einer Aufhebung der Standesgrenzen an Anna Amalias Hof kann also keine Rede sein. Für Nichtadlige war ein solches Nahverhältnis nicht möglich. Eine Ausnahme bildeten der Witwer Charles Gore und seine Töchter Eliza und Emily, die sich 1791 in Weimar niederließen. Herder fand es nachvollziehbar, daß die Gores Anna Amalias Geschmack entsprachen. Gore sei ein «verständiger, Känntnißreicher, artiger und geselliger Mann: er hat eine solche Klarheit der Ideen u. so viele Erfahrung der Welt, dabei eine so innige, verständige Liebhaberei der schönen Künste». Auch seine Töchter seien talentiert, die eine in der Musik, die andere im Zeichnen.[8]

Die Teilnehmer und Verhaltensformen der höfischen Geselligkeit waren auch in den Briefen Anna Amalias ein wichtiges Thema. Man tauschte sich über die Qualität der Gesprächspartner aus. Knebel beschwerte sich über das Benehmen einiger neapolitanischer Prinzessinnen und Hofdamen, die er in Nürnberg getroffen hatte, als sie auf dem Weg nach Frankfurt zur Krönung Kaiser Leopolds (II.) waren, eines Bruders der Königin Maria Carolina. Anna Amalia nutzte ihre Italienerfahrung, dieses etwas mißlungene Zusammentreffen zwischen Deutschen und Italienern zu deuten.

Ich glaube die Sache mit den Farben vergleichen zu können: die Napolitanische Nation liebt sehr die lebhaften und starken Farben die des reinen Himmels wegen unverfälschten Licht-Strahlen bewircken in den Augen eine angenehme u Fröliche Empfindung. Solten nun solche Farben sich in einem dicken und nebelichten Horizont finden, so würden sie sehr grell und hart auffallen. So ist es mit der ganzen italienischen Nation. Man muß sie in ihrem eigenen Lande sehen, um sie kennen zu lernen, hier in teuschland [sic!] kann sie nicht gefallen.[9]

Und dennoch versuchte sie, ein Stück Italien nach Weimar zu bringen, indem sie zum Beispiel ihre musikalischen Abende, die «Académie de Musique», die sie in Neapel regelmäßig abgehalten hatte, wiederbelebte – allerdings in bescheidenerer Form. Bei den Konzerten wurden die Musikstücke vorgetragen, die Anna Amalia aus Italien mitgebracht hatte. Auf die Aufführung italienischer Opern mußte sie natürlich verzichten, sie waren für den kleinen Hofstaat zu aufwendig und zu teuer, weshalb die Opera seria seit der Mitte des 18. Jahrhunderts ins Kreuzfeuer ‹aufgeklärter› Kritik geraten war.[10] Anna Amalia beschränkte sich eher notgedrungen auf Lieder mit Begleitung, Kammerkonzerte oder szenische Lesungen. Diese Form der geselligen Unterhaltung gab dem Witwenhofstaat in Weimar ein eigenes Profil, mit dem er sich vom ‹regierenden› Hof unterschied. Dort wurde – unter der Anleitung Goethes – zunehmend Wert auf bildende, gelehrte Unterhaltung gelegt, mit naturwissenschaftlichem oder philosophischem Hintergrund. Goethe versuchte, die Herzogsmutter (und ihre Finanzen) dafür zu gewinnen, seine Ambitionen zu unterstützen, allerdings ohne anhaltenden Erfolg. Im Herbst 1791 gründete er den «Weimarer Gelehrtenverein», dessen «Reunionspunckt» Anna Amalia bilden sollte. Die Sitzungen der sogenannten «Freitagsgesellschaft», zu denen nur derjenige Zugang hatte, dem ein «Admissionsbillet» überreicht worden war, fanden anfangs im Palais der Herzogsmutter statt. Sie, deren Anwesenheit ausdrücklich gewünscht war, beteiligte sich freilich nicht aktiv, sondern stellte beispielsweise zur Illustration eines Vortrags von Gymnasialdirektor Carl August Böttiger über Prachtgefäße aus Italien einige ihrer «ächte[n] Antiken» zur Verfügung. Daß Böttiger seinen Vortrag später im «Journal des Luxus und der Moden» veröffentlichte, zeigt, daß der Anspruch der Freitagsgesellschaft weit über den kunstliebhabenden Dilettantismus der Herzogsmutter hinausging. Anna Amalias

Interesse an den gelehrten Vorträgen ermüdete schnell; im Frühjahr 1792, also nach nur einem halben Jahr, tagte der Weimarer Gelehrtenverein das letzte Mal im Stadtpalais. Nach langer Unterbrechung wurden die Sitzungen ab 1794/95 in Goethes Wohnhaus abgehalten.[11]

Das bedeutet jedoch nicht, daß Anna Amalia theoretischen Überlegungen generell abgeneigt war. Den Platz der Gelehrsamkeit nahm bei ihr die Musik ein. Damit folgte sie Bestrebungen Goethes und Herders: Die Musik aus ihrer begleitenden Funktion der Dichtkunst zu lösen und sie selbst zum Gegenstand der Theorie zu machen. Zwar ist ihr Name sogar in einem «Tonkünstler-Lexikon» von 1790 zu finden, jedoch betrachtete sie das Musizieren zu diesem Zeitpunkt wieder als Rückzugsraum, wie schon zu Regierungszeiten. Sie trat also nicht mehr in der (Hof-)Öffentlichkeit auf, sondern spielte nur noch allein oder im engsten Kreise.

Um sich in der Theorie fortzubilden, nahm sich Anna Amalia den «Musikalischen Unterricht» vor, ein Werk ihres langjährigen Lehrers Ernst Wilhelm Wolf. Der Kapellmeister hatte nicht beabsichtigt,

> «durch diesen Unterricht einen Jeden zum vollkomnen Musiko zu machen, weil dieses außer der menschlichen Sphäre liegt, sondern kürzlich nur das, was der angehende Musiker und Liebhaber bey seinem Genie und Talent zu wissen nöthig hat, ohne Zurückhaltung anzuzeigen, um ihm dadurch zur Erlangung höherer Vollkommenheiten einen Leitfaden zu geben.»[12]

Wolf beschränkte das «Genie» also nicht auf die (angehenden) Virtuosen, sondern sprach es auch den Musikliebhabern zu – eine Frage, die in Weimar noch engagiert diskutiert werden sollte. Anna Amalia wollte sich mit der Bearbeitung dieser Schrift vor allem selbst beweisen, daß sie in der Lage war, musikalische Theorien zu durchdringen. Sie ordnete zahlreiche Absätze neu und formulierte sie in ihrem eigenen Duktus und ihrer eigenen Orthographie. Teilweise übernahm sie wörtlich lange Passagen. Besonders wichtig waren ihr die Abschnitte über die Wirkung der Musik.[13] Es ist nicht mehr festzustellen, ob Anna Amalia ihre Neufassung des «Musikalischen Unterrichts» jemandem zur Kritik übergab oder überhaupt anderen zeigte. Es gab aber auch keinen Grund, sie geheim zu halten, denn niemand hätte ihr vorgeworfen, ein Plagiat verfaßt zu haben. Die Nachschöpfung gehörte zu den wesentlichen Bestandteilen des Dilettantismus.

Auch mit der Literatur beschäftigte sich Anna Amalia wieder intensiv auf die schon erprobte Weise: Sie übersetzte. Da sie in Rom und Neapel ihre Italienischkenntnisse vertieft hatte, wagte sie sich nun an ein schwierigeres Unterfangen: Sie übersetzte Karl Philipp Moritz' «ΑΝΘΟΥΣΑ [Anthousa] oder Roms Alterthümer. Ein Buch für die Menschheit. Die heiligen Gebräuche der Römer» ins Italienische. Die Herzogsmutter versetzte sich damit nicht nur gedanklich wieder nach Italien. Sie vollzog Beschreibungen der antiken Kultur nach, deren Überreste sie in Italien selbst gesehen hatte. Daß diese von einem Deutschen verfaßt worden waren, machte sie leichter nachvollziehbar.[14] Die Antike war ihr Bezugspunkt, da ihre eigenen Erfahrungen des gegenwärtigen Italien durch die politischen Umwälzungen in den 1790er Jahren gerade außer Kurs geraten sollten. Für die adligen Eliten Europas war die liebhaberische Beschäftigung mit der Antike ohnehin seit dem 16. Jahrhundert ein standeseigener ‹Code› gewesen; Anna Amalia führte diese Tradition in sehr persönlicher Form fort.[15]

Die von der französischen Revolution ausgelösten Umwälzungen erreichten auch die Herzogtümer Braunschweig-Wolfenbüttel und Weimar-Eisenach – für Anna Amalia, die von den studentischen Unruhen an der Universität Jena nicht direkt berührt war, hatten sie zunächst vor allem dynastische Auswirkungen. Anna Amalias Brüder und Söhne sollten als preußische Offiziere in den ersten Koalitionskrieg gegen das revolutionäre Frankreich ziehen. Die Revolutionsfurcht hatte die alten Rivalen Preußen und Österreich für den Moment geeint. Nach dem fehlgeschlagenen Feldzug des Jahres 1792 zogen die beiden Großmächte im Folgejahr das restliche Reich in den Krieg mit hinein. Für Anna Amalia waren also vor allem ihre familiären Bindungen der Blickwinkel, aus dem sie die politischen Entwicklungen betrachtete.

Besonders wichtig war für sie nach wie vor die Beziehung zu ihrem Bruder Friedrich August. Dennoch war sie auch ihm gegenüber nicht frei von Unsicherheit: In der Anrede schwankte sie zwischen dem

«Du» und dem «Sie» – wobei das vertrauliche «Du» überwog – und entschuldigte sich formelhaft dafür, wenn sie brieflich zu viel von seiner kostbaren Zeit beanspruchte. Daß die Beziehung heute als vergleichsweise innig erscheint, mag auch der Tatsache geschuldet sein, daß der Briefwechsel zwischen diesen beiden Geschwistern überhaupt erhalten geblieben ist. Während ihres Italienaufenthalts und danach war er besonders intensiv. Erstaunlich offen schilderte die Weimarer Herzogsmutter ihrem Bruder Anfang 1792 ihre Gedanken:

> Ich spüre sehr wohl, lieber Fritz, daß wir nur für andere leben und nur selten für uns selbst, vor allem in unserem Stand, und ohne die geringste Anmaßung kann ich sehr wohl sagen, daß ich, seit ich sechzehn war, bis zu meiner Reise nach Italien nur für andere gelebt habe, in Italien war ich bei mir selbst, questo poco respiro [diese kleine Atempause] hat mir gut getan, seit meiner Rückkehr habe ich mich der Welt zurückgegeben, und ich werde dieses Leben wohl führen bis der liebe Gott sich anders entscheidet.[16]

Vermutlich war es für die Beziehung der Geschwister von Vorteil, daß sie sich nur selten sahen. Obgleich Anna Amalia manchmal davon sprach, ihn besuchen oder gar zu ihm ziehen zu wollen, begünstigte die schriftliche Kommunikation eine relativ offene Aussprache und Annäherung.

Eines der seltenen Familientreffen fand im Sommer 1792 in Quedlinburg statt. Der äußere Anlaß war die Einführung der Schwester Auguste Dorothea als Pröbstin des Reichsstifts. Zugleich war sie seit 1778 Äbtissin des (ebenfalls evangelisch-lutherischen) Reichsstifts Gandersheim, also eine regierende Reichsfürstin. In ihrer Abtei verbrachte sie aber nur wenige Tage im Jahr, da ihre Mutter erwartete, daß sie als ihre Gesellschafterin in Braunschweig blieb. In der Korrespondenz zwischen Anna Amalia und Friedrich August taucht «Gustchen» häufig auf. Die kritische Distanz zu den politischen Entwicklungen ihrer Zeit war das verbindende Element zwischen den beiden Schwestern. Beide fürchteten revolutionäre, die ständische Ordnung gefährdende Kräfte. Bei der Reise nach Quedlinburg scheint aber das Treffen mit Philippine Charlotte für Anna Amalia im Vordergrund gestanden zu haben. An Caroline Herder schrieb sie: «In wenigen tagen reise ich nach Quedlinburg, um meine alte 76 jährige Mutter noch einmahl zu sprechen», als vermutete sie, daß es das letzte Treffen sein würde.[17] Philippine Charlotte berichtete später, Anna Amalia habe versucht, ihr damit eine Freude zu bereiten und sie überredet, länger zu bleiben als ursprünglich vorgesehen. Der Aufenthalt dauerte zwölf Tage.

Unterdessen zogen Anna Amalias Söhne in den Krieg gegen das revolutionäre Frankreich. Carl August kam seinen Verpflichtungen als preußischer Generalmajor nach und stand 1793 an der Spitze seines Regiments im österreichisch-preußischen Feldzug, der 1792 als – am Ende mißlungene – Bestrafungsaktion begonnen und sich im folgenden Jahr zum Reichskrieg ausgeweitet hatte. Für Constantin mußte eine passende Rolle erst gefunden werden. Er war als kursächsischer General in Querfurt stationiert, und Anna Amalia freute sich, daß sich ihr Jüngster sehr «zu seiner Avantage verändert» habe, und man «bey dem Regiment [...] sehr mit ihm zufrieden» sei.[18] Constantin wollte auf keinen Fall mit dem kursächsischen Kontingent als Teil der Reichsarmee, die seit dem Siebenjährigen Krieg einen schlechten Ruf hatte, an dem Feldzug teilnehmen, sondern in der unabhängigen preußischen Armee. Er war bereit, dafür einen niedrigeren Rang zu akzeptieren. Da ihm Carl August zu beschäftigt erschien, bat er seine Mutter:

> Haben Sie einmahl die Gnade gnädigste Mutter und führen einmahl hierin das Ruder der Geschäfte, indem doch mein Bruder jezt in so verwikelten Chaos lebt daß er sich wohl wenig meiner bekümmert. [...] Nehmen Sie sich der Sache an, so bin ich gewiß daß alles gut geht.[19]

Damit hatte er bei Anna Amalia den richtigen Ton getroffen. Sie ließ ihre Beziehungen zum preußischen Hof spielen, und ihr Bruder Friedrich August vermittelte Constantin eine Stelle als kursächsischer Volontär in einem preußischen Regiment. Aus finanziellen Gründen hatte Carl August in dieser Zeit eine Heirat seines Bruders mit seiner Cousine Caroline von Braunschweig-Wolfenbüttel erwogen. Angesichts der komplizierten Verhandlungen um Constantins militärische Position und der Tatsache, daß mit der Geburt Bernhards am 30. Mai 1792 die Weimarer Thronfolge endgültig gesichert schien, verwarf er die Idee jedoch wieder. An seine Mutter schrieb Carl August:

Wenn aus der Heirat meines Bruders mit der Pr[in]z[ess] von Braunschweig nichts wird, so raufe ich mir darum die haare nicht auss; denn im Grunde ist es wirklich nicht nötig, dass er heirate [...]. Findet er indessen einmal eine Prinzess, die sich ernähren kann und die hinlänglich besitzt, um seinen vermehrten Aufwand bestreiten zu helfen, so habe ich gewiss nichts dagegen, sondern will ihn gerne behülflich sein.[20]

Nach wie vor war ein selbstbestimmtes Leben für Constantin unmöglich. Über das Kriegsgeschehen wurde Anna Amalia von verschiedenen Seiten brieflich informiert, unter anderem von Carl Augusts Sekretär.[21] Was ihre Söhne oder auch ihre Brüder wirklich durchmachten, konnte Anna Amalia nur erahnen, denn niemand würde ihr die volle Wahrheit sagen, um sie nicht zu belasten.

Anna Amalia sah den Krieg – und vor allem das Verhalten ihres älteren Bruders Carl Wilhelm Ferdinand, des Herzogs von Braunschweig-Wolfenbüttel, kritisch. Sie fand, er sei zu alt für seine Aufgabe als Oberbefehlshaber der preußischen Armee, was sie freilich nur dem anderen Bruder mitteilte:

Hat er denn keine weisen Köpfe um sich herum, die ihm gute Möglichkeiten vorschlagen könnten, wie er ruhig nach Hause zurückkehren und sich für neutral erklären könnte? Du hast recht, daß ich verrückt bin, weil ich so großen Anteil nehme, aber das liegt daran, daß ich auch etwas von diesem Braunschweigischen Geltungsdrang habe, die mich die Schande für P[reußen]... lebhaft fühlen läßt.[22]

Im Sommer zog sich die Herzogsmutter nach Tiefurt zurück. Sie verfolgte von dort aus die Zeitläufte, auch wenn sie äußerlich mit ganz anderen Dingen beschäftigt zu sein schien:

Ich sitze in meinem kleinen Thal und suche mir die Musen zu Freundinnen zu machen, und trotz dem Pariser Convent dem barbarismus bey mir den eingang zu versperren. [Johann Heinrich] Meyer und ich opfern diesen wohlthätigen Göttinnen durch fleißiges Zeich[n]en, und es schmeichelt mir, daß ich ziemliche fortschritte mache.[23]

Viele Buchexzerpte zeugen von ihrem erhöhten Lesepensum in dieser Zeit – als nichtregierende, verwitwete Herzogsmutter konnte sie nicht handeln, aber immerhin kommentierend Stellung zum politi schen Geschehen beziehen. Sie mußte sich beschäftigen, und wie immer waren die Künste eine willkommene Ablenkung.

Doch die Wirklichkeit schaffte sich auch in Tiefurt Zutritt, auf die ihr eigene, bisweilen ungnädige Weise: Am 6. September 1793 starb Prinz Constantin im Feldlager bei Wiebelskirchen an der Saar. Herzog Carl August war noch, von seinem Bruder gerufen, an das Krankenlager geeilt, kam aber zu spät. Goethe trug er auf, sich mit Herzogin Luise zu beraten, «wie die Pille der unglücklichen Mutter des Verstorbenen beyzubringen» sei. Auch die mit Anna Amalia vetraute Familie Gore sollte sie «trösten» und «stärcken».[24] Nach etwa einer Woche wagte Carl August, sich selbst an die Mutter zu wenden.

> Gebe das Glück, dass Sie diesen harten Zufall ohne Nachteil für sich selbst überstehn mögen; ich hoffe, dass meine Freunde ihre Pflichten gegen Sie erfüllt haben werden und alle das ihrige beitrugen, um Sie in der Gefahr, welche der heftige Schmerz Ihnen bringen konnte, zu unterstützen.[25]

Vielleicht zögerte er deswegen so lange mit einer persönlichen Nachricht, weil er wußte, wie schwer der Tod des Sohnes seine Mutter treffen mußte. Er schätzte Anna Amalia richtig ein, wie der Brief an ihren Bruder zeigt:

> Du hast ein Herz, lieber Fritz, ich weiß, daß Du mit einer Mutter fühlst, die sich im größten Kummer befindet und daß du meinen schweren Schmerz teilen wirst. Oh weh! Mir bleibt nur noch ein Sohn, von dem ich auch jeden Moment nichts als traurige Nachrichten erwarten muß. Gott bewahre ihn mir und lenke sein Herz auf friedliche Gedanken, und daß er sich ehrenhaft entscheiden kann, Ihrem [sic!] Beispiel zu folgen, das sind im Moment meine einzigen Wünsche, die mein Herz äußern kann.[26]

Die fahrige Schrift zeugt von Anna Amalias Ergriffenheit. Mit ihrem Herzenswunsch, Carl August möge wie Friedrich August den Dienst quittieren und bald nach Weimar zurückkehren, stand sie nicht allein. Auch die Regierungskollegien übermittelten dem Herzog die nun verdoppelte Sorge um sein Wohlergehen. Wäre Carl August etwas zugestoßen – Weimar-Eisenach wäre wieder von einer Herzogin regiert worden: Luise hätte bis zur Volljährigkeit Carl Friedrichs (1801) die Geschäfte geführt. Zunächst wies Carl August Rückkehrforderungen von sich; er könne sich seinen Pflichten nicht entziehen. Als er Ende des Jahres 1793 beim preußischen König schließlich doch um seine Entlassung bat, führte auch er den Tod seines Bruders als Grund an.

Um die Mutter zu schonen, ließ Carl August den Leichnam Constantins nicht nach Weimar überführen, sondern veranlaßte ein möglichst rasches Begräbnis in Eisenach. Dort wurde Constantin standesgemäß in der fürstlichen Gruft der St. Georgskirche beigesetzt; zwölf Adlige trugen seinen Sarg. Ebenso versuchte er, seine Mutter aus den Erbschaftsangelegenheiten und den Untersuchungen zur genauen Todesursache herauszuhalten. Offiziell hieß es, Constantin sei an einem Nervenfieber und Entkräftung als Folge der Ruhr gestorben. Selbst bei der Auswahl der Inschrift für den Kenotaph, einen steinernen Schein-Sarkophag, den Anna Amalia für Constantin 1795 in Tiefurt aufstellen ließ, nahm Carl August ihr die Entscheidung ab. Er zog eine unpersönliche Inschrift Goethes, der den 35jährigen General zum «gebildeten Jüngling» und «werdenden Mann» herabstufte, den persönlich-emotional gestalteten Versen Knebels vor.[27]

Carl August wollte den Schmerz Amalias mildern – und sich als Herr des Hauses erweisen. Seiner Mutter riet er, das gute Wetter zu nutzen, «um durch kleine Reisen sich zu zerstreun».[28] So kam es, daß die Herzogsmutter sich für zwei Wochen nach Jena begab. Die «Stapelstadt des Wissens und der Wissenschaft»[29] bot die Möglichkeit, ohne großen Aufwand für Abwechslung und Unterhaltung zu sorgen. Bei diesem Aufenthalt besuchte Anna Amalia das Museum, die Bibliothek und das Naturalienkabinett der Universität. Kontakte zu Professoren suchte sie nicht ausdrücklich, sie kamen diesmal und bei den beiden weiteren Aufenthalten der Jahre 1794 und 1795 eher nebenbei zustande. 1793 blieb Amalia sogar zwei Tage länger als geplant, da sie noch einer Aufführung des Studententheaters beiwohnen wollte.

Diese Reisen waren für Anna Amalia also eine Art Bewältigungsstrategie, ebenso wie es jede Art der sinnhaften Beschäftigung war. Anna Amalias Interesse an schriftlichen Abhandlungen beschränkte sich in der zweiten Hälfte der 1790er Jahre nicht mehr nur auf die Musik. Die Exzerpte, die sie während ihrer Lektüre erstellt hatte, reicherte sie mit eigenen Ideen an und wollte daraus einen eigenen Aufsatz formen, den man mit «Gedanken zu Ästhetik und Cultur» überschreiben könnte. Diesen Gedanken ist anzumerken, daß Anna Amalia mit ihnen zu kämpfen hatte, immer wieder unterbrach sie den Textfluß, strich, begann von Neuem. Dabei variierte sie einen Kern von Aussagen, der einen Zusammenhang zwischen Ästhetik und Bildung zu fassen versucht. Als fürstliche Dilettantin wollte Amalia in den Debatten um Kunstprinzipien und Qualitätskriterien eine eigene Position beziehen, was ihr jedoch nicht recht gelang. Die Gedanken zur Ästhetik sind Fragment geblieben.

Anna Amalia sah «Cultur» als den Ausgangspunkt zur Veredelung des Menschen, zu seiner humanitären Erziehung. Dabei seien Verstand und Vernunft die Mittel, um den Menschen zur Vervollkommnung zu bringen. Damit führte sie aufklärerische Allgemeinplätze an. Jedoch betonte sie auch das Gefühl als entscheidendes Kriterium, um Kunst zu beurteilen. Es gebe zu viele, die sich selbstgerecht dazu aufschwängen, «wilkührlich über Kunst, Wissenschaften und Litteratur zu raisoniren, critisiren». Auf der anderen Seite beklagte die Fürstin einen Mangel an Grundsätzen in der Literatur. Eine falsche Aufklärung habe eine kaum zu bändigende Vielschreiberei verursacht.

Die jetzige Litteratur bestehet nur in Leidenschaften u Egoismus; sie komt mir vor wie ein Ameisen-Hauf die alles sammeln und zu sammen tragen was sie können, auch wohl an grössern objecte sich machen und mit ihrem beissenden unrath sie unter sich zu bringen und glauben auf ihrer höhe zu stehen.

Mit welchen Kriterien aber ‹hochwertige› Literatur von der Massenware zu unterscheiden sei, vermochte Amalia nicht zu formulieren. Dann wieder schrieb sie, es sei fatal für die wahre Kultur, wenn Kritiker «im dictatorischen Ton ihre Meinungen gelten zu machen» suchen, «ohne das wahre schöne zu fühlen». Nur aus Herz und Gefühl entstünden Liebe und Empfindung für das Schöne, daraus wiederum «wahre und schöne Cultur».[30] Allerdings sei es unmöglich, diese Empfindung des Schönen in Worte zu fassen.

Mit diesen Gedanken wandte sich Anna Amalia gegen diejenigen, die allgemeingültige Prinzipien entwickeln und sich als normative

Instanzen etablieren wollten, wie etwa Goethe und Schiller in Weimar und Jena. Allerdings wandte sich auch die Herzogsmutter gegen eine allzu öffentliche Form des Dilettantismus. Liebhaber der Künste sollten das Augenmaß für die eigene Begrenztheit nicht verlieren. Sie selbst folgte inzwischen dieser eigenen Regel: Nicht einmal mehr mit der Musik, die sie besser beherrschte als andere Dilettanten ihres Standes, trat sie an die (Hof-) Öffentlichkeit. Und ihre eigenen literarischen Versuche gab sie nur an diejenigen ihrer Günstlinge zur Korrektur weiter, die sie als kunstkritische Instanzen anerkannte: Wieland und Herder.

Die meisten ihrer erhaltenen literarischen Arbeiten stammen aus den 1790er Jahren. Größtenteils sind sie Versuche geblieben, die sie nicht in eine abgeschlossene, vorzeigbare Form bringen konnte. Am 3. März 1794 schrieb sie bedauernd an ihren Bruder Friedrich August, daß sie nichts zu seinem – dem «Journal von Tiefurt» vergleichbaren – «Journal plaisant, [h]istorique, politique et littéraire» beitragen könne. Die Musen seien ihr nicht wohlgesonnen.[31]

Die Göttinnen der Künste nutzte Anna Amalia traditionsgemäß als Metapher für ihre künstlerische Schaffenskraft, um mangelnde Produktivität zu entschuldigen, aber auch, um demütig um Aufmerksamkeit für ihr Werk zu bitten – wie das folgende Schreiben an Wieland zeigt, dem sie ein Märchen beilegte:

> Diese Nacht träumte mir ich machte ein Märchen, da ich erwachte, wars wircklich so; voller Freude wolte ich mich bey den Musen bedancken, aber wie sehr war mein Stoltz gedemühthigt, da sie mich aus lachten, mich vorwitzig nanten und dabey sagten: geh zu unsern Liebling und lerne erst was, denn ob er dir schon gelegendlich von uns erzählt als meinten wirs recht gut mit dir, so wißen wir doch nicht recht viel davon; also geh zu ihm, zeig ihm dein Opus und wenn ers statt der Anwort ins Feuer wirft, so sey still und bedank dich.[32]

Indem sie sich auf die Inspiration im Traum berief, entzog Anna Amalia ihr Märchen beinahe den künstlerischen Prinzipien, die sie selbst gefordert hatte. Dadurch konnte sie es Wieland zur Kritik übergeben. Wie ehrlich die Antwort des ehemaligen Prinzenlehrers und herzoglichen Pensionärs sein konnte, kann man sich denken. Selbst einen Verriß hätte er, um seine Position zu wahren, in Lob eingebunden. Da er nicht sofort Zeit für die Lektüre fand, wunderte er sich zunächst nur, daß die Musen «ihrer würdigsten Beschützerin ein so grißgramisches Compliment gemacht haben sollten.»[33]

Das Märchen Anna Amalias ist eine Parabel über eine Stadt, in der ein Mann namens Arminius sich als Kunstrichter aufspielt, sich dabei aber zuweilen mit fremden Federn schmückt. Ein Weiser wagt es, den geistigen Scharlatan zu entlarven und wird fortan von allen geachtet. Das Märchen endet mit einem leidenschaftlichen Plädoyer für eine Beurteilung von Kunst, die deren wahres Wesen beachtet und erkennt.[34]

Wieland schickt das kleine Werk mit folgenden Bemerkungen zurück: «[...] das Mährchen ist scharmant; und, wiewohl ich mich nicht rühmen will seine geheime Bedeutung ganz zu verstehen: so mercke ich doch soviel, that it's as full of Sense as an egg is full of meat, wie die Engländer sagen».[35] Es ist mehr als unwahrscheinlich, daß Wieland den Inhalt des Märchens und vor allem die Anspielungen auf Weimar und seine Protagonisten nicht verstanden hat. Aber er war klug genug, sich auf derlei Diskussionen nicht einzulassen und sich lieber ironisch in ein englisches Sprichwort zu flüchten. Ein weiterer Grund für seine freundliche Antwort mag sein, daß er der Herzogsmutter den angenehmen Zeitvertreib des Schreibens nicht verderben wollte und sie daher weiter ermunterte.

Anfang 1796 verfaßte Anna Amalia die galante Erzählung «Le Soulier» auf Französisch. In drei Episoden fungiert ein Schuh als mißverstandenes Omen, das den jeweiligen Protagonisten ins Unglück stürzt. Das Hauptthema ist die Tragik der unerfüllten Liebe. Auch diese Erzählung, die – wie sie schrieb – noch lauter Flecken aufweise, schickte Anna Amalia an Wieland zur «Reinigung». Der Dichter nahm einige sprachliche Korrekturen vor, griff in die Struktur der Erzählung aber nicht ein.[36] Neben diesen erwähnten Stücken schrieb die Herzogsmutter auch einige kurze Komödien auf Italienisch.

Im Lauf der Jahre wurde es immer schwieriger, den Landsitz Tiefurt als idealisierten Fluchtpunkt vor der Langeweile des Hoflebens aufrechtzuerhalten. Zwar war Tiefurts Innenausstattung zur Manifestation der Italienbegeisterung geworden und diente als Aushängeschild für die kunstliebhabende Herzogsmutter, doch auf Dauer ließ sich der «horror vacui», die Angst vor Leerlauf und Inhaltslosigkeit des Hoflebens, auch von dort nicht verbannen. Dazu kam, daß sich Anna Amalia 1797 von Luise Rudorf verabschieden mußte, die sie erst 1793 als Kammersängerin eingestellt hatte. Obwohl Rudorf diese Tätigkeit tatsächlich ausübte, wäre «eine besoldete Gesellschafterin, die besonders gut singen konnte», der passendere Ausdruck gewesen. Die Herzogsmutter entwickelte ein Vertrauensverhältnis zu ihr, das auch die jüngsten familiären Verwicklungen überdauern sollte. Schuld daran war ihr Sohn, Herzog Carl August, der eine Affäre mit der Kammersängerin hatte. Eines Tages mußte Luise ihrer Herzogin gestehen, daß sie schwanger war. Anna Amalia blieb gelassen, uneheliche Kinder waren bei Hofe nichts Ungewöhnliches, und daß ihr Sohn nebeneheliche Verhältnisse pflegte, war ihr seit langem bekannt. Da die Thronfolge inzwischen gesichert war, gaben diese Umstände auch keinen Anlaß zu ernsthafter Besorgnis. So tröstete sie Luise Rudorf mit den Worten:

> Sey Du ganz Ruhig über mir ich versichere Dich auf meine Ehre daß du im geringsten nichts bey mir verlohren hast, ich liebe dich u Schätze Dich so wie ich es immer gethan habe u alles was ich thue geschiet alles um deinnet willen; Gott wird dir gewiß noch Glücklich Stunde schencken verlaße du dich nur auf ihm. Bleibe heute zu Hause u schone deine Gesundheit.[37]

Als der ehemalige Prinzeninstruktor Carl Ludwig von Knebel anbot, Luise Rudorf zu heiraten und das Kind anzunehmen, war Amalia von diesem Plan nicht überzeugt. Sie ließ ihr «Rudelchen» ungern ziehen – dazu kamen finanzielle Bedenken. Wenn sie Luise aus dem Hofdienst ehrenvoll entließ, mußte sie ihr eine lebenslange Pension zahlen, und zugleich die Besoldung für eine neue Kammersängerin aufbringen. In die Korrespondenz über diese Angelegenheit war natürlich Amalias Kammerherr von Einsiedel einbezogen, der allerdings auch für Knebel eine Vertrauensperson war. Knebel bat Einsiedel: «Du darft selbst der Herz[ogin] nicht sagen, daß Du von mir immediate etwas darüber erhalten hast, sonst könnte sie leicht, nach ihrer Art, widersinnig u. störrig werden.»[38]

Anna Amalia wiederum ist Einsiedel gegenüber entwaffnend aufrichtig, als sie ihn bittet, einen Briefentwurf an Knebel zu ‹entschärfen›: «Es hat mich viele Uberwindung gekostet einzuwilligen in seinem albern Vorhaben, vielleicht könte was darinne eingeflossen seyn und ihm noch närrischer machen als er schon ist».[39] Knebel übersandte sie daraufhin ihre herzlichsten Glückwünsche, und die Heiratspläne konnten im Februar 1798 schließlich umgesetzt werden, nachdem Herzog Carl August eingewilligt hatte. Zwischen Anna Amalia und den Knebels entspann sich in den Folgejahren ein lebhafter Briefwechsel, der relativ geschlossen erhalten geblieben ist und einen Einblick in diese Verbindung gibt – inklusive der Ermahnungen Amalias an die Eheleute, sich gut zu vertragen.[40]

Trotz dieses positiven Ausgangs waren Verwirrungen unterhaltsamer, wenn sie auf dem Theater stattfanden. Anna Amalias kleiner Hofstaat war bemüht, sie bei Laune zu halten. So bat Göchhausen im Sommer 1796 Goethe um die Erlaubnis, das Hoftheater mit Dekorationen und Beleuchtung benutzen zu dürfen.

> Wir gedenken Morgen Abend vor einer kleinen Gesellschaft bey verschlossenen Thüren Ihre Oprette [sic!], Erwin und Elmire, zu spielen. Die Herzogin weiß nichts davon, und wir hoffen, ihr eine kleine Freude damit zu machen.[41]

Anna Amalia hatte die Musik zu Goethes Singspiel selbst geschrieben, was aber zwanzig Jahre nach der Uraufführung in Weimar schon fast in Vergessenheit geraten war. Ein weiterer Höhepunkt des Jahres 1796 war ein Gastspiel des Berliner Schauspielers und Dramatikers August Wilhelm Iffland im Palais der Herzogsmutter. Die Stücke Ifflands trafen Anna Amalias Geschmack, wie den der breiten Masse des Theaterpublikums um 1800 auch; seine Darbietungen waren für sie immer «groß Gaudium». Gemessen an seiner Einwohnerzahl hatte Weimar viel an Theater- und Konzertabenden zu bieten, allerdings gab es noch keine Abonnement-Konzerte wie in größeren Städten.[42]

Doch all diese Divertissements boten nur kurzweilige Abwechslung verglichen mit dem Großprojekt, dem sich Anna Amalia am Anfang des Jahres 1797 widmete: Sie verarbeitete ihre Italienerfahrung in den «Briefen über Italien». Es ist das umfangreichste schriftliche Werk aus der Hand der Herzogsmutter. Als Quelle gebrauchte sie vor allem ihr Journal, das sie während der Reise geführt hatte. Dieses Material arbeitete sie um und adressierte die «Briefe» an eine «liebe Schwester», mit der sehr wahrscheinlich Auguste Dorothea gemeint war.[43]

Glaube nicht liebe Schwester daß ich hier mit kentnissen der Alterthümer u Kunst-Sachen glänzen will; nichts weniger als dieses ist meine Absicht meine Bemerckungen gründen sich auf nichts anders als auf die vorüber gehenden Empfindungen welche die Betrachtung der Gegenstände selbst in mir erweck hat.

Dies war weniger ein Vorsatz als eine bescheidene Redewendung. Über weite Strecken lesen sich die «Briefe über Italien» wie ein Reiseführer, der aufzählt, welche Kunstwerke oder antiken Bauten wo zu finden sind. Persönliche Empfindungen sparte Anna Amalia weitgehend aus, was auch daran liegen mochte, daß das Italienerlebnis nun schon sieben Jahre zurücklag. Wenn sie versuchte, Empfindungen zu beschreiben, stieß sie an sprachliche Grenzen und zog sich auf den Topos des «unbeschreiblich Schönen» zurück.

Wer könte Wohl Raphaels Geist entwerfen, dessen Pinsel die *Grazien* selbst führten, der von höherer Kraft *inspirirt* war die seinen Wercken etwas Göttliches mittheilet. Welche unnachamhlich reine *Contours*, welcher sanfter Reitz seiner Figuren, welche größe und welch edles wesen in seiner *Composition*, welche meisterhafte Behandlung des Gewandes! alles dieses läßt sich wohl empfinden, aber mit Worten nicht erreichen.

Die Unmittelbarkeit des Journals ging durch Anna Amalias Bearbeitung weitgehend verloren. Kam sie mit ihren Notizen nicht weiter, erweiterte sie sie mit Material aus landeskundlichen Beschreibungen und anderer Reiseliteratur. Für ihr «Nacherleben» der Antikenanschauung besonders wichtig war der Bestandskatalog des Museo Pio-Clementino im Vatikan. Während der Abfassung der Briefe im März 1797 wünschte sie den jüngst erschienenen Teil des Fortsetzungswerks «recht sehnlich zu besitzen».[44]

Anna Amalia beschränkte sich nicht nur auf die Sehenswürdigkeiten von Rom, Neapel, deren Umgebung, Ischia und Apulien, sondern stellte auch, wie damals üblich, den Nationalcharakter der Italiener dar. Die Bewohner Ischias erschienen ihr als Naturkinder, die Neapolitaner als geschwätzig, während die Römer ihr sehr ernsthaft zu sein schienen, die ihren ganzen Humor für den Carneval aufsparten. Dabei neigte sie zur Romantisierung:

> Unter den Mahlerischen Gegenstände, die ich in dieser Stadt [Albano] wahrnahm waren auch die Auffallenden Gestalten der hiesigen Bettler, welche wegen ihre durch elend und alter tief eingegraben Gesichtszüge, und zerfetzten lappen die kaum ihre blöße decken ein wares Studium für den Mahler seyn könten wie es auch würcklich Callot in seinen Zeignungen bewiesen hat.

Aber nicht alles geriet in den Dienst der Kunst. Eine persönliche Note erhielten die Briefe doch hin und wieder, wenn die Herzogsmutter Anekdoten von persönlichen Begegnungen schilderte, wie auf Ischia:

> Wen man sich von ihnen von einem Ort zum andern tragen läßt so fragen sie ob man von ihnen *Stumm* oder sprechend bedient seyn will; antwortet man ihnen *Stumm* so muß man ihnen mehr zahlen. Ich habe selbst ein versuch von dieser ihrer Leidenschaft gemacht. Ich ließ mich tragen u verlangte von ihnen daß sie sich Stille dabey verhalten sollten, dafür versprach ich ihnen nach meiner Rückkehr ein gutes Trinkgeld. Sie versprachen alles gutes. Aber ihre Lebhaftigkeit erlaubte ihnen nicht, mich lange in Ruhe zu laßen. Da sie nicht sprechen durften nahmen sie ihre Zuflucht zur *Pantomim*ische Gebehrden Sprache, um ihr Mitleiden über meine vermeinte Unpäßlichkeit zu bezeugen, dabey wiesen sie mit den Finger auf den Mund um zu zeigen daß ihnen das sprechen verboten were. Dieser spaß dauerte eine ganze Weile [...]. Endlich erlaubte ich ihnen zu sprechen. Aufeinmahl entstand ein solches Geschnatter u geschrei, daß mir die Ohren davon gelleten; u nun war auch kein mittel mehr, sie zum schweigen zu bringen.

Apropos persönliche Begegnungen: Giuseppe Capecelatro stellte sie als einen Mann von «Edelmuth» dar, der die seltene Gabe besitze, «Verstand und Herz in gehörigem Gleichgewicht zu halten». Ihre Lobeshymne ist zwar kaum zu übertreffen, bleibt aber unpersönlich. Sie verriet nichts darüber, ob sie ihn nur kurz kennenlernte oder ob sie mehr Zeit mit ihm verbrachte. Auch der letzte Satz über Capecelatro sagt alles und nichts: «Wie schmeichelhaft ist es nicht für mich, diesen treflichen Mann meinen Freund nennen zu können, und mit ihn in fortdauerenden Briefwechsel zu stehen!»[45]

Amalia inszenierte sich nicht als Schriftstellerin, sondern behielt den Demutsgestus einer fürstlichen Dilettantin, ganz so, wie sie es in ihren eigenen Aufsätzen gefordert hatte. Herder schickte sie einen ersten Brief über Rom mit folgender Nachricht:

Um nicht ganz so finster zu werden wie unser leidiger Horizont ist habe ich gesucht, mich die Zeit über so viel möglich nach Rom zu versezen. Die Erinnerungen der vergnügten Zeiten, die ich da genoßen habe, erweckte in mir das Verlangen, die noch lebenden ideen nach meiner art zu Papier zu bringen. Ich wage es lieber Herder, Ihnen das Resultat meiner angenehmen Beschäftigung zu schicken. Vielleicht dient es Ihnen bei müßigen Stunden einige angenehme zurückerinnerung zu verschaffen. Vielleicht fallen Ihnen Anmerkungen bey, hier und da eine Lücke auszufüllen.[46]

Herder, der zeitweise zu Amalias Reisesuite gehört hatte, konnte ihre Beschreibungen aus der eigenen Erfahrung beurteilen. Doch Anna Amalia meinte eine weitere Funktion: An die Stelle der echten Reise als Therapie war die Gedankenreise getreten, die sie nun zu Papier brachte. Herder kannte die Herzogsmutter so gut, daß er um diese erhoffte therapeutische Wirkung gewußt haben muß. Er ermunterte sie zum Weiterschreiben mit dem Satz: «Ich war noch einmal in Arkadien.»[47] Sich selbst in das idealisierte Italien zu versetzen, war Anna Amalias Ziel und wenn dies auch bei ihren wenigen Lesern gelang, war das für sie die schönste Bestätigung.

Ein weiterer ‹Testleser› der Fürstin war Wieland. Der Dichter konnte in seiner Beurteilung der Briefe auf keine persönliche Italienerfahrung zurückgreifen und behalf sich mit dem Blick auf die Antike. Auch er zeigte sich begeistert – und auch er begriff, weshalb die Herzogsmutter dieses Werk verfaßte:

Um so eifriger wünsche ich nun, Gnädigste Herzogin, daß Ew. Durchl. in Fortsetzung dieser so interessanten Rückblicke und Erinnerungen eine so angenehme Beschäftigung des Geistes und ein so süßer Vergessen alles dessen, was in dem Lethe versenkt zu werden verdient, finden mögen, um Sich selbst aufgemuntert zu fühlen, diesem geistvollen Brief aus Rom noch recht viele Brüder zu geben.[48]

Lethe war der Fluß des Vergessens in der antiken Ideallandschaft Tempe, ein ungetrübtes Paradies von Reinheit und ewiger Jugend[49] – schon vor dem Aufbruch nach Italien war das «Vergessen» wesentlicher Bestandteil der Wiedergeburt, die sich Anna Amalia im Süden erhofft hatte. Die Arbeit an der Reisebeschreibung war eine Realitätsflucht aus dem politisch unruhigen Deutschland – eine Flucht, die auch die Veränderungen, die Italien zwischenzeitlich durchmachte, ausblendete. In den Jahren 1796 bis 1798 eroberten französische Truppen Nord- und Mittelitalien, begleitet von einer Propagandakampagne des jungen Generals Napoleon Bonaparte. Seit dem Frühjahr 1797 wurden auf dem Boden der alten Monarchien und Stadtstaaten neue, von Frankreich abhängige Freistaaten gegründet, wie die «Cisalpinische Republik» um Mailand, Bologna und Modena. Das frühneuzeitliche Italien, das Anna Amalia noch kennengelernt hatte, war verschwunden.

Obgleich der Italienaufenthalt wegen seiner Dauer und des damit verbundenen finanziellen Aufwands damals für Aufsehen gesorgt hatte, nutzte Anna Amalia ihre Reisebriefe nicht, um die Abwesenheit im Nachhinein zu rechtfertigen. Als Fürstin fühlte sie sich auch nicht bemüßigt, eine breitere Öffentlichkeit an ihren Erfahrungen teilhaben zu lassen. Dieser Mode, meist zur Pflicht stilisiert, schlossen sich seit den 1780er Jahren vermehrt auch weibliche bürgerliche Reisende an.[50] Die Herzogin publizierte ihre Reisebriefe selbstverständlich nicht; sie waren lediglich der Hoföffentlichkeit und einem ausgewählten Kreis von Günstlingen zugänglich.

Die Realität sah 1797 in Deutschland und Italien anders aus, als die idealisierten «Briefe» nahelegen wollten. Nach der schriftlichen Musenreise floh Anna Amalia in diesem Sommer auch tatsächlich wieder nach Süden. Doch diesmal war schon südlich des Mains Endstation – der Kuraufenthalt in Kissingen war das äußerste, was sie sich an ‹Fluchtvorhaben› glaubte leisten zu können. Möglich war dies erst seit dem Vorjahr, als die süddeutschen Reichsstände mit der französischen Republik einen Waffenstillstand geschlossen hatten. Die Herzogsmutter wohnte im Haus des Bürgermeisters. Bei ihr waren ihre neue Hofdame von Wolfskeel, ihr Kammerherr von Einsiedel, sieben Bedienstete sowie ihre Kammersängerin Luise Rudorf. In Kissingen absolvierte Anna Amalia mit ihrer Schwester Caroline ein ähnliches Programm wie auf anderen Reisen. Sie vergnügte sich auf Bällen und bei Theateraufführungen; für einen Besuch in der Residenz Würzburg mit ihren Sehenswürdigkeiten unterbrach sie den Kuraufenthalt. Die Besichtigung von «Kuriositäten» und «Raritäten» ergänzte das musikalische Unterhaltungsprogramm. Die Weimarer Herzogsmutter wählte aus den Attraktionen Würzburgs einige aus, die ihrer fürstlichen Unterhaltung dienten. Bildung war, wie auch in Italien, ein angenehmer Nebeneffekt.

Kapitel 9

«Alle schöne Geister werden komen»[1]

Genievögel, Brudergier, Kotzebuben

Es war die Kunst, die Anna Amalia 1803 auch einmal in die kursächsische Residenz Dresden führte – Berlin oder Wien hat sie nie gesehen. Als «Gräfin von Alstaedt» stieg sie im Dresdner Hotel de Pologne ab. Um Kosten zu sparen, behielt sie bei ihren Besuchen am Hof das bewährte Inkognito vermutlich bei. Anna Amalia besichtigte die berühmte Gemäldegalerie, die Antikensammlung im Japanischen Palais und die von Anton Raphael Mengs zusammengetragene Sammlung von Gipsabgüssen. In Dresden konnte sie sich durchaus als Kunstkennerin darstellen, da sie vieles von dem, was dort als Abguß ausgestellt war, im Original in Italien gesehen hatte. Italienische Erinnerungen wurden durch die Inszenierung der Besichtigung verstärkt. Die Abgußsammlung besuchte sie abends «bey Fackeln» – die flackernden Lichter sollten die Plastiken lebendig werden lassen. Auch den Divertissements bei Hofe blieb Anna Amalia nicht fern. Mehrfach war sie zu Theateraufführungen in die kurfürstliche Loge eingeladen und nahm an einer Jagd sowie einem Ausflug nach Zscharkwitz teil.[2] Ob sie diese Veranstaltungen in Gesellschaft der Höflinge als Pflichtübung verstand, oder ob sie ihr tatsächlich Vergnügen bereiteten, wissen wir nicht.

Daß eine solche Reise eine große Abwechslung gewesen sein muß, macht die Beschreibung des Tiefurter Alltags deutlich, die Hofdame Henriette von Fritsch ihrem Ehemann gab:

> Am Freitag mußte ich von früh um halb 10 Uhr, bis 12 Uhr mit meiner Herzogin spazieren gehen, oder wenn Du lieber willst, spazieren sitzen [...] Sonnabend Vormittag ging es mir wie am Freitag, ich mußte wieder bis beinah 12 Uhr spazieren gehen. Um halb eins kam Knebel der den Tag zuvor, zu Fuß von Ilmenau in Weimar angekommen war, er meldete der Herzogin, daß

Göthe auch zu dem Diner kommen und seinen Freund Zelter mitbringen würde. Wir kleideten uns nun sämtlich sehr geschwind an, empfingen dann die beiden Gäste freundlich, und assen schnell zu Mittag, weil die gräfl Reussische Familie punkt drei Uhr hier erwartet wurde. Sie kam auch wirklich mit dem ersten Schlag drei, und blieb zu unserem großen Aerger bis 7 Uhr. Seebach kam um sechs, und spielte nachdem die Reuß Familie abgereist war, mit uns Bostan.[3]

«Spazieren sitzen» im Park, Besuche der Weimarer Höflinge und immer wieder das (Karten-)Spiel – die Vergnüglichkeit dieser Unternehmungen hing von der Stimmung der Beteiligten ab. Und da diese meist dieselben waren, fiel es denkbar schwer, für Abwechslung zu sorgen. Anna Amalia war zum Zeitpunkt dieser Beschreibung beinahe 64 Jahre alt, hatte also die Regentschaft seit fast 30 Jahren abgegeben. In all diesen Jahren hatte sie viele neue Impulse erhalten – doch um die Jahrhundertwende schien es für sie schwieriger geworden zu sein, sich unterhaltsam zu beschäftigen. Dazu kamen die politischen Umwälzungen im Alten Reich und in ganz Europa, die all das in Frage zu stellen schienen, womit die Herzogin aufgewachsen war. Es muß für sie schwer zu fassen gewesen sein, daß auch in Deutschland Stimmen laut wurden, die die Privilegien des Standes in Frage stellten, dessen größte Sorge war, wie man am besten der Langeweile entfliehen könne. Beim ‹regierenden› Hof fand Anna Amalia freilich wenige Gesinnungsgenossen. Interessenkonflikte, ästhetische Kontroversen und persönliche Querelen hatten den Witwenhofstaat seit den späten 1790er Jahren immer weiter vom Weimarer Zentrum entfernt.

*

Nach dem Kissinger Kuraufenthalt hatte sich die Herzogsmutter wieder ihren bewährten Beschäftigungen zugewandt. Aus dem Jahr 1798 sind zwei literarische Fragmente aus ihrer Feder erhalten. Eine Erzählung mit dem Titel «Ein Traum im Jahr –98» und ein «Gedicht». Ähnlich wie im früheren «Märchen» geht es auch im «Traum» um das Problem, ob und wie sich die Kunst nach allgemeingültigen Prinzipien beurteilen lasse. Die Ich-Erzählerin befindet sich in einem fremden Land, in dem die «Systemmacher» leben, die sich auch «große Geister» oder die «Allein Klugen» nennen. Sie bemühen sich, den Lauf der Natur ins Umgekehrte zu lenken, und dementsprechend sehen sie aus:

> Sie selbst gingen auf den Köpfen und bey einigen sah ich zu meinem Erstaunen Bäume von verschiedenen arten als Eichen, Papeln und dergleichen aus ihre[n] Fersen wachsen. Auf die Aesten sah ich ein eigenes Völckgen, Komische Figuren die sich da ein geniestet hatten und die mit vieler Anstrengung und grosser Mühe die Höchsten Gipfeln der Bäume zu erklettern suchten um von da aus zu spüren ob Jupiters Bart weiß oder Roht sey.

Doch damit erregen die «Genie-Vögel» Jupiters Zorn. Die Ich-Erzählerin flüchtet in ein anderes Tal, in dem Biber mit menschlichen Gesichtern wohnen, die sich «Musen-Söhne» nennen. Sie behaupten, die Musen hätten ihre Funken über ihnen ausgegossen und sie damit zu Halbgöttern gemacht. Daher bräuchten sie die «reine Sinnlichkeit nicht mehr [...], wie sonst es mode war.» Die Träumende ist skeptisch:

> Ich hielt mich einigezeit bey diesen Kleinen Göttern Genis auf: hörte ihre Musick; sah ihre Gemähld[e], ihre Plasticken, und andere Kunst Producte. Aber nach dem ich alles genau betrachtet hatte; kam es mir vor, als weren diese Künste nur fremde Pflanzen, die so wie sie auf keimten so gleich abarten und verdorren.[4]

Die Ich-Erzählerin wacht plötzlich auf und muß feststellen, daß es in der wirklichen Welt genauso aussieht wie in ihrem Traum.

Anna Amalia setzte sich intensiv mit der Frage auseinander, was wahre Kunst sei und wie die Menschen sie zu erkennen vermögen. In dieser schwierigen Frage kam die Herzogin nicht besonders weit. Sie versuchte, ein diffuses Gefühl durch phantasievolle Bilder auszudrücken. Klar war ihr nur, daß Anmaßung, sich wie die Musensöhne für Halbgötter zu halten, keine wahre Kunst hervorbingen kann, sondern nur leeren Schein. Oder es zieht – wie im Fall der Genie-Vögel – göttliche Strafen nach sich, wenn sie über den ihnen zugewiesenen Platz hinausstreben und versuchen, Gott zu erkennen.

In dem Gedicht aus dem gleichen Jahr beklagt Amalia, daß das wahre Wesen der Kunst verstumme. Denn solche Kunst, die nur aufgrund ästhetischer Regeln entstehe, sei hohl. Nur wahre Kunst könne ihren Auftrag erfüllen, den Menschen zu veredeln. Was aber ist wahre Kunst?

Der Gedanke lag nahe, Kunst nach ästhetischen Prinzipien, nach Regeln zu beurteilen. Doch die Regel allein macht noch keine Kunst. Anna Amalia wollte sich – zumindest in der Musik – nicht zu den Dilettantinnen zählen, sie sah sich wenigstens als Kennerin. In der Literatur steigerte sie ihre Ansprüche an sich selbst ebenfalls. Ihre literarischen Versuche dienten ihr nicht mehr allein zur angenehmen Beschäftigung, sondern auch zur Selbstreflexion. Allerdings wuchs mit ihren Ansprüchen ihre Unsicherheit. Der Selbstreflexion folgte eine Selbstblockade. Daran hatte auch die Dilettantismus-Debatte ihren Anteil, die Ende der 1790er Jahre von Weimar und Jena ausging.

Goethe und Schiller diskutierten um die Jahreswende 1798/99 mit Heinrich Meyer, Lehrer am Freien Zeicheninstitut, ein Schema für einen Aufsatz, dem sie den Titel «Über den Dilettantismus» geben wollten.[5] Die professionellen Autoren betrachteten den stark angewachsenen Literaturmarkt mit Sorge: Zwar schätzten sie die erweiterten publizistischen Möglichkeiten, sahen jedoch auch, daß der Markt keinerlei Kontrollen unterworfen war und so mit Literatur minderer Qualität und Nachdrucken überschwemmt wurde. Ein Dorn im Auge war ihnen die Kunst der Dilettanten, solcher Menschen, die sich nicht auf den passiven Genuß der Künste beschränken wollten, sondern auch selbst produktiv tätig wurden. Der Dilettant erliege dem Irrtum, so eine verbreitete Kritik, er möge sich nur an die Regeln halten, dann könne auch er Kunst produzieren. Doch zur Kunst gehöre auch der Ausdruck eines Gefühls; erst die Harmonie dieser beiden Komponenten mache Kunst zur Kunst. Wie diese Harmonie herzustellen sei – das ist das Problem, für dessen Lösung Anna Amalia keine Worte finden konnte. Auch Goethe und Schiller mußten zwangsläufig an diesem Punkt einen Begriff einfügen, der dem Unerklärlichen einen Namen gab: Genie. Ein Dilettant mochte zwar Talent haben, das seine Versuche beförderte, doch das reichte nicht, um aus Handwerk Kunst zu machen. Nicht zuletzt Goethe wußte genau, worüber er sprach, war er doch selbst in einigen Bereichen leidenschaftlicher Dilettant: In der bildenden Kunst und in den Naturwissenschaften. Daher sprach er dem Dilettantismus – vor allem in den Naturwissenschaften – einigen Nutzen zu. Der Dilettant kann durch Neugier und Assoziation zu wichtigen Entdeckungen beitragen. Die Naturwissenschaften werden in «Über den Dilettantismus» allerdings ausgespart.

Das Schema listet Schaden und Nutzen sowohl für das Individuum als auch für die Gesellschaft auf, beschreibt die Entwicklung in der «Alten» und «Neuen Zeit» in Deutschland ebenso wie Phänomene im Ausland. Berücksichtigt werden die Künste Zeichnen, Tanz, Baukunst, Musik, Gartenkunst, Schauspielkunst sowie lyrische und «pragmatische» Poesie. Den Nutzen des Dilettantismus sehen die Autoren in der Ausbildung der Sinne, sei es des Sehens durch das Zeichnen, des Gehörs durch die Musik, der Sprache durch die Poesie oder des Körpers durch den Tanz. Die Beschreibung der Schäden mahnt zur Vorsicht bei der Ausübung dieser Künste. Beim Tanz wird naheliegend vor «Zerbrochenheit der Glieder» gewarnt, bei der Schauspielkunst vor der «Karikatur der eignen fehlerhaften Individualität». Besonders deutlich werden die Befürchtungen in der Poesie. Dort wird unter «Nutzen» eine recht überraschende Erwartung formuliert: «Jeder gebildete Mensch muß seine Empfindungen poetisch schön ausdrücken und folglich ein gutes Gedicht (lyrisches) machen können». Wird hier der Eindruck erweckt, es genüge, schöne Worte aneinanderzureihen, die die Sprache ohnehin bereithält? Weit gefehlt. Unter «Schaden» ist eine Warnung vor den Dilettanten zu finden, die alle «Plagiarii» seien:

> Sie entnerven und vernichten jedes original schöne in der Sprache und im Gedanken, indem sie es nachsprechen, nachäffen und ihre Leerheit damit ausflicken. So wird die Sprache nach und nach mit zusammen geplünderten Phrasen und Formeln angefüllt, die nichts mehr sagen, und man kann ganze Bücher lesen, die schön stilisiert sind und gar nichts enthalten. Kurz alles wahrhaft schöne und gute der echten Poesie wird durch den überhandnehmenden Dilettantism profaniert, herumgeschleppt und entwürdigt.

Die gleiche Verve legt Goethe auch in einem Brief an Schiller an den Tag, in dem er das Vorhaben, die Schrift «Über den Dilettantismus» zu veröffentlichen, bekräftigt:

> Wenn wir dereinst unsere Schleußen ziehen, so wird es die grimmigsten Händel setzen, denn wir überschwemmen geradezu das ganze liebe Thal, worin sich die Pfuscherey so glücklich angesiedelt hat. Da nun der Hauptcharakter des Pfuschers die Incorrigibilität ist und besonders die von unserer Zeit mit einem ganz bestialischen Dünkel behaftet sind, so werden sie schreyen, daß man ihnen ihre Anlagen verdirbt, und wenn das Wasser vorüber ist wie Ameisen nach dem Platzregen alles wieder in alten Stand setzen. Doch das kann nichts helfen, das Gericht muß über sie ergehen. [...] Es soll eine gewaltige Sündfluth werden.[6]

Trotz dieser leidenschaftlichen Phantasie des Verfassers kam es nie zu einer Ausformulierung des Schemas. Das «liebe Thal» – damit war sicher auch Tiefurt und seine Bewohnerin Anna Amalia gemeint – blieb von der gewaltigen «Sündfluth» verschont. Die Herzogsmutter beschäftigte sich allerdings gerade mit Gedanken, die in manchen Aspekten von denen der beiden «Genies» nicht so weit entfernt waren. Als fürstliche Dilettantin war Anna Amalia von diesem Diskurs direkt betroffen. Und Tiefurt war nicht so abgelegen, daß sie davon nicht schon etwas mitbekommen hätte. Daher wollte sie Stellung beziehen. Nach ihren «Gedanken zur Ästhetik und Cultur» widmete sie sich nun der Kunst, in der sie selbst keine bloße Dilettantin war: 1799 verfaßte sie ihre «Gedanken über die Musick». Selbstbewußt schrieb sie an ihre ehemalige Kammersängerin Luise von Knebel: «Ich schreibe was über die Musik es wird recht gut werden.»[7]

In ihrem Essay versucht Anna Amalia die Wirkung von Musik auf den Menschen zu beschreiben sowie den Nutzen, den man davon erhalten kann. Laut Anna Amalia ist «Das Organ des Gehörs [...] unter allen das feinste und zarteste und unmittelbahr mit dem Herzen verbunden und hat folglich ein wirksameren einfluß auf das Gefühl und die Leidenschaften des Menschen als die Bildenden Künste.»[8] Das gute Gehör, erforderlich für die Kunst der Musik, sei entweder eine Gabe der Natur, oder es könne durch Unterricht und Übung geschult werden. Daher fordert sie eine Ausbildung, ebenso wie es sie in der Malerei gebe:

> Welche Schätze würden uns nicht hierdurch zutheil werden! Wen das Organ des Gehörs und Gesichts geschärft würden, so würde unser Gefühl, die Ordnung in unsern Dencken, unser Geschmack und selbst die *Moralität* unsers Lebens mehr richtigkeit und verfeinrung erhalten (Bl. 180'–181).

Die Herzogsmutter verspricht sich viel von der Einrichtung von Musikschulen. Ihr Vorbild sind die Italiener. Die «Italienische Nation» sei die erste Europas gewesen, die «die TonKunst cultiviert» und es durch das Studium so weit gebracht habe, daß «der Italienische Gesang durch Edeln Geschmack und schönen Vortrag vor allen Nationen den Vorzug hat» (Bl. 184). Außerdem sollten die Sinne für die Empfindung der Musik empfänglich gemacht werden, es genüge nicht, allein das Gehör zu stimulieren, das verkenne den Sinn in der Musik. Jedoch fordert sie keine allgemeine Musikpädagogik. Auch sie ist im Genie-Denken verwurzelt.

> Jetzt wird die Ton-Kunst bloß als Mode behandelt. Man rechnet sie unter die wesendlichen Stücke einer guten und feinen Erziehung ohne darauf zu achten ob der zögling Talent dazu habe und unter die Gegenstände eines angenehmen zeitverdreibt; aber eben hierdurch wird sie noch mehr mishandelt und unendlich weit unter ihre Würde herab gesetzt. Daher unterfängt sich jederman ohne unterschied sich dieser Himmlische Kunst zu weihen und so geringe auch die fortschritte sind die sie darinne gemacht haben sich zu Kunstrichtern aufwerfen (Bl. 182').

Auch Amalia wendet sich wie Goethe und Schiller gegen das mechanische Erlernen der Musik, dem die Seele fehle. Doch was den beiden Dichtern die Dilettanten sind, gegen die sie anschreiben, sind für Amalia die Kunstrichter. Sie verwahrt sich zwar gegen deren Anmaßungen, gerät bei der Argumentation allerdings in einen Zirkel: Sie spricht sich nicht generell gegen die Bewertung von Musik aus – wer aber die Maßstäbe dafür setzen dürfe, läßt sie offen. Es gebe nur einen Geschmack, und zwar den guten: «So wie es in der Natur nur ein vollkommenes Schön geben kann; Alles übriege was man Geschmack nennet bestehet in Meinungen, Phantasien und Capricen» (Bl. 184').

Um diesem Dilemma zu entfliehen, versucht sie, eine Regel aufzustellen, wie man Musik beurteilen sollte, mit dem Gefühl und dem

Verstand – diese beiden Wahrnehmungsformen ergänzten sich bei den meisten Autoren, die der ‹empfindsamen› Variante der Aufklärung zuzurechnen sind.

Wen wir durch das Gefühl wahrnehmen daß, in irgend einem Gegenstand Ordnung und Harmonie herschen und die Vernunft überzeugt ist daß alles zu diesen Zweck zusammen stimmet und bey der genauesten Zergliederung von diesen Urtheil nicht abgehen kan, so ist es ein beweiß von Guten Geschmack, so wohl im Werke selbst als in rücksicht dessen der es beurtheilet. Die Würckkungen sind als dan mit Himlischen Empfindungen begleitet und es stehet nicht in der Macht des Menschen denselben zu wiederstehen (Bl. 185).

Die «Himlischen Empfindungen» sind es dann auch, die Anna Amalia am Schluß ihrer Betrachtungen stehen läßt. Auch hier flieht sie aus Erklärungsnot, denn:

Das Wesen der TonKunst läßt sich durch den Menschlichen Verstand nicht ergründen; was wir von ihr wissen daß sind resultate ihrer Würkungen. Man kan sie als ein Göttliches Geschenke betrachten, wodurch unsere Seele mit der allgemeinen Harmonie der ganzen Natur auf das innigste verbunden wird, ohne bestimmen zu können wie sie mit so mächtiger Kraft auf sie wirke (Bl. 94').

Bei dem Versuch, die Wirkung der Musik auf das Gefühl des Menschen zu beschreiben, stößt Anna Amalia an die Grenzen ihrer Artikulierungsmöglichkeiten – und gibt dem Unerklärlichen den Namen Gott.

Auch die «Gedanken über die Musick», die in keinem Gesichtspunkt über zeittypische Ansichten hinausgingen[9], veröffentlichte Anna Amalia nicht. Sie dienten ihr in erster Linie zur Selbstvergewisserung und zum Gespräch im Kreis ihres Hofstaats, so wie sie gelegentlich noch ihre «Briefe über Italien» kursieren ließ. Knebel, der ihr diese Manuskripte zurückgesandt hatte, dankte sie:

Das schmeichelhafte Compl. was Sie mir darüber sagen, könte mich Stolz machen, wenn ich nicht wüßte daß oft die Freundschaft mit einem Gefühl der Güte fehler bedeck die vieleicht andere mit schärfere Critique nicht so billig ansehen würden als Sie; Auch war es immer meine Meinung gewesen, als ich es aufsezte: nur für sehr billige Freunde und zu meine eigene Erinnerung der glücklichen Tage die ich genossen hatte.[10]

Im Zuge ihrer Studien zur Musik hatte Amalia auch aus der Schrift «Kalligone» von Johann Gottfried Herder exzerpiert.[11] Sie orientierte sich also an einem Gelehrten aus ihrem unmittelbaren Umfeld, den sie als Autorität akzeptierte und von dem sie Bestätigung erwarten konnte. Auch der Kapellmeister und langjährige Protegé Johann Friedrich Kranz steuerte Anmerkungen bei, die sie in ihre Reinschrift einarbeitete:

> Zu dem Manuscript welches Se. Hochfrstl. Durchl. hier beykommend zurück erhalten, habe ich nur wenig hinzu thun können. Es ist in der That recht gut und schön gesagt, und würde wenn es von Seiten der Sänger beherzigt, allerdings bey unsrer jetzt dahin sinkenden Musik, von keinem unbedeutenten Nutzen seyn.[12]

Kranz verbindet seine Bewertung geschickt mit einer allgemeinen Klage über die Qualität der gegenwärtigen Musik. Diese Spitze, die sich auch gegen den ‹regierenden› Hof richtete, dürfte Anna Amalia davon abgelenkt haben, daß sein übriges Lob eher dünn ausfiel.

Ihre theoretischen Überlegungen, die eklektizistisch verschiedene zeittypische Ansichten über Musikästhetik kombinieren, lenkten Anna Amalia von den politischen Wirren ihrer Zeit ab. Je mehr die alte Ordnung Europas in Frage gestellt wurde, desto mehr resignierte die Herzogsmutter. An Bekannte schrieb sie Briefe, die «die gute alte Zeit» heraufbeschworen. Amalia fühlte sich als Außenstehende, als ohnmächtige Beobachterin und Kommentatorin der Zeitläufte. In einem Brief an Christoph von Benckendorf, der Anfang der 1770er Jahre häufig in Weimar gewesen war, brachte sie diese Gefühle zum Ausdruck.

> Ich bin wohl Ihrer Meinung, daß man nicht zu sehr über die jetzigen Zeiten nachdenken sollte, das macht nur schlechtes Blut, und das Leben ist zu kurz, um es nicht so viel wie man kann zu genießen. Unsere guten alten Zeiten waren fröhlicher, die Gesellschaft war lebendiger, jetzt hält man den Kopf schief, man will alles fest machen, indem man alles, was man tut, kritisiert, in dem Glauben, daß das geistreich ist [...]. Genießen wir die Vergangenheit, das bleibt uns [...]. Wenn Sie jemals auf die Idee kommen sollten, uns hier zu besuchen, fänden Sie ziemlich viele Veränderungen vor; alle Arten von Nationen umgeben uns, Franzosen, Engländer, [...] aber ich würde nicht sagen, daß die Gesellschaft davon gewonnen hätte. *Die Alte Teusche* [sic!] *Redlichkeit* verschwindet, wenn alles zusammenbricht.[13]

Anna Amalia beobachtete die Zeitläufte mit Sorge.[14] Der Friede von Campo Formio hatte am 17. Oktober 1797 endlich den Ersten Koalitionskrieg gegen Frankreich beendet. Österreich trat die südlichen Niederlande an Frankreich ab, bekam dafür Venedig, Salzburg und Teile Bayerns zugesprochen und stimmte zu, daß das Reichsgebiet auf dem linken Rheinufer französisch wurde. Preußischerseits war Frankreich dies bereits im Sonderfrieden von Basel zugestanden worden. Diese Abtretungen, anfangs noch geheimgehalten, waren wesentlich tiefgreifender als die im Zeitalter der Kabinettskriege üblichen Ländertauschgeschäfte. In den an Frankreich abgetretenen linksrheinischen Gebieten wurden die Privilegien von Adel und Klerus abgeschafft sowie Staat und Kirche getrennt. Die französische Annexion ihrer linksrheinischen Teile amputierte vor allem die geistlichen Kurfürstentümer Köln, Mainz und Trier, die «Säulen» der alten Reichsverfassung gewesen waren. Die in der zweiten Jahrhunderthälfte immer wieder auflodernde Forderung, alle geistlichen reichsunmittelbaren Herrschaftsgebilde zu säkularisieren und weltlichen Fürstentümern einzuverleiben, erhielt ganz neue Nahrung. Radikale Freiheits- und Gleichheitsforderungen deutscher «Jakobiner» blieben zwar insgesamt in der Minderheit und konnten sich, bis auf die kurzlebige «Mainzer Republik», fast nie durchsetzen, beunruhigten die alten Eliten aber dennoch zutiefst. Die gewachsene politische Ordnung des Alten Reiches, in der Anna Amalia als Regentin ein Herzogtum geführt hatte, schien sich aufzulösen – vom restlichen Europa ganz zu schweigen. Wenn es für Napoleon möglich war, Rom zu besetzen, den Papst nach Frankreich zu schaffen und Kriegszüge in Ägypten anzutreten – wer konnte beurteilen, was alles auf ein kleines Herzogtum wie Weimar-Eisenach zukommen würde?

Für die fest in einem hochadlig-dynastischen Wertgefüge verankerte Fürstin Anna Amalia war klar, auf welcher Seite sie stand. Dies galt ebenso für die Hofbediensteten. Die Schriftsteller, die die aufklärerischen Debatten über Kosmopolitismus, Gedankenfreiheit und Menschenrechte verfolgt oder sich sogar daran beteiligt hatten, befanden sich in einer besonders schwierigen Situation, wenn sie in einem Gunstverhältnis zu einem Hof standen. Die Willkürherrschaft der Jakobiner 1792 bis 1794 und die Hinrichtung des französischen Königspaars spaltete die Gelehrtenrepublik in diejenigen, die sich weiter zu den Ideen der Revolution bekannten (wie Herder), und diejenigen, die sich davon entweder enttäuscht abwandten oder doch pragmatisch verfuhren. Wieland gehörte zu letzteren – es galt schließlich, die Pension des Herzogs zu erhalten. Er beschloß, sich offen zu den hochadligen Herrscherhäusern zu bekennen, nicht ohne sich der ideellen Spannung bewußt zu sein. Amalias Hofdame von Göchhausen klagte er scheinbar, «daß ich es durch meinen Royalisme mit dem Publiko verderbe», doch er könne ja «durch die Zufriedenheit der Fürsten, denen ich anzugehören stolz bin, entschädigt werden».[15] Wieland hielt sich wie die Herzogsmutter an die gute alte Zeit: Er korrigierte weiter Anna Amalias Übersetzungen, er freute sich, wenn sie darin «eine so angenehme unterhaltende Beschäftigung des Geistes und in dieser ein so kräftiges Zaubermittel gegen allen Unmuth»[16] fand, und leistete ihr Gesellschaft. In dem kleinen Kreis des Stadtpalais und Tiefurts sollte die Zeit stehenbleiben, sollte sich nichts verändern, nichts bewegen. Knebel beobachtete dies etwas irritiert – seitdem er mit seiner Frau in Ilmenau wohnte, sah er aus der Ferne mit kritischen Augen auf Weimar. An Goethe schrieb er:

> Die Weimarischen, darunter auch Einsiedel [...], finde ich etwas gealtert – doch werden sie mich auch nicht jünger gefunden haben. Nur kommt es einem etwas seltsam vor, wenn das kindische, nichts bedeutende Hofleben immer mit den grauen Köpfen noch fortgeht.[17]

Im Februar 1801 erhielt Anna Amalia einen Brief ihres Bruders Carl Wilhelm Ferdinand aus Braunschweig. Er hatte schlechte Nachrichten:

> Madame, meine äußerst teure Schwester, Ich bin leider dazu verpflichtet, Ihnen einen tiefen Schmerz anzukündigen, daß der Himmel uns heute unsere respektable und liebe Mutter hinfortgenommen hat, nachdem sie acht Tage krank gewesen ist mit einem Brustfieber. Mein Schmerz ist unaussprechlich, ich hatte nicht die Kraft, es Ihnen früher mitzuteilen, möge der Himmel Ihre kostbaren Tage bewahren, seien Sie meiner zärtlichen und unantastbaren Zuneigung versichert [...].[18]

Diesem freundlichen, wenn auch floskelhaften Brief sollten bald andere Töne folgen. Denn Philippine Charlotte hatte ihre sechs Kinder in ihrem Testament nicht zu gleichen Teilen bedacht. Darin, wieviel sie von den 600.000 Reichstalern Vermögen und dem Besitz erhielten, spiegelte sich zweierlei: Zum einen hatte die Mutter ihre unterschiedliche Stellung gegenüber dem jeweiligen Kind berücksichtigt sowie dessen finanzielle Situation. So bekam Carl Wilhelm Ferdinand als regierender Herzog mit seinen besonderen Pflichten den größten Erbanteil von 170.000 Reichstalern – er hatte seiner Mutter, nachdem er die Regierung übernommen hatte, eine Hofhaltung nach ihren eigenen Wünschen ermöglicht. Ähnlich wurde auch Auguste Dorothea behandelt, die der Mutter ihr Leben lang als Gesellschafterin gedient hatte – und die als unverheiratete Äbtissin von Gandersheim zwar den Rechtsstatus einer Reichsfürstin besaß, aber keine finanzielle Absicherung, die mit der Anna Amalias oder Carolines vergleichbar gewesen wäre. Allerdings verpflichtete Charlotte sie, einen Teil der großzügigen Summe fest anzulegen – die Kontrolle der Mutter reichte also über deren Tod hinaus. Elisabeth Christine Ulrike, sieben Jahre jünger als Anna Amalia, war mit 19 Jahren mit dem preußischen Thronfolger Friedrich Wilhelm (II.) verheiratet, aber bereits nach vier Jahren wegen angeblichen Ehebruchs geschieden worden. Sie wurde von ihrer Tochter getrennt und lebenslang nach Stettin verbannt. Die Verbindung zu ihrer Braunschweiger Familie brach weitgehend ab, Philippine Charlotte unterband nach Kräften den Kontakt zwischen «der Dame aus Stettin», wie sie ihre Tochter distanziert nannte, und den Geschwistern. Auch Anna Amalia hatte keine Beziehung zu dieser Schwester. In der Erbschaftsfrage konnte sie in ihr jedoch eine Verbündete sehen: Elisabeth hatte nur mit 10.000 Reichstalern zu rechnen. Auch Anna Amalia war mit ihrem Erbteil von 30.000 Talern nicht zufrieden. Sie studierte die Unterlagen höchstpersönlich; in den Verhandlungen mit ihrem Bruder unterstützten sie der Geheime Rat Voigt und Kammerherr von Einsiedel. Carl wies sie in scharfem Ton zurecht:

Es steht mir nicht an, Madame, Ihnen Ratschläge zu geben, das wird bald Sache der Juristen sein, die Ihnen ihre Meinungen mitteilen werden, und wenn ich mich hier einem unserer Rechtsgelehrten anschließe, dann nur, um Ihnen vor Augen zu führen, was man unserer Schwester Elisabeth zum gleichen Thema geschrieben hat. Für den Fall, daß Sie, Madame, und unsere Schwester, Elisabeth, es für nötig halten, gegen den letzten Willen unserer verstorbenen Mutter einzuschreiten, werden Sie einen Prozeß gegen alle Vermächtnisnehmer, wie die Brüder Ihrer verstorbenen Mutter, die Vertreter der Armen, die Witwenkasse in Helmstedt und einige andere Personen aushalten müssen.[19]

Das Geld für die Bediensteten der Verstorbenen sowie alle anderen Erbschaftsanteile und milden Stiftungen könnten erst ausgezahlt werden, wenn alle Beteiligten das Testament akzeptierten. Aber die Weimarer Herzogsmutter konnte einen größeren Erbschaftsanteil gut gebrauchen, denn ihre Schatulle hatte die teure Italienreise immer noch nicht verkraftet. Als Argument führte sie aber die Verpflichtung ihrer Enkelin Caroline gegenüber an und nicht ihre persönlichen Ausgaben; das hielt sie für anständiger. Die verbannte Schwester Elisabeth hatte sich inzwischen mit einem erhöhten Erbschaftsanteil von 30.000 Talern abgefunden. Als Anna Amalia nun ebenfalls auf eine Aufstockung spekulierte, war die Geduld Carls am Ende: Er machte den Erbschaftsstreit zu einer offiziellen Angelegenheit der Geheimen Ratsgremien und verbat sich jedes weitere persönliche Wort zwischen den beiden Geschwistern.[20]

In harten Verhandlungen erledigte das Weimarer Consilium, das in Anna Amalias Namen agierte, die Sache zu ihrer Zufriedenheit: Ihr Anteil wurde um 15.000 auf 45.000 Reichstaler erhöht. Ob Amalia sich persönlich ungerecht behandelt fühlte, ließ sie nicht nach außen dringen. Die üble Nachrede auf den angeblich raffgierigen Carl besorgte der Hofklatsch.[21] Der Weimarer Hof war, wie andere Höfe auch, ein fruchtbarer Boden für Querelen, Gerüchte und verletzte Eitelkeiten. Daß die Höfe Anna Amalias und Carl Augusts gemeinsam auftraten, war eher eine Ausnahme.

1798 kehrte Iffland aus Berlin noch einmal für ein Gastspiel nach Weimar zurück. Aufführungen des Liebhabertheaters gab es nur in Ausnahmefällen, wie dem 61. Geburtstag Anna Amalias am 24. Oktober 1800. Ihr zu Ehren wurde im Palais «Die stolze Vasthi» von Friedrich Wilhelm Gotter gegeben. Auch Goethe trug etwas bei: Er verfaßte mit «Die Alte und die Neue Zeit» eine Art Fortsetzung des «Aufzugs der Vier Weltalter», den er 18 Jahre zuvor geschrieben hatte. Damals hatte er eine logische Generationenfolge von Anna Amalia zu Luise konstruiert. In dem neuen Stück verklärte er Anna Amalia sogar zur Begründerin Weimars.[22] Goethe machte gute Miene zum – für ihn – bösen Spiel. Spätestens seit seinen Diskussionen mit Schiller über den Dilettantismus sah er das Liebhabertheater kritisch.

Bald darauf kam es zu ernsthaften Auseinandersetzungen zwischen dem ‹regierenden› und dem ‹verwitweten› Hof. Kapellmeister Kranz geriet wegen unterschiedlicher künstlerischer Vorstellungen mit der Schauspielerin Caroline Jagemann, einer Mätresse des Herzogs, aneinander. Goethe mußte als Theaterleiter schlichten und stellte sich auf die Seite seines Herzogs bzw. dessen Mätresse. Die Herzogsmutter hatte sich für ihren jahrelang geförderten Günstling Kranz eingesetzt. Sie hatte das Nachsehen und nahm das zum Anlaß, den Theaterdirektor abfällig als den «großen G.» zu bezeichnen – weitere Gründe ergaben sich von selbst. Kranz verließ Weimar schließlich, die Herzogsmutter vermittelte ihn nach Stuttgart. Glück für ihn, Pech für sie, wie sie es in einem Brief an Luise von Knebel ausdrückte:

> Kranz hat sein Abschied gefordert u kömt nach Stuttgard mit sehr gute bedingungen. Ich bin so Glücklich gewesen ihm dahin zu bringen. Nun ist es alle mit meiner Musik Der Alte Gore u ich leiden dadurch am meisten.

Anna Amalia erkundigte sich auch nach der Meinung Knebels zu einer Affäre, die als ‹Kotzebue-Streit› bekannt werden sollte:

> Was sagt dein Mann von Kotzebue sein Freymüthiger Kotzebue ist ein schlechter u leppischer Mensch aber dem grossen G. schadet es nicht, ich fürchte nur daß andere nachfolgen u uns nochmehr ducken Stoff haben sie genug dazu.[23]

Seinen Anfang nahm dieser Streit, als der Dichter August von Kotzebue am 5. März 1802 eine Feier zu Ehren Schillers ausrichten wollte, der seit 1799 in Weimar weilte. Ein Affront gegen Goethe? Im letzten Moment verweigerte der Weimarer Bürgermeister – in Absprache mit dem Herzog – den Rathaussaal für die Veranstaltung. Anna Amalias Hofdamen, die sich an der Feier hatten beteiligen wollen, vermuteten Goethe hinter der Absage. Die Herzogsmutter versuchte vergebens, zugunsten Kotzebues bei Carl August zu vermitteln. Während eines Konzerts kam es zu einem heftigen Wortgefecht zwischen den beiden Dichtern, woraufhin Anna Amalias Hofdamen Goethe die Teilnahme an seinem Mittwochskränzchen aufkündigten. Stattdessen nahmen sie an den formloseren Abenden Kotzebues teil. Anfang 1803 ging Kotzebue nach Berlin, doch damit war der Streit nicht beendet. In seinem Journal «Der Freymüthige» machte er sich Luft und wetterte gegen das Weimarer Theater und dessen despotischen Leiter. Herzog Carl August war empört und verwies ihn nachträglich des Landes. Goethes Schwager in spe Christian Vulpius berichtete aufgebracht: «Der verwittwete Hof hat gleichsam offene Fehde gegen Goethe und dort hängt alles auf des Kotze Bubens Seite».[24] Auch Anna Amalia gingen die Angriffe Kotzebues zu weit, Mitleid mit Goethe hatte sie jedoch nicht. Sie fürchtete nur um den Ruf Weimars – trotz der nun schon langjährigen Trennung der Hofhaltungen fühlte sie sich immer noch für das Ansehen der Residenz insgesamt verantwortlich.

Steigern ließ sich dieses Ansehen durch Mäzenatentum. Die ideelle und eine gewisse materielle Unterstützung der Herzogsmutter beschränkten sich auf einige deutsche Künstler in Italien, wie etwa Angelica Kauffmann und Friedrich Bury, und natürlich den Kreis der Günstlinge, die sie umgaben. So zum Beispiel Wieland, den – wie Knebel es ausdrückte – «Eure Durchlaucht so gütig und wohlthätig bey sich nähren und damit die Schuld des halben Europa abbezahlen». Freilich wollte auch Knebel seine gute Beziehung zur Herzogsmutter bewahren und schmeichelte ihr als Beschützerin der Musen: Anna Amalia habe in Tiefurt «die Heimath der guten Geister aufgeschlagen, und es ist nicht möglich den Ort, der ganz seine Zierde von seiner Besizerin borgt, zu besuchen, ohne von dem wohlthätigsten Ausflusse angehaucht zu werden.»[25]

Den Dienst, den er Amalia hier bildhaft überträgt, übte sie aktiv kaum aus. Ihre bescheidene Unterstützung von Künstlern hätte an vielen anderen protestantischen Höfen des Alten Reichs stattfinden können. Daß sich in Weimar inzwischen literarische Prominenz versammelt hatte, die immer neue Gäste und Besucher anzog, war für Anna Amalia ein glücklicher Zufall; ihre kleine Hofhaltung profitierte davon. Allerdings störte es sie auch in ihrer Ruhe: Waren wichtige Gäste in der Stadt, so hatte sie am Hof zu erscheinen. Weimar als selbsternannter Hort der Musen begann um 1800 zu einer Repräsentationsform sui generis zu werden.

Obwohl die Literatur für Anna Amalias Hof eher eine Nebenbeschäftigung blieb, so gehörten gesellige Leseabende zum regelmäßigen Programm. Der Dichter Jean Paul Friedrich Richter zählte zu ihren besonderen Günstlingen: Im Jahr 1802 übernahm sie die Patenschaft für seine Tochter, die er – vielleicht mit Bedacht – Amalie genannt hatte. Solche Verbindungen riefen gleich andere Günstlinge auf den Plan, die um ihre Position fürchteten. Wielands Kommentar zu Anna Amalias Patenschaft läßt da tief blicken. Zunächst gab er Verständnis für Jean Pauls lautstark geäußerte Vaterfreuden vor, doch dann fuhr er fort:

> Und doch gestehe ich, daß mir bey allen diesen wunderbaren Äusserungen der Freude über die erste Paternitaet ein kleiner Zweifel zu Kopfe gestiegen ist, ob wahres, ächtes, menschliches Gefühl und reine Herzens-Innigkeit sich auf diese Art ausdrücken würde.[26]

Wieland hat in den Jahren gelernt, wie das höfische System funktionierte, und sich den Gepflogenheiten angepaßt. Caroline Herder hingegen schien darunter zu leiden:

> Ueberhaupt habe ich neuerlich u. längst gehört, daß dergleichen Fratzen u. Lügen als Wahrheit herum zu tragen, so sehr in Weimar zur Mode geworden sind. […] Sein Angesicht wegwenden, u. nur in seiner Pflicht u. mit wenig Freunden leben, ist das Einzige, was man thun kann. Der *Geist des Orts* ist so verderbt u. verschoben, daß man zu seiner eigenen Ruhe weder zu Rechten noch Linken schauen darf.[27]

Bei Anna Amalia wurde die Form selbstverständlich gewahrt, man traf sich weiterhin zu geselligen Runden – was blieb auch anderes übrig. Beliebt waren die Leseabende, bei denen Schiller zu Gast war. Auf Initiative Carl Augusts durch den Kaiser im September 1802 geadelt, erhielt Schiller nicht nur für sich uneingeschränkten Hofzugang, sondern auch für seine niederadlige Frau, die ihre adligen Privilegien bei Hofe durch die Heirat mit dem bürgerlichen Dichter verloren hatte.[28] Nach einer Lesung aus Schillers «Braut von Messina» berichtete Caroline Herder an Knebel: «die Damen wissen vor Thränen nicht wohin.»[29] Solche seltenen Abende lenkten ab von der Langeweile, die auch vor Tiefurt nicht Halt machte, und von den Umbrüchen der Zeit. Nach außen bemühte sich Anna Amalia, das Bild des «lieben Thals» zu erhalten. In einem Brief an Henriette von Egloffstein verknüpfte sie das Eingeständnis ihrer Einsamkeit mit einer Einladung nach Tiefurt:

> Ohne Stolz zu seyn, so schmeichle ich mich doch daß hier in meinem Thal meine gute Jette vieleicht sich besser finden würde als in der steifen Welt; Wir leben hier Ruhig und Wissen nichts von der Welt und erwarten mit Stoischer Geduld was uns das Schicksaal bringen wird.[30]

Inzwischen hatte Europa den Zweiten Koalitionskrieg gegen Frankreich hinter sich. Preußen, Weimar-Eisenachs traditioneller Verbündeter, hatte sich diesmal neutral verhalten, dennoch konnten Krieg und Friedensschluß an dem kleinen Herzogtum nicht unbemerkt vorbeiziehen. Im Frieden von Lunéville (1801) trat das Reich das linke Rheinufer endgültig an Frankreich ab.[31] Auf französischen Druck richtete der Reichstag in Regensburg eine Deputation ein, die weitreichende Entschädigungen der größeren deutschen Territorialstaaten für ihre linksrheinischen Verluste ausarbeitete. Mit dem sogenannten Reichsdeputationshauptschluß vom 25. Februar 1803, der sich in der zweiten Jahreshälfte 1802 schon angekündigt hatte, verloren hunderte von geistlichen Herrschaften die Reichsstandschaft und wurden – ebenso wie die meisten Reichsstädte und landsässigen Klöster – den Territorialstaaten einverleibt. Während sich Österreich, Preußen, Bayern oder Württemberg beträchtlich vergrößerten und im Inneren lästige herrschaftliche ‹Inseln› beseitigten, schienen für die Kleinstaaten alle reichsrechtlichen Schutzwälle zu brechen. Anna Amalias Äußerungen zu diesen Vorgängen klingen so pessimistisch, als ob sie ahnte, daß das noch nicht alles gewesen sein konnte. Das Alte Reich, formal noch einmal konsolidiert, hatte mit den kleinen Reichsständen seinen ‹Mörtel› verloren und zerbröselte; die Herzogsmutter sah hilflos zu. Ihre Antworten waren: Flucht in die Künste und die Erinnerungen, zum Beispiel an die Rheinreise des Jahres 1778:

Schöne Reminiscenzen sind wohl das beste was man von seinem leben hat sie geben oft Glückliche Stunden und kein Mensch kann sie uns nehmen. [...] Ich finde mich noch immer in dem Thal meiner Ruhe und sehe die Welt mit Gleichgültigkeit an, was verdient sie den mehr! Wir werden ganz umzügelt [sic!] von Preußen – das Herz blutet über die zerfetzung des armen Teuschlands, wird es besser? und glücklicher? Die Zeit wird das lehren, Geduld.[32]

Kapitel 10

«die leidige Politique»[1]

Kriegswirren, hoher Besuch, beleidigte Musen

Die letzte Reise ihres Lebens hätte für Anna Amalia und ihre Suite durchaus vergnüglich sein können, wäre es denn eine freiwillige Reise gewesen. Doch die Herzogsmutter war auf der Flucht vor Napoleon: Im Oktober 1806 bahnte sich bei Jena eine große Schlacht Frankreichs gegen Preußen an, die sie, die Erbprinzessin und der Erbprinz nicht miterleben wollten. Die Flucht nach Braunschweig war gekennzeichnet von allen Unbequemlichkeiten, die unter solchen Umständen zu erwarten waren, und von der Ungewißheit, was mit den übrigen Mitgliedern der Weimarer Familie geschehen würde: dem Herzog im Feld, der regierenden Herzogin in Weimar und der Erbprinzessin Maria Pawlowna, die Anna Amalia inzwischen ans Herz gewachsen war. In den langen Nächten in der Kutsche muß Anna Amalia bewußt geworden sein, daß nun tatsächlich die Welt, wie sie sie kannte, nicht mehr länger existierte. Ihre schlimmsten Befürchtungen waren wahr geworden. Doch zeigte sich die Herzogsmutter eher resigniert als verzweifelt. Die Flucht schien der einzige Ausweg und die einzige Möglichkeit, selbst zu handeln.

Ihre relative Ruhe ist vielleicht auch darauf zurückzuführen, daß diese Entwicklung nicht überraschend über sie hereingebrochen war, sondern sich jahrelang angekündigt hatte. Zwar konnte niemand die nächsten Schritte genau vorhersagen. Doch das Reich hatte spätestens seit dem Reichsdeputationshauptschluß 1803 seinen Charakter als Rechtsverband, der die kleineren Stände schützen sollte, endgültig verloren. 1806 hatten sich zahlreiche Staaten unter Napoleons ‹Schutz› im Rheinbund zusammengetan und waren aus dem Reichsverband ausgetreten. Daraufhin hatte Franz II. die Kaiserkrone des

Heiligen Römischen Reichs (deutscher Nation) niedergelegt. Das Reich hatte aufgehört zu existieren, und die Zukunft Weimar-Eisenachs war ungewiß.

*

Das neue Jahrhundert brachte eine Zeit mit sich, in der Anna Amalia häufiger Abschied nehmen mußte. Nach ihrem langjährigen Schatullier Ludecus ging Oberhofprediger Herder. Er starb am 18. Dezember 1803. Mit seiner Witwe Caroline trauerte ganz Weimar. Doch das Leben am Hofe ging weiter, Besucher mußten empfangen werden. Dies zwang Anna Amalia, Contenance zu wahren. An ihre ehemalige Kammersängerin Luise von Knebel schrieb sie:

> Ich danke dir liebe Rudel für deine Glückwünsche [zum Neuen Jahr], ich habe sie sehr nöthig den Verlust den Wir hier durch Herders Tode gemacht haben hat mir ein sehr trauriges und schmerzhaftes Neujahr geschenkt; den unersetzlichen Verlust den ich durch diesen Tod erfahren kan ich nicht aussprechen; Seyn Geist wird mir hoffentlich doch noch immer um sich wandeln Alle Gute Menschen fühlen tief diesen grossen Verlust. [...] die Gegenwart der Landgräfin von Homburg die ihre Tochter nach Berlin bringt, nöthiget mich auf alle weise ein frölich Gesicht zu zeigen. Die Md Stael die seit vierzehn Tage bey uns ist hat eine allgemeine aprobation gefunden, ihr angenehmes Wesen verbunden mit ihrem grossen Verstand und angenehmen Witz sie ist viel bey mir, sie würde deinem Manne sehr gefallen.[2]

Der Besuch von Germaine de Staël brachte in Weimar zwangsläufig Abwechslung, da die französische Schriftstellerin zwar mit ihrem Geist beeindruckte, mit ihrer scharfen Zunge aber auch polarisierte. Nicht nur dem kranken Schiller wurde der Besuch mit der Zeit zuviel, er wollte eigentlich in Ruhe an seinem «Wilhelm Tell» arbeiten. Goethe hatte sich entschlossen, vorerst in Jena zu bleiben, konnte der Madame aber nicht dauerhaft ausweichen. Der Herzogsmutter hingegen schien die Ablenkung recht zu sein. An Knebel schrieb sie:

> Daß ein so großer und Edeler Mann wie Herder sterben muß ist unverzeilich, doch wird er immer leben bey Guten Menschen. [...] Warum kommen Sie nicht zu uns ein Phenomen in der Gestalt der Frau von Staël kennen zu lernen. sie würde Ihnen gewiß gefallen, sie ist voll Liebenswürdigkeit ohne Ego-

ismus ohne Praetentiones sie weiß zu schätzen was zu schätzen ist in jedem Menschen. Man muß sie selber kennen lernen um ganz andere ideen von ihr zu bekommen; fast alle Abende bringt sie bey mir zu.[3]

Das Jahr 1804 brachte noch anderen hohen Besuch. Im Juni beehrte Friederike Luise, verwitwete Mutter des Königs von Preußen und Schwester der Herzogin Luise, nicht nur die Weimarer Hofgesellschaft, sie ließ es sich nicht nehmen, auch die Herzogsmutter in Tiefurt zu besuchen. Das gab Anlaß zu großer Aufregung, denn eine «lebendige Königin» bekam man dort schließlich nicht jeden Tag zu sehen. Luise von Göchhausen ist dies anzumerken, wenn sie auch nicht umhin kann, sich über das ‹karge› Landleben lustig zu machen. Die Königin zeigte sich zufrieden mit der Bewirtung, für die Anna Amalia alle Kräfte aufgeboten hatte.

Den Tag darauf erhob sich meine Fürstin zum Gegenbesuch. Wir aßen zu Mittag in dem ‹Glanzgewimmel› des Hofes, und Abends war kleines Concert von drei Franzosen aus dem Musée conservatoir de Paris, die wir schon einige Tage vorher im Stadthause bewundert [...] Endlich kamen wir Abends ganz beduzt von allen den Herrlichkeiten in unser Dörfchen zurück.[4]

Inzwischen erwartete Weimar ein neues Mitglied der Hofgesellschaft mit großer Spannung. Erbprinz Carl Friedrich sollte seine Braut Maria Pawlowna von Rußland heimführen.[5]

Herzog Carl August hatte sich seit Ende der 1790er Jahre Gedanken gemacht, wie er für sein kleines Herzogtum starke Bündnispartner gewinnen konnte, als der Schutz des Reichsverbands zunehmend unsicher wurde. Preußen war zu sehr von seinen Interessen in Polen eingenommen, als daß es einen zuverlässigen Beschützer abgegeben hätte. Das Augenmerk Carl Augusts fiel auf Rußland, die große Macht im Osten, dessen höfische Eliten seit Kaiserin Katharina II., einer deutschen Prinzessin, dieselben Moden und kulturellen ‹Codes› beherrschten wie die westeuropäischen Höfe. Die sicherste und dauerhafteste Allianz konnte eine Heiratsverbindung der beiden Häuser stiften. Seit 1799 wurden Verhandlungen mit dem russischen Kaiserhaus geführt, die 1801, als Carl Friedrich volljährig wurde, mit einem Ehevertrag besiegelt wurden. Eine solche dynastische Verbindung zeigte schon im Vorfeld der Hochzeit ihre Wirkung auf die Verwandtschaft. Maria Feodorowna, die aus Württemberg stammende Zarenmutter, verlieh Anna Amalia den Orden der heiligen Katharina, eine Ehrenbezeugung, für die sich Amalia formvollendet bedankte. Bei solchen hochoffiziellen Schreiben auf Französisch brauchte sie Wielands Hilfe. Sie schickte ihm ihre Entwürfe mit solchen oder ähnlichen Worten zur Korrektur:

Abermals komme ich schon wieder mit einer Unverschämten bitte meine Eigenliebe drängt mich dazu ich möchte was vollkomnes machen und habe leider kein Talent dazu. Also bitte ich Ihnen lieber Wieland auf den beyliegenden Brief ein Gütiges Auge zu werfen u verbessern ihm mit ein paar Feder striche.[6]

Anna Amalia war im Lauf der Jahre unsicherer geworden, was ihre schriftliche Ausdrucksweise anging. Wieland korrigierte natürlich alles gewissenhaft.

Erbprinz Carl Friedrich reiste im Sommer 1803 nach St. Petersburg, wo am 3. August 1804 endlich die Hochzeit stattfand. Im Oktober führte er dann seine Braut auf einer 34tägigen Reise in ihre neue Heimat. In Weimar erwartete man das junge Paar mit großer Spannung. Aufwendige Feierlichkeiten wurden vorbereitet, und mit Stolz wollte man das wieder aufgebaute Schloß präsentieren. Nach 30 Jahren hatte Weimar endlich wieder einen angemessenen Regierungssitz.

In Anna Amalias Brief an Knebel wird auch ein Teil des Zeremoniells bei einem so wichtigen Anlaß deutlich:

Gebe der Himmel daß die neu Aufgehende Sonne [Maria Pawlowna] die wir erwarten durch ihre Strahlen uns Rosen blühen läßt. [...] Der Herzog ist dem jungen Ehepaar entgegen gegangen bis Custrin, auch die Herzogin wird auch bis Naumburg gehen und ich werde sie in Geduld und Demuht an der letzten Stuffe der Treppe erwarten.[7]

So wurde das Paar mit einem immer größer werdenden Zug nach Weimar geleitet. In den zahlreichen Briefen Anna Amalias ist die Bedeutung zu spüren, die sie und mit ihr der gesamte Hof diesem Ereignis beimaßen. An Henriette von Egloffstein schrieb sie:

Wir sind hier sehr beschäftiget mit arrangieren, auch zu weilen mit dérangieren auf die Ankunft des jungen Ehepars das erwartet wird in einigen Tagen. Alles ist in Bewegung, die Kaufleute haben nicht beine genug um in die Häuser zu laufen, die Schneider schwitzen man hört nichts anderes als von Gestiktem und ungestickten Kleider [...] und dergleichen mehren, daß auf einige Zeit bey uns die leidige Politique verschwunden ist, und nichts als fröliches frönen, wie glücklich were man wen man niemehr davon hörte[8]

In das neue Paar, das noch vierzehn Jahre auf seine eigene Regentschaft warten sollte – Carl August starb erst 1828 –, setzte Anna Amalia große Hoffnungen für die Zukunft. Die üblichen Glückwunschphrasen reicherte Amalia mit einem Liebesideal an, das während der langjährigen Verhandlungen keine Rolle gespielt hatte. Ähnliche Worte hatte sie schon gefunden, als sie selbst eine Braut für ihren Sohn Carl August ausgewählt hatte. Interessanterweise sprach sie der Braut offenbar eine größere Verantwortung für das Gelingen der Ehe zu als dem Erbprinzen.

Wen Sie werden meinen Brief bekommen so sind wir schon in Besitz unserer jungen Eheleute; Morgen als den 9ten kommen sie an. Gott gebe seyn Seegen daß der neue Polar Stern uns Glück und Einigkeit mit bringt – die jungen Eheleute sollen sich lieben dieses ist schon ein schritt zum Glücke, und da *sie* [Maria Pawlowna] viel Güte und Verstand haben soll so hoffe ich auch daß alles gut gehen wird, amen.[9]

Anna Amalias Erwartung hatte sie nicht getäuscht, denn die junge Prinzessin nahm die unterschiedlichen Erwartungen, die in Weimar an sie herangetragen wurden, mit großem Geschick auf und erkannte schnell, wie sie ihre Großmutter angenehm unterhalten konnte. Literarisch und musikalisch gebildet, avancierte sie rasch zum häufigen Gast bei Anna Amalia, ohne ihre Schwiegermutter Luise zu vernachlässigen. Sie kündigte sich oft vormittags per Billet an und kam dann abends mit ihrem Mann nach Tiefurt oder ins Palais. Die erfahrene Hofdame von Göchhausen kommentierte das geschickte Vorgehen Maria Pawlownas anerkennend: «Sie weiß alsdann durch hundert Artigkeiten ihr [Anna Amalia] den Abend froh und heiter zu machen. So will es die gute Großmamam, und das hat sie ihr bald abgemerkt».[10] Auch die Herzogsmutter sparte anderen gegenüber nicht mit Lob über ihre angeheiratete Enkelin. Wahrscheinlich empfand sie die Beziehung zu Maria Pawlowna als zwangloser, das Verhältnis war nicht wie bei den eigenen Kindern von Pflichten und Alltag geprägt.

> Mit Freuden u Wahrer Liebe sage ich dir liebe Rudel daß meine neue Enkelin ein wahrer Schatz ist die ich unendlich liebe und verehre, sie hat Glück und auch wohl den Segen dazu zu uns gebracht. [...] Sie ist ohne kleinlichen Stolz, sagt jedem was gutes u schmeichelhaftes ein wahres Gefühl für das Gute u Schöne. Mit ihrem Manne gehet sie auf wie eine wahre Freundin, auch der Prinz hat viele liebe und achtung für ihr. Sie wird von allen Menschen hier angebetet; Auch hat sie schon so viele schöne und Gute Handlungen ausgehen lassen die ihr gutes Herz auszeichnet. Ich kan mich auch schmeicheln daß Sie mich lieb[t]. Jn meinen Enkeln werde ich vieleicht Glücklicher werden.[11]

Damit spielte Anna Amalia auf das ehemals spannungsvolle Verhältnis zu ihren Söhnen an, das sie nicht vergessen hatte, obwohl Carl August seit 29 Jahren Herr des Hauses und Constantin bereits vor 11 Jahren gestorben war.

Nicht alle in Weimar waren so hochgestimmt. Die russische Großfürstin brachte eine gewaltige Mitgift in die Ehe ein. Ihre Stellung als Kaisertochter verschaffte ihr nicht nur den zeremoniellen Vortritt vor allen Mitgliedern der Herzogsfamilie, sondern auch erhöhten Einfluß, man hoffte – oder fürchtete – in ihr den direkten Zugang zum Zaren. Der erbprinzliche Hofstaat wurde zu einem eigenen Machtfaktor in Weimar, an der Spitze Oberhofmeister von Wolzogen, der die erfolgreichen Eheverhandlungen geführt hatte. Anna Amalias langjähriger Ratgeber in vielen künstlerischen und philologischen Fragen, der ehemalige Gymnasialdirektor und Oberkonsitorialrat Böttiger, hatte nicht nur wegen des «Weimarischen Oberconsul[s] Göthe» sein Glück in Dresden gesucht: «es war hohe Zeit für mich, aus Weimar zu gehen. Der vom russischen Hof hochbegnadigte und betraute Wolzogen wird dort alles regieren!»[12]

Aus den ersten Jahren des 19. Jahrhunderts sind viele Briefe Anna Amalias erhalten. Dies ist nicht nur Zufall der Überlieferung; sie hatte auch mehr Zeit zum Schreiben, da äußere Ablenkung oft fehlte. Hinzu kam, daß sie in Luise von Knebel, ihrer ehemaligen Kammersängerin, eine treue Briefpartnerin gefunden hatte. Den Briefen ist anzumerken, daß die Herzogsmutter alt wurde. Sie kreisen um die Themen Gesundheit, ihre Enkel Maria Pawlowna und Caroline, oder die Frage, wann sich endlich wieder Besuch bei ihr einfinden würde. Das politische Zeitgeschehen kommentierte sie aufmerksam, wenn auch resigniert.

Am 9. Mai 1805 erlag Schiller der Krankheit, die ihm seit Jahren das Leben erschwert hatte. Mit ihm verlor nicht nur Goethe einen Mitdenker, sondern Weimar einen weiteren bekannten Schriftsteller. Das Gefühl von Verlust und Niedergang schien sich – ob berechtigt oder nicht – in der sich selbst reflektierenden Hofgesellschaft breitzumachen, wie bei Luise von Göchhausen:

> Wir fühlen schmerzlich was wir verlohren, wir trauern tief um ihn. Weimar wird sehr arm. Bald wird nach Jean Pauls Prophezeiung der Wanderer nichts mehr finden als – das neue Schloß. [...] Unsere gute Herzogin fühlt tief den Schmerz, dieses zu erleben. Möge Gott diese treffliche Frau erhalten, wenigstens so lange als die noch übrig sind, die ihren Werth fühlen.[13]

Die Hofgesellschaft tröstete sich, indem sie feierte, was es zu feiern gab. Im Juni 1805 trafen sich alle Hofhaltungen (Carl Augusts und Luises, Carl Friedrichs und Maria Pawlownas sowie Anna Amalias) in Wilhelmsthal bei Erfurt, um den Geburtstag Maria Feodorownas, der Mutter Maria Pawlownas, zu feiern. Die Festlichkeiten kontrastierten stark mit der Kulisse des Landschaftsparks, wie Henriette von Knebel an ihren Bruder schrieb:

> Die Herzogin-Mutter ist gestern gegen 7 Uhr glücklich hier eingetroffen, und unser Hof ist zahlreicher geworden. Doch muß ich gestehen, daß ich den zahlreichen Hof noch nicht ganz mit dem schönen, friedlichen Thal in Harmonie bringen kann. Es ist mir noch alles zu grell und abstechend, als wenn die Natur sich dagegen sträubte.[14]

Im Gegensatz zur gestalteten Natur, wie sie auch im Tiefurter Park zu finden war, schwärmte man nun für die ‹unberührte› Natur, die selbstverständlich ebenfalls absichtlich angelegt worden war, aber den Anschein des Zufälligen, eben Natürlichen, erwecken sollte. Für ein Fest gab sich die höfische Regie damit allerdings nicht zufrieden, sondern fügte eigene Insignien hinzu: Es gab ein großes Feuerwerk mit «Feuerfontänen auf dem Teiche, Raketen, Kugeln [...] Auf einem Floß des Teiches schwamm ein 40 Fuß hohes Gebäude, mit Namenszug, Palmbäumen pp. sehr brillant illuminiert.»[15]

Im selben Brief erzählt Geheimrat Voigt von einem Besuch der Herzogsmutter in Jena. Sie hatte sich von zwei Professoren der Universität dazu überreden lassen, die öffentlichen Vorlesungen des Wiener Phrenologen Franz Gall zu besuchen. Anna Amalia diente hier ihrer Dynastie als Aushängeschild. Man hoffte auf ihre finanziellen Mittel und auf Subskriptionen der anderen Anwesenden. Diese kamen aber, wie Voigt schreibt, nicht zustande. Als Gall während der Vorlesung über den Zusammenhang zwischen Schädelform und Hirntätigkeit die in Jena populäre idealistische Philosophie Fichtes und Hegels kritisierte, wurden die 150 Studenten im Auditorium unruhig. Nur der Verweis auf die Anwesenheit der Herzogsmutter verhinderte einen Aufruhr. Gall wurde in Weimar indes sehr geschätzt, auch Anna Amalia hatte schon einmal Vorträge von ihm gehört, gemeinsam mit Carl August und Maria Pawlowna in einem exklusiven Zirkel in Tiefurt. Eigenhändige Exzerpte belegen, daß sich Amalia mit Galls Werken beschäftigt hat. Auch nach besagter Vorlesung in Jena ließ sie einige seiner Schriften anschaffen. Von der Vorlesung selbst erhielt sie unverhofft eine Mitschrift. Ein Student schickte sie ihr mit den ergebenen Worten:

> «Ew. Herzogl. Durchlaucht hohe Gegenwart in den Vorlesungen des würdigen Dr. Gall war uns ein neuer Beweis von der ausgezeichneten Huld, welche Ew. Durchlaucht den Wissenschaften angedeihen lassen, und entflammte unsern Eifer um so mehr, eine Lehre zu studiren, die in ihren Grundzügen schon die wichtigsten Folgen für die Menschen verspricht. [...] Ew. hochfürstliche Durchlaucht nachsichtsvolle Huld wird es mir verzeihen, daß ich es wage, Hoechstdenenselben diese Hefte ehrerbietigst vorzulegen. Waren meine Kräfte zu schwach; so führte mich mein Eifer, Hoechstdenenselben einen Beweiß meiner tiefsten Verehrung zu geben, zu weit, und ich unterwerfe mich daher ganz höchstdero huldreichsten Nachsicht.»[16]

Anna Amalia gewährte dem fleißigen Jurastudenten, der in einem fremden Fach eine solche Mühe an den Tag gelegt hatte, daraufhin für die Dauer von drei Jahren ein Stipendium von zwanzig Reichstalern. Johann Gotthelf Hermann hatte offenbar die richtigen Worte gefunden: Er äußerte keine Forderung, auch wenn das vermutlich der einzige Grund war, der Herzogsmutter diese Schriften zukommen zu lassen, sondern lobte ihr Engagement für die Wissenschaft – ein Etikett, mit dem sich Anna Amalia gerne schmückte, wenn es keine Verpflichtungen nach sich zog.

Auch Goethe war dieser Umstand bekannt, und er versuchte, Anna Amalia zu bewegen, die Jenaer «Naturforschende Gesellschaft» zu untersützen. Gemeinsam mit Knebel bat er die Herzogsmutter wiederholt um eine Förderung der Landesuniversität und ihrer wissenschaftlichen Infrastruktur, die sich seit 1803 durch die Übersiedlung der «Allgemeinen Literaturzeitung» nach Halle, dem Weggang namhafter Professoren und dem folgenden Exodus vieler Studenten in einer Krise befand. Anna Amalia erkannte freilich, daß sie nur schmükkendes Ornament sein sollte und konnte. 1806 bot Goethe ihr an, gemeinsam mit ihm die Präsidentschaft der «Naturforschenden Gesellschaft» zu übernehmen. Doch so leicht ließ sich Anna Amalia nicht für einen Posten gewinnen, zumal sie es sich nicht leisten konnte, unbedacht finanzielle Verpflichtungen einzugehen. An Knebel schrieb sie:

> Die Großmuht von Goethe mit mir die Präsidentenstelle bey der Naturforschenden Geselschaft zu theilen ist wahrlich ein Pfenomehn; meine Eitelkeit ist zwar geschmeichelt aber doch nicht so daß ich blindlings mit ihm den Thron besteigen wolte. ich mögte wohl zu erst wissen wie ungefähr der Fond seyn soll den bey meinen jetzigen umständen (ob ich wohl Erbschaften mache aber nicht ausgezahlt) haben mich etwas in schulden versetzet die ich jetzt im bezahlen begriffen bin und daher nicht viel beytragen kan; solte ich so glücklich seyn daß man mir aus zahlet was man mich schuldig ist gerne zu der Guten Sache mehr bey zu tragen[17]

Die Erbschaft, von der Anna Amalia spricht, hat ihren Ursprung in einem traurigen Verlust: 1805 starb ihr Bruder Friedrich August während eines Besuches in Weimar. Er konnte gerade noch bei der Taufe des Kindes von Carl Friedrich und Maria Pawlowna Pate stehen. Anna Amalia verlor den Bruder, mit dem sie sich wohl am engsten verbunden gefühlt hatte. An Böttiger schrieb sie:

Die Freude über die glückliche Entbindung unser lieben Erbprinzeß von einem Prinzen wurde noch bey mir erhöhet durch die Gegenwart meines Bruders dem Herzog von Oels der zu uns kam als ein taufzeuge des neugeborenen Prinzen; aber das harte Schicksaal ordnt'es anders daß nach einem kurzen Krankenlager vor gut fand ihm von der Welt zu nehmen, u ich dadurch in größter betrübniß u. trauer mich sehe. Zu viel fühle ich mein Schicksaal als daß ich Ihnen für dieses mal mehr sagen kan ich weiß Sie nehmen theil daran wie alle gute Menschen dies ist auch was mir einigermaßen tröstet und mich mit Geduld ergebe der harten Nohtwendigkeit[18]

Luise von Knebel gegenüber gelang es ihr eher, sprechende Worte für ihren Gemütszustand zu finden – hier konnte sie es sich auch erlauben: «Seyd drey Wochen war mein kopf wie ein Rad und noch jetz muß ich mich recht zusammen nehmen um wieder gescheit zu werden.»[19]

Die bereits erwähnte Erbschaft sorgte wieder für Ärger mit der braunschweigischen Verwandtschaft, wie schon beim Tod Philippine Charlottes. Carl Wilhelm Ferdinand, der wieder für die Auszahlung zuständig war, soll das Testament als eine «Tollheit» bezeichnet haben, denn «da der Herzog nichts habe, könne er auch nichts vermachen.» Der Hofklatsch ging sogar so weit zu behaupten, der Herzog von Braunschweig schaffe es nicht, zwischen privaten und offiziellen Interessen zu unterscheiden. So habe er die Kriegslasten ungerecht verteilt. Charlotte von Stein schrieb an ihren Mann:

Die Einquartierungen freßen uns auf, 20 tausend stehn in den kleinen Weimarischen Land, in Gotha nur 13 tausend, diese Eintheilung hat der Herzog von Braunschweig gemacht, man sagt um sich über das Testament zu rächen.[20]

Weimar-Eisenach mußte sich für den Krieg rüsten.[21] Soeben hatte Kaiser Napoleon Rußland und Österreich bei Austerlitz in Böhmen vernichtend geschlagen, nachdem sich Großbritannien mit Rußland, Österreich, Schweden und Spanien im Dritten Koalitionskrieg gegen Frankreich verbunden hatte, während Bayern, Württemberg und Baden auf der Seite Napoleons kämpften. Im Frieden von Preßburg (26. Dezember 1805) wurden sie dafür belohnt: Die stark vergrößerten Herzogtümer Bayern und Württemberg wurden zu souveränen Königreichen, die Markgrafschaft Baden zum souveränen Großherzogtum erhoben sowie die Reichsritterschaft und die meisten Reichsgrafen mediatisiert – ein erneuter Stoß gegen die Reichsverfassung. Preußen war weiterhin neutral geblieben, um seine Hegemonie über Norddeutschland zu behalten, hatte aber seine Truppen mobilisiert, die bei ‹befreundeten› Reichsständen, welche sich dagegen kaum wehren konnten, einquartiert wurden. Trotz seiner Neutralität war Weimar-Eisenach also vom Krieg mittelbar betroffen. Anna Amalia fiel es schwer, die weiteren Entwicklungen abzuwarten und nur spekulieren zu können:

> Es geht sehr bunt in der Welt zu, doch muß man nicht alles glauben was der große Buonaparte sagt. Der Erzherzog Ferdinand hat sich mit 40 tausend mann durch geschlagen u ist Glücklich durch gekommen – schöne Thaten werden aber verschwiegen – so sind die Franzosen, doch wird immer am Frieden gearbeitet wie man sagt, auch scheint es, daß der große Napoleon nicht gern mögte Preußen zum Feinde haben, im Grunde wießen sie alle nicht, was sie wollen, auch selbst Buonaparte, der nur seinem tollen und blinden Stolz und Uebermuth den Zügel laufen läßt, und sucht wie weit er kommen kan.[22]

Witz und Verzweiflung lagen, wie so oft, ganz nahe beieinander.

> Preußen Russen, Schweden, Engländer sind alle im Hannoverischen angelangt die Franzosen haben sich ganz stille zurückgezogen. Vielleicht kommen noch Mahometaner um teuschland zu retten oder mit zu helfen daß es ganz untergehet.[23]

Frankreich hatte im Mai 1803 das Kurfürstentum Braunschweig-Lüneburg (Kurhannover) besetzt, ein Bruch des Friedensvertrages mit dem Reich und ein Affront gegen Großbritannien, das in Personalunion mit Kurhannover verbunden war.

Die politische Lage war Ende 1805/Anfang 1806 nicht nur für Anna Amalia unübersichtlich. In Weimar mußte man sich auf die wenigen Informationen verlassen, die Durchreisende und Boten zu erzählen hatten, oder die in Flugblättern und Zeitungen zu lesen waren. Knebel hatte die Herzogsmutter zu beruhigen versucht: «Preußen wird wohl niemals den Krieg eingehen». Er hatte die «gänzliche Unklugheit des Wiener Hofes» kritisiert, die undurchsichtige Politik der Jahre 1803 bis 1805, die in der Hofburg gemacht wurde.[24] Auch wenn man diese Einschätzung aus heutiger Sicht teilen mag, so irrte sich Knebel doch in einem anderen Punkt: Preußen wurde schließlich doch in den Krieg hineingezogen. Die Neutralität unter König Friedrich Wilhelm III. war ohnehin einer Nicht-Politik gleichgekommen. Schließlich schloß er ein Bündnis mit Kaiser Alexander I. von Rußland, das zunächst geheim bleiben sollte. Gleichzeitig umwarb ihn Napoleon, der Preußen als Partner gegen die österreichisch-britisch-russische Koalition gewinnen wollte. Als Preußen dann doch Napoleon nachgab, Hannover praktisch als Geschenk akzeptierte, und die Weser-, Elbe- und Travemündung für britische Waren schloß, saß es endgültig zwischen allen Stühlen. Es hatte Großbritannien doppelt brüskiert. So wandte sich Preußen schließlich im Juli 1806 wieder Rußland zu. Über alle diese diplomatischen Bewegungen war Anna Amalia – wie die gesamte Weimarer Hofgesellschaft – nur vage im Bilde.

Die Herzogsmutter konnte sich von den beschwichtigenden Worten Knebels nicht trösten lassen. Die Ereignisse gingen ihr nicht aus dem Kopf, an ihren alten Leibarzt Stark schrieb sie: «Weren doch auch Mediciner in der Welt die den Stolz u Ehrgeiz Curiren könten und die Menschen Ruhig liessen. Die drückende Zeit macht ein[en] ganz melancholisch.»[25] Wegen der Sorge um das Zeitgeschehen vernachlässigte sie sogar ihren Briefwechsel.

> [...] jetzt ist mein humor nicht sehr gestimt Briefe zu schreiben, den meine Seele leidet sehr an den jetzigen Unglücklichen Zeiten, die man leider nicht ändern kan, als in geduldiger resignation sie auszuschalten, und zu suchen so viel wie möglich sich darüber zu erheben um nicht ganz zu nichts wird [sic!].[26]

Doch selbst wenn die Herzogsmutter die leidige Politik hin und wieder ausblendete, um sich mit anderen, angenehmeren Dingen zu beschäftigen, so kehrte sie doch stets zur Realität zurück. Sie war nicht desinteressiert, nur manchmal etwas erschöpft von den wechselhaften Entwicklungen. So kam es, daß sie persönliche Schicksalsschläge mit den Unwägbarkeiten der großen Politik zu einem pessimistischen Grundton zusammenmischte. Der Tod Gottfried Herders, des Bruders ihres langjährigen Protegés August, rief ihr die eigene Trauer um ihren Sohn Constantin wieder ins Bewußtsein. August bat sie, seiner Mutter ihr Beileid mitzuteilen, da sie vor Schmerz nicht persönlich schreiben könne.

Da ich leider selber die traurige Erfahrung gemacht habe wie schmerzlich für das Herz einer Mutter ist, zu verlieren einen Geliebten Sohn, so getraue ich mich auch nicht trösten zu wollen – den was ist trost? in diesem zerschmetterten zustand nichts als Kalte worte – die zeit u in sich selbst die Kraft zu haben sich im dem harten Schicksaal so zu schieken daß man doch nicht darunter ganz liegt wen man im seinem Glauben beharret daß ein besseres Schieksaal einem bevorstehet.[27]

Da sie die Todesfälle innerhalb weniger Jahre als Häufung von Schicksalsschlägen empfand, versuchte sie das Netz der Korrespondenz enger zu knüpfen. Sie suchte Bestätigung, wollte sich ihrer Position vergewissern. Die politische Unsicherheit, die das Leben dominierte, konnte dabei nicht außen vor bleiben. Die Briefe waren das Medium, in dem sie sich mit kontroversen Themen auseinandersetzte oder mit ihnen konfrontiert wurde – mitunter ohne es zu wollen. Dies zeigt ein Brief von Johann Gottfried Seume. Seume, bis 1801 als Korrektor und Lektor bei dem Leipziger Verleger Göschen tätig, war maßgeblich an der Drucklegung der Werkausgaben Wielands und Klopstocks beteiligt. Dann brach er zu einem Spaziergang vom sächsischen Grimma bis ins sizilianische Syrakus auf, dessen veröffentlichte Beschreibung ihn 1803 bekannt machte. Auf dem Rückweg von Italien hatte er auch Weimar besucht. Nun hatte er eine Reise nach Rußland, Finnland, Schweden und Dänemark unternommen, über die er ebenfalls einen Bericht verfaßte. Seume nahm dabei kein Blatt vor den Mund, war sich aber der Schwierigkeiten, die er bekommen konnte, durchaus bewußt. Dies zeigt der Brief, den er an Anna Amalia schrieb – und dem er vertrauensvoll den Reisebericht beilegte,

«auch auf die Gefahr, daß vielleicht vieles nicht Ihre Billigung erhalte. Ew. Durchlaucht gestehen jedem gern die nothwendige Ansicht seiner Individualität zu, der in den Gränzen der bescheidenen Anständigkeit bleibt: und ich glaube, ich bin es, so weit der Stoff es zuließ. Wir leben aber leider in einer Periode, wo man vor lauter Bescheidenheit bald nicht mehr wissen wird, wie man sich bescheiden soll. Daß mich meine Äußerungen von manchen Seiten gefährden können, ist möglich: ich bin aber entschlossen bey überlegter Wahrheit die Gefahr nicht zu achten, und nebst der Sache meinen Charakter zu halten. Wenn ich nichts gutes wirke, so habe ich doch gutes wirken wollen.»[28]

Doch was war so anstößig an Seumes Bericht? Hier ein Auszug:

Es ist mir seit langer Zeit ein etwas trauriger Gedanke, ein Deutscher zu sein; und doch möchte ich wieder meine väterliche Nation mit keiner andern vertauschen. Wir haben seit Karl dem Großen in unserm Vaterlande ein so sonderbares Gewebe von Halbgerechtigkeit, Halbfreiheit, Halbvernunft und überhaupt von Halbexistenz gehabt, daß sich die Fremden bei näherer Einsicht schon oft gewundert haben, wie wir noch so lange politisch lebten. Die Krisen waren häufig und sind jetzt gefährlicher als jemals. Solange wir verhältnismäßig noch Kraft und Stempel in Sitten und Verfassung hatten, oder vielmehr solange unsere Nachbarn um uns her auch noch im Chaos lagen, hielten wir uns noch mit Anstand und Würde. [...] Eine so traurige Rolle, als wir seit den letzten zehn Jahren gespielt haben, liegt kaum in den Annalen.[29]

Seumes Reisebericht erschien 1806 unter dem Titel «Mein Sommer 1805» und wurde wegen seiner kritischen Bemerkungen in mehreren Staaten verboten. Allein die Tatsache, daß Seume der Weimarer Fürstenwitwe seinen umstrittenen Bericht schickte, ist bemerkenswert. Er vermutete, daß sie sich nicht davor scheute, sich mit solchen Gedanken zu beschäftigen, auch wenn sie sie nicht teilte. Nach allen anderen Äußerungen Anna Amalias ist anzunehmen, daß er sich in ihr getäuscht hatte. Doch immerhin ging ihr anscheinend *nicht* der Ruf einer reaktionären Vertreterin ihres Standes voraus.

Im Sommer 1806 überstürzten sich die Ereignisse. Zahlreiche süd- und mitteldeutsche Fürsten schlossen sich im Juli auf französischen Druck unter Napoleons Protektorat in einem Staatenbund, dem sogenannten Rheinbund, zusammen, und traten aus dem Reichsverband aus – ein Schritt, den die Reichsverfassung gar nicht vorsah. Franz II., der schon 1804 auf Napoleons Krönung zum Kaiser der Franzosen mit der Annahme eines erblichen Kaisertitels für die habsburgischen Erblande reagiert hatte, sah, daß die ehrwürdige Kaiserkrone des Reichs für die Großmacht Österreich keinen Nutzen mehr hatte. Mit der Niederlegung der Krone am 6. August 1806 erklärte er das Heilige Römische Reich für beendet und seine Institutionen für aufgelöst.[30]

Preußen sah sich innerhalb Deutschlands durch den von Frankreich dominierten Rheinbund isoliert. Friedrich Wilhelm III. wartete im Grunde nur auf eine Gelegenheit, sich gegen Napoleon wenden zu können. Diese ergab sich, als Frankreich Anfang August Großbritannien angeblich Hannover wieder als Verhandlungsmasse anbot. Preußen forderte Ende September ultimativ den Rückzug der französischen Truppen aus Süddeutschland, was einer Kriegserklärung gleichkam. Weimar-Eisenach, dessen Herzog weiterhin preußischer General war, konnte sich nun nicht mehr abseits halten, und mußte ein eigenes Bataillon Soldaten stellen. Der Krieg kam Anna Amalia Anfang Oktober bedrohlich nahe. Bei Saalfeld mußte die preußische Armee eine herbe Niederlage einstecken; Carl Augusts Verbleib war in Weimar tagelang unbekannt. Noch bevor es zur entscheidenden Schlacht bei Jena und Auerstedt kam, entschied sich Anna Amalia am 14. Oktober 1806, in ihre Heimat Braunschweig zu fliehen.

Die Flucht war eine anstrengende Reise, da sie häufig nachts unterwegs waren. Bei ihr waren Erbprinzessin Caroline, zunächst auch Erbprinz Carl Friedrich und dreiundzwanzig Hofchargen und Bedienstete. Maria Pawlowna hatte sich ins holsteinische Eutin zurückgezogen, von wo aus sie über die Ostsee leichter nach St. Petersburg fliehen konnte. Carl August stand weiter im Feld, seine Gattin Luise blieb als einzige Vertreterin der Dynastie in Weimar. Anna Amalias Reisesuite war umgeben von Flüchtlingen aller Schichten, denn die Nachrichten über die dramatische Lage verbreiteten sich rasch; die «fürchterlichste Kanonade» begleitete sie.[31] Nach Braunschweig war kein Durchkommen, so daß die Reisenden nach Göttingen auswichen. Auf ihrer Flucht legte Amalia – im Gegensatz zu ihren anderen Reisen – Wert darauf, daß man die fürstliche Kutsche erkannte. In aller Eile wurden in Göttingen die entsprechenden Beinkleider und Livreen beschafft, «um die Postillons samt den Pferden, für [vor] gewaltsamen Mitnehmen sicher zu stellen, und sie für fürstliche Kutscher gelten zu machen.»[32] Nach zehn Tagen kehrte Anna Amalia um und kam am 25. Oktober in Eisenach an. Luise von Göchhausen berichtete Böttiger: «Die guten treuen Eisenacher wollten die Herzogin gar nicht wieder weglassen, denn sie erschien ihnen wie ein Schutzgeist [...].«[33] Auch Goethe hatte diesen Eindruck: «Es scheint, die Eisenacher möchten sie gern als ein Palladium bey sich behalten», schrieb er.[34] Nach all den Jahren war Anna Amalia immer noch eine «Landesmutter», der die Bevölkerung in Krisensituationen das Wohl des Herzogtums anvertrauen mochte.

Hin und wieder schaffte es die Reisegesellschaft, tatsächlich Unterhaltung zu finden oder das eigentliche Motiv der Reise zumindest für eine Weile zu vergessen. In Göttingen verbrachten sie ihre Zeit bei dem Naturforscher Johann Friedrich Blumenbach. Anna Amalia besichtigte die Bibliothek, ein Museum und den Botanischen Garten der Universitätsstadt. Auf der Rückreise über Kassel ließ sie sich die Wasserspiele im Schloßgarten von Wilhelmshöhe vorführen und fand auch sonst «manche angenehme Zerstreuung» in der Stadt, wie ihr Bibliothekar Fernow berichtete.[35] Zurück in Weimar, erwarteten sie keine guten Nachrichten.

> Wir fanden Unglück und manches Elend, und doch fanden wir auch Ursach, Gott und unserer trefflichen regierenden Herzogin [Luise] zu danken, daß es nicht noch schlimmer wurde. Fünf bis sechs Häuser vom Vorwerk bis zu Uhlemanns sind abgebrannt u ein großer Teil der Einwohner geplündert. Doch giebt es sehr viele Ausnahmen. Auf dem Lande sieht es schlimm aus, doch gibt es auch da noch Pferde und Rindvieh. Aus den fürstlichen Ställen sind allen Pferde u. die meisten Wachen mit fort und die ganze Familie fährt wechselweise mit 2 Pferden, die wir zufällig noch mit auf der Reise hatten. Doch ist Allstedt [das herzogliche Gestüt] nicht geplündert.[36]

Nicht alle Wohnungen der fürstlichen Familien waren verschont geblieben. Was nicht bewacht gewesen war, wurde geplündert und zerschlagen, so der Sommersitz Anna Amalias, Tiefurt.

Zwar war der Sturm vorüber, doch hatte man Verluste zu beklagen. Herzog Carl Wilhelm Ferdinand von Braunschweig-Wolfenbüttel, der allen Warnungen zum Trotz noch einmal den preußischen Oberbefehl übernommen hatte, wurde verwundet und erlag nach einigen Tagen seinen Verletzungen. Anna Amalia hatte es mißbilligt, daß er im Alter von 71 Jahren noch an der Schlacht teilgenommen hatte. Nun hatte sie ihren letzten Bruder verloren. Henriette von Knebel beschrieb Anna Amalias Reaktion als «recht gefaßt und verständig».[37] Diesen Eindruck gewinnt man tatsächlich, denn auf Knebels Kondolenzschreiben antwortete sie: «Ich beruhige mich mit dem trost, daß ich ihm Glücklich finde nicht mehr die schmach der Menschheit zu Empfinden die mehr als Tod ist – und die Menschen zu Thiere heruntersetzen.»[38] Damit spielt sie auf die Pläne Napoleons an, das Herzogtum Braunschweig-Wolfenbüttel aufzulösen. Carl hatte 1792 dem revolutionären Frankreich in einem «Manifest» vollmundig gedroht. Dieser Fehlgriff schien nun auf sein Herzogtum zurückzufallen. 1807 ging Braunschweig dann tatsächlich für einige Jahre im neuen Königreich Westfalen auf, das Napoleon für seinen Bruder Jérôme schuf. Ein ähnliches Schicksal schien Weimar-Eisenach zu blühen, das als einziges der mitteldeutschen Fürstentümer dem besiegten Preußen ein eigenes Truppenkontingent gestellt hatte.

Nach der Niederlage von Jena und Auerstedt befand sich Preußen in einer verzweifelten Lage. Friedrich Wilhelm III., nach Königsberg und schließlich Memel in Ostpreußen ausgewichen, weigerte sich, in Friedensverhandlungen einzuwilligen, und Napoleon zog ihm mit seiner Armee durch Preußisch-Polen entgegen. Der französische Kaiser schickte sich an, auch Rußland militärisch zu bezwingen, wodurch Weimar-Eisenach aufgrund der dynastischen Verbindung zum Zarenhaus neuerlich in Gefahr geriet. Anna Amalia verfolgte resigniert das Geschehen, soweit es sich ihr aus der Ferne durch die spärlichen Nachrichten erschloß, und war abends mit dem beschäftigt, was Weimar noch an Unterhaltung bot:

> Es sieht sehr Krigerisch wiederum aus u das zwar in Pohlen, was noch alles werden wird weiß Gott nur allein Wir sind in seinen Händen u wird uns nicht mehr auflegen als was der Mensch ertragen kan das ist mein Trost –
> Goethe ist fast alle Abend bey mir u spricht nichts als von grossen Naturen, er thut mich oft recht leid daß er sich so bloß giebt vor andern die über ihnen spotten und lächerlich ihm machen wollen.[39]

Goethe arbeitete zu der Zeit an seiner Farbenlehre, mit der er unter anderem versuchte, die Theorien Newtons zu widerlegen. Jedoch schon die Zeitgenossen zweifelten an seinen leidenschaftlich vorgetragenen Thesen. Anna Amalia, die sich für naturwissenschaftliche Untersuchungen nur bedingt interessierte, schrieb an Luise von Knebel, Goethe wirke überspannt und gebe Anlaß zum Spott. Sie interpretierte Goethes Verhalten aber zu seinem Vorteil: Die Anderen könnten «an seinem Geiste ihm nicht nachkommen». Seine Studien deutete sie als Realitätsflucht: «es scheint er mögte sich gern herraussen reisen von allen die Sachen die geschen sind aber zu stark auf ihm gewürkt haben er nicht ganz Herr darüber werden kan».[40] Wissenschaftliches Erkenntnisstreben lag ihr fern; wer sich so in eine Sache vertiefte, mußte etwas anderem zu entkommen versuchen – sei es der Politik, dem Schicksal, den Prüfungen, die Gott auferlegte, oder schlicht der Zeit, die sie nach wie vor im Übermaß besaß. Dahinter verbarg sich aber vermutlich auch der Wunsch, daß sich nach dem Krieg wieder normale Zeiten einstellen mögen. Anna Amalia schrieb öfter an ihre «Enkelin» Maria Pawlowna, die aus dem dänischen Schleswig zurückkehren sollte. Der Erbprinz reiste zu ihr, um sie wieder nach Weimar zu holen, doch gleichzeitig forderte ihre Mutter, Maria Feodorowna, sie möge nach St. Petersburg zurückkehren. Maria Pawlowna blieb so ein ganzes Jahr in Schleswig – Anna Amalia sollte ihre Enkelin nicht mehr wiedersehen.

Den Wunsch nach Ruhe drückte auch Knebel aus – verbunden mit einer Bitte an die Herzogsmutter, die «Wiederherstellung der Akademie» in Jena zu unterstützen. Die Infrastruktur hatte unter den Plünderungen gelitten, und die Studenten blieben aus:

> Euer Durchlaucht selbst, als erkante Beschützerin der Musen, werden nicht aufhören diese Wünsche befördern zu helfen; welche zu jeziger Zeit desto gerechter sind, da Barbarey und Mordsucht überall die gesittete Welt zu verheeren sucht. Auch haben die Wissenschaften allein diesen Gegenden, ausser dem Unterhalt und der nahrung, noch Name und Glanz gegeben, die doch ehrenvoller und dauerhafter seyn dürften, als die künftig zu errichtenden Schlachtensäulen.[41]

Anna Amalias Antwort war ausweichend. Sie versprach nicht direkt eine Unterstützung der Universität, sondern übermittelte nur gute Wünsche für das Unternehmen. Die Hoffnung sei überhaupt das Einzige, was sie noch erhalte. Amalia fand noch nicht einmal mehr Trost bei den Musen, denn: «Unsere Musen hier schlafen ziemlich und wollen nicht freundlich werden, man ist hier mit so vielen unangenehmes umringt daß ich es ihnen nicht verdenken kan freundlich zu seyn.»[42]

Dies ist einer der letzten Briefe Anna Amalias. Die Herzogsmutter erkrankte im März schwer, die Weimarer Löwenapotheke lieferte fast täglich Mixturen, Elixire und Tropfen. Betreut wurde sie von ihrem Leibarzt Huschke, doch da sich ihr Zustand nicht besserte, schickte man «eiligst und mit dem Versprechen einiger Besoldung» zwei Husaren nach Jena, um Professor Stark zu holen. Er hatte sie 1786 schon einmal von einer lebensbedrohlichen Krankheit heilen können. Doch diesmal konnte er nicht mehr helfen. Anna Amalia starb am 10. April 1807.

Epilog

«es ist kein bedeutender Name von Weimar ausgegangen, der nicht in ihrem Kreise früher oder später gewirkt hätte»[1]

Legende, Mythos, Marketing

200 Jahre ist es her, daß Herzogin Anna Amalia von Sachsen-Weimar-Eisenach gestorben ist. Die Bibliothek in Weimar trägt seit 1991 ihren Namen – und anläßlich ihres 200. Todestages wird dort noch ausgiebiger an sie erinnert werden. Eine große Ausstellung wird ihr Leben zu erzählen versuchen; Orte, an denen sie gewohnt hat, können (wieder) besucht werden, und natürlich wird man auch einiges lesen können. Anna Amalia wird als eine erinnerungswürdige Frau angesehen, wegen ihrer Leistungen für ihr Herzogtum und die kleine Stadt an der Ilm. Doch warum wollen Kultureinrichtungen, die sich aus öffentlichen Mitteln finanzieren, an ‹Leistungen› historischer Persönlichkeiten erinnern, von Fürsten zumal? Warum stoßen diese ‹Bildungsbemühungen› auf das Interesse eines zahlenden Publikums? War diese Form der identifikatorischen Geschichtsdarstellung nicht eigentlich überwunden? Wenn man es dennoch tut – zu verhindern ist es wohl nicht –, welche der Leistungen sollten betont, welche zurechtgerückt werden, um zu einem reflektierten Verständnis der höfischen Gesellschaft und der Epoche der ‹Aufklärung› beizutragen? Daß Anna Amalia als 18jährige Witwe mitten im Siebenjährigen Krieg die Regentschaft über ein Herzogtum übernahm? Daß sie die Musik liebte, selbst komponierte und Klavier spielte? Daß sie sich nach der Regentschaft von den Amtsgeschäften scheinbar klaglos zurückgezogen hat? Daß sie *gegen* die ästhetischen Erziehungsbestrebungen Goethes und Schillers den Moden der Zeit und ihrem persönlichen Geschmack in den Künsten folgte?

Auch 2007 werden Kulturvermittler in Weimar und anderswo versucht sein, Anna Amalia mit dem in Verbindung zu bringen, wofür die Marke Weimar® heute steht bzw. stehen soll. Also vor allem mit der Literatur der sogenannten Weimarer Klassik, Goethes und Schillers sowie – mit einigem Abstand – Wielands und Herders. Heißt es nicht, sie habe diese Dichter nach Weimar geholt und in ihrem Tun bestärkt? Anna Amalia sei sogar die Wegbereiterin[2], wenn nicht die Begründerin der Weimarer Klassik gewesen? Sie habe die großen ‹Geister› an ihren ‹Musenhof› geholt, wird es heißen, und dann werden Namen genannt, die heute zu den ‹Klassikern› gehören, und es sind nicht die lokalen Musikgrößen Wolf oder Kranz, nicht die überregional populären Lustspielautoren Kotzebue oder Iffland, nicht die zeitgenössischen Künstler Kraus, Oeser oder Meyer, nicht die fleißigen Altertumsgelehrten Böttiger oder Hirt, die Anna Amalia doch so schätzte und – in engen Grenzen – förderte.

Es gab zwischen 1770 und 1800 in Deutschland einige Schriftsteller, die ‹Geniepotential› hatten, deren Werke man heute noch mit Gewinn lesen kann, und von denen sich einige für kurze oder längere Zeit in der kleinen Residenz an der Ilm versammelten. Warum? War es eine bewußt gesteuerte Entwicklung, ein kompliziertes Zusammenspiel vieler Faktoren, waren es glückliche Umstände, oder war es schlicht Zufall? Mit der vierten Erklärung läßt sich keine Geschichte erzählen (und verkaufen), die dritte Erklärung ist zu banal, die zweite etwas für wissenschaftliche Symposien und Sammelbände; allein die erste, die schon zu Anna Amalias Lebzeiten in Weimar entstand, scheint Stoff für eine öffentlichkeitswirksame, der Marke Weimar® entsprechende Erzählung herzugeben. Dieser Stoff ist so ergiebig, daß man ihn nicht aufgeben möchte. Die Geschichte «Weimars zur Goethezeit» erzählt sich flüssiger, wenn es einen oder zwei Köpfe gibt, die alles, wofür Weimar heute noch bekannt ist, begründet haben. Eine Legende, die seit 200 Jahren alle zu Nutznießern macht – die Akteure und Zaungäste des historischen Geschehens, und uns, die Rezipienten. Die Strategie war so einfach wie effektiv, und es ist für die soeben beendete Erzählung von Anna Amalias Leben aufschlußreich, rückblickend zu betrachten, wie sie entstand und wie sie funktionieren konnte.

Die Zeitgenossen waren sich bei Anna Amalias Tod durchaus bewußt, daß sich die thüringische Residenz und die benachbarte Universität gegenüber vielen vergleichbaren Höfen abhob. Nach 1790 hatten, wenn man Weimar und Jena gemeinsam betrachtet, auf engem Raum einige intellektuell profilierte Menschen zusammengefunden, die einander etwas zu sagen hatten, das man auch woanders hören und lesen wollte. Bis 1807 allerdings war diese Konfiguration aus verschiedenen Personen- und Ideenkonstellationen schon wieder zerbrochen; in Weimar waren Schiller und Herder gestorben, aus Jena einige gewichtige Professoren abgewandert. Militärisch und politisch irrelevant war Weimar-Eisenach im Alten Reich immer gewesen, doch als Napoleon dessen Schutzmechanismen zerstörte, wurde es gefährlich. Nach der preußischen Niederlage im Herbst 1806 blieb lange unsicher, ob das Herzogtum überhaupt bestehen bleiben oder ob es, wie das Kurfürstentum Hessen, in einem der neuen Modellstaaten aufgehen würde, deren Throne Napoleon bevorzugt mit seinen Verwandten besetzte. In dem Moment, als die Krise der Gesamtkonfiguration Weimar-Jena mit einer fundamentalen Staatskrise zusammenfiel, starb Anna Amalia. Dies war eine Chance für diejenigen in Weimar und Jena, die einen künstlerisch-wissenschaftlichen Geltungsanspruch mit der Sorge um den Fortbestand von Staat und Dynastie vereinten.

Goethe hatte selbst hohes Interesse daran, Weimar, wie man heute sagen könnte, als ästhetische Marke zu etablieren – nicht zuletzt ging es um seinen eigenen Ruhm. Er wollte die Erinnerung der Nachwelt bewußt formen, und ein Fürstennekrolog bot sich dafür besonders an. Noch an Anna Amalias Todestag schrieb Goethe an seinen Kollegen Christian Gottlob von Voigt:

> Nach Ew. Excellenz Aufforderung bin ich sehr bereit mitzuwirken, daß unsrer guten Fürstin Andenken nicht unwürdig gefeyert werde. Ich sende daher das mir mitgetheilte Schema weitläuftig geschrieben zurück, mit Bitte, das Besondere gefällig einzuzeichnen. Ich will das Ganze überdenken und einen doppelten Gebrauch vorbereiten. Ein kleinerer Aufsatz könnte zum Ablesen von den Canzeln dienen, einen andern etwas umständlichern sendete man an Cotta für seine Blätter [...].[3]

Voigt war der Meinung, die Herzogin habe «ein merkwürdiges Leben durchlaufen», das «einen schönen Stoff» ergebe.[4] Doch Goethe gab sich damit nicht zufrieden, sondern wollte das Andenken in eine bestimmte, die ‹richtige› Richtung lenken. Er schuf nach Voigts Vorarbeit (einem Schema mit den wichtigsten Daten) eine chronologische Nacherzählung des Lebens Amalias. Die Herzogin wollte er als ein leuchtendes Beispiel herausstellen, «einem Jeden zur Nacheiferung». Anna Amalias Leben erscheint, Zeit und Ort enthoben, als allgemeingültiges Lehrstück. Zunächst lobt Goethe ihre Herkunft, sie sei «in der Mitte eines regen, sich in manchem Sinne weiter bildenden Hofes» erzogen worden. Die kurze Ehe mit Ernst August Constantin nennt er heiter und glücklich. Nach dem Tod ihres Mannes meisterte die junge Regentin die ihr übertragenen Aufgaben und politischen Herausforderungen. «Gerechtigkeit und freyer Edelmuth bezeichneten alle ihre Regentenbeschlüsse und Anordnungen.» Trotz der Katastrophe von 1774 sei es ihr gelungen, ihrem erstgeborenen Sohn die Regierungsgeschäfte «ruhm- und ehrenvoll» zu übergeben. Zusammenfassend schreibt Goethe über Anna Amalias Regentschaft: «Ein ganz anderer Geist war über Hof und Stadt gekommen. Bedeutende Fremde von Stande, Gelehrte, Künstler, wirkten besuchend oder bleibend.» Nach den Regierungsgeschäften habe Amalia «eine sorgenfreyere Abtheilung des Lebens» antreten können.

> «Das ruhige Bewußtseyn ihre Pflicht gethan, das was ihr oblag geleistet zu haben, begleitete sie zu einem stillen, mit Neigung gewählten Privatleben, wo sie sich von Kunst und Wissenschaft, so wie von der schönen Natur ihres ländlichen Aufenthaltes umgeben, glücklich fühlte. Sie gefiel sich im Umgang geistreicher Personen, und freute sich Verhältnisse dieser Art anzuknüpfen, zu erhalten und nützlich zu machen; ja es ist kein bedeutender Nahme von Weimar ausgegangen, der nicht in ihrem Kreise früher oder später gewirkt hätte.»

Kurz widmet sich Goethe der Italienreise Amalias und dem Fortbestand der Dynastie in ihren Enkeln. Dann zieht er in einem Kunstgriff alle Todesfälle, die Anna Amalia zu beklagen gehabt hatte, in wenigen Sätzen zusammen. Obgleich er mehrere Jahrzehnte beschreibt, klingt es doch, als habe Anna Amalia in ihren letzten Jahren außergewöhnlich viel zu ertragen gehabt. Doch habe «sie sich mit innewohnender

Kraft immer wieder zu fassen und den Lebensfaden wieder zu ergreifen gewußt». Dann aber kam der «unbarmherzige Krieg», der sie zur Flucht zwang, alles zerstörte und zuletzt auch noch den «letzten einzig geliebten und verehrten» Bruder tötete. Die schweren Zeiten und Todesfälle wurden Anna Amalia zu viel: «da scheint ihr Herz nicht länger gehalten und ihr muthiger Geist gegen den Andrang irdischer Kräfte das Uebergewicht verloren zu haben.» Mit anderen Worten: Anna Amalia starb an doppelt gebrochenem Herzen. Goethe führt ausgerechnet Carl Wilhelm Ferdinand an, den Bruder, mit dem Amalia in den letzten Jahren hauptsächlich wegen strittiger Erbschaftsangelegenheiten korrespondiert hatte. Der Braunschweiger Herzog war preußischer Oberbefehlshaber – der Zusammenbruch der preußischen Monarchie fällt so mit Anna Amalias Tod zusammen.

Goethe/Voigts Werk ist wie jeder Nekrolog eine Konstruktion, die das Unangenehme, das nicht in das idealisierte Bild der Toten passen würde, ausblendet, zum Beispiel die von Anna Amalia als mißlungen empfundene Erziehung ihrer Söhne, die Staatskrise um 1775, das schwierige Verhältnis zu Constantin, der allmähliche Rückzug auf ihre eigene Hofhaltung, die Konflikte mit Goethe als Theaterdirektor und vieles mehr. Der Nekrolog «Zum feyerlichen Andenken der Durchlauchtigsten Fürstin und Frau Anna Amalia» wurde zunächst in 600 Exemplaren gedruckt und nach der Gedächtnispredigt von allen Kanzeln in Weimar-Eisenach verlesen.[5] Herzog Carl August hatte die Gedenkschrift zuvor autorisiert.

Es ist nicht verwunderlich, daß diese Schrift bis heute eine andauernde Wirkung in biographischen, landes- und literaturgeschichtlichen Darstellungen entfaltet hat – zumal sie zunächst die einzige war, die in Umlauf geriet. Dafür hatte Goethe gesorgt. An den Verleger Cotta schrieb er:

> Wir haben einen großen Verlust an unsrer durchlauchtigsten Herzogin Amalia erlitten. Ich melde Ihnen das sogleich mit der Bitte, nichts in die allgemeine Zeitung noch in das Morgenblatt über diese treffliche Dame aufzunehmen, was nicht von mir kommt. Vielleicht wäre für die allgemeine Zeitung eine simple Anzeige, wie die beyliegende, das schicklichste. Für das Morgenblatt sende ich einen ausführlichern Aufsatz, wobey ich denjenigen zum Grund lege, der zu der Leichenfeyer bestimmt ist.[6]

Ergänzt wurde Goethe/Voigts Nekrolog von der akademischen Gedächtnisrede des Jenaer Professors für Beredsamkeit und Poesie Heinrich Carl Abraham Eichstaedt.[7] Als Oberbibliothekar der Universität und Herausgeber der «Jenaischen Allgemeinen Literatur-Zeitung» war Eichstaedt ein wichtiges Bindeglied zwischen der Akademie und dem Geheimen Consilium, das Voigt leitete. Er war das «U-Boot»[8] der staatlichen Universitäts- und Wissenschaftspolitik. Erst seit 1798 in Jena, kannte er Anna Amalia freilich persönlich nur flüchtig. Eichstaedt setzte den Schwerpunkt seiner Rede auf Verdienste der Herzogin für die Universität während ihrer Regentschaft. Detailliert stellte er Änderungen in der Besoldung der Professoren und einzelne Berufungen dar. Für die Jahrzehnte nach der Regentschaft zog er Parallelen von Amalias persönlicher Kunstliebhaberei zu ihrem mäzenatischen Engagement. Voigt lieferte Eichstaedt ausführliche Informationen über die persönlichen Interessen der Herzogin.[9] Auf diese Weise konnte der Geheimrat den Inhalt der akademischen Gedächtnisrede im Sinne seiner staatlich-dynastischen Perspektive lenken. Mit dem Ergebnis war Voigt hochzufrieden. Eichstaedts Rede sollte im Lateinunterricht der Gymnasien wie ein «Klassiker» behandelt werden, um die «vaterländische Liebe» im ganzen Herzogtum zu fördern.[10]

In eine ähnliche Richtung zielte auch der Nachruf, den Anna Amalias letzter Bibliothekar Carl Ludwig Fernow für das «Journal des Luxus und der Moden» verfaßte. Er orientierte sich an den Themenbereichen, die eine wohlhabende und kunstsinnige Leserschaft vermutlich am meisten interessierte. Zudem mußte er die reichsweite Bedeutung der Herzogin unter Beweis stellen, und die lag seiner Darstellung nach in ihrer Kunstliebhaberei und ihrem Mäzenatentum. Fernow beschreibt Anna Amalia als «Freundin und Beschützerin der Musen». Sie habe «den Grund gelegt» zu «so viel Gutem und Schönen, als seit dreißig Jahren aus dieser kleinen Residenz hervorgegangen ist»[11] – auch diese Figur wurde zum Topos der ‹Weimar-Literatur›.

Anna Amalias relativ langes Leben hat Spuren in Weimar hinterlassen. Die – vor allem – literarischen Leistungen, die in der Stadt parallel zu ihrer Lebensspanne hervorgebracht wurden, sind unbestritten. Daß ihr Leben und die Literaturproduktion aufs engste kau-

Abb. 16: Carl August Schwerdgeburth, Allegorie auf das fünfzigjährige Regierungsjubiläum von Großherzog Carl August mit Porträts von Goethe, Anna Amalia, Wieland, Schiller und Herder. Öl auf Leinwand, 1825

sal verknüpft seien, wurde – im Anschluß an die Nekrologe – nach dem Tod der Weimarer Herzogin stets behauptet; der konstruierte Zusammenhang diente dazu, Anna Amalias ‹Lebenswerk› zu überhöhen und ihr eine ‹nationale Mission› zuzuschreiben. Die Zeitgenossen der Herzogin hatten, das frühneuzeitliche Fürstenlob fortführend, schon zu ihren Lebzeiten damit begonnen. Wie im Prinzip jede Fürstin galt auch Anna Amalia als Beschützerin der Musen. Die Personen, die sie so titulierten, verfolgten meist einen eindeutigen Zweck. Sie wollten selbst als Künstler oder Wissenschaftler von der Fürstin beschützt werden. Anna Amalia war – neben ihrem Sohn Carl August – die Galionsfigur für Weimar. [Abb. 16] Als Frau war sie nur insofern interessant, als sie das Musterbild einer guten Mutter abgeben und das Klischee bestätigen sollte, daß Frauen eine besondere Affinität zu den Künsten hätten.

Die (Selbst-)Stilisierung Weimars und seiner Fürstin, die schon zu

Lebzeiten Anna Amalias einsetzte, wurde vor allem nach außen hochgehalten. Intern wurde die Provinzresidenz häufig zur Zielscheibe von Spott und Unzufriedenheit. Wieland meinte es unüberhörbar ironisch, wenn er in seinen Briefen von Weimar als dem «weltberühmten deutschen Athen» schrieb. Auch Anna Amalia war nicht gerade zimperlich, sie bezeichnete Weimar einmal sogar als «After Athen».[12] In ihrem Nachlaß findet sich wohl auch nicht zufällig ein Spottgedicht auf das Ilmstädtchen, das auf die Melodie von «O! Du lieber Augustin» gereimt war:

> O du liebes Weimar du, rennst dem Verderben zu:
> 's Herz ist weg, Der Verstand ist weg,
> Weimar schon liegt im Dreck.
> O du liebes Weimar du, Du gehst zur Ruh.[13]

Sicherlich – Anna Amalia förderte und unterstützte, wo und wie sie es für richtig hielt – und wo ihre beschränkten finanziellen Mittel es erlaubten. Dies hätte sie allerdings in den meisten kleinen Fürstentümern des Reiches tun können. Daß sich in Weimar eine Anzahl von heute noch wohlklingenden Namen versammelte, war nicht von ihr beabsichtigt und nicht ihr Verdienst, für die Geselligkeit an ihrer Hofhaltung jedoch belebend und für ihren Nachruhm günstig. Wielands «Theatralische Neuigkeiten» und seine Gedichte auf «Olympia» im «Teutschen Merkur» sowie Klauers Vertrieb von Büsten großer Persönlichkeiten stehen am Beginn einer bis heute wirksamen Weimarer Öffentlichkeitsarbeit.

Bereits ein Jahr nach dem Tod Anna Amalias entdeckte Goethe ein weiteres Medium zur Unterstützung seines Weimarer Memoria-Konzepts: Carl August ließ die Weimarer Freimaurerloge «Amalia» wieder aufleben.[14] Die Loge war am 25. Geburtstag Anna Amalias 1764 gegründet worden, Goethe und sein Herzog waren ihr selbst beigetreten, doch seit 1782 hatte die Loge ihre Tätigkeit ruhen lassen. Die freimaurerische Gedenk- und Erinnerungsarbeit sollte Weimar ab 1808 ein Profil verschaffen, das wiederum die Stellung des Herzogtums in den unsicheren Zeiten nach der Auflösung des Reichs stabilisieren könnte. In Weimar liege, so die Idee, mit der sich nicht nur Freimaurer in Zukunft identifizieren würden, der Ursprung einer deutschen Kultur-Nation. Goethe unterstellte auch hier der fürstlichen Familie absichtliches, zielgerichtetes Engagement für Künste und Wissenschaften. Die Verbindung zwischen Freimaurerei und Dynastie sei dafür konstitutiv gewesen. Den Ursprung dieser Entwicklung sah er in der Logenpatronin Anna Amalia, weitergeführt habe sie der Herzog und Freimaurer Carl August. 1809 holte sich Goethe Unterstützung von Wieland. Der Beitritt des «von ganz Teutschland verehrten Veteran seiner Dichter» zur «Amalia» wurde allen deutschen Logen stolz verkündet.[15] Wieland beteiligte sich bereitwillig an der Profilbildung der Loge: Das «klassische Weimar» entstand. In seiner letzten Logenrede zog er eine Linie von den mäzenatischen Verdiensten Anna Amalias zu denen Carl Augusts. Die Herzogsmutter habe zur gesellschaftlichen Bildung beigetragen, indem sie an ihrem Hof Künstler unterstützt habe. Außerdem habe sie selbst nach individueller Vervollkommnung gestrebt, indem sie sich in geselliger Runde künstlerisch betätigte. Das war nicht nur ein Exempel für die Freimaurerei, sondern für alle Formen von Vergesellschaftung in Deutschland. Daß es die behaupteten mäzenatischen Leistungen tatsächlich nicht gegeben hatte, war für diese Argumentation unerheblich. Die Loge beanspruchte die Weimarer Elite für sich. Daß diese wie Goethe und Wieland keine begeisterten Freimaurer waren, oder der Loge wie Schiller nie beigetreten waren, überging man vorsichtshalber. Die wichtigsten Logenreden wurden in den Weimarer «Freimaurer-Analecten» gedruckt, die an andere Logen und an interessierte ‹Profane› geschickt wurden. Außer dem von der «Amalia» mitinitiierten Denkmal für Johann Gottfried Herder in Weimar (1850), dem eine nationale Spendenaktion voranging, läßt sich die Erinnerungsarbeit der Loge noch an vielen weiteren Beispielen bis 1932 nachvollziehen. Wie groß die Öffentlichkeitswirkung der Selbstdarstellung der Freimaurer tatsächlich war, ist im einzelnen noch schwer zu bestimmen. Jedenfalls taugte die ‹Weimarer Klassik› im späten 19. und frühen 20. Jahrhundert zur bürgerlichen Ersatzreligion – nicht nur in freimaurerischen Kreisen.

Die Nekrologe und Gedenkreden dienten den ersten Biographien zu Anna Amalia als Quellen, ebenso wie die Editionen, die in den 1830er Jahren erschienen.[16] Dazu gehörten die Briefwechsel des Darmstädter Kunstverständigen Johann Heinrich Merck und des ehemaligen Prinzenerziehers Carl Ludwig von Knebel sowie die Aufzeichnungen des ehemaligen Gymnasialdirektors Carl August Böttiger.[17] Diese frühen, aber wirkmächtigen Editionen sind unvollständig und sprachlich wie inhaltlich geglättet. Historisch-kritische Ausgaben wurden erst im zweiten Drittel des 19. Jahrhunderts üblich. Daß die Herausgeber bestimmte Briefe unterschlugen oder manche Stellen wegließen, geschah aus Rücksicht auf die Verstorbenen und die Nachkommen der fürstlichen Familie. Vermutlich nahmen die Editoren auch an, bestimmte ‹private› Details seien nicht von generellem Interesse, wobei schon das Publikum des 19. Jahrhunderts ‹Skandale› in fürstlichen Familien sicherlich begierig aufgenommen hätte. So kam es aber, daß Anna Amalias Leben weitgehend konfliktfrei erschien – eine Fürstin, die sich nach 1775 auf ihrem Lustschloß Ettersburg ungestört den Künsten widmete, umgeben von den von ihr geförderten Malern, Dichtern und Musikern. Anspielungen auf Konflikte mit Constantin wegen seiner unstandesgemäßen Liebesbeziehungen kamen ebenso wenig vor wie die anfängliche Rivalität zwischen Anna Amalia und ihrer Schwiegertochter Luise. Kaum ein Wort der Kritik Amalias an Goethe oder Carl August drang an die Öffentlichkeit, ebenso erfuhr man nichts von ihrer späten Resignation angesichts der politischen Verhältnisse.

Die Enkel und Urenkel Anna Amalias, Carl Friedrich und Carl Alexander, hatten großes Interesse daran, mehr über die Verdienste ihrer (Ur-)Großmutter zu erfahren, um diese für die Memorialpolitik der Weimarer Dynastie im ‹Silbernen Zeitalter› einzuspannen, auf das das ‹Goldene Alter›, die Zeit Goethes, Licht werfen sollte. Die beiden Großherzöge ließen alte Hofbedienstete befragen, die sich noch an Amalias Hofhaltung zu erinnern glaubten. Vor allem Großherzog Carl Alexander und seine Frau Sophie, die Anna Amalia nicht mehr erlebt hatten, leitete das Bestreben, sich selbst in die Traditionslinie ihrer Vorfahren zu stellen. Sie förderten gezielt Projekte zur «Goethezeit». Höhepunkte von Carl Alexanders langer Regierung (1853–1901) sind die Gründung des Weimarer Goethe- und Schiller-Archivs, sowie die Weimarer Ausgabe von Goethes Werken. Dadurch, daß sie die literarischen Errungenschaften Weimars als Produkte deklarierten, die eine angeblich liberale Politik des Hofes ermöglicht hatte, festigten die Nachfahren Anna Amalias die Legende eines Weimarer ‹Musenhofs›.

Der Begriff ‹Musenhof› taucht in Verbindung mit Weimar zum ersten Mal bei Wilhelm Wachsmuth 1844 auf. Im Mittelpunkt von Wachsmuths historischer Skizze steht nicht die Herzogin, sondern er untersucht die sozialen und personalen Konstellationen am Weimarer Hof. Das erklärt auch, weshalb er den Zeitraum 1772 bis 1807 gewählt hat: Sein Ausgangspunkt ist die Berufung Wielands, die seitdem als das mäzenatische Meisterstück Anna Amalias gilt. Das enge Patronageverhältnis zwischen dem Dichter und der Herzogsmutter dient ihm als Rahmen, auch wenn sein Hauptinteresse dann eigentlich bei der Zusammenarbeit zwischen Goethe und Schiller liegt – worauf Anna Amalia gar keinen Einfluß hatte. Die Darstellung endet im Todesjahr Amalias, da sie den «Vereinigungspunkt für die gesamten literarischen Nobilitäten Weimars» gebildet habe.[18]

Großherzog Carl Alexander stieß ein weiteres wichtiges Editionsprojekt an, das aber das Bild seiner Urgroßmutter so bewahren sollte, wie Goethe es entworfen hatte: Oberarchivrat Carl August Hugo Burkhardt hatte seit 1872 Abschriften von etwa 350 Briefen aus dem Nachlaß Anna Amalias gesammelt.[19] Die Edition wurde nie gedruckt, doch immerhin war die Sammlung im Staatsarchiv deponiert und wurde von Forschern häufig benutzt. Darauf basierend veröffentlichte Carl von Beaulieu-Marconnay 1874 seine vielzitierte Studie «Anna Amalia, Karl August und der Minister von Fritsch». 1892 erschien dann die erste umfassende Biographie über Anna Amalia von Friederike Bornhak, die ausführlich aus der Abschriftssammlung zitiert. Darauf baute wiederum die dreibändige Studie von Wilhelm Bode «Amalie, Herzogin von Weimar» (1907/1908) auf. Bode zog diese Biographie zu einem vielfach aufgelegten Band «Der Weimarische Musenhof» (1917) zusammen. Er sah in Weimar einen wichtigen Impulsgeber für eine neue deutsche Nationalliteratur und -kultur. Anna Amalia, aber noch mehr der Reichspolitiker Carl August, der Goethe und Schiller förderte, gelten als deren Initiatoren. Die Herzogsmutter erscheint bei ihm eher als ausgleichende Figur im Hintergrund.[20]

Es ist keine große Überraschung, daß auch die wirkmächtige Briefsammlung Burkhardts nicht frei von Glättungen und Auslassungen war. Gerade heikle Dokumente zu Streitigkeiten wurden in den Hausarchiven der noch bis 1918 regierenden Dynastien unter Verschluß gehalten. Burkhardt wollte auf keinen Fall den voyeuristisch-moralisierenden Duktus der bürgerlichen «Kultur- und Sittengeschichte der Höfe» bestärken, die in Eduard Vehses 52-bändiger «Geschichte der deutschen Höfe seit der Reformation» einen Höhepunkt gefunden hatte. Deren Stoßrichtung war, einen angeblich verderbten französischen Einfluß auf die deutschen Höfe anzuprangern sowie alle nationalen und ‹bürgerlichen› Tendenzen der deutschen Fürsten hervorzuheben, wozu er auch drastisch Klatsch, Tratsch und unmoralisches Verhalten an den Höfen schilderte. Burkhardt beließ es lieber bei dem unverfänglichen, vorbildhaften, harmonischen ‹Musenhof›.[21]

Ein weitgehend ungeschöntes, wenn auch parteiisches Bild liefert der 1865 in einem Privatdruck erschienene Briefwechsel des Kammerherrn Siegmund von Seckendorff. Seckendorff beschreibt die unterschiedlichen Konstellationen am Weimarer Hof, die nach 1775 gegeneinander intrigierten, und beklagt sich darüber, daß die adligen Hofchargen ihre Funktion verlören und von den aufstrebenden Günstlingen des Fürsten – wie Goethe – verdrängt würden. Diesen Briefwechsel benutzte Willy Andreas 1943/1953 dazu, um das höfische Leben mit dem Genietreiben Carl Augusts und Goethes zu kontrastieren. In den Eskapaden des jungen Herzogs mit seinem Dichterfreund sah Andreas ein Erziehungsprogramm Goethes – eine wirkungsvolle Variante, um die Besonderheit Weimars zu untermauern.[22]

Andreas war lange Jahre der führende Kopf des «Carl-August-Werks» – ein noch von Großherzog Carl Alexander angestoßenes Editions- und Forschungsunternehmen, das in den 1920er und 1930er Jahren in einem nationalistischen Duktus vor allem Carl Augusts reichspolitisches Engagement und seine ‹Visionen› für die Einigung der deutschen Nation herausstellte. Seine innere Politik im Herzogtum sollte als Musterbeispiel eines aufgeklärten Despotismus erscheinen – nationalsozialistische Absolutismuskonzeptionen teilweise vorwegnehmend. Nachwirkungen dieser Interpretation finden sich vor allem in den Werken Hans Tümmlers, besonders breitenwirksam in seiner Carl-August-Biographie (1978).[23] Carl Augusts ‹nationale Mission› bildete dabei die Kontrastfolie zu Anna Amalias unpolitischem ‹Musenhof›.

In der Forschung gilt ein Musenhof als ein Hof, an dem die Ausübung der Künste Priorität vor anderen Unterhaltungsformen hat. Das heißt, die Mitglieder des Hofes beschäftigen sich eher mit den Künsten, malen, lesen, schreiben oder spielen Theater, als daß sie Bälle veranstalten, Militärparaden abhalten, Ausflüge oder Schlittenfahrten machen, zur Jagd gehen oder Karten spielen. Ein weiteres Kriterium für einen Musenhof ist, daß seine Fürsten Künstler und Gelehrte fördern – nicht nur am Hof selbst, sondern möglichst auch über das Territorium hinaus. Damit versucht ein solcher Hof in der Konkurrenz zu anderen seinen spezifischen Wert zu bestimmen. Die Förderung der Künste sollte politische oder militärische Bedeutungslosigkeit ausgleichen;[24] eine anregende These, die sich aber schwer belegen läßt.

Seit Wachsmuth den Begriff 1844 einführte, wurde Anna Amalias Hof in Weimar häufig damit etikettiert. Dabei wurde der ‹Musenhof› meist assoziativ gebraucht. Weimar, Dichter, Musen und eine musizierende Herzogin – das schien zu passen.[25] Aber das Etikett überklebt mehr, als daß es ein differenziertes Bild Weimars ermöglichen könnte. Es erspart das genauere Nachfragen und stempelt den gesamten Hof oder auch nur Anna Amalias Hofhaltung als ‹Musenhof› ab, der ein verspieltes, harmonisches Dasein fristet.[26]

Auf den ersten Blick stimmt es, daß Anna Amalia und Carl August Künstler förderten und daß sich die Hofgesellschaft mit den Musen unterhielt. Schwieriger schon wird der Nachweis, daß sich beide Fürsten durch gezielte materielle Förderung von Künstlern von anderen Fürstentümern absetzen wollten. Für Anna Amalia ist das jedenfalls nicht festzustellen.

Als die junge Herzogin nach Weimar kam, brachte sie ihre persönlichen Fähigkeiten in der Musik mit und das Wissen, daß es für Fürstenhäuser zum guten Ton gehörte, Künstler zu unterstützen. Die Möglichkeiten reichten von Auftragsarbeiten über Stipendien bis zu

Anstellungen bei Hof. Während der Regentschaft Anna Amalias gibt es keine Hinweise darauf, daß sie sich im besonderen Maß engagiert hätte. 1772 gelang es ihr, Wieland als einen der Lehrer ihrer Söhne einzustellen. Daß er ein angesehener Dichter war, kam ihr gelegen, sie schmückte ihren Hof gern mit solchen Persönlichkeiten. Vielmehr versprach sie sich von ihm, daß er für ihren Sohn Carl August ein erzieherisches und persönliches Gegengewicht zum Prinzenerzieher Görtz bilden werde. Eine Hoffnung, die – wie wir gesehen haben – enttäuscht wurde. Wielands pädagogische und volksaufklärerische Ambitionen in Bezug auf das Weimarer Theater bremste Anna Amalia aus. Sie sah das Hoftheater in erster Linie als Unterhaltungsmedium. Es diente zwar auch der Erziehung der Prinzen – nicht aber der Bevölkerung. Das Liebhabertheater, das nach dem Regierungswechsel seine Blütezeit erlebte, war kein Weimarer Sonderfall.[27]

Der Übergang von der obervormundschaftlichen Regentschaft zu der Carl Augusts war alles andere als harmonisch. Nach 1775 wurde erst das Ausmaß der finanziellen Misere in Weimar-Eisenach deutlich, und Carl August hatte den Berg an dringend nötigen Reformen abzuarbeiten, den die Vormundschaftsregierung aufgeschichtet hatte. Dies ist nicht Anna Amalia allein anzulasten: Sie war auf die Informationen und Ratschläge der erfahrenen Mitglieder des Geheimen Consiliums angewiesen. Da ihre Macht nur geliehen war, besaß die Regentin strukturell gesehen wenig Durchsetzungsvermögen. Es lag allerdings im Interesse der Weimarer Eliten, die Regierungsübergabe als gelungen darzustellen.

In den ersten Jahren nach dem Regierungswechsel (1775–1780) avancierte die Hofhaltung der Herzogsmutter zum gesellig-künstlerischen Zentrum Weimars. Nach der (jahrelang ausbleibenden) Geburt des Erbprinzen 1783 teilte sich die Hofgesellschaft endgültig in verschiedene Fraktionen. Anna Amalia verlor ihre integrierende Position als ‹Zentralmuse›. Die anwesenden Dichter waren nicht als Hofdichter engagiert, sondern hatten andere Funktionen. Sie lieferten Gelegenheitsdichtungen, wenn sie denn die Zeit dafür hatten. Ihre sonstige literarische Produktion war vom Hofleben abgekoppelt. Sie konnten auch in anderen Zusammenhängen publizieren und ihre Stücke aufführen lassen. Heute ist Weimar vor allem für die Literatur

Abb. 17: Georg Melchior Kraus, Abendgesellschaft bei Anna Amalia von Sachsen-Weimar-Eisenach, Aquarell, undatiert

bekannt, die um 1800 entstand – Anna Amalias Hauptinteresse galt jedoch der Musik. Ästhetische Grundsätze, die in Weimar entwikkelt wurden, vollzog Amalia nicht nach oder lehnte sie sogar ab. Die Konflikte, die darüber entstanden, wurden später verschwiegen. Amalia zog sich – in mehreren Etappen (1783, 1790, 1803) auf ihre eigene Hofhaltung zurück. Dort empfing sie Besuch, der ohnehin am ‹regierenden› Hof zu Gast war, und sich auch bei der Herzogsmutter vorzustellen hatte. Die institutionalisierte «Tafelrunde» bei Anna Amalia ist eine Fiktion, zu der nicht zuletzt das bekannte Aquarell von Georg Melchior Kraus beigetragen hat. [Abb. 17] Auf dem Bild gruppieren sich ihre Hofdamen von Göchhausen und von Wolfskeel um die zeichnende Amalia, sowie Kammerherr von Einsiedel, Goethc, Meyer, Herder, Charles Gore und seine Töchter Emily und Eliza. Wichtige Personen aus Anna Amalias Günstlingskreis, wie Wieland oder Böttiger, sind nicht anwesend. Die Damen zeichnen oder stikken, die Herren lesen, hören zu oder sinnieren – wie Herder – vor sich hin. Auf dem Aquarell wird ein Programm verfolgt: Goethe liest vor und legt damit das spätere Gesprächsthema nahe. Wenn er aber um 1800 Amalia besuchte, dann zeichnete er, wie Johanna Schopenhauer von einem Abend berichtete, «immer».[28]

Es sieht also ganz danach aus, als habe Kraus in dem bekannten Aquarell einige dieser Abende zusammengefaßt. Das Kartenspiel und die Musik fehlen. Kraus hat die Perspektive verengt, so daß das Personal viel zu nah beieinander sitzt. Dies symbolisiert die angeblich ungezwungene Atmosphäre bei Anna Amalia – die Standes- und Geschlechtergrenzen seien außer Kraft gewesen, ebenso wie das Zeremoniell, das den Abstand zu fürstlichen Personen regelte. Die von Kraus benannten Personen können unter den ihnen zugewiesenen Namen und Funktionen nicht gleichzeitig an einem Tisch gesessen haben. Das Aquarell kann also nicht als Abbild ‹der› Realität oder Illustration ‹der› Abende an Anna Amalias Hof gelten, sondern zieht idealtypisch verschiedene Situationen zusammen.[29]

Die sozialen Beziehungen an der Hofhaltung der Herzogsmutter folgten den üblichen, hierarchischen Kommunikationsmustern. Den Begriff «Freund» gebrauchte sie – wie in der ‹empfindsamen› Zeit üblich – häufig und nicht selektiv. Eine Freundschaft im Sinne gegenseitigen Verständnisses, gemeinsamer Neigungen, Vertrauen und gleichberechtigter Kommunikation fand sie nur zeitweilig, vor allem bei ihrem Bruder Friedrich August und bei Giuseppe Capecelatro, dem Erzbischof von Tarent. Daß dies nicht öfter möglich war, bedauerte sie zwar selbst, jedoch war die Hierarchisierung bei Hofe auch in ihrem Interesse: Sie stärkte ihre Position und ermöglichte erst das System von Gunstvergabe und Huldentzug, sowie der ‹Herablassung› zu Menschen geringeren Standes. Diese konnte sie sofort zurücknehmen, sobald sie die Hierarchie der Gesellschaft grundsätzlich gefährdet sah. Eine Aufhebung oder Vermischung der Stände mußte sie ablehnen, denn dies hätte für sie Macht- und Ehrverlust bedeutet. Ansatzweise übernahm sie Versatzstücke aufklärerischer Diskurse, weswegen ihr immer wieder die Verbürgerlichung ihrer Denkweise zugeschrieben wurde. Aber zum einen war die Aufklärung kein spezifisch bürgerliches Phänomen, zum anderen gebrauchte sie solche Ideale nur in dem Maße, wie sie sie mit den standesgemäßen Regeln vereinbaren konnte. Daß sie sich danach erkundigte, ob denn Carl August in seine Luise auch recht verliebt sei, ist durchaus bemerkenswert, doch die Antwort auf die Frage war irrelevant, da die Hochzeit schon beschlossene Sache war.

200 Jahre nach Anna Amalias Tod wird man ihr Leben neu betrachten und nach Spuren suchen, die davon übrig geblieben sind. Und vermutlich wird sie wieder mit Titeln wie «Wegbereiterin der Weimarer Klassik», «Goethes Herzogin» und «Begründerin des Weimarer Musenhofs» bedacht werden. Anna Amalia ist Teil einer nationalen ‹Meistererzählung›[30], die so eingängig ist, daß sie wohl weiter fortgeschrieben werden wird. Dagegen erscheint die Vorstellung, daß sich eine Herzogin des 18. Jahrhunderts auch aus Langeweile oder dem Streben nach Prestige mit den Künsten beschäftigt hat, eher unbequem.

Anna Amalia von Weimar war eine von vielen Herzoginnen im Alten Reich des 18. Jahrhunderts. Ihre Leistungen sind nicht ‹bedeutsamer› als die der etwa gleichaltrigen Charlotte Amalia von Sachsen-Meiningen, die heute kaum jemand mehr kennt;[31] und diese vermeintliche oder tatsächliche ‹Bedeutsamkeit› ist auch nicht das eigentlich Interessante an den Zentralpersonen der höfischen Gesellschaft. Das Leben einer Charlotte Amalia von Meiningen wäre – wenn auch mit weniger Prominenz in ihrem Umfeld – für uns heute nicht minder spannend als das Anna Amalias von Weimar. Denn es könnte genauso berichten über die Wünsche, Sorgen, Hoffnungen, Konflikte und Glücksmomente im Leben einer Frau des Hochadels. Das dynastische Denken dieser Fürstinnen bleibt uns – trotz aller empfindsamer und ‹aufklärerischer› Vokabeln – fremd. Es wäre vergeblich, sich ihnen ‹einfühlsam› nähern zu wollen. Doch wenn wir nachvollziehen, warum uns die Lebensweisen und Denkformen der höfischen Gesellschaft so fremd vorkommen, kann durchaus etwas Neues, Bereicherndes entstehen.

Abbildungsverzeichnis

Abkürzungen

Ein Großteil der benutzten und zitierten Quellen ist ungedruckt und stammt aus Archiven und Handschriftenabteilungen von Bibliotheken, deren Abkürzungen unten aufgeschlüsselt sind. Die Handschriften, die in einer historisch-kritischen Edition gedruckt vorliegen, werden in der Regel nach der Edition zitiert. Wenn bei Akten- und Briefsignaturen keine Blattnummern angegeben sind, war das jeweilige Akten- oder Brieffaszikel zum Zeitpunkt der Benutzung unpaginiert. Die ungedruckten Briefe Anna Amalias sind eigenhändig, falls nicht anders angegeben. Falls ein Entwurf dazu von anderer Hand erhalten ist, wird er mit angegeben. Der Zusatz «Ausfertigung» kennzeichnet ein Kanzleischreiben, das in der Regel von einem Mitglied des Geheimen Consiliums bzw. dem Geheimen Referendar entworfen wurde. Französische Originalbriefe werden ins Deutsche übersetzt; Übersetzungen stammen, falls nicht anders angegeben, von J. und L. Berger. Ausfertigungsort aller Schriftstücke (Briefe und Akten) ist Weimar, falls nicht anders angegeben.

AK	Ausstellungskatalog
AstNap	Napoli, Archivio di Stato
BJ	Kraków, Biblioteca Jagiellónska
FDH	Frankfurt/M., Freies Deutsches Hochstift/Frankfurter Goethe-Museum
frz.	französisch
FS	Festschrift
GMD	Düsseldorf, Goethe-Museum/Anton-und-Katharina-Kippenberg-Stiftung
GNM	Weimar, Klassik Stiftung Weimar/Museen/Goethe-Nationalmuseum
GRA	Donzdorf, Gräflich Rechbergisches Archiv, Kasten Görtz [Nachlaß Johann Eustach und Caroline v. Schlitz gen. Görtz]
GSA	Weimar, Klassik Stiftung Weimar/Goethe- und Schiller-Archiv
HAAB	Weimar, Klassik Stiftung Weimar/Herzogin Anna Amalia Bibliothek
HAB	Wolfenbüttel, Herzog August Bibliothek
HAC	Hochfürstlicher Sachsen-Weimar- und Eisenachischer Hof- und Address-Calender auf das Jahr [...], Weimar [Jena] 1757–1806.
HessStAD	Darmstadt, Hessisches Staatsarchiv
Kp.	Abschrift
Kz.	Konzept (Entwurf)
ND	Nachdruck
NStAW	Wolfenbüttel, Niedersächsisches Staatsarchiv

Orig.	Original
SächsHStADD	Dresden, Sächsisches Hauptstaatsarchiv
SLUB	Dresden, Sächsische Landesbibliothek – Staats- und Universitätsbibliothek
ThHStAW	Weimar, Thüringisches Hauptstaatsarchiv
ThULB/HSA	Jena, Thüringische Universitäts- und Landesbibliothek/Abt. Handschriften und Sondersammlungen
ThULB/UA	Jena, Thüringische Universitäts- und Landesbibliothek/Universitätsarchiv

Literaturverzeichnis

Das *Literaturverzeichnis* enthält die in den Anmerkungen abgekürzt zitierte Literatur einschließlich der gedruckten Quelleneditionen. Es bietet also *keine* umfassende Bibliographie zu Herzogin Anna Amalia und zum Weimarer Hof. In die – stark zu begrenzende – Auswahl allgemeiner Forschungsliteratur zur höfischen Gesellschaft wurden vor allem Publikationen der letzten fünf bis zehn Jahre aufgenommen.

In den *Anmerkungen* werden die wörtlichen Zitate aus zeitgenössischen Quellen nachgewiesen. Die Fundorte ungedruckter Quellen in Archiven und Bibliotheken sind über das Abkürzungsverzeichnis zu erschließen. Die Quellennachweise werden gelegentlich durch Hinweise auf neuere Forschungsliteratur ergänzt, die bestimmte Entwicklungen und Phänomene diskutiert, welche über die Weimarer Situation hinausweisen – die also vor allem die höfische Gesellschaft des 18. Jahrhunderts und die Stellung hochadliger Frauen behandelt.

Umfangreiche Nachweise mit Quellen- und Literaturangaben zu allen Detailfragen finden sich bei Berger 2003.

Alewyn 1985 – Alewyn, Richard: Das große Welttheater. Die Epoche der höfischen Feste, München 2. Aufl. 1985.

Andreas 1938 – Andreas, Willy: Erziehungspläne für Carl August von Weimar, in: Archiv für Kulturgeschichte 28 (1938), S. 45–106.

Andreas 1941 – Andreas, Willy: Aus der Kindheit Carl Augusts von Weimar. Tagebuchaufzeichnungen und Berichte seines Erziehers, in: Archiv für Kulturgeschichte 30 (1941), S. 277–317.

Andreas 1943 – Andreas, Willy: Sturm und Drang im Spiegel der Weimarer Hofkreise, in: Goethe. Viermonatsschrift der Goethe-Gesellschaft 8 (1943), S. 126–139, 232–252.

Andreas 1949 – Andreas, Willy: Kämpfe und Intrigen um den Regierungsantritt Carl Augusts von Weimar. Eine archivalische Studie zur thüringischen Landesgeschichte, in: Historische Zeitschrift 169 (1949), S. 514–588.

Andreas 1953 – Andreas, Willy: Carl August von Weimar. Ein Leben mit Goethe 1757–1783, Stuttgart 1953.

Anna Amalia [1797] 1999 – Sachsen-Weimar-Eisenach, Anna Amalia v.: Briefe über Italien. Nach den Handschriften mit einem Nachwort hg. v. Heide Hollmer, St. Ingbert 1999.

Anna Amalia 1932 – [Sachsen-Weimar-Eisenach, Anna Amalia v.:] Ein unbekanntes Märchen der Anna Amalia. Mitgeteilt aus dem Archiv des Frankfurter Goethemuseums, hg. v. Josefine Rumpf-Fleck, in: Frankfurter Goethe-Museum (Hg.), Goethe-Kalender auf das Jahr 1932, Leipzig o. J., S. 96–105.

Aretin 1997 – Aretin, Karl Otmar v.: Das Alte Reich 1648–1806, Bd. 3: Das Reich und der österreichisch-preußische Dualismus, Stuttgart 1997.

Asch 2005 – Asch, Ronald G.: Hof, Adel und Monarchie. Norbert Elias' Höfische Gesellschaft im Lichte der neueren Forschung, in: Claudia Opitz (Hg.), Höfische Gesellschaft und Zivilisationsprozess. Norbert Elias' Werk in kulturwissenschaftlicher Perspektive, Köln u. a. 2005, S. 119–142.

Auletta 1940 – Auletta, Gennaro: Un giansenista napoletano del Settecento: Mons. Giuseppe Capecelatro arcivescovo di Taranto, Neapel 1940.

Babel/Paravicini Hg. 2005 – Babel, Rainer/Paravicini, Werner (Hg.): Grand Tour. Adliges Reisen und europäische Kultur vom 14. bis zum 18. Jahrhundert, Ostfildern-Ruit 2005.

Bahl 2001 – Bahl, Peter: Der Hof des großen Kurfürsten. Studien zur höheren Amtsträgerschaft Brandenburg-Preußens, Köln u. a. 2001.

Bastl 2000 – Bastl, Beatrix: Tugend, Liebe, Ehre: Die adlige Frau in der Frühen Neuzeit, Wien 2000.

Bauer 1993 – Bauer, Volker: Die höfische Gesellschaft in Deutschland von der Mitte des 17. bis zum Ausgang des 18. Jahrhunderts. Versuch einer Typologie, Tübingen 1993.

Bauer 1997 – Bauer, Volker: Hofökonomie. Der Diskurs über den Fürstenhof in Zeremonialwissenschaft, Hausväterliteratur und Kameralismus, Wien u. a. 1997.

Bauer/Berger 2002 – Bauer, Joachim/Berger, Joachim: Arbeit am nationalen Gedächtnis. Das Selbstverständnis der Weimarer Loge *Amalia* im 19. Jahrhundert, in: Joachim Berger/Klaus-Jürgen Grün (Hg.), Geheime Gesellschaft. Weimar und die deutsche Freimaurerei, München-Wien 2002, S. 259–270.

Beaulieu-Marconnay 1874 – Beaulieu-Marconnay, Carl v.: Anna Amalia, Karl August und der Minister von Fritsch. Beitrag zur deutschen Cultur- und Literaturgeschichte des 18. Jahrhunderts, Weimar 1874.

Bechtoldt/Weiss Hg. 1996 – Bechtoldt, Frank-Andreas/Weiss, Thomas (Hg.): Weltbild Wörlitz. Entwurf einer Kulturlandschaft, AK Frankfurt/M. 1996, Wörlitz 1996.

Berger 2002a – Berger, Joachim: Höfische Musenpflege als weiblicher Rückzugsraum? Herzogin Anna Amalia von Weimar zwischen Regentinnenpflichten und musischen Neigungen, in: Ventzke Hg. 2002, S. 52–81.

Berger 2002b – Berger, Joachim: Die Erfindung des Weimarer ‹Musenhofs› durch Editionen im 19. Jahrhundert, in: Diether Degreif (Red.), Archive und Kulturgeschichte, Siegburg 2002, S. 287–307.

Berger 2003 – Berger, Joachim: Anna Amalia von Sachsen-Weimar-Eisenach (1739–1807). Denk- und Handlungsräume einer ‹aufgeklärten› Herzogin, Heidelberg 2003.

Berger 2004 – Berger, Joachim: Repräsentationsstrategien deutscher Fürstinnen in der Spätaufklärung, in: Das Achtzehnte Jahrhundert 28/2 (2004), S. 273–292.

Berger 2005 – Berger, Joachim: Europäische Aufklärung und Höfische Sozialisation. Prinzenerziehung in Gotha und Weimar, in: Greiling u.a. Hg. 2005, S. 227–228.

Berger Hg. 2001 – Berger, Joachim (Hg.): Der ›Musenhof‹ Anna Amalias. Geselligkeit, Mäzenatentum und Kunstliebhaberei im klassischen Weimar, Köln u.a. 2001.

Berger/Puttkamer Hg. 2005 – Berger, Joachim/Puttkamer, Joachim von (Hg.): Von Petersburg nach Weimar. Kulturelle Transfers 1800–1860, Frankfurt/M. u.a. 2005.

Bergmann Hg. 1933 – Bergmann, Alfred (Hg.): Carl Augusts Begegnungen mit Zeitgenossen. Ein Bild seiner Persönlichkeit in Briefen und Berichten, Tagebuchaufzeichnungen und Selbstzeugnissen, Weimar 1933.

Bergmann Hg. 1938 – Bergmann, Alfred (Hg.): Briefe des Herzogs Carl August an seine Mutter, die Herzogin Anna Amalia. Oktober 1774 bis Januar 1807, Jena 1938.

Berns/Rahn Hg. 1995 – Berns, Jörg Jochen/Rahn, Thomas (Hg.): Zeremoniell als höfische Ästhetik im Spätmittelalter und in der Frühen Neuzeit, Tübingen 1995.

Beyer/Seifert Hg. 1997 – Beyer, Jürgen/Seifert, Jürgen (Hg.): Weimarer Klassikerstätten. Geschichte und Denkmalpflege, Bad Homburg-Leipzig 2. Aufl. 1997.

Bignamini/Wilton Hg. 1996 – Bignamini, Ilaria/Wilton, Andrew (Hg.): Grand Tour. The Lure of Italy in the Eighteenth Century, London 1996.

Bimberg 1997 – Bimberg, Guido: Musik in der europäischen Gesellschaft des 18. Jahrhunderts, Weimar u.a. 1997.

Birtsch Hg. 1996 – Birtsch, Günter (Hg.): Reformabsolutismus im Vergleich. Staatswirklichkeit – Modernisierungsaspekte – verfassungsstaatliche Positionen, Hamburg 1996.

Biskup 2004 – Biskup, Thomas: The hidden queen: Elisabeth Christine of Prussia and Hohenzollern queenship in the eighteenth century, in: Campbell Orr Hg. 2004, S. 300–321.

Bode 1908 – Bode, Wilhelm: Amalie, Herzogin von Weimar, Bd. 1: Das vorgoethische Weimar, Bd. 2: Der Musenhof der Herzogin Amalie, Bd. 3: Ein Lebensabend im Künstlerkreise, Berlin 1908.

Bode 1917 – Bode, Wilhelm: Der weimarische Musenhof 1756–1781, Berlin 1925 [Erstpublikation 1917].

Bödeker 2003 – Bödeker, Hans Erich: Biographie. Annäherungen an den gegenwärtigen Forschungs- und Diskussionsstand, in: ders. (Hg.), Biographie schreiben, Göttingen 2003, S. 9–63.

Bollenbeck 2001 – Bollenbeck, Georg: Weimar, in: Etienne François/Hagen Schulze (Hg.), Deutsche Erinnerungsorte, Bd. 1, München 2001, S. 207–224.

Bornhak 1892 – Bornhak, Friederike: Anna Amalia, Herzogin von Sachsen-Weimar-Eisenach, die Begründerin der klassischen Zeit Weimars. Nebst Anhang: Briefwechsel Anna Amalias mit Friedrich dem Großen, Berlin 1892.

Bothe 2000 – Bothe, Rolf: Dichter, Fürst und Architekten. Das Weimarer Residenzschloß vom Mittelalter bis zum Anfang des 19. Jahrhunderts, Ostfildern-Ruit 2000.

Böttiger 1838 – [Böttiger, Carl August:] Literarische Zustände und Zeitgenossen. In Schilderungen aus Karl August Böttiger's handschriftlichem Nachlasse, hg. v. K[arl]. W[ilhelm]. Böttiger, 2 Bde., Leipzig 1838.

Böttiger 1998 – Böttiger, Karl August: Literarische Zustände und Zeitgenossen. Begegnungen und Gespräche im klassischen Weimar, hg. v. Klaus Gerlach/René Sternke, Berlin 2. Aufl. 1998.

Boyle 1995/1999 – Boyle, Nicholas: Goethe. Der Dichter in seiner Zeit, Bd. 1. 1749–1790, Bd. 2. 1791–1803, München 1995/1999 (engl. Orig 1991/1999).

Brakensiek 1999 – Brakensiek, Stefan: Fürstendiener – Staatsbeamte – Bürger. Amtsführung und Lebenswelt der Ortsbeamten in niederhessischen Kleinstädten 1750–1830, Göttingen 1999.

Bräuning-Oktavio Hg. 1925 – Bräuning-Oktavio, Hermann (Hg.): Briefe der Herzogin Luise von Weimar, in: Berliner Tageblatt, Nr. 100, 28.2.1925.

Bruford 1962 – Bruford, W[alter]. H[orace].: Culture and Society in Classical Weimar 1775–1806, Cambridge 1962.

Burkhardt Hg. 1885 – Burkhardt, C[arl]. A[ugust]. H[ugo]. (Hg.): Briefe von Goethes Mutter an die Herzogin Anna Amalia, Weimar 1885.

Busch-Salmen u. a. 1998 – Busch-Salmen, Gabriele/Salmen, Walter/Michel, Christoph: Der Weimarer Musenhof. Dichtung – Musik und Tanz – Gartenkunst – Geselligkeit – Malerei, Stuttgart 1998.

Butz/Dannenberg 2004 – Butz, Reinhardt/Dannenberg, Lars-Arne: Überlegungen zu Theoriebildungen des Hofes, in: Reinhardt Butz u. a. (Hg.), Hof und Theorie. Annäherungen an ein historisches Phänomen, Köln u. a. 2004, S. 1–41.

Campbell Orr Hg. 2004 – Campbell Orr, Clarissa (Hg.): Queenship in Europe 1660–1815. The Role of the Consort, Cambridge 2004.

Conrads 2005 – Conrads, Norbert: Das Inkognito. Standesreisen ohne Konventionen, in: Babel/Paravicini Hg. 2005, S. 591–607.

Cusatelli Hg. 1999 – Cusatelli, Giorgio u. a. (Hg.): Gelehrsamkeit in Deutschland und Italien im 18. Jahrhundert, Tübingen 1999.

Dal Monte 1970 – Dal Monte, Maria Teresa: Christian Joseph Jagemann. Un italianista del settecento in Germania, Imola 1970.

Daniel 1995 – Daniel, Ute: Hoftheater. Zur Geschichte des Theaters und der Höfe im 18. und 19. Jahrhundert, Stuttgart 1995.

Daniel 2002 – Daniel, Ute: Höfe und Aufklärung in Deutschland – Plädoyer für eine Begegnung der dritten Art, in: Ventzke Hg. 2002, S. 11–31.

Deetjen Hg. 1923 – Deetjen, Werner (Hg.): Die Göchhausen. Briefe einer Hofdame aus dem klassischen Weimar, Berlin 1923.

Dreise-Beckmann 2004 – Dreise-Beckmann, Sandra: Herzogin Anna Amalia von Sachsen-Weimar-Eisenach (1739–1807). Musikliebhaberin und Mäzenin, Schneverdingen 2004.

Droste 2003 – Droste, Heiko: Patronage in der frühen Neuzeit – Institution und Kulturform, in: Zeitschrift für historische Forschung 30 (2003), S. 555–590.

Droysen Hg. 1916 – Droysen, Hans (Hg.): Aus den Papieren der Herzogin Philippine Charlotte von Braunschweig, Bd. 1 (1732–1768), Wolfenbüttel 1916.

Druffner/Schalhorn 2005 – Druffner, Frank/Schalhorn, Martin: Götterpläne & Mäusegeschäfte. Schiller 1759–1805, AK Marbach-Weimar 2005/2006, Marbach 2005.

Duchhardt 2003 – Duchhardt, Heinz: Europa am Vorabend der Moderne 1650–1800, Stuttgart 2003.

Duindam 1994 – Duindam, Jeroen: Norbert Elias and the early modern European court, Amsterdam 1994.

Duindam 1999 – Duindam, Jeroen: Ceremony at Court: Reflexions on an Elusive Subject, in: Francia 26/2 (1999), S. 131–140.

Duindam 2003 – Duindam, Jeroen: Vienna and Versailles. The Courts of Europe's Dynastic Rivals 1550–1780, Cambridge u. a. 2003.

Düntzer Hg. 1858 – Düntzer, Heinrich (Hg.): Aus Karl Ludwig von Knebels Briefwechsel mit seiner Schwester Henriette (1774–1813). Ein Beitrag zur deutschen Hof- und Litteraturgeschichte, Jena 1858.

Eichstaedt 1850 – Eichstaedt, Heinrich Carl Abraham: Memoria augustae principis ac dominae Anna Amaliae [...] [Jena 1807], in: ders., Opuscula Oratoria. Orationes Memoriae Elogia Quorum duo inedita Schilleri et Ludenii memoriae dicata, Jena 1850, S. 145–167.

Elias 1969 – Elias, Norbert: Die höfische Gesellschaft. Untersuchungen zur Soziologie des Königtums und der höfischen Aristokratie, Neuwied-Berlin 1969.

Fertig 1979 – Fertig, Ludwig: Die Hofmeister. Ein Beitrag zur Geschichte des Lehrerstandes und der bürgerlichen Intelligenz, Stuttgart 1979.

Freitag/Juranek Hg. 1994 – Freitag, Egon/Juranek, Christian (Hg.): Johann Gottfried Herder. Ahndung künftiger Bestimmung, Stuttgart-Weimar 1994.

Frindte/Westphal Hg. 2005 – Frindte, Julia/Westphal, Siegrid (Hg.): Handlungsspielräume von Frauen um 1800, Heidelberg 2005.

Froesch 2002 – Froesch, Annette: Das Luisium bei Dessau. Gestalt und Funktion eines fürstlichen Landsitzes im Zeitalter der Empfindsamkeit, München-Berlin 2002.

Gerhardt 1997 – Gerhardt, Katharina: Christian Joseph Jagemann – ein Vermittler italienischer Sprache und Kultur im klassischen Weimar, in: Klaus Manger (Hg.), Italienbeziehungen des klassischen Weimar, Tübingen 1997, S. 245–263.

Goethe-BuG 1965–1999 – Goethe, Johann Wolfgang v.: Begegnungen und Gespräche, Bd. 1–2 hg. v. Ernst Grumach/Renate Grumach, Bd. 3–6 hg. v. Renate Grumach, Berlin-New York 1965–1999.

Goethe-MA – Goethe, Johann Wolfgang: Sämtliche Werke nach Epochen seines Schaffens. Münchner Ausgabe, 21 Bde., München 1985–1998.

Goethe-Tagebücher – Goethe, Johann Wolfgang: Tagebücher. Historisch-kritische Ausgabe, hg. v. Jochen Golz, Bd. 1 (1775–1787) hg. v. Wolfgang Albrecht/Andreas Döhler, Bd. 2 (1790–1800) hg. v. Wolfgang Albrecht/Edith Zehm, Stuttgart-Weimar 1998/2000.

Goethe-WA – [Goethe, Johann Wolfgang (v.):] Goethes Werke, hg. im Auftrage der Großherzogin Sophie von Sachsen, 143 Bde., Weimar 1887–1919.

Gothe Hg. 2000 – Gothe, Rosalinde (Hg.): Ein Brief aus Verona: Friedrich von Einsiedel an Goethe, in: Animo italo-tedesco 3 (2000), S. 69–77.

Gräf Hg. 1911 – Gräf, Hans Gerhard (Hg.): Johann Heinrich Mercks Briefe an die Herzoginmutter Anna Amalia und an den Herzog Carl August von Sachsen-Weimar, Leipzig 1911.

Greiling u. a. Hg. 2005 – Greiling, Werner u. a. (Hg.): Ernst II. von Sachsen-Gotha-Altenburg. Ein Herrscher im Zeitalter der Aufklärung, Köln u. a. 2005.

Grote Hg. 1994 – Grote, Andreas (Hg.): Macrocosmos in microcosmo: Die Welt in der Stube. Zur Geschichte des Sammelns 1450 bis 1800, Opladen 1994.

Guhrauer Hg. 1851 – [Guhrauer, Gottschalk Eduard (Hg.):] Briefwechsel zwischen Goethe und Knebel (1774–1832), 2 Tle., Leipzig 1851.

Haefs/Zaunstöck 2004 – Haefs, Wilhelm/Zaunstöck, Holger: Hof, Geschlecht und Kultur – Luise von Anhalt-Dessau und die Fürstinnen ihrer Zeit. Ein Forschungsaufriß, in: Das Achtzehnte Jahrhundert 28/2 (2004), S. 158–178.

Hahn 1953 – Hahn, Karl-Heinz: Jakob Friedrich von Fritsch. Minister im klassischen Weimar, Weimar 1953.

Hahn/Schütte 2003 – Hahn, Peter-Michael/Schütte, Ulrich: Thesen zur Rekonstruktion höfischer Zeichensysteme in der frühen Neuzeit, in: Mitteilungen der Residenzen-Kommission der Akademie der Wissenschaften zu Göttingen 13 (2003), Nr. 2, S. 19–47.

Harnack Hg. 1890 – Harnack, Otto (Hg.): Zur Nachgeschichte der Italienischen Reise. Goethes Briefwechsel mit Freunden und Kunstgenossen in Italien 1788–1790, Weimar 1890.

Hartmann 2003 – Hartmann, Anja Victorine: Zwischen Geschlechterordnung und politischer Ordnung: Herrscherinnen und Regentinnen in der frühen Neuzeit, in: Ronald G. Asch u. a. (Hg.), Die frühneuzeitliche Monarchie und ihr Erbe (FS Heinz Duchhardt), New York u. a. 2003, S. 135–152.

Hartmann u. a. Hg. 2000 – Hartmann, Anja Victorine u. a. (Hg.): Eliten um 1800. Erfahrungshorizonte – Verhaltensweisen – Handlungsmöglichkeiten, Mainz 2000.

Hartung 1923 – Hartung, Fritz: Das Großherzogtum Sachsen unter der Regierung Carl Augusts 1775–1828, Weimar 1923.

Heinz 1997 – Heinz, Marianne: Das Kasseler Gemälde J.H. Tischbeins d.Ä. der Familie Herzog Karl I. von Braunschweig, in: Römer Hg. 1997, S. 223–226.

Heinz 2002 – Heinz, Andrea: Wieland und das Weimarer Theater (1772–1774). Prinzenerziehung durch das Theater als politisch-moralisches Institut, in: Ventzke Hg. 2002, S. 82–97.

Hellen Hg. 1892 – Hellen, Eduard von der (Hg.): Das Journal von Tiefurt, Weimar 1892.

Henke u. a. Hg. 2000 – Henke, Burkhard u. a. (Hg.): Unwrapping Goethe's Weimar. Essays in cultural studies and local knowledge, Rochester/N.Y. 2000.

Henkel/Otte 1995 – Henkel, Gabriele/Otte, Wulf: Herzogin Anna Amalia – Braunschweig und Weimar. Stationen eines Frauenlebens im 18. Jahrhundert, AK Braunschweig 1995, Braunschweig 1995.

Herder [1800] 1998 – Herder, Johann Gottfried: Kalligone [1800], in: ders., Schriften zu Literatur und Philosophie 1792–1800, hg. v. Hans Dietrich Irmscher, Frankfurt/M. 1998, S. 641–964.

Herder-Briefe – Hahn, Karl-Heinz (Hg.)/Dobbek, Wilhelm/Arnold, Günter (Bearb.): Johann Gottfried Herder. Briefe. Gesamtausgabe 1763–1803, Bd. 4–10, Weimar 1979–1996.

Herder-SW – Herder, Johann Gottfried: Sämtliche Werke, 33 Bde., hg. v. Bernhard Suphan, Berlin 1877–1913.

Heß 1962 – Heß, Ulrich: Geheimer Rat und Kabinett in den ernestinischen Staaten Thüringens. Organisation, Geschäftsgang und Personengeschichte der obersten Regierungssphäre im Zeitalter des Absolutismus, Weimar 1962.

Hiller [1767/1768] 1970 – Hiller, Johann Adam (Hg.): Wöchentliche Nachrichten und Anmerkungen die Musik betreffend, Jg. 2 [Leipzig 1767–1768], ND Hildesheim 1970.

Hirschbiegel/Paravicini Hg. 2000 – Hirschbiegel, Jan/Paravicini, Werner (Hg.): Das Frauenzimmer. Die Frau bei Hofe in Spätmittelalter und früher Neuzeit, Stuttgart 2000.

Hitzig Hg. 1925 – Hitzig, Wilhelm: Beiträge zum Weimarer Konzert, in: Der Bär. Jahrbuch von Breitkopf & Härtel auf das Jahr 1925, Leipzig 1925, S. 78–97.

Hochstrasser u. a. Hg. 1998 – Hochstrasser, Olivia u. a. (Hg.): Ordnung, Politik und Geselligkeit der Geschlechter im 18. Jahrhundert, Göttingen 1998.

Hollmer 1993a – Hollmer, Heide: Zwischen Enthusiasmus und Dilettantismus: die Briefe über Italien der Herzoginmutter Anna Amalia, in: Klaus Heitmann/Teodoro Scamardi (Hg.), Deutsches Italienbild und italienisches Deutschlandbild im 18. Jahrhundert, Tübingen 1993, S. 72–83.

Hollmer 1993b – Hollmer, Heide: «Auch ich in Arkadien!»: Die Italienreise der Herzogin Anna Amalia von Sachsen-Weimar-Eisenach im Spiegel von Goethes und Herders Italienreise, in: Mitteilungen des Deutschen Germanistenverbandes 40 (1993), H. 4, S. 29–39.

Hollmer 2001 – Hollmer, Heide: «Ohne Künstler kann man nicht leben weder in Süden noch Norden» – Herzogin Anna Amalias Kunstwahrnehmung und Kunstförderung während der Italienreise (1788–1790), in: Berger Hg. 2001, S. 107–124.

Hollmer/Meier Hg. 1988 – Hollmer, Heide/Meier, Albert (Hg.): Johann Gottfried Herder. Italienische Reise. Briefe und Tagebuchaufzeichnungen 1788–1789, München 1988.

Huschke 1982a – Huschke, Wolfgang: Politische Geschichte von 1572 bis 1775. Die Ernestiner, in: Hans Patze/Walter Schlesinger (Hg.), Geschichte Thüringens, Bd. 5/1/1, Köln-Graz 1982, S. 1–551.

Huschke 1982b – Huschke, Wolfram: Musik im klassischen und nachklassischen Weimar, Weimar 1982.

Huschke 1994 – Huschke, Wolfram: Anna Amalia und die Musik ihrer Zeit, in: Raabe Hg. 1994, S. 123–151.

Jäger Hg. 1997 – Jäger, Hans-Wolf (Hg.): ‹Öffentlichkeit› im 18. Jahrhundert, Göttingen 1997.

Kaiser/Seifert Hg. 2000 – Kaiser, Gerhard R./Seifert, Siegfried (Hg.): Friedrich Justin Bertuch (1747–1822). Verleger, Schriftsteller und Unternehmer im klassischen Weimar, Tübingen 2000.

Kaiser/Pečar Hg. 2003 – Kaiser, Michael/Pečar, Andreas (Hg.): Der zweite Mann im Staat. Oberste Amtsträger und Favoriten im Umkreis der Reichsfürsten in der Frühen Neuzeit, Berlin 2003.

Kehrbach 1900 – Kehrbach, Karl: Zur Geschichte der frühesten Jugenderziehung des Großherzogs Karl August von Sachsen Weimar, in: Freundesgaben für Carl August Hugo Burkhardt zum siebenzigsten Geburtstag. 6. Juli 1900, Weimar 1900, S. 33–47.

Keller 2000 – Keller, Katrin: Kurfürstin Anna von Sachsen (1532–1585). Von Möglichkeiten und Grenzen einer «Landesmutter», in: Hirschbiegel/Paravicini Hg. 2000, S. 263–285.

Keller 2004 – Keller, Katrin: Kommunikationsraum Altes Reich. Zur Funktionalität der Korrespondenznetze von Fürstinnen im 16. Jahrhundert, in: Zeitschrift für historische Forschung 31 (2004), S. 205–230.

Kiesel 1979 – Kiesel, Helmuth: «Bei Hof, bei Höll»: Untersuchungen zur literarischen Hofkritik von Sebastian Brant bis Friedrich Schiller, Tübingen 1979.

Kleinau/Mayer Hg. 1996 – Kleinau, Elke/Mayer, Christine (Hg.): Erziehung und Bildung des weiblichen Geschlechts. Eine kommentierte Quellensammlung zur Bildungs- und Berufsbildungsgeschichte von Mädchen und Frauen, Bd. 1, Weinheim 1996.

Klingensmith 1993 – Klingensmith, Samuel J.: The Utility of Splendor. Ceremony, Social Life and Architecture at the Court of Bavaria 1600–1800, Chicago 1993.

Klueting 1998 – Klueting, Harm: Der aufgeklärte Fürst, in: Wolfgang Weber (Hg.), Der Fürst. Ideen und Wirklichkeiten in der europäischen Geschichte, Köln u. a. 1998, S. 137–167.

Knoche Hg. 1999 – Knoche, Michael (Hg.): Herzogin Anna Amalia Bibliothek – Kulturgeschichte einer Sammlung, München 1999.

Knoche/Tausch Hg. 2000 – Knoche, Michael/Tausch, Harald (Hg.): Von Rom nach Weimar: Carl Ludwig Fernow, Tübingen 2000.

Knoll 1915 – Knoll, Hans: Friedrich Hildebrand von Einsiedel. Ein Liebhaber der schönen Wissenschaften und Künste, in: Zeitschrift des Vereins für Thüringische Geschichte und Altertumskunde 30 N.F. 22 (1915), S. 188–202.

Knorr 2003 – Knorr, Birgit: Georg Melchior Kraus (1737–1806). Maler – Pädagoge – Unternehmer. Biographie und Werkverzeichnis, Diss. Jena [masch.] 2003.

Köhler 1998 – Köhler, Astrid: Redouten und Maskenzüge im klassischen Weimar. Varianten zum Thema Chaos und Ordnung, in: Internationales Archiv für Sozialgeschichte der Literatur 23 (1998), S. 30–47.

Koopmann 1968 – Koopmann, Helmut: Dilettantismus. Bemerkungen zu einem Phänomen der Goethezeit in: Helmut Holtzhauer/Bernhard Zeller (Hg.), Studien zur Goethezeit (FS Lieselotte Blumenthal), Weimar 1968, S. 178–208.

Kopitzsch 1998 – Kopitzsch, Franklin: Die Durchsetzung der Pockenimpfung. Zu Strategien und Mitteln aufgeklärter Reform in Hamburg und Schleswig-Holstein, in: Anne Conrad u.a (Hg.), Das Volk im Visier der Aufklärung. Studien zur Popularisierung der Aufklärung im späten 18. Jahrhundert, Hamburg 1998, S. 229–237.

Kord 2000 – Kord, Susanne: The Hunchback of Weimar: Louise von Göchhausen and the Weimar Grotesque, in: Henke u. a. Hg. 2000, S. 233–269.

Krämer 1998 – Krämer, Jörg: Deutschsprachiges Musiktheater im späten 18. Jahrhundert. Typologie, Dramaturgie und Anthropologie einer populären Gattung, Tübingen 1998.

Kufeke 1999 – Kufeke, Kay: Himmel und Hölle in Neapel. Mentalität und diskursive Praxis deutscher Neapelreisender um 1800, Köln 1999.

Lauts 1990 – Lauts, Jan: Karoline Luise von Baden. Ein Lebensbild aus der Zeit der Aufklärung, Karlsruhe 2. Aufl. 1990.

Leibetseder 2004 – Leibetseder, Mathis: Die Kavalierstour. Adlige Erziehungsreisen im 17. und 18. Jahrhundert, Köln u. a. 2004.

Lohmeier 1981 – Lohmeier, Anke-Marie: Beatus ille. Studien zum ‹Lob des Landlebens› in der Literatur des absolutistischen Zeitalters, Tübingen 1981.

Lyncker 1997 – Lyncker, Carl Wilhelm Heinrich Freiherr v.: Ich diente am Weimarer Hof. Aufzeichnungen aus der Goethezeit, hg. v. Jürgen Lauchner, Köln u. a. 1997.

Maierhofer Hg. 1999 – Maierhofer, Waltraud (Hg.): Angelika Kauffmann. Briefe einer Malerin, Mainz 1999.

Maisak 1998 – Maisak, Petra: «Glückliche Psyche traure nicht mehr». Angelika Kauffmanns Begegnung mit Goethe, Herder und dem Weimarer Kreis, in: Bettina Baumgärtel (Hg.), Angelika Kauffmann, AK Düsseldorf-München-Chur 1998/99, Ostfildern-Ruit 1998, S. 79–90.

Martens 1996 – Martens, Wolfgang: Der patriotische Minister. Fürstendiener in der Literatur der Aufklärungszeit, Weimar u.a. 1996.

Maurer 1992 – Maurer, Michael: Genese und Funktion des operativen Italienbildes der Aufklärung, in: Italo Michele Battafarano (Hg.), Deutsche Aufklärung und Italien, Bern u.a. 1992, S. 311–334.

Maurer Hg. 1999 – Maurer, Michael (Hg.): Neue Impulse der Reiseforschung, Berlin 1999.

Mauser/Becker-Cantarino Hg. 1991 – Mauser, Wolfram/Becker-Cantarino, Barbara (Hg.): Frauenfreundschaft – Männerfreundschaft. Literarische Diskurse im 18. Jahrhundert, Tübingen 1991.

Meise 2002 – Meise, Helga: Das archivierte Ich. Schreibkalender und höfische Repräsentation in Hessen-Darmstadt 1624–1790, Darmstadt 2002.

Meise 2004 – Meise, Helga: Höfische Repräsentation oder literarische Selbstdarstellung? Lesen und Schreiben im Rollenverständnis deutscher Fürstinnen des 18. Jahrhunderts, in: Das Achtzehnte Jahrhundert 28/2 (2004), S. 248–260.

Mentz 1929 – Mentz, Georg: Aus den Papieren des Grafen Görtz, des Erziehers Carl Augusts, in: Beiträge zur thüringischen und sächsischen Geschichte (FS Otto Dobenecker), Jena 1929, S. 409–426.

Mentz 1936 – Mentz, Georg: Weimarische Staats- und Regentengeschichte vom Westfälischen Frieden bis zum Regierungsantritt Carl Augusts, Jena 1936.

Merkel/Wunder Hg. 2000 – Merkel, Kerstin/Wunder, Heide (Hg.): Frauen in der frühen Neuzeit: Dichterinnen, Malerinnen, Mäzeninnen, Darmstadt 2000.

Merkel 2002 – Merkel, Kerstin: Fürstliche Dilettantinnen, in: Ventzke Hg. 2002, S. 34–51.

Meyer 2004 – Meyer, Jean: L'éducation des princes en Europe du XVe au XIXe siècle, Paris 2004.

Mix 1997 – Mix, York-Gothart: Die ästhetische Erziehung des Dilettanten. Die literarische Öffentlichkeit, die Klassizität der Poesie und das Schema über den Dilettantismus von Fr. Schiller, J. W. Goethe und J. H. Meyer, in: Jäger Hg. 1997, S. 327–343.

Müller 2000 – Müller, Ulrich: Sehnsuchtslandschaft Tempe, in: Reinhard Wegner (Hg.), Deutsche Baukunst um 1800, Köln u.a. 2000, S. 27–51.

Müller-Lindenberg 2005 – Müller-Lindenberg, Ruth: Wilhelmine von Bayreuth. Die Hofoper als Bühne des Lebens, Köln u.a. 2005.

Multer 1998 – Multer, Rita: Pädagogische Perspektiven in deutschen Fürstenspiegeln und Erziehungsinstruktionen von Fürstinnen und für Fürstinnen in der Frühen Neuzeit, Diss. Eichstätt 1998.

Münnich 1941 – Münnich, Richard: Aus der Musikaliensammlung der Weimarer Landesbibliothek, besonders dem Nachlaß der Anna Amalia, in: Hermann Blumenthal (Hg.), Aus der Geschichte der Landesbibliothek zu Weimar und ihrer Sammlungen, Jena 1941, S. 168–184.

Neugebauer 2005 – Neugebauer, Wolfgang: Aufgeklärter Absolutismus, Reformabsolutismus und struktureller Wandel im Deutschland des 18. Jahrhunderts, in: Greiling u. a. Hg. 2005, S. 23–39.

North 2003 – North, Michael: Genuß und Glück des Lebens. Kulturkonsum im Zeitalter der Aufklärung, Köln u. a. 2003.

Opitz u. a. Hg. 2000 – Opitz, Claudia u. a. (Hg.): Tugend, Vernunft und Gefühl. Geschlechterdiskurse der Aufklärung und weibliche Lebenswelten, Münster 2000.

Ottomeyer/Völkel Hg. 2002 – Ottomeyer, Hans/Völkel, Manuela (Hg.): Die öffentliche Tafel. Tafelzeremoniell in Europa 1300–1900, AK Berlin 2002/2003, Wolfratshausen 2002.

Paravicini Hg. 1995 – Paravicini, Werner (Hg.): Alltag bei Hofe, Sigmaringen 1995.

Paulmann 2000 – Paulmann, Johannes: Pomp und Politik. Monarchenbegegnungen in Europa zwischen Ancien Régime und Erstem Weltkrieg, Paderborn u. a. 2000.

Puppel 2004 – Puppel, Pauline: Die Regentin. Vormundschaftliche Herrschaft in Hessen 1300–1700, Frankfurt/M. 2004.

Puppel 2005 – Puppel, Pauline: Handlungsspielräume von Regentinnen. Marie von England, Landgräfin von Hessen-Kassel, Regentin von Hanau (1723–1772, reg. 1760–1764), in: Frindte/Westphal Hg. 2005, S. 271–292.

Raabe Hg. 1994 – Raabe, Paul (Hg.): Wolfenbütteler Beiträge. Aus den Schätzen der Herzog August Bibliothek, Bd. 9, Wiesbaden 1994.

Randall 1995 – Randall, Annie Janeiro: Music and Drama in Weimar, 1776–1782: A Social-Historical Perspective (J. W. v. Goethe, Duchess Anna Amalia, Karl v. Seckendorff, Corona Schroeter), PhD-Thesis Cincinnati/Ohio [masch.] 1995.

Raschke 1999 – Raschke, Bärbel: Charlotte Amalie Herzogin von Sachsen-Meiningen (1730–1801). Leben und Wirken im Kontext westeuropäischer und deutscher Aufklärung, in: Francia 25/2 (1999), S. 69–103.

Raschke 2001 – Raschke, Bärbel: Anna Amalia von Sachsen-Weimar-Eisenach – Buchbesitz, Lektüre und Geselligkeit, in: Berger Hg. 2001, S. 80–105.

Raschke 2004 – Raschke, Bärbel: Privatbibliothek und Lektüre der Fürstin Luise von Anhalt-Dessau, in: Das Achtzehnte Jahrhundert 28/2 (2004), S. 206–217.

Raschke 2005a – Raschke, Bärbel: «Madame Vous etiéz faite pour Gouvernér des Empires [...]». Möglichkeiten und Grenzen politischer Aktivitäten verheirateter Fürstinnen am Beispiel Luise Dorotheas von Sachsen-Gotha, in: Frindte/Westphal Hg. 2005, S. 311–330.

Raschke 2005b – Raschke, Bärbel: «un modèle pour tous les princes». Fürstenbild, Regierungskonzeption und Politikverständnis im Erziehungsjournal Luise Dorotheas von Sachsen-Gotha für den Erbprinzen Ernst, in: Greiling u. a. Hg. 2005, S. 227–228.

Rees 2005 – Rees, Joachim: Wahrnehmen in fremden Orten, was zu Hause

Vortheil bringen und nachgeahmet werden könne. Europareisen und Kulturtransfer adliger Eliten im Alten Reich 1750–1800, in: Babel/Paravicini Hg. 2005, S. 513–539.

Rees u. a. Hg. 2002 – Rees, Joachim u. a. (Hg.): Europareisen politisch-sozialer Eliten im 18. Jahrhundert. Theoretische Neuorientierung – kommunikative Praxis – Kultur- und Wissenstransfer, Berlin 2002.

Reichard 1980 – Reichard, Kathryn Louise: Aspects of Weimar's Musical Life, 1775–1807, PhD-thesis Harvard/Mass. [masch.] 1980.

Reichold 1957 – Reichold, Helmut: Sophie Caroline Marie von Brandenburg-Bayreuth (1737–1817). Die «Erlanger Markgräfin». Eine biographische Studie, in: Jahrbuch des Historischen Vereins für Mittelfranken 77 (1957), S. 159–227.

Rinck 1897 – Rinck, Christoph Friedrich: Studienreise 1783/84, unternommen im Auftrage des Markgrafen Karl Friedrich von Baden. Nach dem Tagebuch des Verfassers hg. v. Moritz Geyer, Altenburg 1897.

Ritter Santini Hg. 1993 – Ritter Santini, Lea (Hg.): Eine Reise der Aufklärung. Lessing in Italien 1775, AK Wolfenbüttel 1993, 2 Bde., Berlin 1993.

Römer Hg. 1997 – Römer, Christof (Hg.): Braunschweig-Bevern. Ein Fürstenhaus als europäische Dynastie 1667–1884, Braunschweig 1997.

Rousseau [1762] 1970 – Rousseau, Jean Jacques: Emile oder über die Erziehung (1762), hg. v. Martin Rang, Stuttgart 1970.

Salentin 1996 – Salentin, Ursula: Anna Amalia. Wegbereiterin der Weimarer Klassik, Köln u. a. 1996.

Scheel 1994 – Scheel, Günther: Braunschweig-Wolfenbüttel und Sachsen-Weimar in der zweiten Hälfte des 18. Jahrhunderts. Dynastische, politische und geistige Beziehungen, in: Raabe Hg. 1994, S. 1–30.

Scheitler 1999 – Scheitler, Irmgard: Gattung und Geschlecht: Reisebeschreibungen deutscher Frauen 1780–1850, Tübingen 1999.

Scheurmann/Frank Hg. 2004 – Scheurmann, Konrad/Frank, Jördis (Hg.): Neu entdeckt. Thüringen – Land der Residenzen, AK Sondershausen 2004, 2 Katalogbände und Essayband, Mainz 2004.

Schiller-NA – [Schiller, Friedrich:] Schillers Werke. Nationalausgabe, hg. im Auftrag der Stiftung Weimarer Klassik u. des Schiller-Nationalmuseums in Marbach v. Norbert Oellers, 42 Bde., Weimar 1943 ff.

Schmidt 1999 – Schmidt, Georg: Geschichte des alten Reiches. Staat und Nation in der Frühen Neuzeit 1495–1806, München 1999.

Schmidt 2004 – Schmidt, Georg: Thüringen – ein Land der Residenzen? in: Scheurmann/Frank Hg. 2004, Essayband, S. 43–51.

Schnitzer 1999 – Schnitzer, Claudia: Höfische Maskeraden. Funktion und Ausstattung von Verkleidungsdivertissements an deutschen Höfen der frühen Neuzeit, Tübingen 1999.

Schraut 1998 – Schraut, Sylvia: Frauen an den Höfen der Neuzeit. Handlungsspielräume und Gestaltungsmöglichkeiten, in: Otto Borst (Hg.), Frauen bei Hof, Tübingen 1998, S. 9–27.

Schüddekopf 1901 – Schüddekopf, Carl: Herzogin Anna Amalia von Sachsen-Weimar und Abt Jerusalem, in: Braunschweigisches Magazin 7 (1901), Nr. 10, S. 73–76.

Schüddekopf Hg. 1894/1895 – Schüddekopf, Carl (Hg.): Briefwechsel zwischen Gleim und Heinse, 2 Bde., Weimar 1894–95.

Schudt 1959 – Schudt, Ludwig: Italienreisen im 17. und 18. Jahrhundert, Wien 1959.

Schuster/Gille Hg. 1999 – Schuster, Gerhard/Gille, Caroline (Hg.): Wiederholte Spiegelungen. Weimarer Klassik 1758–1832. Ständige Ausstellung des Goethe-Nationalmuseums, München 1999.

Schweinitz Hg. 2004 – Schweinitz, Anna Franziska (Hg.)/Ulrich, Conrad (Mitarb.): Fürst und Föderalist. Tagebücher einer Reise von Dessau in die Schweiz 1783 und der Bund der Eidgenossen als Modell im Alten Reich, Worms 2004.

Seifert 1995 – Seifert, Siegfried: «Italien in Germanien». Streiflichter zu den Italien-Beziehungen im «klassischen Weimar», in: Animo italo-tedesco 1 (1995), S. 81–104.

Seifert 2000 – Seifert, Siegfried: «Traum» und «Wahrheit»: Tiefurt als Ort der Italienbegeisterung im klassischen Weimar, in: Animo italo-tedesco 3 (2000), S. 29–68.

Seuffert Hg. 1890 – Seuffert, Bernhard: Der Herzogin Anna Amalia Reise nach Italien. In Briefen ihrer Begleiter, in: Preußische Jahrbücher 65 (1890), S. 535–565.

Seume 1962 – Seume, Johann Gottfried: Prosaschriften. Mit einer Einleitung von Werner Kraft, Köln 1962.

Sichardt 1957 – Sichardt, Gisela: Das Weimarer Liebhabertheater unter Goethes Leitung, Weimar 1957.

Siegel 1991 – Siegel, Monika: Rheinreisen und Besuch in Weimar, in: Fritz Ebner (Hg.), Johann Heinrich Merck (1741–1791). Ein Leben für Freiheit und Toleranz, AK Darmstadt 1991, Darmstadt 1991, S. 122–127.

Sigismund 1989 – Sigismund, Volker L.: Ein unbehauster Prinz – Constantin von Sachsen-Weimar (1758–1793), der Bruder des Herzogs Carl August, in: Goethe-Jahrbuch 106 (1989), S. 250–277.

Stannek 2004 – Stannek, Antje: Mit Cicero und Katechismus. Prinzenerziehung an thüringischen Höfen, in: Scheurmann/Frank Hg. 2004, Essayband, S. 159–171.

Stollberg-Rilinger 2000 – Stollberg-Rilinger, Barbara: Europa im Jahrhundert der Aufklärung, Stuttgart 2000.

Stotzingen 1909/1910 – Stotzingen, Othmar v.: Beiträge zur Jugendgeschichte des Herzogs Karl August von Sachsen-Weimar, in: Jahrbuch des Freien Deutschen Hochstifts 1909, S. 311–371; 1910, S. 385–407.

Tilgner 2002 – Tilgner, Hilmar: Die Adelsreise im Kontext aufgeklärter Reformpolitik (1765–1800): Funktionswandel und Erweiterung der kommunikativen Dimension, in: Rees u. a. Hg. 2002, S. 41–66.

Tümmler 1978 – Tümmler, Hans: Carl August von Weimar, Goethes Freund. Eine vorwiegend politische Biographie, Stuttgart 1978.

Tümmler Hg. 1949–1962 – Tümmler, Hans (Hg.): Goethes Briefwechsel mit Christian Gottlob Voigt, 4 Bde., Weimar 1949–1962.

Varnhagen/Mundt Hg. 1835–1836 – Varnhagen von Ense, K[arl]. A[ugust]./ Mundt, Th[eodor]. (Hg.): K. L. von Knebel's literarischer Nachlaß und Briefwechsel, 3 Bde., Leipzig 1835–1836.

Vehse 1854 – Vehse, Eduard: Geschichte der Höfe des Hauses Sachsen, 2 Tle., Hamburg 1854.

Vehse 1991 – Vehse, Carl Eduard: Der Hof zu Weimar, hg. v. Wolfgang Schneider, (Hamburg 1854) Leipzig u.a. 1991.

Ventzke 2001 – Ventzke, Marcus: Hofökonomie und Mäzenatentum. Der Hof im Geflecht der weimarischen Staatsfinanzen zur Zeit der Regierungsübernahme Herzog Carl Augusts, in: Berger Hg. 2001, S. 19–52.

Ventzke 2004a – Ventzke, Marcus: Das Herzogtum Sachsen-Weimar-Eisenach 1775–1783. Ein Modellfall aufgeklärter Herrschaft? Köln u.a. 2004.

Ventzke 2004b – Ventzke, Marcus: Personelle Netzwerke im Reformabsolutismus Sachsen-Weimar und Eisenachs zwischen 1775 und 1785, in: Markus Meumann/Ralf Pröve (Hg.), Herrschaft in der frühen Neuzeit. Umrisse eines dynamisch-kommunikativen Prozesses, Münster 2004, S. 231–248.

Ventzke Hg. 2002 – Ventzke, Marcus (Hg.): Hofkultur und aufklärerische Reformen in Thüringen. Die Bedeutung des Hofes im späten 18. Jahrhundert, Köln u.a. 2002.

Wachsmuth [1844] 1982 – Wachsmuth, Wilhelm: Weimars Musenhof in den Jahren 1772–1807. Historische Skizze, (Berlin 1844) ND Bad Neustadt/ Saale 1982.

Wagner Hg. 1835 – Wagner, Karl (Hg.): Briefe an Johann Heinrich Merck von Goethe, Herder, Wieland und andern bedeutenden Zeitgenossen, Darmstadt 1835.

Wagner Hg. 1838 – Wagner, Karl (Hg.): Briefe an und von Johann Heinrich Merck, Darmstadt 1838.

Wahl 1994 – Wahl, Volker (Hg.): «Meine Gedanken». Autobiographische Aufzeichnung der Herzogin Anna Amalia von Sachsen Weimar. «Andenken» und «Grabinschrift», in: Raabe Hg. 1994, S. 99–122.

Wahl Hg. 1915–1918 – Wahl, Hans (Hg.): Briefwechsel des Herzogs-Großherzogs Carl August mit Goethe, 3 Bde., Berlin 1915–1918.

Walther 1998 – Walther, Gerrit: Adel und Antike. Zur politischen Bedeutung gelehrter Kultur für die Führungselite der Frühen Neuzeit, in: Historische Zeitschrift 266 (1998), S. 359–385.

Weizsäcker 1892 – Weizsäcker, Paul: Anna Amalia, Herzogin von Sachsen-Weimar-Eisenach, die Begründerin des Weimarischen Musenhofes, Hamburg 1892.

Werner 1996 – Werner, Charlotte Marlo: Goethes Herzogin Anna Amalia. Fürstin zwischen Rokoko und Revolution, Düsseldorf 1996.

West Hg. 1999 – West, Shearer (Hg.): Italian Culture in Northern Europe in the Eighteenth Century, Cambridge u.a. 1999.

Wieland 1935 – [Wieland, Christoph Martin:] Wielands Werke, hg. v. Wilhelm Kurrelmeyer, Bd. 12: Dichtungen I. 1775–1779, Bd. 13: Dichtungen II. 1780–1812, Berlin 1935 (ND Hildesheim 1986).

Wieland-BW – [Wieland, Christoph Martin:] Wielands Briefwechsel, hg. v. der Berlin-Brandenburgischen Akademie der Wissenschaften durch Siegfried Scheibe (u.a.), Bd. 4 ff., Berlin 1979 ff.

Wilms 2005 – Wilms, Johannes: Napoleon. Eine Biographie, München 2005.

Wilson 1996 – Wilson, W. Daniel: Tabuzonen um Goethe und seinen Herzog. Heutige Folgen nationalsozialistischer Absolutismuskonzeptionen, in: Deutsche Vierteljahresschrift für Literaturwissenschaft und Geistesgeschichte 70 (1996), S. 394–442.

Wilson 1999a – Wilson, W. Daniel: Das Goethe-Tabu. Protest und Menschenrechte im klassischen Weimar, München 1999.

Wilson 1999b – Wilson, W. Daniel: Unterirdische Gänge. Goethe, Freimaurerei und Politik, Göttingen 1999.

Winterling 1986 – Winterling, Aloys: Der Hof der Kurfürsten von Köln 1688–1794. Eine Fallstudie zur Bedeutung «absolutistischer» Hofhaltung, Bonn 1986.

Winterling 1997 – Winterling, Aloys: «Hof». Versuch einer idealtypischen Bestimmung anhand der mittelalterlichen und frühneuzeitlichen Geschichte, in: ders. (Hg.), Zwischen «Haus» und «Staat». Antike Höfe im Vergleich, München 1997, S. 11–25.

Wrigley 2002 – Wrigley, Richard: Protokollierte Identität. Anmerkungen über das Inkognito in der Reisepraxis und der Reiseliteratur des 18. Jahrhunderts, in: Rees u.a. Hg. 2002, S. 209–218.

Wuthenow 1998 – Wuthenow, Ralph-Rainer: Ehrgeiz und Elend am Preußischen Hof. Die Memoiren der Wilhelmine, Markgräfin von Bayreuth, in: Peter O. Krückmann (Hg.), Paradies des Rokoko, Bd. 2: Galli Bibiena und der Musenhof der Wilhelmine von Bayreuth, AK Bayreuth 1998, München-New York 1998, S. 25–29.

Zimmermann 1906 – Zimmermann, Paul: Abt Jerusalems Berichte über die Erziehung der Kinder Herzog Karls I. insbesondere des Erbprinzen Karl Wilhelm Ferdinand, in: Jahrbuch des Geschichtsvereins für das Herzogtum Braunschweig 5 (1906), S. 129–164.

Anmerkungen

Einleitung

1 Erstmals im Titel bei Weizsäcker 1892.
2 Bödeker 2003 faßt die neueren Forschungsdiskussionen zur historischen Biographik zusammen.
3 Vgl. auch den – außer in den Passagen zu Anna Amalias «Musenhof» – ausgesprochen mythenkritischen Aufsatz von Bollenbeck 2001.
4 Anna Amalia, Autobiographisches Fragment [um 1773/74]; GSA 36/VII, 18; zit. nach dem Druck bei Wahl 1994, S. 106–117, Zitat S. 108.
5 Lauts 1990; Haefs/Zaunstöck 2004.
6 Überblicke: Stollberg-Rilinger 2000; Duchhardt 2003; North 2003.
7 Reisen unterschiedlicher ständischer Schichten in der frühen Neuzeit werden seit zwei Jahrzehnten intensiv erforscht; vgl. nur Maurer Hg. 1999; Rees u. a. Hg. 2002; Babel/Paravicini Hg. 2005.
8 Vgl. z. B. Müller-Lindenberg 2005, S. 62; Schweinitz Hg. 2004.
9 Vor allem Salentin 1996 (3. unveränd. Aufl. 2001) bietet nicht mehr als einen Aufguß von Bodes dreibändiger Biographie aus dem Jahr 1908. Sie verfestigt das Klischee «vom großzügigen, aufgeschlossenen, liberalen Weimarer Hof und der ihm vorstehenden jungen Witwe» und sieht vor allem in der Berufung Wielands den «erste[n] Schritt zum Weimarer Musenhof», der «Weimar zum anziehendsten Fürstentum für das geistige Deutschland werden» ließ (S. 83). Die Staatsverschuldung des Herzogtums, die persönlichen Katastrophen Anna Amalias als Mutter und ihre Konflikte mit dem ‹Theaterdespoten› Goethe übergeht auch Werner 1996. Sie versucht, sich Anna Amalia über ausführliche Milieuschilderungen zu nähern, die manches über die Lebenswelt des Rokoko, aber wenig über Persönlichkeit und Handlungsspielräume der Weimarer Herzogin verraten. Auch sie endet mit Goethes Nekrolog auf die Fürstin und wiederholt damit das Fürstenlob des frühen 19. Jahrhunderts.

Kapitel 1

1 Anna Amalia, Autobiographisches Fragment [um 1773/74]; GSA 36/VII, 18; zit. nach dem Druck bei Wahl 1994, S. 106–117, hier S. 106.
2 Reskript Ernst August Constantins an das Geheime Consilium sowie Promemoria an das Hofmarschallamt in Weimar, Braunschweig 27.2.1756, 9.3.1756 (Kz. Heinrich von Bünaus); ThHStAW A 145, Bl. 92–95. Vgl. auch ThHStAW A 71, Bl. 104 f.
3 Vgl. u. a. Daniel 2002.
4 Zur Vormundschaft über Ernst August Constantin (1748–1756) und dessen Regierung (1756–1758): Mentz 1936, S. 32–38; Huschke 1982a, S. 367–374.
5 Vgl. z. B. Schmidt 2004, S. 47.

6 Vgl. auch Scheel 1994.

7 Friedrich III. sowie Luise Dorothea von Sachsen-Gotha-Altenburg an Ernst August Constantin, Gotha 24.2.1756, 25.2.1756; ThHStAW A 146.

8 Zu den Angehörigen der Dynastie Braunschweig-Lüneburg-Wolfenbüttel (Bevern) vgl. Römer Hg. 1997, S. 14–75.

9 Reichold 1957.

10 Anna Amalia, Autobiographisches Fragment (um 1773/74, wie Anm. 1), S. 106 (dort auch die folgenden Zitate).

11 Vgl. Mauser/Becker-Cantarino Hg. 1991.

12 Amalias Tante Wilhelmine von Bayreuth war, wie sie in ihren späten autobiographischen Aufzeichnungen schildert, in ihrer Kindheit anhaltenden Mißhandlungen ausgesetzt. Vgl. Wuthenow 1998 und – mit psychologisierenden Spekulationen – Müller-Lindenberg 2005, S. 12–23.

13 Christoph Johann von Rehboom an Anna Amalia, Wien 12.1.1764; ThHStAW C 127.

14 «195. Brief von Dorothea Henriette von Runckel an L.A.V. Gottsched, Dresden im Octobr. 1757», in: Briefe der Frau Louise Adelgunde Victorie Gottsched gebohrnen Kulmus, Tl.3, Dresden 1772, S. 67–89, hier zitiert nach der gekürzten Edition in Kleinau/Mayer Hg. 1996, S. 39–42.

15 Generell: Berger 2003, S. 48–60; Scheel 1994. Allgemein zur Prinzessinnenausbildung im 17. und 18. Jahrhundert: Multer 1998.

16 Reskript Carls I. von Braunschweig-Wolfenbüttel an Johann Friedrich Wilhelm Jerusalem, «die Information der fürstlichen Kinder betr.», Wolfenbüttel 25.10.1748 (Konzept; Orig. am 26.10.1748 zugestellt); NStAW 2 Alt 71, Bl. 2. Anbei Jerusalems Entwurf des Unterrichtsplans, undatiert (Ausfertigung nicht erhalten); ebd., Bl. 3–10.

17 Jerusalem, Bericht über die Erziehung der fürstlichen Kinder (1754); gedruckt bei Zimmermann 1906, S. 151–162, Zitat S. 161.

18 Philippine Charlotte an Carl I., [Salzdahlum, vor dem 5.10.1748]; NStAW 1 Alt 22 Nr. 756, Bl. 166 (Orig. frz.).

19 Leopold von Braunschweig-Wolfenbüttel, «Du devoir d'aimer et d'honorer ses parents», 28.7.1766; HAB Cod Guelf. 1 Novissimi 4', Bl. 89–92'.

20 Jerusalem, Entwurf des Unterrichtsplans (wie Anm. 16), Bl. 4, 5–5'.

21 Friedrich August von Braunschweig-Wolfenbüttel, «Theologische Grundsätze nach welchen ich von unsern Informator Kirchmann in der Religion unterrichtet worden. Angefangen 1750»; ThHStAW HA B Braunschweig 2 (169, Bl.), Zitat Bl. 36'.

22 Schüddekopf 1901, S. 73; NStAW 3 Alt 604, Bl. 45.

23 Jerusalem, Entwurf des Unterrichtsplans (wie Anm. 16), Zitate Bl. 9–9'.

24 Vgl. Leibetseder 2004.

25 Vgl. z.B. Keller 2000, bes. S. 275; Keller 2004, S. 228.

Kapitel 2

1 Anna Amalia, Autobiographisches Fragment [um 1773/74]; GSA 36/VII, 18; zit. n. Druck bei Wahl 1994, S. 106–117, Zitat S. 106.

2 «Reglement, wie es Bey Eröfnung des allgemeinen Landtags den 1. Novembr. 1763 alhier zu Eisenach gehalten werden soll»; ThHStAW Eisenacher Archiv, Landschaft 240. Dort das folgende Zitat.

3 Anna Amalia an Johann Eustach von Schlitz genannt Görtz [im folgenden: Görtz], Eisenach 26.10.1763; GRA Fach VII, 10 (Orig. frz.).

4 Anna Amalia an Görtz, Eisenach 8.10.1763; GRA Fach VII, 10.

5 Anna Amalia an Görtz, Eisenach 13.10.1763. GRA Fach VII, 10 (Orig. frz.).

6 Anna Amalia, Autobiographisches Fragment (um 1773/74, wie Anm. 1), Zitat S. 106.

7 Carl I. von Braunschweig-Wolfenbüttel an Anna Amalia, Lager in Brackbide 25.5.1757 (Kz. von Schliestedt); NStAW 1 Alt 24 Nr. 304, Bl. 12 f.

8 Vgl. Berger 2003, S. 394, 400–402.

9 Hahn/Schütte 2003; Biskup 2004.

10 Vgl. Keller 2004; Raschke 2005a.

11 Vgl. generell Brakensiek 1999; Ventzke 2004b.

12 Zur Herrschaftsausübung in der frühen Neuzeit, speziell zur Frage, wie durchsetzungsfähig (oder gar «absolut») und reformorientiert (oder gar «aufgeklärt») staatliches Handeln war und sein konnte, existieren ganze Bibliotheken an Forschungsliteratur; vgl. hier nur Birtsch Hg. 1996; Neugebauer 2005. Umfassend zu Weimar-Eisenach: Ventzke 2004a.

13 Kompiliert aus den Angaben in HAC 1757. Zum Residenzschloß vgl. Bothe 2000.

14 Friedrich von Brandenburg-Bayreuth an Carl I., Bayreuth 11.8.1756; NStAW 1 Alt 24, Nr. 304, Bl. 9. Der Markgraf war über die Situation vermutlich durch Ernst August Constantins Schwester Ernestine Auguste Sophie informiert, die seit 1748 am Bayreuther Hof aufwuchs.

15 Heinrich von Bünau an Johann Daniel Christian Engelhardt, 2.9.1757 (Kp.); ThHStA W A 914/54, Beleg Nr. 4 zur Schatullrechnung Ernst August Constantins 1757/III (ThHStAW A 914/53).

16 Vgl. Ernst August Constantin an Friedrich III. von Gotha, 24.7.1756 (Kz.); ThHStAW A 427, Bl. 97.

17 «Verkündigung der Hochfürstl. Vermählung in dem Fürstenthum Weimar von denen Cantzeln abzulesen», 1756; gedrucktes Exemplar in: ThHStAW A 145. Gleichlautender Druck für das Herzogtum Eisenach in: ThHStAW Eisenacher Archiv, Fürstl. Haus 1621.

18 Kirchengebet bei der Schwangerschaft der Herzogin Anna Amalia, abzulesen am 5.7.1757; gedrucktes Exemplar in: ThHStAW A 24, Bl. 23.

19 Kirchengebet bei Geburt des Erbprinzen Carl August, abzulesen am 11.9.1757; gedrucktes Exemplar in ThHStA W A 24, Bl. 35 f.

20 Anna Amalia, Autobiographisches Fragment (um 1773/74, wie Anm. 1), Zitat S. 108.

21 Aufzeichnungen Charlotte von Ahlefelds (geb. von Seebach) nach Erzählungen von Rosine Marie Meyer (geb. Weidner, 1738–1834) für Großherzog Carl Friedrich; ThHStAW HA XXII 427, Bl. 37–37', 44–44'.

22 Carl I. an Georg Septimus Andreas von Praun, Braunschweig 15.8.1758 (Kz.); ThHStAW A 1925/2, Bl. 202–204.

23 Praun an Carl I., Relation 8, 19.6.1758; ThHStAW A 1925/2, Bl. 75–77.

24 Kirchengebet bei der Schwangerschaft der Herzogin Anna Amalia, abzulesen am 4.6.1758; gedrucktes Exemplar in ThHStAW A 1925/1, Bl. 1.

25 Anna Amalia an Carl I., 1.9.1758; NStAW 1 Alt 24 Nr. 304, Bl. 20–20b. Carl I. an Anna Amalia, o.O. 3.9.1758 (Kz.); ebd., Bl. 21–21'.

26 Zum politisch-juristischen Diskurs über das Rechtsinstrument «vormundschaftliche Regentschaft» und der Praxis im Haus Hessen vgl. Puppel 2004; Puppel 2005.

27 Carl I. an Praun, Braunschweig 20.6.1758; ThHStAW 1 Alt 5 Nr. 786, Bl. 3.

28 HAC 1760, S. 74 (Zitat). Anna Amalia an Carl I., 26.6.1758 (Kabinettschreiben von der Hand Nonnes); NStAW 1 Alt 24 Nr. 304, Bl. 14–15'.

29 Georg Septimus Andreas von Praun, unbenannter Aufsatz [Aktentitel: «Belehrungen für einen angehenden Regenten»]; NStAW 1 Alt 5, Nr. 785. Dort die beiden Fassungen.

30 Praun, Aufsatz (wie Anm. 29), Fassung II, Bl. 9–14, 21–22.

31 Mustergültig für das erste Jahrzehnt der Regierung Carl Augusts (1774–1783): Ventzke 2004a.

32 Dies ist auch die Tendenz bei Mentz 1936 und Huschke 1982a (S. 372–388), die neben Ventzke 2004a weiterhin grundlegend sind.

33 Das Porträt Tischbeins ist eine Idealkomposition; Anna Amalia und Caroline waren 1762 nicht in Braunschweig. Vgl. dazu Heinz 1997.

34 Anna Amalia, Autobiographisches Fragment (um 1773/74, wie Anm. 1), Zitat S. 108.

35 Vgl. Puppel 2005, S. 277.

36 Ehevertrag zwischen Ernst August Constantin und Anna Amalia, Braunschweig 16.3.1756 (Kp.); ThHStAW A 145, Bl. 58–79'.

37 Vgl. Raschke 1999; Puppel 2005, S. 278.

38 Praun, «Ohnmaßgebl. Vorschlag» für Anna Amalia, [zwischen 24.8. und 30.8.1759]; ThHStAW A 1925/25, Bl. 25–27.

39 Anna Amalia, Pro Memoria, eigenhändig adressiert an Carl Ernst von Rehdiger, Belvedere 8.9.1759; ThHStAW B 672. Der Entwurf Prauns in ThHStAW A 1925/25, Bl. 18–20.

40 Vgl. Hahn 1953.

41 Aktennotiz von Johann Christoph Schmidt, 21.12.1759; ThHStAW B 25190/I, Bl. 113–114'.

42 Vgl. Kaiser/Pečar Hg. 2003.

43 Gottfried Nonne, «Anmerkungen über die Hof-Etats-Tabelle», 29.11.1759; ThHStAW A 9032, Bl. 12–17'.

44 [Carl Christian Kotzebue] «Ohnmaßgebliche Vorschläge, wie der gar zu große Aufwand fürstlicher Hofstatt hinführo einzuschränken und einzurichten», [vor 30.5.1761]; ThHStAW A 9032, Bl. 4–33.

45 Vgl. Bauer 1997; Ventzke 2001.

46 Anna Amalia an Carl I., 10.1.1763; NStAW 1 Alt 24, Nr. 304, Bl. 57–58'. Carl I. an Anna Amalia, Braunschweig 14.1.1763; ThHStAW HA A XVIII 8, Bl. 15 f.

47 Pro Memoria Anna Amalias für das Geheime Consilium, Belvedere 16.4.1760 (Ausfertigung Carl Christian Kotzebues); ThHStAW B 1709.

48 Zur Währungspolitik vgl. Ventzke 2004a, S. 161–173.

49 ThHStAW B 14724, Bl. 38. Zitiert nach Ventzke 2004a, S. 163.

50 Anna Amalia, Autobiographisches Fragment (um 1773/74, wie Anm. 1), S. 112.

51 Anna Amalia an Friedrich II. von Preußen, 5.2.1761; gedruckt bei Bornhak 1892, S. 348 f.

52 Vgl. Puppel 2005, S. 277.

53 Anna Amalia an Kaiser Franz I., 15.12.1759 (Ausfertigung); ThHStAW C 121.

54 Pro Memoria Gottfried Nonnes für den Reichsvizekanzler, 11.2.1761, Beilage zu: Nonne an Christoph Johann von Rehboom, 12.2.1761 (mit dessen Streichungen und Änderungen); ThHStAW C 123.

55 Rehboom an Anna Amalia, Wien 14.5.1764; ThHStAW C 127.

56 Anna Amalia an Jacob Friedrich von Fritsch, 16.5.1768; GMD NW 1934/1986, Bl. 14–16.

57 Anna Amalia an Görtz, Eisenach 10.11.1763; GRA Fach VII, 10.

58 So für Frankreich die These von Norbert Elias (Elias 1969, vgl. dazu Duindam 1994; Asch 2005), die für die Höfe des Reichs mittlerweile vielfach widerlegt wurde (z. B. von Winterling 1986 oder Bahl 2001).

59 G[ottfried]. von Nonne, «Kleine Reden bey denen allgemeinen Landtagen der Fürstenthümer Weimar und Eisenach», [hg. von Johann Gottfried Müller], [Jena] 1763. Zitiert nach dem unpaginierten Exemplar in HAAB 16,4:46 (9) [vermutlich Brandverlust am 2.9.2004].

60 Nonne an Rehboom, 1.5.1761; ThHStAW C 123.

61 Gottfried von Nonne, Kleine Reden (wie Anm. 59, unpag.).

62 Rousseau [1762] 1970.– Johann Christoph Hufeland/Johann Daniel Christian Engelhardt, Pro Memoria, [Sept. 1758]; ThHStAW B 26109, Bl. 5'. Vgl. ThHStAW A 20, Bl. 9.

63 Vgl. z. B. Christine Charlotte von Quernheim an Anna Amalia, [nach 25.6.1760]; ThHStAW HA A XVIII 84, Bl. 1–3. Siehe auch Schraut 1998, S. 16 f.

64 Gottfried von Nonne, Kleine Reden (wie Anm. 59, unpag.).

65 Vgl. dazu Fertig 1979, zu Weimar S. 41–43; Stannek 2004.

66 Anna Amalia an das Geheime Consilium, 4.5.1761; ThHStAW A 73b, Bl. 41 f. (Orig. frz.).

67 Instruktion vom 27.4.1762 (Konzept signiert von Anna Amalia). Gedruckt bei Andreas 1938, S. 83–87.

68 Görtz, «Journal d'Education des Princes Charles Auguste et Constantin de Saxe Weimar» [17.5.1763–2.3.1766]; GRA, Fach X. Eintrag vom 20.12.1763, Bl. 73.

69 Zahlreiche von Görtz aufgesetzte Billets der Prinzen an Anna Amalia finden sich in GRA Fach X.

70 Anna Amalia an Quernheim, Eisenach 20.6.1760; ThHStAW HA A XVIII 84a (Orig. frz.).

71 Anna Amalia an Görtz, Eisenach 2.11.1763. GRA Fach VII, 10 (Orig. frz.).

72 Bericht von Görtz an Anna Amalia, 17.5.1764. Gedruckt bei Andreas 1941, S. 305–307, Zitat S. 306.

73 Bericht von Görtz an Anna Amalia, Belvedere 20.6.1762. Gedruckt bei Kehrbach 1900, S. 33–37, Zitat S. 42.

74 ThHStAW A 1925/16/1, Bl. 8f. – Der Funktionswandel des Pageninstituts – in Weimar bestand es bis zur Mitte des 19. Jahrhunderts! – ist noch nicht erforscht.

75 Bericht von Görtz an Anna Amalia, 19.10.1770; ThHStAW A 74.

76 Hahn/Schütte 2003; Berger 2002a, S. 74–77; Berger 2004.

77 Vgl. Dreise-Beckmann 2004, S. 20–27. Diese Dissertation (aus dem Jahr 2000) läßt grundlegende Erkenntnisse zur höfischen Gesellschaft außer acht, selbst zu Musik und Theater (z. B. Daniel 1995). Wertvoll ist hingegen die Rekonstruktion des Musikalienkatalogs der Herzogin.

78 Vgl. hierzu Schnitzer 1999.

79 Vgl. Grote Hg. 1994.

80 Johann Friedrich Löber, Gutachten zur Bildersammlung Johann Anton Friedrich von Göchhausens, 12.1.1761; ThHStAW A 9283, Bl. 10–13.

81 Z.B. erhielt am 18.7.1775 ein «Musicus», «der sich auf den Waldhorn wolte hören lassen, aber nicht angenommen worden», ein Gnadengeschenk von 2 Talern und 12 Groschen. Schatullrechnung 1775; ThHStAW A 920/921, Nr. 189.

Kapitel 3

1 [Carl Christian Kotzebue] «Ohnmaßgebliche Vorschläge, wie der gar zu große Aufwand fürstlicher Hofstatt hinführo einzuschränken und einzurichten», [vor 30.5.1761]; ThHStAW A 9032, Bl. 4–33, Zitate Bl. 1f.

2 Vgl. zum äußerlichen Ablauf der Reise auch Scheel 1994, S. 20–23.

3 Johann Eustach von an Caroline von Schlitz genannt Görtz, geborene von Üchtritz, Braunschweig 22.5.1771; GRA Fach XVI, A.

4 Christoph Johann von Rehboom an Anna Amalia, Wien 14.5.1764; ThHStAW C 127 (unpag.).

5 Gleichlautendes Dekret Anna Amalias an die Landschaften von Weimar (22.6.1763), von Jena (4.7.1763), und von Eisenach (8.11.1763); ThHStAW A 840 a, Bl. 11, 12, 21 (Kz.).

6 Landschaftsdeputationen von Weimar (12.8.1763), von Eisenach (11.11.1763) und von Jena (6.7.1763) an Anna Amalia; ThHStAW A 840a, Bl. 19f., 22f., 14–17.

7 Gutachten Johann Christoph Hufelands und Johann Daniel Christian Engelhardts an Anna Amalia, 27.1.1764; ThHStAW A 840a, Bl. 26–30.

8 Gutachten an die Regierung Eisenach von Dr. A.F. Bertram, 9.2.1764; ThHStAW A 840a, Bl. 46–55.

9 Vgl. Kopitzsch 1998, S. 232.

10 Jacob Friedrich von Fritsch an Rehboom, 23.12.1768; ThHStAW C 128, Bl. 46f.

11 Johann Wilhelm Seidler, Anrede an Anna Amalia, in: ders., «Glaubensbekenntnis der Durchlauchtigsten Prinzen von Sachsen Weimar und Eisenach den 27 März und den 19 Christmon. 1772 öffentlich abgelegt nebst den Anreden an HöchstDieselben», Weimar 1773. Gedrucktes Exemplar in: ThHStAW HA D 57.

12 Kirchengebet bei Einimpfung der Blattern bei Carl August, abzulesen erstmals am 22.9.1771; Kirchengebet bei Einimpfung der Blattern bei Constantin, abzulesen am 13.5.1772. Gedruckte Exemplare in: ThHStAW A 78.

13 Bericht von Görtz an Anna Amalia, 27.4.1765. Gedruckt bei Andreas 1941, S. 307f.

14 Seidler, Glaubensbekenntnis (wie Anm. 11), Abschnitt: «Bey der Confirmation des Durchlauchtigsten Prinzen Constantin». Gedrucktes (unpaginiertes) Exemplar in: ThHStAW HA D 55.

15 Beilage zu Görtz an Wilhelm Heinrich Schul(t)ze, 2.2.1771; ThULB/HSA Ms. Prov. Fol. 84 (1).

16 Berger 2005; Raschke 2005b.

17 Eine zentrale Quelle für die Erziehung der frühen Jahre sind die Aufzeichnungen des Grafen: Görtz, «Journal bey der Erziehung des Herrn ErbPrintzens zu Sachsen Weymar» [7.5.1762–16.3.1763]; fortgeführt als: «Journal d'Education des Princes Charles Auguste et Constantin de Saxe Weimar» [17.5.1763–2.3.1766]; GRA Dzdf., Fach X.

18 Bericht von Görtz an Anna Amalia, 17.5.1764; Teildruck: Andreas 1941, S. 305–307.

19 Bericht von Görtz an Anna Amalia, 1.5.1767; ThHStAW A 73b, Bl. 152–155'.

20 Bericht von Görtz an Anna Amalia, 22.4.1770; ThHStAW A 73b, Bl. 183/1–185'.

21 Vgl. Görtz an Caroline von Görtz, 5. Juni 1768; GRA Fach XVI, A.

22 Fourierbuch, 3.5.1770; ThHStAW E Nr. 19.

23 Gottfried Nonne, «Erinnerungen bey dem Weimarischen Cammer-état», 9.4.1760; ThHStAW B 1709.

24 Vgl. North 2003, S. 117.

25 Vgl. Krämer 1998, S. 29–33.

26 Dreise-Beckmann 2004, S. 131–170.
27 [Anna Amalia] Sinfonia a due Oboi, due Flauti, due Violini, Viola, e Basso Di Amalia. 1765. (Notenms.); HAAB Mus III c: 110 [vermutlich Brandverlust am 2.9.2004].
28 Hiller [1767–1768] 1970, Nr. 41 (11.4.1768), S. 317.
29 Petition von Johann Ehrenfried Schumann an Anna Amalia, 26.3.1764; ThHStAW B 26487, Bl. 2.
30 Görtz an Caroline von Görtz, 5.6., 8.6., 24.6.1768; GRA Fach XVI, A.
31 Görtz an Caroline von Görtz, 18.5.1772; GRA Fach XVI, A (Orig. frz.).
32 Vgl. aus der umfangreichen Forschungsliteratur: Berns/Rahn Hg. 1995, Bauer 1997, Ottomeyer/Völker Hg. 2002.
33 Fourierbuch 29.5.–14.6.1770; ThHStAW HA E Nr. 19.
34 Fourierbuch 17.5.1770; ThHStAW HA E Nr. 19.
35 Auguste Eleonore von Keller, geborene von Bechtolsheim, an Caroline von Görtz, Stetten 4.2.1771; GRA Fach XIV, 7 (Orig.frz.).
36 Görtz, Tagebuch [6.12.1770–1.3.1771], hier 9.2.1771, GRA Fach XI.
37 Domenico Michelessi an Anna Amalia, Dresden 26.2.1771; ThHStAW HA A XVIII 77.
38 Vgl. Lyncker 1997, S. 28.
39 Fourierbuch 24.10.1770; ThHStAW HA E 19.
40 Anna Amalia an Görtz, Aachen 28.5.1765; GRA Fach VII, 10 (Orig. frz.).
41 Anna Amalia an Görtz, Aachen 8.6.1765; Abschrift von Carl August Hugo Burkhardt (1875) nach einem heute nicht mehr auffindbaren Original (frz.) im GRA; ThHStAW F 1532/I, Bl. 107–107'.
42 Görtz an Caroline von Görtz, 16.5.1771; GRA Fach XVI, A (Orig. frz.).
43 Duindam 1999; Paulmann 2000, S. 37–47, Zitat S. 189; Butz/Dannenberg 2004.
44 Görtz an Caroline von Görtz, 8.6.1771; GRA Fach XVI, A (Orig. frz.). Die spätere Carl-August-Verehrung einer preußenfreundlichen Weimarer Landes- und Kulturgeschichte machte daraus die euphorische Bemerkung, er, der König, habe «noch nie einen jungen Menschen von diesem Alter gesehen, der zu so hohen Hoffnungen berechtige». Vgl. z.B. Bergmann Hg. 1933, S. 7.

Kapitel 4

1 Anna Amalia an Jacob Friedrich von Fritsch, 9.12.1773; GMD NW 1934/1986, Bl. 36–42 (Orig. frz.).
2 Reskript Carl Augusts an alle Behörden beider Landesteile, Belvedere 15.9.1775; ThHStAW A 156.
3 So z.B. Werner 1996, S. 115; gründlich widerlegt von Ventzke 2004a.
4 Rückblickend dokumentiert im Protokoll der Kammeretats-Konferenz, 6.7.1776; ThHStAW B 1719, Bl. 150.
5 Anna Amalia an Fritsch, 9.12.1773 (wie Anm. 1).
6 Ventzke 2004a, S. 237 f.

7 Vgl. statt vieler: Klueting 1998.
8 ThHStAW B 2252a.
9 Reskript Anna Amalias an die Regierung Weimar, 30.6.1772 (Kz.); ThHStAW B 2721. Vgl. die Vernehmungsprotokolle in ThHStAW B 2720a.
10 Reskript Anna Amalias an die Regierung Eisenach, 3.3.1775 (Kz.); ThHStAW Eisenacher Archiv, Rechtspflege 52.
11 Christian Bernhard Isenflamm an Anna Amalia, Wien 20.5.1772, 31.12.1774; ThHStAW C 129, Bl. 70, 114.
12 Anna Amalia an Jacob Friedrich von Fritsch, 29.3.1774; GMD NW 1934/1986, Bl. 68 (Orig. frz.).
13 ThHStAW B 4775. Zitate: «Sämtliche Röm. Catholische Christen» Weimars an Anna Amalia, 2.3.1774 ebd., Bl. 8f. «Sämtliche Catholici» Weimars an Anna Amalia, 29.3.1774; ebd., Bl. 11.
14 Anna Amalia an Christoph Martin Wieland, 29.3.1772; Wieland-BW, Bd. 4, Nr. 464 (Orig. frz.).
15 Wieland an Anna Amalia, Erfurt 13.4.1772; Wieland-BW, Bd. 4, Nr. 469 (Orig. frz.). Die gesamte Berufungsgeschichte um Wieland ist ausführlich dargestellt bei Berger 2003, S. 126–135.
16 Görtz an Caroline von Görtz, Belvedere 22.4.1772; GRA Fach XVI, A. (Orig. frz.)
17 Görtz an Caroline von Görtz, 24.4.1772; GRA Fach XVI, A. (Orig. frz.).
18 Görtz, Niederschrift über die Sitzung des Geheimen Consiliums ohne Anna Amalia am 14.7.1772. GRA Fach X. Gedruckt bei Stotzingen 1909/1910, hier S. 399.
19 Winterling 1997, S. 17f.
20 Dazu die Briefe von Görtz an seine Frau Caroline, Mai–Juni 1773 in GRA Fach XVI, A, Zitat: 15.5.1773.
21 Görtz an Caroline von Görtz, 27.5.1773; GRA Fach XVI, A. (Orig. frz.).
22 [Christoph Martin Wieland] «Briefe an einen Freund über das deutsche Singspiel, Alceste», in: Der Deutsche [sic!] Merkur I/1 (Jan. 1773), S. 34–72. [Ders.,] «Theatralische Nachrichten. Weimar», in ebd. I/3 (März 1773), S. 264–276. [Ders.,] «Theatralische Neuigkeit», in: ebd. II/3 (Juni 1773), S. 306–308.
23 Johann Christoph Weise (ehem. Gartenbauinspektor), Erinnerung an das Hoftheater vor dem Schloßbrand 1774 [1822]; ThHStAW HA XXII 497, Bl. 88–88′ (auf gezielte Nachfragen von Erbgroßherzog Carl Friedrich).
24 Die biographische Literatur zu Anna Amalia und die Wielandforschung haben dagegen Wielands ‹Öffentlichkeitsarbeit› meist für bare Münze genommen und konstruieren einen Gleichklang zwischen Dichter und Herzogin auch in Theaterfragen, vgl. z. B. Heinz 2002, S. 84–91. Die schon seit Jahrzeiten edierten Auszüge der in Anm. 20 genannten Briefe (bei Mentz 1929, S. 411–413) werden dort ignoriert.
25 Die Stadien des Geheimplans sind ausführlich dargestellt bei Andreas 1949, der allerdings die Mißwirtschaft nicht als Motiv erkennen will – das

hätte seinem Bild vom späteren Musterstaat Weimar unter Carl August und Goethe (Andreas 1953) widersprochen.

26 Görtz an Caroline von Görtz, 22.3.1772; GRA Fach XVI, A.

27 Anna Amalia an Fritsch, 9.12.1773 (wie Anm. 1, Orig. frz., Hervorhebung durch die Verf.).

28 Fritsch an Anna Amalia, 22.12.1773; ThHStAW HA A XVIII 31, Bl. 4–11 (Orig. frz.). Zitiert in Anlehnung an die deutsche Übersetzung bei Beaulieu-Marconnay Hg. 1874, S. 62–77.

29 Ebd.

30 Vg. oben S. 18.

31 Alle Zitate aus: Anna Amalia, Autobiographisches Fragment [um 1773/74]; GSA 36/VII, 18; zit. nach dem Druck bei Wahl 1994, S. 106–117.

32 ThHStAW B 6242, Bl. 112'.

33 Anna Amalia an (Friedrich Hildebrand) von Einsiedel, Belvedere 18.5.1774; GMD K.K. 5791 (Orig. frz.).

34 Carl August an Benckendorff, 8.5.1774; ThHStAW HA A XIX 6a, Bl. 8 (Orig. frz.).

35 Fritsch an Johanna Charlotte von Lohse geborene von Fritsch, 8.5.1774, FDH Hs. 16945, 2 (Abschrift).

36 ThHStAW B 2734.

37 Anna Amalia an Carl I., 1.4.1775 (Ausfertigung); NStAW 2 Alt 18 182, Bl. 15–22'.

38 Carl Ludwig von Knebel an Fritsch, Nürnberg 14.5.1774; ThHStAW HA C Litt. K. 4, Bl. 3–4.

39 Johann Heinrich Merck an Wieland, Darmstadt 1.2.1773; Wieland-BW, Bd. 5, Nr. 84*.

40 Görtz an Caroline von Görtz, Erfurt [9.5.1773]; GRA Fach XVI, A. Henriette Caroline von Hessen-Darmstadt an Caroline von Pfalz-Birkenfeld, Leipzig 11.5.1773; HessStAD D4, 563/3.

41 Carl August an Caroline v. Görtz, 24.12.1773; GRA Fach XV, 8 (Orig. frz.).

42 Tilgner 2002; Rees 2005.

43 Carl August an Anna Amalia, Karlsruhe 18.12.1774; Bergmann Hg. 1938, Nr. 4 (Orig. frz.).

44 Luise von Hessen-Darmstadt an Friedrich von Hessen-Homburg, Karlsruhe 22.12.1774; ThHStAW HA A XX 13b (Orig frz.).

45 Wieland an Knebel, 13.1.1775; Wieland-BW, Bd. 5, Nr. 346.

46 Carl August an Anna Amalia, Karlsruhe 30.12.1774; Bergmann Hg. 1938, Nr. 7.

47 Carl August, Constantin, Görtz, Knebel und Ernst Josias Freiherr von Stein an Anna Amalia, Straßburg 11.2.1775; ThHStAW HA A XVIII 41, Bl. 134.

48 Knebel an Anna Amalia, Paris 20.4.1775; ThHStAW HA A XVIII 41, Bl. 132f.

49 Anna Amalia an Knebel, 30.4.1775; GSA 54/248, Bl. 4f. (Orig. frz.).
50 Fritsch an Anna Amalia, 20.6.1775; ThHStAW HA A XVIII 31, Bl. 15–17 (Orig. frz.). Zitiert in Anlehnung an die deutsche Übersetzung bei Beaulieu-Marconnay Hg. 1874, S. 92–95, hier S. 93f.
51 Anna Amalia an Fritsch, 21.6.1775; ThHStAW HA A XVIII 31, Bl. 18. (Orig. frz.).
52 Anna Amalia an Fritsch, [vor 4.7.1775]; GMD NW 1934/1986, Bl. 106 (Orig. frz.).
53 Friedrich Carl von Moser an Frau von Pretlack, Darmstadt 8.9.1775. HessStAD D4, 601/5, Bl. 54.
54 «Dem Durchlauchtigsten Fürsten und Herrn Herrn Carl August [...], wollten zu höchstderoselbgen vollzogenen Höchsten vermählung mit der Durchlauchtigsten Prinzeßin, Prinzeßin Luise [...], hierdurch die unterthänigste Ehrfurcht bezeigen und sich zu höchsten Gnaden empfehlen die Viertelsmeister und sämmtliche Bürgerschaft zu Buttstädt», Weimar 1775; «Der höchsten Vermählung des Durchlauchtigsten Fürsten und Herrn, Herrn Carl August [...] mit der Durchlauchtigsten Prinzessin Luise [...] unserer nunmehrigen gnädigsten Landes-Mutter [...] widmet zum Beweise der tieffsten Ehrfurcht und der lebhaftesten Freude nachstehendes Gedicht höchstDero unterthänigst treugehorsamste Stadt-Voigt und Rath der Stadt Buttstädt», Weimar [1775]. Diese und weitere Drucke in ThHStAW A 157/1.

Kapitel 5

1 Anna Amalia an Johann Heinrich Merck, Ettersburg, 14.8.1778; ThHStAW HA A XVIII 73b, Bl. 1f. (Schlußformel).
2 Vgl. aus der zahlreichen Literatur: Lea Ritter Santini, Freiheiten des Inkognito, in: dies. Hg. 1993, S. 89–94; Wrigley 2002, S. 210f.; Conrads 2005.
3 Anna Amalia an Merck, 14.8.1778 (wie Anm. 1). Georg Melchior Kraus an Friedrich Justin Bertuch, 30.6.1778; zitiert nach Siegel 1991, S. 123.
4 Anna Amalia an Katharina Elisabeth Goethe, 29.8.1778; Burkhardt Hg. 1885, Nr. 1.
5 Christoph Martin Wieland an Merck, 2.8.1778; Wieland-BW, Bd. 7, Nr. 109.
6 Wilhelmine Elisabeth Eleonore von Giannini an Johann Eustach von Schlitz genannt Görtz, 3.8.1778, 18.5.1778; GRA Fach III, 4.
7 Leonard von Klinkowström an Caroline von Schlitz genannt Görtz, Belvedere 18.8.1778; GRA Fach XIV, 7 (Orig. frz.).
8 Merck an Anna Amalia, Darmstadt, 14.8.1778; ThHStAW HA A XVIII 73. Anna Amalia an Merck, Ettersburg 4.9.1778; Wagner Hg. 1835, Nr. 60.
9 Anna Amalia an Jacob Friedrich von Fritsch, [vor 8.12.1777]; GMD NW 1934/1986, Bl. 130.
10 Anna Amalia an Fritsch, 21.6.1775; ThHStAW HA A XVIII 31, Bl. 18 (Orig. frz.).

11 So eine zeitgenössische, idealisierende Beschreibung (1782), zitiert bei Beyer/Seifert Hg. 1997, S. 345.
12 Eine Biographie, zu der reichlich Material vorhanden wäre, fehlt. Vgl. Knoll 1915.
13 Zu Jagemann vgl. Dal Monte 1970, S. 25–42; Gerhardt 1997.
14 Vgl. hierzu Boyle 1995/1999, Bd. 1, S. 278–283.
15 Anna Amalia an Fritsch, 13.5.1776 (Orig. frz.); Beaulieu-Marconnay Hg. 1874, S. 254 f.
16 Zur Berufung Herders vgl. Freitag/Juranek Hg. 1994, S. 138 f.
17 Zum folgenden Koopmann 1968; Mix 1997; Merkel 2002.
18 Winterling 1986, S. 7; Bauer 1993, S. 27. Klassisch: Alewyn 1985, S. 14.
19 [Christian Joseph Jagemann,] Catalogue raisonné de la Bibliothèque de son Altesse serenissime madame Anne Amelie Princesse de la maison de Brunsvik, et Duchesse douariere de Weimar, et Eisenach [...], Tl. 1 (1776), Tl. 2: Zuwachs an Büchern seit dem Jahre 1776. HAAB Loc. A: 2.
20 Vgl. North 2003, S. 20.
21 Vgl. Meise 2004; Raschke 2001; Raschke 2004.
22 Le Migliori Arie di Metastasio, ital. von C.J. Jagemann, frz. Übersetzungen von Anna Amalia (eigenhändig); ThHStAW HA A XVIII 150b, Bl. 91–96. Auszüge aus dem ersten Band von [Pietro Antonio Domenico Buonaventura Metastasio,] «Poesíe Del Signor Abate Pietro Metastasio», 10 Bde., Turin 1757.
23 [James MacPherson,] «Works of Ossian», 4 Bde., Leipzig-Frankfurt/M. 1777. Eigenhändige Übersetzungen Anna Amalias: ThHStAW HA A XVIII 142b (41 Bl.).
24 Dreise-Beckmann 2004, S. 37, 124–126. Zur ‹dienenden› Funktion des Klaviers in der höfischen Musik vgl. Müller-Lindenberg 2005, S. 85 f.
25 Ernst Wilhelm Wolf an Johann Gottlob Immanuel Breitkopf, 20.5.1776. Zitiert nach Hitzig Hg. 1925, S. 89. Vgl. Reichard 1980, S. 197.
26 Schuster/Gille Hg. 1999, S. 226.
27 Vgl. Sichardt 1957; Randall 1995; Dreise-Beckmann 2004, S. 27–32.
28 Vgl. North 2003, S. 154.
29 Gegenstand einer besonders gelungenen Stilisierung eines (keinesfalls abgelegenen) Landsitzes zum Rückzugsort war das «Luisium» der Fürstin Luise von Anhalt-Dessau. Vgl. Froesch 2002.
30 [Christoph Martin] W[ieland]., «An Olympia. Den 24sten October 1777», in: Der Teutsche Merkur (1777) IV, S. 97–106. Zitiert nach Wieland 1935, Bd. 12, S. 279–285, hier S. 283.
31 Vgl. die Übersicht bei Berger 2003, S. 522.
32 Carl Ludwig Rohr an ungenannt (hessen-darmstädtischer Kabinettsrat), Marksburg 2.4.1784; HessStAD D 4, Nr. 526/1. Rohr fertigte diesen Bericht Jahre später auf ausdrücklichen Wunsch von Landgraf Ludwig IX. an. Den Landgraf interessierte es wohl sehr, was mit der Schwiegermutter seiner Tochter «Kurioses» passiert sei.

33 Sammelhandschrift, 19.7.1776 (späterer Titel: «Eine Tiefurter Matinée»). Zitiert nach Busch-Salmen u.a. 1998, S. 170–173, hier S. 170.

34 Johann Jakob Wilhelm Heinse an Johann Wilhelm Ludwig Gleim, Düsseldorf 6.7.1778; Schüddekopf Hg. 1894–1895, Bd. 2, Nr. 108.

Kapitel 6

1 Friedrich Carl von Moser an Frau von Pretlack, Darmstadt 8.9.1775. HessStAD D4, 601/5, Bl. 54. Vgl. oben S. 113.

2 Philippine Charlotte von Braunschweig-Wolfenbüttel an Friedrich II. von Preußen, [Braunschweig] 17.8.1783; NStAW 299 N 60, Bl. 82 (Orig. frz.) [Typoskript als geplante Fortsetzung von: Droysen Hg. 1916].

3 Carl August an Anna Amalia, 23.8.1783; Bergmann Hg. 1938, Nr. 55.

4 Anna Amalia an Carl Ludwig von Knebel, Tiefurt 27.10.1783; GSA 54/248, Bl. 17.

5 Häufig zitiert: Christoph Martin Wieland an Johann Heinrich Merck, 1.-2.8.1779; Wieland-BW, Bd. 7, Nr. 233.

6 Luise von Sachsen-Weimar-Eisenach an Amalia von Baden-Durlach, 4.8.1780; Bräuning-Oktavio Hg. 1925 (unpag., Orig. frz.).

7 Vgl. auch Ventzke 2004a, S. 38–47.

8 Wieland an Merck, 2.–3.8.1778; Wieland-BW, Bd. 7, Nr. 109.

9 Wieland an Merck, 2.8.1778; Wieland-BW, Bd. 7, Nr. 233. Erneute Aufführung zu Weihnachten 1781 im kleinen Kreis bei Anna Amalia unter dem Titel «Das Neueste von Plundersweilern»; vgl. dazu Knorr 2003, S. 120–122.

10 Anna Amalia an Merck, Ettersburg 5.9.1779; Wagner Hg. 1835, Nr. 78.

11 Anna Amalia an Merck, Ettersburg 2.8.1779; Wagner Hg. 1838, Nr. 70.

12 Wieland an Merck, 21.9.1779; Wieland-BW, Bd. 7, Nr. 245.

13 Wilhelmine Elisabeth Eleonore von Giannini an Caroline von Schlitz genannt Görtz, 13.9.1779; GRA Fach XIV, 4 (Orig. frz.).

14 Johann Wolfgang Goethe, Maskenzug «Aufzug der Vier Weltalter», in: Goethe-MA, Bd. 2/1, S. 511–513, mit Kommentar S. 739 f.

15 Carl August an Anna Amalia, Frankfurt/M. 26.12.1779; Bergmann Hg. 1938, Nr. 42.

16 Goethe-Tagebücher, Bd. 1, S. 87, Eintrag vom 11.8.1779.

17 Carl August an Anna Amalia, Bern 16.10.1779; Bergmann Hg. 1938, Nr. 37.

18 Anna Amalia an Merck, 4.11.1779; GSA 96/4596.

19 Anna Amalia an Knebel, 7.12.1781; GSA 54/248, Bl. 8.

20 Anna Amalia an Merck, Ettersburg 6.7.1780; FDH Hs. 1411.

21 Zum «Lob des Landlebens» vgl. Lohmeier 1981, zur Hofkritik Kiesel 1979.

22 Adam Friedrich Oeser an Anna Amalia, Leipzig 23.6.1779; ThHStAW HA A XVIII 82, Bl. 4–5'.

23 Anna Amalia an Oeser, 5.3.1780; ThHStAW HA A XVIII 82b, Bl. 1. Ähnlich an Merck, Ettersburg 26.10.1778; FDH Hs. 1412.

24 Anna Amalia an Jean Baptiste de Féronce de Rotencreutz, [nach 14.2.1778] (Abschrift); ThHStAW A 83, Bl. 50–50' (Orig. frz.).
25 Johann Carl Albrecht an Friedrich Justin Bertuch, Neapel 22.1.1777; GSA 06/31, Nr. 1.
26 Constantin an Knebel, Tiefurt 22.6.1780; GSA 54/251, Bl. 19–20'.
27 Wieland an Anna Amalia, Erfurt 12.7.1772; Wieland-BW, Bd. 4, Nr. 550.
28 Konfirmation Kaiser Karls VI. der Primogeniturregelung Ernst Augusts für das Haus Sachsen-Weimar, 29. August 1724. Gedruckt in: Die Hausgesetze der regierenden deutschen Fürstenhäuser, hg. von Hermann Schulze, Bd. 3, Jena 1883, S. 220–225, Zitat S. 223.
29 Giannini an Caroline von Görtz, Belvedere 17.6.1781; GRA Fach XIV, 4.
30 Johann Carl Albrecht, Journal (Okt. 1776–Juli 1783, Mai 1784–Okt. 1785), Eintrag vom 24.5.1781; ThHStAW HA A XXI 5.
31 Constantin an Anna Amalia, Rom 21.3.1782; ThHStAW HA A XVIII 22c, Bl. 41 f.
32 Anna Amalia an Albrecht, 14.1.1782; ThHStAW HA A XVIII 1, Bl. 13–13'.
33 Zu diesem generellen Phänomen Wrigley 2002, S. 217.
34 Edition aller Ausgaben des Journals bei Hellen Hg. 1892.
35 [Ungen.,] Preis Frage, in: Das Journal von Tiefurt, Nr. 1 [15.8.1781]; Hellen Hg. 1892, S. 2. [J.G. Herder,] An die Herausgeber des Tiefurther Journals, in: ebd., Nr. 4 [3.9.1781], S. 31. Herders Fabeln ebd., S. 32–37.
36 Johann Gottfried Herder an Johann Georg Hamann, [Anfang März 1782]; Herder-Briefe, Bd. 9 (Nachtrag zu Bd. 4), Nr. 205.
37 Constantin an Knebel, Rom 10.4.1782; GSA 54/251, Bl. 46–47'.
38 Anna Amalia an Albrecht, Tiefurt 15.8.1782; ThHStAW HA A XVIII 1, Bl. 32 f.
39 Vgl. dazu Constantins eigenhändiges Reisejournal (11.6.1781–29.5.1783); ThHStAW HA A XXI 1 (79 Bl.); Sigismund 1989.
40 Überliefert in: Herder an Hamann, 10.3.1783; Herder–Briefe 1979–1996, Bd. 9 (Nachtrag zu Bd. 4), Nr. 256.
41 Carl August an Anna Amalia, Wilhelmsthal 18.6.1783, 19.6.1783; Bergmann Hg. 1938, Nr. 53 f.
42 Carl August an Jacob Friedrich von Fritsch, 24.10.1783; ThHStAW HA A XIX 38, Bl. 61 f.
43 Anna Amalia an Christoph von Benckendorff, 24.2.1784; ThHStAW HA A XVIII 1b, Bl. 4.
44 Vgl. Bechtoldt/Weiss Hg. 1996.
45 Carl August an Luise, Wörlitz 29.9.1782; ThHStAW HA A XIX 74, Bl. 42.
46 Anna Amalia an Knebel, Tiefurt 23.6.1782, Weimar 8.11.1782; GSA 54/248, Bl. 12, 15 f.
47 Anna Amalia an Caroline Herder, Tiefurt 18.5.1783; BJ, Slg. Autographa.

Kapitel 7

1 Anna Amalia an Joh. Heinr. Merck, 6.1.1788; Wagner Hg. 1838, Nr. 130.
2 Ebd.
3 Anna Amalia an Merck, 25.4.1784; Wagner Hg. 1835, Nr. 203.
4 Anna Amalia, eigenhändiges griechisch-deutsches Stellenglossar zu Aristophanes, «Die Frösche»; ThHStAW HA A XVIII, Bl. 31–54.
5 Anna Amalia, La Gatta Bianca. Novella (ca. 1786, eigenhändige Reinschrift, 49 Bl.); GSA 93/N 43a. Übersetzung von [Marie Caterine d'Aulnoy,] Die weisse Katze. Ein Mährchen, in: [dies.,] «Das Cabinet der Feen oder gesammlete Feen-Mährchen» [übers. v. Friedrich Immanuel Bierling], 9 Tle., Nürnberg 1761–1765, Tl. 5 (1763), S. 223–281.
6 Johann Gottfried Herder an Anna Amalia, [Mitte Juni 1788]; Herder-Briefe, Bd. 5, Nr. 289.
7 Vgl. Reichard 1980, S. 253f.
8 Anna Amalia an Christian Bernhard Isenflamm, 6.3.1785; ThHStAW HA A XVIII 61, Bl. 48 (Orig. frz.).
9 Rinck 1897, S. 72. Vgl. ähnlich die Aufzeichnungen der Fürstin Luise von Anhalt-Dessau und Franz von Waldersees bei einem Besuch in Weimar im November 1783; Schweinitz Hg. 2004, S. 216–220.
10 Carl Ludwig von Knebel an Henriette von Knebel, 30.11.1787; Düntzer Hg. 1858, S. 69f.
11 Herder an C.L. von Knebel, 28.8.1785; Herder-Briefe, Bd. 5, Nr. 124.
12 Anna Amalia an Isenflamm, 29.5.1785; ThHStAW HA A XVIII 61, Bl. 49 (Orig. frz.).
13 Vgl. Tümmler 1978, S. 53–73; Anna Franziska von Schweinitz, Einführung, in: dies. Hg. 2004, S. 13–34.
14 Anna Amalia an Knebel, 30.11.1785; GSA 54/248, Bl. 21.
15 Schatullrechnung 1786; ThHStAW A 962, Nr. 18f., 22, 24.
16 Anna Amalia an Johann Christian Stark d. Ä., 12.4.1786; ThHStAW HA A XVIII 100a, Bl. 2.
17 Vgl. drei undatierte Billets von Anna Amalia an Friedrich Hildebrand von Einsiedel aus dem Jahr 1787; GSA 14/91 und BJ, Slg. Autographa. Zuschuß: Schatullrechnung 1788; ThHStAW A 973, Nr. 831–835. Schatullrechnung 1789; ThHStAW A 977, Nr. 531k.
18 Friedrich Schiller an Christian Gottfried Körner, 28.–29.7.1787; Schiller-NA, Bd. 24, Nr. 87.
19 Lyncker 1997, S. 97.
20 Lebenserinnerungen Luise von Knebels geb. von Rudorf, undatiert [1851]; GSA 54/491, Bl. 1.
21 Luise von Göchhausen, Tagebuch des Italienaufenthalts, 15.8.1788–18.6.1790; GSA 24 I,3. Eintrag vom 24.8.1788.
22 Einsiedel an Johann Wolfgang von Goethe, Verona 3.9.1788; Gothe Hg. 2000. Johann Gottfried an Caroline Herder, Bozen 1.9.1788; Herder-Briefe, Bd. 9 (Nachtrag zu Bd. 6), Nr. 18.

23 Anna Amalia, Reisejournal, Tl. 1: 15.8.–31.12.1788, Tl. 2: 1.1.–31.12.1789, Tl. 3: 1.1.–10.6.1790; ThHStAW HA A XVIII 153–155. Eintrag vom 29.8.1788. Ihr Italienaufenthalt ist – wegen der zeitlichen Nähe zu Goethes «Italienischer Reise» – mehrfach behandelt worden (u.a. Harnack Hg. 1890; Seuffert Hg. 1890; Hollmer 1993b; Hollmer 2001); keine der Studien wertet jedoch das Journal aus. Zu den Italienreisen des 18. Jahrhunderts ist die Forschungsliteratur unüberschaubar. Zum Überblick: Schudt 1959; Bignamini/Wilton Hg. 1996.

24 Göchhausen, Tagebuch (wie Anm. 21), Eintrag vom 12.9.1788.

25 Zum deutschen Künstlerkreis um A. Kauffmann vgl. Maisak 1998.

26 Anna Amalia an Knebel, Rom 18.11.1788; GSA 54/248, Bl. 23.

27 Anna Amalia an Friedrich August von Braunschweig-Oels, Rom 24.10.1788; ThHStAW HA B Braunschweig 487, Bl. 4f.

28 Anna Amalia, Journal (wie Anm. 23), 5.10.1788.

29 Anna Amalia an Goethe, Rom 5.11.1788; Harnack Hg. 1890, Nr. 40.

30 Anna Amalia an Knebel, 18.11.1788 (wie Anm. 26).

31 Einsiedel an Knebel, Rom 3.12.1788; Varnhagen/Mundt Hg. 1835–1836, Bd. 1, S. 234–236.

32 Anna Amalia, Journal (wie Anm. 23). Einträge vom 26.11.1788, 7.12.1788.

33 Anna Amalia, Journal (wie Anm. 23). Einträge vom 19.9.1788, 23.10.1788, 23.11.1788.

34 Kufeke 1999, S. 186–188; vgl. Auletta 1940, S. 9–32.

35 Anna Amalia, Journal (wie Anm. 23). Einträge vom 17.2.1789, 20.2.1789.

36 Anna Amalia, Journal (wie Anm. 23). Einträge vom 29.5.1789, 2.11.1789, 7.11.1789.

37 Die Gräfin Ludolf bezeichnete er als seine «süße und gute Freundin». Auletta 1940, S. 12.

38 Anna Amalia, Journal (wie Anm. 23). Eintrag vom 21.2.1789.

39 Schatullrechnungen 1787–1790: ThHStAW A 967–981.

40 Luise Grave geborene Aulhorn an Einsiedel, [nach Sept. 1801]; GSA 14/76.

41 Anna Amalia an Knebel, Neapel 13.9.1789; GSA 54/248, Bl. 27.

42 Ferdinand IV. von Neapel an Maria Carolina von Neapel, Venastro 1.2.1790; AStNap Archivio Borbone fasc. 34, Bl. 24f. (er antwortet auf einen nicht erhaltenen Brief Maria Carolinas).

43 Herder an Goethe, Rom 27.12.1788; Hollmer/Meier Hg. 1988, S. 292. Einsiedel an Carl August Böttiger, [nach 19.1.1810]; SLUB DD, Mscr. Dresd. h 37, 4° Bd. 46, Nr. 46.

Kapitel 8

1 Johann Wolfgang von Goethe an Johann Gottfried Herder, Augsburg 9.6.1790; Goethe-WA IV, Bd. 9, Nr. 2822.

2 Vgl. Seifert 1995, Seifert 2000. Zur Präsenz italienischer Kultur an deutschen Höfen vgl. generell West Hg. 1999.

3 Anna Amalia an Carl Ludwig von Knebel, Belvedere 3.8.1790; GSA 54/248, Bl. 29.
4 Vgl. Müller-Lindenberg 2005, S. 63.
5 Anna Amalia an Angelica Kauffmann, 25.6.1790; Maierhofer Hg. 1999, S. 222.
6 [Christian Joseph Jagemann,] Verzeichniß der Kupfersammlung der Durchlauchtigsten Frau Herzoginn Anna Amalia im Jahr 1794. HAAB: Loc. A, 13.– Vgl. generell North 2003, S. 139.
7 Anna Amalia an Knebel, 4.11.1790; GSA 54/248, Bl. 31.
8 Herder an Joseph Friedrich v. Racknitz, 29.11.1787; Herder-Briefe, Bd. 5, Nr. 239.
9 Anna Amalia an Knebel, 4.11.1790; GSA 54/248, Bl. 31.
10 Vgl. Münnich 1941, S. 180; generell Bimberg 1997, S. 110f.
11 Aufzeichnungen Böttigers über die Sitzungen des «Gelehrtenvereins»; Böttiger 1998, S. 47–66, Zitat S. 58f.– Carl August Böttiger, «Über die Prachtgefäße der Alten», in: Journal des Luxus und der Moden, Juni 1792, S. 281–310. Vgl. generell Cusatelli Hg. 1999.
12 Ernst Wilhelm Wolf, «Musikalischer Unterricht. [...] Alles durch praktische Beispiele erläutert; vom Ausdruk, und Etwas von der Einrichtung musikalischer Tonstücke; für Liebhaber und diejenigen, welche die Musik treiben und lehren wollen; besonders aber für die, denen es an mündlichen, musikalischen Unterricht fehlet», Dresden 1788. HAAB: M 8: 24 (b). Zitat aus dem unpaginierten Vorbericht.
13 Anna Amalia, [Musiktheoretische Ausarbeitungen], undatiert (48 Bl.); HAAB Mus. VIII: 9. Vgl. Dreise-Beckmann 2004, S. 86–92, 183–187.
14 Karl Philipp Moritz, «ΑΝΘΟΥΣΑ oder Roms Alterthümer. Ein Buch für die Menschheit. Die heiligen Gebräuche der Römer», Berlin 1791. HAAB: 8° XXXIX: 86 (c). Übersetzung Anna Amalias: Erste eigenhändige Fassung mit wenigen eh. Korrekturen: ThHStAW HA A XVIII 150b, Bl. 159–242' (gestempelte Paginierung). Zweite eigenhändige Fassung (Reinschrift Anna Amalias): ebd., Bl. 99–146. Reinschrift von C.J. Jagemann nach Anna Amalias 2. Fassung: ThHStAW HA A XVIII 139, Bl. 2–113' (Beginn), ebd. HA A XVIII 150b, Bl. 147–153' (Fortsetzung).
15 Vgl. Walther 1998.
16 Anna Amalia an Friedrich August von Braunschweig-Oels, 6.1.1792; ThHStAW HA B Braunschweig 487, Bl. 14–14' (Orig. frz.).
17 Anna Amalia an Caroline Herder, Tiefurt 20.7.1792; BJ, Slg. Autographa.
18 Anna Amalia an Knebel, 27.11.1790; GSA 54/248, Bl. 33.
19 Constantin an Anna Amalia, Querfurt 5.12.1792; ThHStAW HA A XVIII 22c, Bl. 107.
20 Carl August an Anna Amalia, Neuwied 19.11.1792; Bergmann Hg. 1938, Nr. 138.
21 Vgl. z.B. Philipp Christian Weyland an Anna Amalia, Im Lager bei Procourt vor Longwy 25.8.1792; ThHStAW HA A XVIII 111, Bl. 10'.

22 Anna Amalia an Friedrich August, 28.10.1792; ThHStAW HA B Braunschweig 487, Bl. 19.
23 Anna Amalia an Goethe, Tiefurt 5.7.1793; GSA 28/767.
24 Carl August an Goethe, Pirmasens 8.9.1793; Wahl Hg. 1915–1918, Bd. 1, Nr. 113.
25 Carl August an Anna Amalia, Pirmasens, 13.9.1793; Bergmann Hg. 1938, Nr. 153.
26 Anna Amalia an Friedrich August, Tiefurt 15.9.1793; ThHStAW HA B Braunschweig 487, Bl. 27 (Orig. frz.).
27 Sigismund 1989, S. 250, 271. Anna Amalia an Knebel, Tiefurt 5.7.1796; GSA 54/248, Bl. 38. Knebels Entwürfe in ThHStAW HA XIX 179, Bl. 17–20.
28 Carl August an Anna Amalia, Pirmasens 2.10.1793; Bergmann Hg. 1938, Nr. 154.
29 Goethe an Friedrich Schiller, Jena 29.7.1800; Goethe-WA IV, Bd. 15, Nr. 4275.
30 Anna Amalia, Fragmente zu «Cultur» und «Aufklärung»; ThHStAW HA A XVIII 150a, Zitate, Bl. 82, 38, 82, 72.
31 Anna Amalia an Friedrich August, 3.3.1794; ThHStAW HA B Braunschweig 487, Bl. 31–31' (Orig. frz.).
32 Anna Amalia an Christoph Martin Wieland, [vor 14.4.1795], GSA 93/N 17.
33 Wieland an Anna Amalia, 14.4.1795; Wieland-BW, Bd. 12, Nr. 445.
34 Anna Amalia, Märchen (1795); Druck: Anna Amalia 1932, S. 101–105.
35 Wieland an Anna Amalia, 15.4.1795; Wieland-BW, Bd. 12, Nr. 448.
36 Anna Amalia an ungen. [Wieland], 21.1.1796; NStAW 30 Slg. 6, Nr. 17. Anna Amalia, «Le Soulier» (1796) (eigenhändiger Entwurf mit Korrekturen Wielands); ThHStAW HA A XVIII 150b, Bl. 314–333.
37 Anna Amalia an Luise Rudorf, [1795], GSA 54/482, Bl. 1.
38 Knebel an Friedrich Hildebrand von Einsiedel, Nürnberg 1.9.1797; GSA 14/82.
39 Anna Amalia an Einsiedel, [vor 19.10.1797]; ThHStAW HA A XVIII 119a, Bl. 19.
40 Z.B. Anna Amalia an Knebel, Tiefurt 22.7.1798; GSA 54/248, Bl. 42.
41 Luise von Göchhausen an Goethe, [Juni 1796?]; Deetjen Hg. 1923, Nr. 52.
42 Göchhausen an Böttiger, [März/April 1796]; SLUB Mscr. Dresd. h 37, 4' Bd. 58, Nr. 19.- Zu den Konzerten vgl. North 2003, S. 154f.
43 Der Titel «Briefe über Italien» ist nicht zeitgenössisch. Diplomatisch getreue Edition der Reinschriften (FDH Hs. 11 706; GSA 36 [VII, 19]): Anna Amalia [1797] 1999. Die beiden folgenden Zitate S. 10. Zu den «Briefen» vgl. Hollmer 1993a.
44 Ludovico Mirri u.a. (Hg.), «Il Museo Pio-Clementino», 7 Tle., Roma 1782–1807. Böttiger an Johann Isaac Gerning, 13.3.1797; FDH Hs. 587.
45 Anna Amalia [1797] 1999, S. 35, 74f., 76f.

46 Anna Amalia an Johann Gottfried Herder, [Anfang 1797]; BJ, Slg. Autographa.
47 Herder an Anna Amalia, [März 1797]; Herder-Briefe, Bd. 7, Nr. 312.
48 Wieland an Anna Amalia, 6.2.1797; GSA 93/II,1.
49 Vgl. Müller 2000.
50 Scheitler 1999, bes. S. 28–42.

Kapitel 9

1 Anna Amalia an Johann Wolfgang von Goethe, o.D. [März 1793?]; GSA 28/1.
2 Schatullrechnung 1803; ThHStAW A 1030, Nr. 922.
3 Henriette von Fritsch geborene von Wolfskeel an Carl Wilhelm von Fritsch, Tiefurt 13.6.1803. FDH Hs. 17054, 1.
4 Gebundenes Heft, von Anna Amalia betitelt mit: «Meine Gedanken»; ThHStAW HA A XVIII 128, Bl. 1f. Das «Gedicht» ebd., Bl. 2–2'.
5 Johann Wolfgang von Goethe/Friedrich Schiller unter Mitarb. von Heinrich Meyer, «Über den Dilettantismus» (1799), in: Goethe-MA, Bd. 6/2, S. 151–176, die folgenden Zitate S. 168f. Vgl. dazu Koopmann 1968; Mix 1997.
6 Goethe an Schiller, 22.6.1799; Goethe-WA IV, Bd. 14, Nr. 4068.
7 Anna Amalia an Luise von Knebel geborene Rudorf, Tiefurt 13.4.1799; GSA 54/482, Bl. 7.
8 Anna Amalia, «Gedanken über die Musick», eigenhändige, korrigierte Reinschrift: ThHStAW HA A XVIII 150a, Bl. 180–185', 94–94'; erstes Zitat, Bl. 180. Edition eines Vorentwurfs bei Huschke 1994, S. 145–151.
9 Dreise-Beckmann 2004, S. 103.
10 Anna Amalia an Carl Ludwig von Knebel, 28.4.1802; GSA 54/248, Bl. 44f.
11 ThHStAW HA A XVIII 150a, Bl. 178–179. Vgl. Herder [1800] 1998.
12 Johann Friedrich Kranz an Anna Amalia, [1799]; ThHStAW HA A XVIII 65.
13 Anna Amalia an Christoph von Benckendorff, 29.10.1798; ThHStAW HA A XVIII 1b, Bl. 22f. (Orig. frz. bis auf «Die Alte Teusche Redlichkeit»).
14 Zum folgenden Schmidt 1999, S. 326–342; Duchhardt 2003, S. 246–248.
15 Christoph Martin Wieland an Luise von Göchhausen, Oßmannstedt 18.3.1798; SLUB Mscr. Dresd. h 44, Bd. Wielandiana, Bl. 11–15'.
16 Wieland an Anna Amalia, Oßmannstedt 30.3.1800; ThHStAW HA A XVIII 113, Bl. 49f.
17 Knebel an Goethe, Ilmenau 28.10.1799; Guhrauer Hg. 1851, Tl. 1, Nr. 214.
18 Carl Wilhelm Ferdinand an Anna Amalia, Braunschweig 16.2.1801; ThHStAW HA A XVIII 11a, Bl. 29 (Orig. frz.).
19 Carl Wilhelm Ferdinand an Anna Amalia, Braunschweig 16.4.1801; ThHStAW HA A XVIII 11a, Bl. 33 (Orig. frz.).
20 Carl Wilhelm Ferdinand an Anna Amalia, Halberstadt 6.5.1801; ThHStAW A 796a, Bl. 50 (Abschrift, Orig. frz.).

21 Z.B. Caroline Herder an Johann Isaac Gerning, 13.5.1801; FDH Hs. 4509.
22 J.W. von Goethe, «Palaeophron und Neoterpe» [1800, ursprünglich: «Die Alte und die Neue Zeit»], in: Goethe-MA, Bd. 6/1, S. 335–347.
23 Anna Amalia an Luise von Knebel, 4.2.1803; GSA 54/482, Bl. 27.
24 Christian August Vulpius an Nicolaus Meyer, 26.2.1803; Goethe-Jahrbuch 2 (1881), S. 417.
25 Knebel an Anna Amalia, [Ilmenau um 1803]; ThHStAW HA A XVIII 67, Bl. 69–70'.
26 Wieland an Anna Amalia, Oßmannstedt 30.9.1802; Wieland-BW, Bd. 16, Nr. 24.
27 Caroline Herder an Gerning, 3.8.1803; FDH Hs. 4537.
28 Druffner/Schalhorn 2005, S. 39–42.
29 Caroline Herder an Knebel, 2.3.1803; Varnhagen/Mundt Hg. 1835–1836, Bd. 2, S. 344f.
30 Anna Amalia an Henriette von Egloffstein; Tiefurt 20.7.1802; GSA 13/V, 4,1.
31 Zum folgenden Schmidt 1999, S. 340–342.
32 Anna Amalia an Caroline Herder, Tiefurt 13.8.1802; BJ, Slg. Autographa.

Kapitel 10

1 Anna Amalia an Henriette von Egloffstein, 1.11.1804; GSA 13/V, 4, 1.
2 Anna Amalia an Luise von Knebel geborene Rudorf, 3.1.1804; GSA 54/482, Bl. 30f.
3 Anna Amalia an Carl Ludwig von Knebel, 7.1.1804; GSA 54/248, Bl. 46.
4 Luise von Göchhausen an Carl August Böttiger, Tiefurt 5.7.1804. Deetjen Hg. 1923, Nr. 59.
5 Zum folgenden die Beiträge in Berger/Puttkamer Hg. 2005.
6 Anna Amalia an Christoph Martin Wieland. 17.3.1804; Wieland-BW, Bd. 16, Nr. 296.
7 Anna Amalia an Knebel, 26.10.1804; GSA 54/248, Bl. 47.
8 Anna Amalia an Egloffstein, 1.11.1804 (wie Anm. 1).
9 Anna Amalia an Karl Graf von Brühl, 8.11.1804; SLUB Mscr. Dresd. App. 514 A 36.
10 Göchhausen an Böttiger, 13.12.1804; Deetjen Hg. 1923, Nr. 62.
11 Anna Amalia an Luise von Knebel, 28.11.1804; GSA 54/482, Bl. 36.
12 Böttiger an Joachim Heinrich Campe, 18.12.1804; HAB Cod. Guelf. Slg. Vieweg 147 (1. Zitat). Böttiger an Johann Isaac Gerning, Dresden 20.9.1804; FDH Hs. 4364 (2. Zitat).
13 Göchhausen an Knebel, 10.5.1805; Deetjen Hg. 1923, Nr. 65.
14 Henriette von Knebel an Carl Ludwig von Knebel, Wilhelmsthal 21.6.1805; Düntzer Hg. 1858, S. 226f.
15 Christian Gottlob Voigt an Johann Wolfgang von Goethe, [ca. 8.8.1805]. Tümmler Hg. 1949–1962, Bd. 3, Nr. 85.
16 Johann Gotthelf Hermann an Anna Amalia, Jena 17.8.1805; ThHStAW

HA A XVIII 56. Anna Amalias Exzerpte von «Galls Schädel und Organen Lehre» in ThHStAW HA A XVIII 150a, Bl. 90f.

17 Anna Amalia an Knebel, Tiefurt 16.9.1806; GSA 54/248, Bl. 59f.

18 Anna Amalia an Böttiger, 17.10.1805; ThHStAW HA A XVIII 7, Bl. 8 (Entwurf Anna Amalias). Ausfertigung Anna Amalias nach korrigiertem 2. Entwurf Wielands: SLUB Mscr. Dresd. h 37, 4' Bd. 220 Nr. 8.

19 Anna Amalia an Luise von Knebel, 29.10.1805; GSA 54/482, Bl. 42.

20 Charlotte von Stein geborene von Schardt an Fritz von Stein, 19.–26.12.1805, FDH Hs. 5641.

21 Zum folgenden Aretin 1993–1997, Bd. 3, S. 504–512; Schmidt 1999, S. 342–346.

22 Anna Amalia an Knebel, 29.10.1805, GSA 54/248, Bl. 51f.

23 Anna Amalia an Luise von Knebel, 1.11.1805; GSA 54/482, Bl. 43.

24 Knebel an Anna Amalia, Jena 9.11.1805; ThHStAW HA A XVIII 67, Bl. 67f.

25 Anna Amalia an Johann Christian Stark d.Ä., 20.12.1805; ThHStAW HA A XVIII 100a, Bl. 7–7'.

26 Anna Amalia an Luise von Knebel, 28.12.1805; GSA 54/482, Bl. 46.

27 Anna Amalia an August Herder, 22.5.1806; GSA 44/266.

28 Johann Gottfried Seume an Anna Amalia, Leipzig 1.8.1806; ThHStAW HA A XVIII 95.

29 Johann Gottfried Seume, «Mein Sommer 1805», Leipzig 1806, zitiert nach Seume 1962, S. 640.

30 Vgl. Aretin 1993–1997, Bd. 3, S. 522–527.

31 Vgl. die eingehende Schilderung in Luise von Göchhausens Brief an Böttiger, 3.11.1806; Deetjen Hg. 1923, Nr. 75.

32 Schatullrechnung 1806; ThHStAW A 1037/1039, Nr. 839.

33 Göchhausen an Böttiger, 3.11.1806 (wie Anm. 449).

34 Goethe an Knebel, 29.10.1806; Goethe-WA IV, Bd. 19, Nr. 5273.

35 Carl Ludwig Fernow an Böttiger, 6.11.1806; Böttiger 1838, Bd. 2, S. 270.

36 Göchhausen an Böttiger, 3.11.1806; FDH Hs. 17387, Bl. 1–4.

37 Henriette von Knebel an Carl Ludwig von Knebel, 19.11.1806. Düntzer Hg. 1858, S. 259–261.

38 Anna Amalia an Knebel, 29.11.1806; GSA 54/248, Bl. 61f.

39 Anna Amalia an Luise von Knebel, 29.11.1806; GSA 54/482, Bl. 61f.

40 Anna Amalia an Luise von Knebel, 12.12.1806; GSA 54/482, Bl. 63.

41 Knebel an Anna Amalia, Jena 3.2.1807; ThHStAW HA A XVIII 67, Bl. 80–81'.

42 Anna Amalia an Knebel, 4.2.1807; GSA 54/248, Bl. 63f.

Epilog

1 Vgl. Anm. 5.

2 So der Untertitel der Biographie von Salentin 1996 (3. Aufl. 2001).

3 Johann Wolfgang von Goethe an Christian Gottlob Voigt, 10.4.1807; Goethe-WA IV, Bd. 19 Nr. 5344.

4 Voigt an Heinrich Carl Abraham Eichstaedt, 13.4.1807, ThULB/HSA EN 2b (1807), Bl. 68 f.

5 [Goethe/Voigt] «Zum feyerlichen Andenken der Durchlauchtigsten Fürstin und Frau Anna Amalia verwitweten Herzogin zu Sachsen-Weimar und Eisenach, geborenen Herzogin von Braunschweig und Lüneburg» (1807). Gedruckt bei Wahl 1994, S. 118–121.

6 Goethe an Johann Friedrich Cotta, 13.4.1807; Goethe-WA IV, Bd. 19, Nr. 5347.

7 Heinrich Carl Abraham Eichstaedt, Memoria augustae principis ac dominae Anna Amaliae [...] Caroli Augusti gloriose ac feliciter regnantis matris in A.D. VI Junii MDCCCVII religiosa panegyri celebranda indicitur [Jena 1807], in: Eichstaedt 1850, S. 145–167.

8 Eine Formulierung von Gerhard Müller (Jena/Weimar) aufgreifend.

9 Voigt [Notizen zu Lebenslauf und Persönlichkeit Anna Amalias], Beilage zum Brief Voigts an Eichstaedt, 24.4.1807; ThULB/HSA EN 2b (1807), Bl. 79–79'.

10 Voigt an Eichstaedt, 9.6.1807; ThULB/HSA EN 2b (1807), Bl. 116 f.

11 F [Carl Ludwig Fernow], «Den Manen der verewigten Herzogin Anna Amalia», in: Journal des Luxus und der Moden 22, Mai 1807, S. 277–285, Zitate S. 277, 279.

12 Christoph Martin Wieland an Luise von Göchhausen, Oßmannstedt 29.12.1800, SLUB Mscr. Dresd. h 44 Bd. Wielandiana, Bl. 16–17' (Abschrift). Anna Amalia an Wieland, 4.2.1805, Wieland-BW, Bd. 16, Nr. 97.

13 Spottgedicht «Vimaria» in Anna Amalias Nachlaß, Verfasser unbekannt; ThHStAW HA A XVIII 156, Bl. 42 f.

14 Zum Folgenden vgl. Bauer/Berger 2002.

15 Rundschreiben der Loge «Amalia» an deutsche Freimaurerlogen, Weimar 30.4.1809. Bibliothek des Deutschen Freimaurer-Museums Bayreuth 8748.

16 Zum folgenden vgl. ausführlich Berger 2002a.

17 Wagner Hg. 1835, Wagner Hg. 1838, Varnhagen/Mundt Hg. 1835–1836, Böttiger 1838. Historisch-kritische Neuedition: Böttiger 1998.

18 Wachsmuth (1844) [1982], Zitat S. 102.

19 C[arl]. A[ugust]. H[ugo]. Burkhardt (Hg.), Briefwechsel der Herzogin Anna Amalia, 4 Bde. 1875 (Manuskript). ThHStAW F 1532/I-IV.

20 Beaulieu-Marconnay 1874, Bornhak 1892, Bode 1908, Bode 1917.

21 Vehse 1854, Vehse 1991.

22 Andreas 1943, Andreas 1953.

23 Tümmler 1978. W. Daniel Wilson gebührt das Verdienst, diese historiographischen Zusammenhänge kritisch herausgearbeitet zu haben (Wilson 1996). Seine eigenen Arbeiten zur angeblich besonders repressiven Weimarer Herrschaftspraxis unter Carl August gehen freilich ähnlich identifikatorisch vor – mit umgekehrten Vorzeichen (Wilson 1999a, Wilson 1999b).

24 So Bauer 1993, S. 73–77.
25 Vgl. im Titel noch bei Busch-Salmen u. a. 1998.
26 Schmidt 2004 hält dagegen an dem Begriff fest, indem er den Weimarer Hof und die Jenaer Universität zusammen als ‹Musenhof› etikettiert.
27 Lauts 1990, S. 384 f.
28 Johanna Schopenhauer an Adele Schopenhauer, 22.12.1806; Goethe-BuG, Bd. 6, S. 195. Goethe an Carl Ferdinand Friedrich von Nagler, 17.2.1821; Goethe-WA IV, Bd. 34, Nr. 123. Vgl. auch Goethes Tagebuch von 22.12.1806; Goethe-WA III, Bd. 3, S. 183.
29 Möglicherweise war das Aquarell auch ein persönliches Erinnerungsbild für Kraus, mit dem er – durch die Betonung des Zeichnens – seine Stellung als Künstler in der Hofgesellschaft thematisierte. Knorr 2003, S. 108–112.
30 Vgl. Bollenbeck 2001, S. 210: «Am Anfang steht ein mäzenatischer Glücksfall, auf den sich die Erzählung von der bürgerlichen Intelligenz, die sich am ›Musenhof‹ entfalten kann, bezieht.»
31 Raschke 1999.

Personenregister

Aus dem Verlagsprogramm

Schriftstellerbiographien bei C. H. Beck

Peter-André Alt
Schiller
Leben – Werk – Zeit
Eine Biographie
Zwei Bände.
2., durchgesehene Auflage. 2004.
insgesamt 1423 Seiten. Gebunden

Nicholas Boyle
Goethe. Der Dichter in seiner Zeit
Aus dem Englischen von Holger Fliessbach
Band 1: 1749–1790
3. Auflage. 2000.
885 Seiten mit 37 Abbildungen. Leinen
Band 2: 1790–1803
1999. 1115 Seiten mit 55 Abbildungen. Leinen

Günther Schiwy
Eichendorff
Der Dichter in seiner Zeit
Eine Biographie
2000. 734 Seiten mit 54 Abbildungen. Leinen

Peter-André Alt
Franz Kafka
Der ewige Sohn
Eine Biographie
2005. 764 Seiten mit 43 Abbildungen. Leinen

Verlag C. H. Beck München